GÜNTER KARL
KARL HEINZ BERGER

INDIANERKRIEG IN DEN BLACK HILLS

Teil 1
SPUR DES FALKEN

Teil 2
WEISSE WÖLFE

GÜNTER KARL
KARL HEINZ BERGER

INDIANERKRIEG IN DEN BLACK HILLS

Militärverlag
der Deutschen Demokratischen
Republik

ISBN 3-327-00387-4

Teil 1

SPUR DES FALKEN

1 Hundert Schritt vor den drei Dutzend Hütten und Zelten, die die Siedlung ausmachten, hatte man einen Pfahl in die Erde gerammt. An ihm war ein schlechtgehobeltes Brett befestigt, auf dem stand: TANGLEWOOD, mit glühendem Eisen in das Holz gebrannt. Und mit Holzkohle, kaum noch zu entziffern, hatte jemand ein «Willkommen in» hinzugefügt, so daß ein gutgläubiger Fremder, der, aus den Black Hills kommend, von Norden auf die Siedlung zuritt, Gastfreundschaft hätte vermuten können, vielleicht sogar ein bißchen mehr. Etwa eine halbwegs bewohnbare Ortschaft, die es wert gewesen wäre, ein paar Tage an sie zu verschwenden, oder zumindest doch ein Hotel, das diesen Namen verdiente und mehr bot als die üblichen Saloons in den Nestern des Westens, also mehr als die Theke, an der schlechter Schnaps zu unverschämten Preisen feil war, ein von Biergüssen und Tabakasche verstimmtes Klavier und im Obergeschoß ein Bett in einer Kammer, in dem einen die Wanzen und der durch die schlechtgefügten Bretterwände pfeifende Wind kaum Schlaf finden ließen. Doch niemand, der nach Tanglewood hineinritt, war so gutgläubig, den Willkommensgruß am Straßenrand ernst zu nehmen. Sie sahen in ihm, wenn sie ihn überhaupt sahen, den schlechten Scherz eines Betrunkenen. Und sie taten gut daran. Denn Tanglewood war nicht um einen Deut wohnlicher als die anderen Siedlungen zwischen dem Missouri und den Rocky Mountains, eher noch abschreckender.

Der Wirt des Saloons hatte einmal einen durchziehenden Fallensteller von einigen Gästen vor die Tür werfen lassen, weil dieser allzu krakeelig die Siedlung einen Misthaufen genannt hatte, in dem sich selbst des Teufels Großmutter den ganzen Tag kratzen müßte. Daß dem Mann, nachdem er sich in stockfinsterer Nacht wieder hochgerappelt hatte, zwei Vorderzähne, das Pferd und das Packtier mit einem gehörigen Posten feinster Biberfelle zu zwei Silberdollar das Stück fehlten, brachte die Bewohner nicht aus der Ruhe. Im Gegenteil:

Mit gezogenen Colts dämpften drei von Bludgeons Leuten seine zeternde Stimme und gaben ihm in aller Freundschaft zu verstehen, daß es doch wohl klüger wäre, dem Misthaufen so schnell wie möglich den Rücken zu kehren. Und als gar der Name Bludgeon fiel, trollte sich der Trapper ohne weiteres Murren. Denn von Bludgeon hatte er viel gehört, und er wußte, daß der etwas galt in Tanglewood und überhaupt im ganzen Territorium, und er wußte auch, daß mit dessen Leuten nicht zu spaßen war. Mit James Bashan zum Beispiel, diesem Zweizentnermann, der mit einer unwahrscheinlichen Schnelligkeit beim Ziehen des Colts begabt war und in dem bis ins letzte Nervenende die unbedingte Bereitschaft pulste, den Abzug durchzuziehen, wenn es darauf ankam, einen Befehl des Chefs auszuführen oder ein unbequem gewordenes Gegenüber zum Schweigen zu bringen. Dieser Kerl konnte auch den mutigsten Mann dazu bringen, die Vorsicht für den besseren Teil der Tapferkeit zu halten.

Joe Bludgeon war König in Tanglewood und in den Wäldern und Schluchten bis hinauf zum Shining Stone Creek. Mit Respekt und Angst nannten die Leute ihn, wenn sie von ihm sprachen, Snaky Joe. Und den Namen hatte er sich auch verdient. Seit Jahren schon gab es kaum eine Gewalttat, die nicht mit diesem Mann in Verbindung gebracht werden konnte, ganz gleich, ob es sich um die Ermordung eines Indianers handelte oder um den Überfall auf weiße Siedler. Und seine Mannschaft, die er je nach Laune und Bedürfnis bis auf zwanzig Leute erhöhte, profitierte von diesem Ruf und dieser Angst und tat ihrerseits alles dazu, den Schrecken, der von Bludgeon ausging, noch wachsen zu lassen. Dabei handelten sie nie auf eigene Faust oder waren auf eignen Gewinn bedacht. Diese Desperados brachten Snaky Joe unbedingten Respekt und einen Gehorsam entgegen, der seine Wurzeln in der «fairen Bezahlung», wie sie es nannten, und mehr noch in der Angst hatte, die sie wiederum vor ihm empfanden.

Wer Joe Bludgeon war und woher er kam, das wußte niemand so recht in Tanglewood. Die einen glaubten, er wäre ein Sträfling, der einem Zuchthaus in Virginia entsprungen sei; andere wollten wissen, daß er früher durch illegalen Sklavenhandel sein Geld gemacht hätte und daß er nun, da die Union diesem schmutzigen Geschäft den Boden entzogen hatte, den Westen als ideales Feld für seine Aktivitäten ansehe. Wieder andere mutmaßten, er sei vor kurzem erst aus Irland eingewandert und handle im Auftrag einer mächtigen Finanzgruppe im Osten, die mit allen Mitteln versuchte, das den Indianern von der Regierung zugesprochene Territorium um die Black Hills an sich zu reißen, noch ehe eine konkurrierende Gesellschaft ins Geschäft einzusteigen vermochte. Und da mußte schnell und gründlich gehandelt werden; denn die ehrenwerten Männer in Washington um den Präsidenten Ulysses S. Grant schlossen zwar immer wieder Verträge mit gutgläubigen Häuptlingen der indianischen Stämme und Völkerschaften, doch waren sie an deren Einhaltung längst nicht so interessiert wie diese und sahen gelassen zu, wie die Scharen der westwärts strömenden weißen Siedler den Rothäuten durch Mord und Betrug einen Landstrich nach dem anderen entrissen, ja, sie unterstützten deren gesetzloses Handeln noch durch den Einsatz regulärer Truppen, falls die Indianer die Oberhand zu gewinnen drohten.

Wer von den verschiedenen Mutmaßern recht hatte, war nicht zu entscheiden. Fest stand nur, daß Snaky Joe Tanglewood mit fester und blutiger Faust beherrschte.

Der Saloon in Tanglewood war sein Eigentum, der Wirt sein Angestellter, und im Ort konnte nur leben, wer ihm genehm war und wer ihm nicht bei seinen Geschäften in die Quere kam. Seine Mannschaft, die für einen Silberdollar am Tag und freier Station seinem Willen Nachdruck verlieh, wohnte im Obergeschoß des Saloons; Kitty, die Dame, die durchziehenden Männern gegen entsprechende Belohnung ein paar Stunden versüßte, war ihm gleichfalls Gehorsam schuldig, wenn auch nicht auf Grund eines mit Handschlag besiegelten Kontrakts. Kitty liebte Bludgeon, liebte ihn auf eine Art, die im zivilisierten Osten sicherlich als Abhängigkeit einer Dirne von ihrem Zuhälter bezeichnet worden wäre, an der jedoch hier im Westen niemand sonderlichen Anstoß nahm.

Nur ein Mann in Tanglewood legte so etwas wie Unabhängigkeit von Snaky Joe an den Tag, wenngleich er nicht versuchte, sich den Mächtigen zum offenen Feind zu machen: Sam Blake. Er betrieb den General Store im alten Blockhaus mit dem angrenzenden geräumigen Schuppen, in dem sich alles, vom Sattelzeug bis zu Kleidungsstücken, Waffen, Munition und haltbaren Lebensmitteln, ein wenig unübersichtlich stapelte. Sam Blake galt als der Gründer der Siedlung, und nicht ohne Stolz wies er jeden, der es wissen wollte oder auch nicht, darauf hin, daß er der erste gewesen sei, der hier im Tal seine Zelte aufgeschlagen habe. Das Zeltaufschlagen war übrigens wörtlich zu nehmen; denn damals hatte er, nachdem er den Dakotas für eine Kiste Whisky ein gehöriges Stück Land abgehandelt, wochenlang in einem primitiven Zelt gewohnt. Dann war allmählich das alte Blockhaus entstanden, errichtet mit der Hilfe einiger Männer, die sich auf der Suche nach einer auskömmlichen Existenz in dem Tal eingefunden hatten, das alte Blockhaus, dem man die Ungeübtheit im Hüttenbau anmerkte und das sein Besitzer dennoch nicht aufgeben mochte, weil es ihn an seine erste, glückliche Zeit auf diesem Fleck Erde erinnerte, als noch keine Bande von Halsabschneidern das Leben in Tanglewood zum Abenteuer gemacht hatte und er zufrieden gewesen war mit dem beträchtlichen Erlös, den sein Jahr um Jahr wachsender Handel mit den Indianern abwarf. Dabei wäre er durchaus in der Lage gewesen, sich ein Haus errichten zu lassen, das dem Saloon in seiner hölzernen Pracht, die buntbemalte Veranda eingeschlossen, in nichts nachgestanden hätte. Denn noch immer war der Tauschhandel mit den Dakotas auf den Hochplateaus der Black Hills und in den wasserreichen Ebenen einträglich, wenn Sam Blake auch befürchtete, er könnte es möglicherweise nicht mehr für allzu lange Zeit bleiben, da Machenschaften im Gang zu sein schienen, die Rothäute aus diesem ihnen vertraglich als Eigentum zugesicherten Gebiet zu vertreiben. Und diese Machenschaften hingen natürlich mit Joe Bludgeon zusammen, ein Umstand, der nicht dazu beitrug, diesem Blake sympathischer zu machen.

Wenn Sam Blake, was selten genug vorkam, die Straße hinabschlenderte, um im Saloon ein Glas Gin zu trinken, verfolgte ihn mindestens ein halbes Dutzend Augenpaare mit Argwohn. Denn Snaky Joe ließ Blake bewachen, ihn vor allen anderen Einwohnern der Siedlung, weil er argwöhnte, von diesem kurzbeinigen Mann könnte Gefahr für ihn und seine Pläne ausgehen.

Man mußte in der Tat das Ansehen, das Sam Blake bei Weißen und Roten genoß, kennen, um Bludgeons Sorge zu begreifen. Äußerlich fand sich nichts Imponierendes an diesem nachlässig gekleideten Mann, der seine gedrungene Gestalt sommers wie winters in gefütterte Lederhosen und ein langärmeliges Wams aus derbem Manchester kleidete und der stets eine sechs Fuß lange Viehpeitsche statt eines Colts mit sich herumschleppte. Es sah sogar ein bißchen einfältig aus, wie er, den Hut in die Stirn gerückt und aus kleinen, wasserblauen Augen scheinbar ziellos und absichtslos in die Gegend blickend, das Ende seiner Peitsche im Staub schleifen ließ. Doch Bludgeon war nicht zu täuschen. Er kannte Blakes Abneigung gegen ihn zu gut, wußte, daß dieser ihn als Eindringling in sein Reich betrachtete, den er, wollte er nicht den eigenen Ruin allzusehr beschleunigen, in Grenzen halten mußte. Andererseits aber fühlte sich Bludgeon zu stark inmitten seiner Männer, als daß er sonderliche Anstrengungen unternommen hätte, Blake bei freundlicher Laune zu halten. Eines Tages würde er, Joe Bludgeon, doch Sieger bleiben über den zerlumpten weißen Indianer, wie er Blake im Kreis seiner Kumpane nannte. Bis dahin aber mußte er ein waches Auge auf ihn haben. Und so ließ er alle seine Schritte auch dann überwachen, wenn es einmal seine Geschäfte nicht zuließen, daß er in Tanglewood blieb.

Auch an dem sonnigen Tag gegen Ende September des Jahres 1875, als Bludgeon mit dem brutalen Bashan und dem smarten Fletcher wieder einmal geschäftehalber zu den Behörden nach Rock Springs gefahren und eine Woche später der größere Teil seiner Mannschaft mit unbekanntem Ziel in die Prärie aufgebrochen war, hatte er zwei seiner Männer in Tanglewood mit dem ausdrücklichen Auftrag zurückgelassen, sich um Blake zu kümmern.

Sam Blake spürte, daß etwas Außergewöhnliches in der Luft lag, wenn er auch nicht hätte sagen können, was es war. Aber er lebte schon zu lange in den Wäldern und Prärien, als daß er nicht ein Gefühl für die Gefahr, die hinter jedem Busch lauern konnte, entwickelt hätte; und er kannte Joe Bludgeon lange genug, um Unheil zu wittern, wenn der seine Männer im Herbst und ohne erklärbaren Grund aus Tanglewood ausreiten ließ und selber nach Rock Springs fuhr, um augenscheinlich mit Behörden des Staates zu verhandeln.

Schleppenden Schritts ging er über die durch den Auszug Snaky Joes und seiner Bande so unvermutet und plötzlich ruhig gewordene Straße zum Saloon hinunter. Staub wirbelte unter seinen Stiefeln auf. Blake ließ den kurzen Stiel seiner Peitsche im Takt der Schritte gegen die Fläche der linken Hand klatschen. Das war seine Angewohnheit, wenn er nachdenklich war und trotzdem nicht mit sich ins reine kam.

Bill Myers, der Wirt, empfing ihn mit einem Grunzen, aus dem man bei gutem Willen ein «Hallo» hätte heraushören können, und warf Dick Fergueson, der am anderen Ende der Theke, dicht beim Fenster, lümmelte, einen vielsagenden Blick zu, ehe er sich zu Blake bequemte, um ihn nach seinem Wunsch zu fragen.

«Der Schnaps geht zur Neige», maulte er, als er eingoß, und er hob die halbleere Ginflasche gegen das Licht.

«Für mich reicht's noch», sagte Sam Blake, kletterte auf einen Hocker und ließ die kurzen Beine baumeln. «Außerdem muß dein Chef doch bald zurückkommen. Der bringt sicher Nachschub. Von mir kauft ihr ja sowieso nichts.»

«Ach, Ihr Indianerschnaps ...», begann Myers.

Doch Blake unterbrach ihn. «Ich weiß, der ist euch nicht fein genug. Leute wie ihr trinken nur Bourbon.» Dann ließ er mit einem Ruck den Kopf nach hinten schnellen, goß sich den Inhalt des Glases so geschickt in den Mund, daß sich sein Adamsapfel nicht einmal bewegte, und verlangte: «Noch einen!»

«Sie sind wohl neidisch, Mister Blake», ließ sich Dick Fergueson vernehmen, ein sommersprossiger Bursche mit einer gewaltigen Hakennase und dem ausgemergelten Gesicht eines Säufers. «Aber für gute Arbeit kann man wohl anständigen Schnaps verlangen.»

«Gute Arbeit?» Sam Blake wandte Dick langsam den Oberkörper zu, wie einer, der sich belästigt fühlt.

«Ja, gute Arbeit, Mister», wiederholte der eigensinnig.

Sam Blake lächelte belustigt. «Das nenne ich schlechte Arbeit, wenn ich überall eure Visagen sehe. Oder hat euch Joe nicht gesagt, daß ihr mich unauffällig beobachten sollt? Ich wette, dein Kumpan steht noch draußen und frißt Staub. Sag ihm doch, daß er nach Hause gehen soll. Ich stehe ja jetzt unter deinem Schutz!»

Dick Ferguesons blasse Gesichtshaut färbte sich jäh rot, und seine Hand krampfte sich ums Glas.

«Macht nichts», besänftigte Blake ihn spöttisch. «Solange ich weiß, daß ich in guter Hut bin, brauch ich mir keine Sorgen zu machen.» Er rutschte von seinem Hocker herunter, warf einen halben Dollar auf die Theke und ging zur Pendeltür.

Doch noch ehe er sie aufstoßen konnte, rief Dick hinter ihm her: «Wie geht denn das Geschäft? Wie man hört, sollen Sie in diesem Jahr keine Arbeitskräfte haben!»

Sam Blake blieb stehen. Langsam wandte er sich wieder der Theke zu, wobei er den Peitschenstiel spielerisch zwischen den Fingern drehte. «Was heißt das?»

«Man hört so allerhand.» Dick prostete ihm grinsend zu. «Pat und Chat sollen Ihnen weggelaufen sein und im Shining Stone Creek nach Goldeiern suchen. Und ausgerechnet jetzt, wo's auf den Winter zugeht und die Rotärsche ihre Quartiere beziehen. Da brauchen Sie doch jeden Buckel, der Ware schleppen kann. Vielleicht hätten Sie Pat und Chat doch besseren Schnaps anbieten sollen und nicht Feuerwasser, das einem Christenmenschen die Seele im Leib verbrennt.»

Bill Myers, der sich am Abwaschkübel zu schaffen gemacht hatte, richtete sich auf und sah, wie sich Blakes Gesicht verzog, als hätte er in einen faulen Apfel gebissen.

«Was du alles weißt, Junge», sagte Blake langsam und lauernd.

«Ich weiß noch mehr!» rief Dick schnell. Er achtete nicht auf den warnenden Stoß in die Rippen, den Myers ihm über die Theke hinweg versetzte. «Jedenfalls mehr als ein gewisser Blake, der davon lebt, daß er die Indianer übers Ohr haut.»

«Nimm dich in acht, Junge!» Sam Blakes Wangenmuskeln spielten, und die Knöchel der Hand, die den Peitschenstiel umfaßten, wurden weiß.

«Zum Beispiel, daß ein gewisser Sam Blake in diesem Winter gar keine Leute mehr braucht, die ihm seinen Kram zu den Rothäuten kutschieren. Vielleicht haben die bis dahin kein Salz und keinen Schnaps und keine Patronen mehr nötig.»

Myers konnte sich jetzt nicht mehr beherrschen. Mit einem «Halt dein ungewaschenes Maul!» packte er Dick an den Schultern und zerrte ihn halb über die Theke. Und zu Blake gewandt, sagte er: «Hören Sie nicht auf das Gewäsch eines Besoffenen. Der weiß gar nichts.»

Sam Blake antwortete nur: «Und woher weißt du das?» Dann drehte er sich auf dem Absatz um, stieß mit solcher Wucht gegen die Tür, daß sie noch hin und her pendelte, lange nachdem er nicht mehr zu sehen war.

«Verdammter Quatschkopf!» schrie Myers Fergueson an, als sie wieder allein waren. «Wenn ich Joe von dem Auftritt erzähle ...»

2 Der Shining Stone Creek verdankte seinen Namen dem glasklaren Wasser, das er führte; es hatte die Kiesel auf dem Grund weiß gewaschen, so daß sie, spielte das Sonnenlicht auf seiner Oberfläche, wie Opale schimmerten. Die Indianer entnahmen ihm das Trinkwasser für sich und ihre Pferde; hier stillte im Hochsommer das Wild seinen Durst. Das eisige Wasser, das von

den Bergen herabstürzte, war auch auf der geneigten Ebene, die es durchfloß, ehe es in den Cheyenne River mündete, noch von reißender Kraft.

Das spürten die beiden Männer, die bloßfüßig und bis zur halben Wade in dem Bach standen. Nach längstens zehn Minuten wateten sie ans Ufer und massierten sich unter Fluchen und Stöhnen die Beine. Dann aber, als übte das wirbelnde Wasser eine magnetische Anziehungskraft auf sie aus, stiegen sie wieder in den Creek, schaufelten ihre Pfannen voll Sand und schüttelten sie behutsam und unter stets wachem Blick.

Seit vierzehn Tagen schon betrieben Sie dies Geschäft: Sie schüttelten die volle Pfanne, suchten mit ihren plumpen Fingern gierig in dem zurückbleibenden Bodensatz herum, schleuderten ihn enttäuscht ins Wasser zurück, begannen die mühevolle Prozedur von neuem, wateten ans Ufer und nahmen sich nur wenige Minuten Zeit, den Schmerz aus ihren Beinen zu vertreiben. Wenn die Dämmerung von den Bergen im Westen herabkroch, schleppten sie sich in eine Hütte, die sie aus Stämmen, Ästen und Kistenbrettern errichtet hatten und die ihnen als Schlafstätte und zur Aufbewahrung ihrer wenigen Habseligkeiten diente. Sie aßen wenig, teils weil sie zu müde waren, teils weil sie mit ihren Vorräten haushalten mußten, versanken in einen todesähnlichen Schlaf und wachten mit dem ersten Lichtschimmer wieder auf. Und jeden Tag von neuem ließ die Hoffnung, heute endlich Erfolg zu haben, sie ins mörderische kalte Wasser steigen. Ihre Bärte wucherten, ihre Wangen fielen ein, die Haut ihrer Unterschenkel und Füße schimmerte bläulich vor Kälte. Nach diesen vierzehn Tagen war der dreiundzwanzigjährige Patrick Patterson zum Skelett abgemagert; sein nur wenig älterer Kamerad Jerome Chatham, den man in Tanglewood seiner Beleibtheit wegen oft gehänselt hatte, war dem Zusammenbrechen nahe. Sie glichen einander wie Zwillinge im Elend, glichen sich auch darin, daß in ihren Augen ein gieriges Flackern stand, sobald sie wieder ins Wasser stiegen. Sie sprachen nur wenig miteinander, gaben sich kurze Anweisungen, und manchmal, wenn sie am Ufer Kräfte sammelten, malte der eine oder der andere aus, was sie anfangen würden, wenn sie den großen Fund gemacht hätten. Denn daß sie das große Glück machen würden, das glaubten sie, mehr noch: das stand für sie fest. Ein Zivilist, der vor Monaten mit einem Detachement von Unionstruppen durch Tanglewood gezogen und Gast im Saloon gewesen war, hatte Pat und Chat im Vertrauen mitgeteilt, es wäre so gut wie sicher, daß der Shining Stone Creek goldfündig sei. Er, ein studierter Geologe, werde der Regierung in Washington von seinem Befund Mitteilung machen. Leider war der Mann so betrunken gewesen, daß beim besten Willen keine Einzelheiten aus ihm hatten herausgeholt werden können. Trotzdem waren sie eines Tages noch vor der Dämmerung aufgebrochen, hatten ihre Stellung bei Sam Blake im Stich gelassen und sich auf den Weg zum Shining Stone Creek gemacht, in der Hoffnung, irgendwie und irgendwo die Nuggets zentnerweise aus dem Bach zu schaufeln.

Am fünfzehnten Tag, als ihr Mut ins Bodenlose zu sinken drohte und sie bereits Erwägungen darüber anstellten, daß es wohl das beste sei, wenn sie sich sofort nach dem ersten größeren Fund nach Tanglewood begäben und dort, selbst auf die Gefahr hin, Aufsehen zu erregen, wasserdichte Segeltuchstiefel kauften, am fünfzehnten Tag also beschlossen sie, ihre Schürfstelle um einige hundert Schritt bachaufwärts zu verlegen, wo das Wasser, durch eine flache Mulde gehemmt, nicht gar so heftig dahinschoß und an den Rändern einige Fuß breite Sandbänke abgesetzt hatte. Und sie hatten Glück. Gleich in der ersten Pfanne, die Pat vollgeschaufelt hatte, blieb ein glitzerndes Klümpchen zurück.

Schreiend stürzte er auf Chat zu. Gemeinsam begutachteten sie den Fund mit fliegenden Fingern, und wären fast in Tränen ausgebrochen, als sie das gelbe Metall für Gold erkannten. Nun gab es erst recht kein Rasten und keine Müdigkeit mehr für sie. Stunden um Stunden verbrachten sie in dem eisigen Wasser; die Pausen, die sie einlegten, wurden immer kürzer, ihre Füße wurden taub vor Kälte, während ihnen der Schweiß von der Stirn troff und die Armmuskeln vom noch angestrengterem Schütteln der Pfanne höllisch schmerzten. Am Abend hatten sie drei oder vier Unzen Gold zusammen. Als sie auf das Bärenfell in ihrer Höhle sanken, waren sie zwar nicht mehr fähig, ein wärmendes Feuer zu entzünden, doch lagen sie glücklich auf dem Rücken und starrten in die Dunkelheit.

«Ich gehe in den Osten zurück, wenn ich meinen Teil aus dem Bach gefischt habe», sagte Chat, der Ältere, «und kaufe mir ein Häuschen mit einem Drugstore in irgendeinem Nest in Neuengland. Da, wo die Leute ehrbar sind, Steuern zahlen und sonntags in die Kirche gehen und zu Weihnachten Truthähne fressen. Junge, Pat, wird das ein ruhiges Leben! Dazu eine Frau und ein Schock Kinder ...»

«Ich glaube», sinnierte Pat, «die Black Hills lassen mich nicht mehr los. Nie hab ich solche Sommer erlebt wie hier, und bei uns in Florida gibt's nicht einen lausigen Berg, von dem aus man ins Tal runterspucken kann, dem Menschengekrabbel auf die Köpfe. Ich bleibe hier, kaufe mir ein Stück Land von den Rothäuten und baue irgendwas an.» Wenn alles gut geht, werde ich heiraten und vielleicht Kinder haben.»

Ähnliche Gespräche hatten sie schon oft geführt, und einer kannte des anderen Pläne. Doch nie zuvor hatten sie sich dem Ziel ihrer Wünsche so nahe gefühlt, und nie zuvor hatten die Bilder, die sie sich ausmalten, solche wirklichkeitsgesättigten Farben gehabt.

Die nächsten Tage über hielt ihre Glückssträhne an, und Chat erwog bereits, ob nicht einer von ihnen nach Tanglewood hinunterreiten sollte, um die Vorräte zu ergänzen und bei Sam Blake endlich die dringend benötigten wasserdichten Stiefel zu kaufen. Allein sie verwarfen den Plan wieder; denn sie hätten mit nichts anderem bezahlen können als mit den Goldkörnern, die sie in Lederbeuteln auf der Brust verwahrten, und das würde mit Sicherheit katastrophale Folgen für sie haben. Keinen halben Tag später wäre dieser Abschnitt des Shining Stone Creek von allem bevölkert, was in Tanglewood Beine hatte. Claims würden abgesteckt werden, Streitereien aufflammen, Mord und Totschlag würde es geben. Heute noch waren die Staaten voll von Geschichten über das Inferno am Sacramento, das ausgebrochen war, als sich die Kunde von den Goldfunden mit Windeseile ausgebreitet und Gesindel aus aller Herren Länder angezogen hatte. Nein, Patrick Patterson und Jerome Chatham waren klüger als seinerzeit Sutter. Erst wollten sie ihren gehörigen Anteil an dem Gold des Baches haben. Dann würden sie, vielleicht, nach Tanglewood hineinreiten und der staunenden Menschheit verkünden: «Da oben, am Shining Stone Creek, gibt's Gold. Lauft Leute, steckt eure Claims ab, sonst ist es zu spät!» Und natürlich hätten sie dann längst ein ordentliches Stück des Baches für sich beansprucht und wären die ersten, das Schürfrecht beim Gouverneur zu kaufen. Vielleicht aber würden sie auch Tanglewood gar nicht erst einen Besuch abstatten, sondern auf direktem Weg zur nächsten Station der Union Pacific Railway reiten und sich unterwegs, in Siedlungen, in denen man sie nicht kannte, mit dem Nötigsten versorgen. In diesen Tagen des Erfolgs waren sie nicht nur klüger, sondern auch vorsichtiger geworden. Wenn sie jetzt im Bach standen und Sand und Geröll über ihre Pfannen spülten, lagen ihre Büchsen stets in Reichweite. Im Westen waren schon Männer um weit weniger Gold erschlagen oder erschossen worden, als sie bei sich trugen. Sie durften kein Risiko eingehen, mußten sich unerbittlich zur Wehr setzen, wenn ein zufälliger Besucher am Shining Stone Creek auch nur den Anflug einer unfreundlichen oder habgierigen Miene zeigte.

Am sechsten Tag ihres Suchens in dem glückverheißenden Teil des Baches gelang ihnen der ganz große Fund: auf Pats Pfanne blieb ein Nugget liegen, dessen Größe dem bärtigen jungen Mann ein gurgelndes Geräusch entlockte. Seine Augen weiteten sich unnatürlich, und für eine Sekunde drohte sein Herz auszusetzen.

Chatham, der zehn Schritt bachaufwärts arbeitete, fuhr erschrocken hoch, als er den Freund mit erstickter Stimme seinen Namen rufen hörte. Mit einigen Sätzen war er bei ihm und starrte in das Sieb.

Vorsichtig, als wäre es ein zerbrechlicher Gegenstand und nicht ein fast zwanzig Unzen schwerer Klumpen, griff Pat nach dem Nugget.

«Ein Ei!» Das war alles, was Chatham sagen konnte.

«Ein verdammt großes Ei, Chat!» entgegnete Pat fast flüsternd und wendete den glattgeschliffenen Goldkiesel in der Hand hin und her, den Blick starr darauf gerichtet.

«Ein Taubenei!»

«Ein Hühnerei, Chat!»

«Das Ei von einem verdammten Strauß!»

«Von einem verdammt schönen Strauß!»

«Unser Bach hat ein Ei gelegt!»

Jetzt erst fiel die Starre von den beiden Männern ab. Sie sanken einander in die Arme, lachten, schrien, stampften, daß das Wasser hoch aufspritzte, und wiederholten im Rhythmus des Stampfens immer wieder: «Der Bach hat ein Ei gelegt! Ein Taubenei! Ein Hühnerei! Ein Straußenei!»

Hätten sie gewußt, daß Menschen in der Nähe waren, sie hätten ihrer Freude nicht freien Lauf gelassen, sondern wären so schnell wie möglich zu ihren Waffen geeilt. Doch ein weit ausladender, verkrüppelter Eichbaum auf der Uferböschung, dessen Äste fast bis zur Erde herabwuchsen, verdeckte ihnen die Sicht auf die beiden Indianer, die reglos wie Statuen auf ihren Pferden saßen und das seltsame Treiben im Bach mit Mienen beobachteten, in denen sich mehr Widerwille als Erstaunen malte.

«Das gelbe Metall raubt ihnen den Verstand», sagte der kleinere der beiden, ein junger Mann, der erst vor kurzem in den Rat der Männer aufgenommen worden war und seinen Namen empfangen hatte. «Sie werden sich gegenseitig erdrosseln.»

«Das wäre noch das Beste, was uns widerfahren könnte», antwortete der um wenige Jahre ältere Begleiter, der, wie der Junge, bis zum Gürtel nackt war und an den Nähten mit Fransen besetzte Wildlederhosen und reichbestickte Mokassins trug. «Aber sie werden sich nicht umbringen. Sie werden neue Bleichgesichter ins Land ziehen, und aus den zweien von heute werden in wenigen Wochen zweihundert, zweitausend geworden sein.»

Flinker Hirsch, der jüngere der beiden, blickte erschrocken zu seinem Freund Weitspähender Falke hinüber. «Und was wird dann aus unseren Winterquartieren?» fragte er. «Der Shining Stone Creek fließt an unseren Zelten vorüber.»

«Wir werden uns verteidigen müssen.» Der Weitspähende Falke stieg vom Pferd. «Ich brauche ein Beweisstück für die Ratsversammlung», sagte er mit plötzlichem Entschluß. «Wenn Tasunka-witko unsere Zelte besucht, soll er mit eigenen Augen sehen, in welcher Gefahr sich die Dakotas in den Black Hills befinden.»

Der Flinke Hirsch folgte seinem Beispiel, und nachdem sie die Pferde an die Eiche gebunden hatten, gingen sie zum Ufer hinunter.

Pat und Chat erwachten jäh aus ihrem Freudentaumel, als sich unter den

Mokassins der Indianer einige Steine lösten und ins Wasser rollten. Zu Tode erschrocken fuhren sie herum und blickten mit offenen Mündern auf die beiden Gestalten, die sich aus ihrer Perspektive riesig ausnahmen. Es war zu spät, um zu den Waffen zu greifen, die zu den Füßen der Indianer lagen. Um so größer war ihre Erleichterung, als sie die beiden Männer erkannten.

«Ach, du bist's, Falke», sagte Chatham nach einigen Sekunden. «Haben wir uns nicht letzten Herbst in den Zelten des Grauen Bären gesehen, als wir mit Sam Blake die Wagenladung für euch brachten?»

«Du sagst es.» Weitspähender Falke sprach das Englische gemessen und mit den für die Indianer charakteristischen Kehllauten durchsetzt. Er überlegte stets lange, ehe er redete.

«Dann sei willkommen. Aber was sucht ihr jetzt schon in dieser Gegend?»

fragte Patterson, als er aus dem Wasser stieg. «Sonst wart ihr doch um diese Zeit noch oben am Tongue River in den Prärien.»

«Wir sind früher zurückgekommen», erwiderte der Falke lakonisch. «Aber ihr? Was sucht ihr um diese Zeit am Shining Stone Creek? Hat Blake keine Arbeit mehr für euch?»

«Ach, der!» Chatham machte eine wegwerfende Handbewegung und stampfte auf dem Ufersand herum, um das Blut wieder ordentlich in Umlauf zu bringen. «Kutscher sein lohnt sich nicht. Aber hier ...», setzte er mit einem vieldeutigen Augenzwinkern und der gleichzeitigen Kopfbewegung auf den Creek hinzu.

Patterson nahm den Gedanken seines Kameraden auf. «Für das bißchen Fressen und den schlechten Schnaps und das neue Hemd im Jahr», sagte er, «soll arbeiten, wer will. Wir haben uns was Besseres ausgesucht.»

«Bald können wir euch eure verdammten Black Hills abkaufen!» schrie Chatham dazwischen und schickte ein wieherndes Lachen hinter diesen Worten her, die er für einen Witz hielt. Er lachte auch noch, als er die beiden Indianer mit versteinerten Gesichtern auf sich blicken sah.

«Chat übertreibt», warf Patterson entschuldigend ein. «So groß ist die Ausbeute nun auch wieder nicht.» Er fingerte mit der Rechten in seinem ledernen Brustbeutel herum, während seine Linke das eigroße Stück Gold fest umklammert hielt, und brachte einige Goldkrümel zum Vorschein. «Sieh nur her. Das ist alles», behauptete er. «Und wieviel Schweiß das bißchen gekostet hat!»

«Und wie oft wir kalte Füße bekommen haben, ehe wir das zusammenhatten», pflichtete Chatham bei, nun doch ein wenig ängstlich geworden, er hätte möglicherweise durch die Andeutung von der Größe ihres Reichtums die Aufmerksamkeit der Indianer geweckt.

Aber die beiden Rothäute sahen nur staunend auf Pat Pattersons riesige Hand, auf deren Teller sich die matt glänzenden Steinchen verloren. In ihren Augen stand deutlich die Frage, was denn die weißen Männer so verrückt nach dem Gold machen konnte, daß sie Mühen und Hunger, Hitze und Kälte nicht scheuten, um in seinen Besitz zu gelangen.

«Sieh nur, Pat», rief Chatham, um von dem Gespräch über das Gold abzulenken, «die herrliche Stute da oben!» Er deutete auf den weißen Mustang, den der Weitspähende Falke in der Prärie eingefangen und zugeritten hatte, und kletterte die Uferböschung hinauf. «Eine herrliche Stute!» wiederholte er. Doch als er dem Tier die Kruppe tätscheln wollte, schlug es wild mit den Hinterbeinen aus, so daß Chatham sich mit einem weiten Satz in Sicherheit bringen mußte. «Aber kitzlig wie eine Jungfrau», sagte er ein wenig beklommen, als er den Hang zum Creek wieder hinabstieg. «Ich hab noch nie Glück gehabt bei Weibern.» Und wieder lachte er wiehernd, fand aber kein Echo.

«Darf ich dir ein Gastgeschenk anbieten, Falke?» fragte Pat unsicher, als er sah, daß sich die Mienen der Indianer nicht aufhellen wollten. «Hier» – er hielt dem Falken ein erbsgroßes Nugget entgegen – «nimm! Als Zeichen unserer Freundschaft.»

Ihm war klar, daß sie sich die Dakotas nicht zu Feinden machen durften. Immerhin suchten sie auf einem Gebiet nach Gold, das diesen durch Vertrag als Eigentum zugesichert worden war. Alles, was Chat und er für die nächsten Wochen brauchten, war Ruhe in den Black Hills. Und die konnte durch das Mißtrauen der Indianer ebenso gestört werden wie durch einen Schwarm einfallender Goldsucher. «Nimm», sagte Pat noch einmal, und beruhigend fügte er hinzu: «Wir beiden sind die einzigen, die im Shining Stone Creek nach Gold suchen.»

Erleichtert sah er, wie der Weitspähende Falke seine geöffnete Hand ausstreckte, und mit einem Lächeln, als sei er der Beschenkte, ließ er das Goldklümpchen hineinfallen. Fast hätte er noch ein «Danke» gesagt, doch der Instinkt des Mannes, der oft auf Indianer getroffen war, hinderte ihn daran, allzu große Erleichterung zu zeigen, die als Schwäche ausgelegt werden konnte.

Falke und Hirsch verständigten sich mit einem schnellen Blick und einer kaum wahrnehmbaren Kopfbewegung, dann sprang der Jüngere den Hang hinauf und trat zu den Pferden.

«Ich sehe, dein Begleiter hat noch kein Gewehr», nahm Pat wieder das Wort. «Für das Nugget könnt ihr euch das beste in Sam Blakes Store kaufen. Und noch drei Dutzend Patronen dazu.»

Der Flinke Hirsch kam zurück, ein Reh über der Schulter, das der Weitspähende Falke erst vor einer Stunde erlegt hatte und das noch aus der klaffenden Wunde am Hals blutete. Er legte es vor die bloßen Füße der Goldsucher.

«Nehmt das als unseren Dank», sagte der Weitspähende Falke.

«Das nenne ich großzügig, Häuptling!» rief Chatham lachend. Er sah sich und Pat im Geist schon die saftigen Keulen an einem Spieß überm Feuer drehen. «Das ist Fleisch für eine Woche.»

«Dann müssen wir sowieso nach Tanglewood», ergänzte Pat. «Wir können nicht mehr viel länger ohne wasserfeste Stiefel in dem kalten Wasser arbeiten.»

Doch das schien die Indianer nicht mehr zu interessieren. Sie kehrten den Goldsuchern den Rücken, um zu ihren Pferden zu gehen. Als sie die Böschung halbwegs erklommen hatten, wandte sich der Weitspähende Falke noch einmal um. «Richtet Sam Blake aus, er soll in unsere Zelte kommen», sagte er. «Es ist dringend.» Er achtete nicht mehr auf Chathams «Wird gemacht, Häuptling!» und nicht darauf, daß Patterson tief aufatmete und die Backen aufblies, wie einer, der mit Geschick und Glück einer Gefahr entgangen war. Ohne noch einen Blick auf die beiden Männer am Bach zu werfen, galoppierten die Indianer auf ihr Dorf zu.

«Prächtige Pferde», sagte Chatham, diesmal mit ehrlicher Bewunderung.

«Besonders die Stute. Erinnerst du dich, Pat, daß er im Frühjahr noch einen Braunen geritten hat?»

Pat Patterson aber hing seinen Gedanken nach. «Die Indianer sind zwei Monate früher als sonst in ihre Winterquartiere gekommen», murmelte er. «Weiß der Teufel, was das bedeuten soll.»

«Kümmere dich nicht um ungelegte Eier, Pat.» Chatham schlug seinem Freund derb auf die Schulter. «An die Arbeit! Der Creek muß noch viel mehr Gold ausspucken.»

Zwei Tage später schon machte sich Chatham auf den Weg nach Tanglewood. Sie waren übereingekommen, daß einer zu Sam Blake reiten, ihm die Botschaft des Falken überbringen und wasserdichte Stiefel und sonstigen Vorrat einkaufen sollte. Sie hatten gelost, und das Los war auf Chatham gefallen. Chatham sollte die Waren nicht bezahlen, sondern Blake um Kredit bitten, damit ihre Goldfunde nicht bekannt würden. Und auch das hatten sie ausgemacht: Er sollte ohne Aufenthalt zum Shining Stone Creek zurückreiten und möglichst mit niemandem außer Blake reden.

Chatham war froh, endlich einmal wieder menschliche Behausungen zu Gesicht zu bekommen, so froh, daß ihm nach seinem Besuch im General Store und einem Schwatz mit Bad Face, Blakes indianischem Gehilfen, der Sinn nicht danach stand, sofort in die unwirtliche Hütte am Creek zurückzukehren. So beschloß er, sich und seinem Pferd wenigstens eine halbe Stunde Rast zu gönnen. Er kehrte im Saloon ein, in dem um die Mittagszeit niemand saß außer Kitty, die an einem Tisch neben der Theke Patience legte. Nach drei Whiskys brummte er: «Der kommt aus einer verdammt guten Flasche.» Nach dem fünften fing er an, vor Bill Myers seine Sehnsucht nach einer ehrbaren Existenz in einem Neuenglandnest auszuschütten. Myers, hellhörig geworden, spendierte drei weitere Whiskys, und bald wußte er alles über die Goldfunde im Shining Stone Creek. Und wie zur Bestätigung der Wahrheit seiner Erzählung bezahlte Chatham mit einem kleinen Nugget, das der Wirt noch nachdenklich in der Hand wog, als Chat den Saloon schon verlassen hatte.

3

Das große Ratszelt schien die Männer, die im Kreis um das Feuer saßen, nicht fassen zu können. Kopf an Kopf drängten sich die Häuptlinge und Ältesten des Stammes, während die jungen Männer, nackt bis aufs Lendentuch, draußen zu dem monotonen und vorerst noch gemessenen Rhythmus der Trommel den großen Jagdtanz aufführten.

Grauer Bär, der Häuptling dieser Stammesabteilung der Dakotas, saß reglos dem Eingang gegenüber. Sein großflächiges, zerfurchtes Gesicht mit starker Hakennase und dem dünnen, faltigen Mund des alternden Mannes, die starren dunklen Augen, in denen sich der Widerschein des Feuers spiegelte und die kaum je von einem Lidschlag für Bruchteile von Sekunden verdeckt wurden, das lange blauschwarze Haar, auf dem ein Kranz von erlesenen Adlerfedern saß, die aufrechte Haltung des Oberkörpers, die angewinkelten Arme, die welken Hände, die die Pfeife mit ihrem fast drei Fuß langen, reichverzierten Rohr hielten: all das erweckte eher den Eindruck einer buntbemalten Statue als eines Wesens von Fleisch und Blut. In diesem Mann schien die Gelassenheit, die seit Jahrhunderten als höchste Tugend des Indianers gepriesen und geübt wurde, zur Formel erstarrt. Selbst die erregende Debatte, die seit einer Stunde schon hin und her wogte und während derer die Meinungen hart aufeinandergeprallt waren, hatte nicht vermocht, seinen Gesichtsausdruck auch nur für eine Sekunde zu verändern, etwa Zustimmung zu einer Meinung oder Ablehnung eines Vorschlags auch nur mit dem Verziehen eines Muskels zu begleiten.

Grauer Bär war nicht der älteste Mann im Rat. Ihm zur Seite sah man mumifizierte Gesichter, gleich dem seinen mit Federn aufgeputzt oder von Bisonhörnern gekrönt. Doch auch sie übertraf er in der Starre und Würde des Ausdrucks. Aber wer genauer in seinen Zügen geforscht hätte, dem wäre aufgefallen, daß sie nicht nur von Gelassenheit beherrscht wurden. Gewohnheit und Resignation prägten mindestens ebenso stark seine Haltung. Was konnte ihm, dem fast Sechzigjährigen, zu Ohren gebracht werden, das er nicht schon gehört hatte? Welche Hoffnung, welche Befürchtung, welcher Plan? Seit seinem zwanzigsten Lebensjahr saß er in diesem Rat. Er konnte sich nicht erinnern, wie oft er schon ins Feuer des großen Zelts geblickt, wie oft er schon das Wort an die Versammlung gerichtet hatte. Dreißig Jahre war er alt gewesen, als man seinen Vater, Weittragender Speer, ausgerüstet mit allem Notwendigen für die große Reise zu Wakantanka, in die Erde gebettet hatte. Seitdem stand er dem Rat vor. Er hatte Sommer tödlicher Dürre erlebt und Winter, in denen sie wochenlang in Höhlen eingeschneit gewesen waren. Er war in den Jahren auf Jagd gewesen, als die Bisons noch in riesigen Herden über die Steppen brausten, und er hatte vor kurzem erst in den südlichen Prärien miterlebt, wie die Tiere zu Hunderten und Tausenden unter den Kugeln der Weißen zusammenbrachen. Seit er denken konnte, war immer die eine Frage im Mittelpunkt seines Daseins gewesen, eine, wie es schien, unlösbare Frage, die sich stets von neuem dringend stellte und auf Antwort drängte: Wie können wir, die Dakotas und die anderen indianischen Völker, den Ansturm der Weißen überleben? Und jede nur mögliche Antwort war versucht worden. Sie hatten gekämpft, sie hatten verhandelt und um Land gehandelt, sie waren verraten worden und hatten verraten, waren überfallen worden und hatten überfallen. Und auch diese Bilder lebten im Gedächtnis des Grauen Bären: die Häuptlinge, die für ein Leben in Wohlstand in den Siedlungen der Weißen ihr ganzes Gebiet verkauften und ihre Stammesgenossen auf eine ungewisse Wanderschaft und damit meist in den Hungertot schickten; die Männer, junge und alte, die, um der trostlosen und immer trost-

loser werdenden Existenz wenigstens für Stunden zu entrinnen, zum Feuerwasser der Weißen griffen und besinnungslos vor den Saloons herumlagen, ein Gespött der Bleichgesichter und eine Bestätigung ihrer Behauptung, die Indianer seinen keine vollwertigen Menschen. Grauer Bär hatte unzählige erschlagene Indianer gesehen, damals, am Wendover Creek, unter ihnen Ahornblüte, seine erste Frau, und zwei seiner Söhne; er hatte einmal im Weißen Haus gestanden, in einer Gruppe von Dakota-Häuptlingen, die vom Präsidenten empfangen worden war, einem Mann mit korrekten Manieren und den kalten Augen eines Fischs, der von der Notwendigkeit friedlichen Zusammenlebens von Weißen und Roten sprach und so Hoffnungen in ihre Herzen senkte; er war dabeigewesen, als sie das Lager eines Detachements der Unionstruppen überfallen hatten, das sie von den Ufern des White River vertreiben wollte. Aber auch an blutige Kämpfe der indianischen Völkerschaften und Stämme untereinander erinnerte er sich, heute voller Schmerz und Scham. Denn oft genug hatte er seine Stimme für einen Krieg gegen die Pawnies oder die Blackfoots oder die Delawares gegeben. Der weiße Mann war klug und verstand es immer wieder, die Indianer gegeneinanderzuhetzen. Und nach jedem Krieg, den Indianer gegen Indianer führten, waren die Weißen Sieger geblieben, hatten sie wieder ein Stück mehr vom Indianerterritorium an sich gerissen.

Bedächtig führte Grauer Bär die Pfeife an die Lippen, und durch den sich kräuselnden blauen Rauch blickte er auf Tasunka-witko, einen Mann von noch nicht vierzig Jahren, der in der Blüte seiner Kraft stand und bei allen Stämmen und Abteilungen der Dakotas den Ruf eines tapferen Kriegers und eines weisen Mannes im Rat genoß. Sein faltenloses Gesicht mit den sprühenden Augen und dem vollem Mund war von einer prächtigen Federhaube umrahmt, deren Ausläufer über den Rücken bis zum Boden hinunterhingen. Er war Gast in den Zelten des Grauen Bären, und er benahm sich wie ein Gast, trotz seines großen Namens, sprach ruhig und hörte aufmerksam die Meinung der Versammelten an.

«Laßt euch nicht von den weißen Männern Sand in die Augen streuen», sagte Tasunka-witko jetzt, nachdem vor ihm die Stimme eines der steinalten

Männer laut geworden war, der dafür gesprochen hatte, das Mißtrauen endlich aufzugeben und einen endgültigen, ehrenhaften Frieden mit der Regierung in Washington zu suchen. «Sie sprechen mit gespaltener Zunge und nehmen mit der einen Hand, was sie mit der anderen gegeben haben. Erinnert euch ...»

Dem Grauen Bär schwand der Sinn der Worte, die da gesagt wurden. Ja, er erinnerte sich, erinnerte sich gut. Er mochte aber nicht daran denken. Er wußte: Verträge waren ein Stück Papier gewesen, immer, das der Stärkere zerrissen hatte, und der Stärkere war meist der weiße Mann. Er wußte: Verträge enthielten Klauseln, Fallstricke, in denen sich der Unkundige fing und die den Sinn des Vertrags ins Gegenteil verkehren konnten. Aber warum immer wieder davon reden? Warum immer wieder versuchen, das Unheil, das über das ganze Volk hereinbrach, aufzuhalten? War es da nicht klüger, den Widerstand aufzugeben und sich in das zu fügen, was der weiße Mann ihnen diktierte? Wer weiß, vielleicht würde sein Haß aufhören, seine Hinterlist sich in Zuverlässigkeit verkehren, wenn er merkte, daß sich die Indianer in ihr Los schickten. Grauer Bär hatte viel von dem Gott der Weißen gehört, der ein Gott der Liebe und der Gerechtigkeit sein sollte, wie ihre Medizinmänner predigten, und der keinen Unterschied zwischen den Geschöpfen kannte, der alle «seine Kinder» nannte. Warum also sollten sie nicht noch einmal auf das Wort der Regierung vertrauen und den Winter über bei der Agentur siedeln? Schließlich waren sie dort aller Nahrungssorgen ledig. In die Black Hills konnten sie im Frühjahr wieder zurückkehren ...

Eine tiefe Müdigkeit überfiel den Grauen Bären, und er hatte Mühe, die Augen offenzuhalten. Nur noch wie fernes Rauschen drangen Tasunka-witkos Worte an sein Ohr, und er merkte nicht einmal auf, als er aus dem Strom der Wörter seinen Namen heraushörte.

«Der Graue Bär glaubt den weißen Männern», sagte Tasunka-witko. «Möge ihn das Vertrauen nicht taub und blind machen. Er ist alt und erfahren genug, um zu wissen, mit wem er es zu tun hat. Und wenn er es nicht müßte: Jeder hier im Kreis könnte ihm sagen, was er zu erwarten hat, was wir alle zu erwarten haben. Nicht wir, ehrwürdige, weise Väter und tapfere Brüder, sind in das Land der Weißen eingefallen, nicht wir versuchen, sie arm zu machen und in den Hunger zu treiben, nicht wir belästigen sie mit unseren Kriegern. Sie nehmen uns, was wir besitzen, sie wollen unser Volk vom Angesicht der Erde tilgen. Ihren Spruch ‹Nur ein toter Indianer ist ein guter Indianer› haben sie wieder und wieder grausame Wirklichkeit werden lassen.»

Unruhe erhob sich in der Ratsversammlung, als die Decke am Eingang zurückgeschlagen und der Kopf des Weitspähenden Falken sichtbar wurde. Der Medizinmann, der neben dem Grauen Bären saß, schüttelte mißbilligend und heftig das Haupt, so daß die zahlreichen Wampume und Amulette, die er um den Hals trug, klirrten. Der Graue Bär sah nur kurz zu dem jungen Krieger hinüber, der sich zu den übrigen setzte, die Beine unterschlug und reglos wie sie Tasunka-witkos Worten lauschte.

Der Graue Bär liebte den Weitspähenden Falken um seiner Kühnheit und Klugheit willen, und in Stunden der Meditation, wenn er an seinen Tod dachte und daran, was aus seinem Volk dann werden sollte, war es eine seiner liebsten Beschäftigungen, sich ihn im Schmuck des Häuptlings vorzustellen. Grauer Bär besaß keine Söhne mehr seit jenem Überfall der Weißen am Wendover Creek, und so war es nicht verwunderlich, daß der alte Mann es mit Wohlgefallen sah, wie Weitspähender Falke sich zu Blauhaar, seiner einzigen Tochter, hingezogen fühlte.

Zuweilen aber überkamen den Alten auch Bedenken, wenn er Falkes Nachfolge in Erwägung zog. Dann schien es ihm, als fehlten dem jungen Mann Ausgeglichenheit und Besonnenheit, dann war er ihm zu überstürzt in seinen Entschlüssen, zu hitzig in ihrer Ausführung.

Das Altern hatte ihn blind gemacht für die Vorzüge der Jugend; ein Leben voller Gehetztsein, in dem jetzt die Sehnsucht nach einigen ruhigen Jahren regierte, hatte ihm das Verständnis dafür geraubt, daß sich der Wille zum Überleben mit der Bereitschaft paaren mußte, das Leben zu verteidigen.

So sah er auch jetzt voller Sorge und mit gerunzelter Stirn zu dem Weitspähenden Falken hinüber, auf dessen ebenmäßigem Gesicht er Zustimmung zu Tasunka-witkos Worten zu erkennen glaubte, besonders als dieser von General Custer sprach, den er den Anführer aller Diebe nannte, auf dessen Treiben man ein besonders wachsames Auge haben müsse.

«Habt ihr vergessen», fragte Tasunka-witko die Männer im Rat, «daß Custer im vergangenen Sommer mit vielen Soldaten in die Berge unserer Väter eingedrungen ist, um nach Gold zu suchen? Und kein Vertrag hat ihn an seinem Zug hindern können. Habt ihr vergessen, wie sich diese Weißen aufführten? Nicht, als ob sie zu Gast in einem Land weilten, das ihnen nicht gehört, sondern als Herren, die gekommen sind, ihr Eigentum zu besichtigen. Grauer Bär aber will nicht gegen die Eindringlinge kämpfen, er will nicht zur nächsten aufgehenden Sonne seine Männer mit allen Kriegern von den sieben Ratsfeuern der Dakotas vereinigen. Er vertraut den Verträgen mit dem weißen Vater und seinen Abgesandten, in deren Auftrag auch General Custer handelt. Ich frage euch noch einmal, Männer der Dakota, euch, weise Väter und tapfere Brüder: Sollen wir uns denen ausliefern, die bisher jeden Vertrag gebrochen haben?»

Tasunka-witko machte eine Pause und blickte in die Runde. Die Gesichter der Alten waren undurchdringlich, und niemand hätte auf ihnen lesen können, ob sie sich für den Kampf um ihre Rechte entscheiden würden oder ob sie gleich dem Grauen Bären resigniert hatten. Auf den Mienen der Jüngeren im Rat malte sich hingegen volle Zustimmung zu seinen Worten. Besonders Weitspähender Falke zeigte offen seine Bereitschaft zum Kampf.

«Ich sage euch», fuhr Tasunka-witko fort, «wir sollten den Vertragsbrüchigen nicht eine Stunde länger unser Vertrauen schenken. Wenn wir nicht kämpfen, werden uns die Landräuber immer weiter zurückdrängen, bis wir nicht mehr atmen können im Land unserer Väter.» Mit einem «Hau, ich habe gesprochen!» setzte er sich nieder.

Der Mann zur Rechten reichte ihm eine Pfeife, und Tasunka-witko begann zu rauchen, ruhig, als ginge ihn die Versammlung nichts mehr an und als hätte er nicht soeben zum Krieg gegen die weißen Eindringlinge aufgerufen.

Von draußen klang der nun schneller werdende Rhythmus der Trommelschläge ins Zelt. Die jungen Männer des Stammes tanzten noch immer den Jagdtanz, und vereinzelt hörte man spitze Schreie, die die Tanzenden ausstießen.

Langsam erhob sich der Graue Bär, nachdem er seine Pfeife auf einem kleinen Holzgestell abgelegt hatte. Alle Müdigkeit schien jetzt von ihm abgefallen zu sein, da es galt, dem Aufruf Tasunka-witkos entgegenzutreten. Doch wer ihn kannte, merkte, daß seine Stimme weniger fest und stark klang als sonst.

«Ich will nicht viele Worte machen», begann er, «will unserem Bruder Tasunka-witko nur versichern, daß wir seine Befürchtungen verstehen. Aber er vergißt, daß ich mit unserem Oberhäuptling Rote Wolke die Pfeife geraucht habe. Rote Wolke hat Frieden gemacht mit den weißen Männern. Seine Zelte stehen schon bei ihrer Agentur. Ich werde zu ihm ziehen, und auch unsere Zelte werden in diesem Winter von der Agentur versorgt werden.»

Von den anderen, auch vom Redner, unbemerkt, machte Weitspähender Falke Tasunka-witko ein Zeichen, daß er auch zu sprechen wünschte, wenn der Graue Bär seine Meinung gesagt haben würde. Tasunka-witko deutete sein Einverständnis an. Dann konzentrierte er sich wieder ganz auf den Grauen Bären, der mit mahnenden Worten an den Vertrag von der Pappel erinnerte, der vor wenigen Monaten erst mit einem Beauftragten der Regierung abgeschlossen worden war und der den Dakotas zugestand, über das Gebiet der Black Hills für die Dauer des Vertrages frei zu verfügen.

«Sollen wir auf den bloßen Verdacht hin, der weiße Mann könnte es nicht ehrlich mit uns meinen, unser aller Sicherheit aufs Spiel setzen? Mein Bruder Tasunka-witko vergißt, daß wir unsere Frauen und Kinder schützen müssen. Und sie sind am besten geschützt, wenn wir uns auch zur Agentur begeben. Hau.»

Jeder im Zelt hatte erwartet, daß der Graue Bär länger reden würde, daß er gewichtigere Argumente gegen Tasunka-witkos Aufruf zur Verteidigung vorbringen werde. Der bloße Hinweis auf den Vertrag von der Pappel und darauf, daß auch Rote Wolke zur Agentur der Regierung gezogen sei, dort den Winter zu verbringen, befriedigte niemanden so recht, selbst die Alten nicht, die einen Krieg ablehnten. Auch Tasunka-witko hatte überzeugendere Worte erwartet, doch ein Blick auf das Gesicht des alten Häuptlings belehrte ihn darüber, daß es vergebens sein würde, von ihm mehr zu erhoffen als den Wunsch nach Ruhe und Frieden. Grauer Bär war ein ausgebrannter Mann, das sah Tasunka-witko. Den Winter über bei der Agentur der Regierung zu weilen, fernab von allem Streit und aller Gefahr, die ein Leben in den Bergen mit sich bringen mußte, war sein ganzes Verlangen. Er dachte nicht mehr über das nächste Frühjahr hinaus. Vielleicht lebte in ihm schon die Sehnsucht nach dem Tod.

Um so größere Erwartung setzte Tasunka-witko in den Weitspähenden Falken. Er kannte dessen Entschlossenheit und Tatkraft von manchem Jagdzug, und er schätzte seine rasche Auffassungsgabe wie sein unverbildetes Urteil. Doch er wußte auch: Weitspähender Falke hatte im Rat der Alten zu schweigen, bis das Wort an ihn gerichtet wurde. Einem jungen Häuptling stand es nicht zu, ungefragt seine Meinung zu äußern. Und so versuchte Tasunka-witko ein Letztes, um zu seinem Ziel zu kommen. In das Schweigen, das nach der Rede des Grauen Bären eingetreten war und in dem jeder nur auf die Tanztrommeln zu lauschen schien, fragte er: «Und was sagt der Weitspähende Falke?»

Wie ein Ruck ging es durch die Versammlung, als die Frage gestellt war. Die Alten im Schmuck der Federn und Büffelhörner sahen fast erschrocken drein, und selbst der Graue Bär sandte einen erstaunten Blick zu Tasunka-witko hinüber, wagte jedoch nicht, der Aufforderung des berühmten Gastes zu widersprechen.

Der Weitspähende Falke erhob sich mit einer Selbstverständlichkeit, als bemerke er die Bewegung nicht. Doch statt seine Meinung zu sagen, warf er das Nugget, das er von Pat Patterson als Geschenk bekommen und das er in der Hand gehalten hatte, seit er in das Ratszelt getreten war, auf das Fell zu Füßen des Grauen Bären. Der, unsicher, was die Geste bedeuten sollte, zögerte eine Sekunde, ehe er das Metallklümpchen aufnahm. Dann schien er verstanden zu haben. Er erbleichte, und wortlos reichte er das Nugget an Tasunka-witko weiter.

«Im Shining Stone Creek ist Gold gefunden worden», sagte der Falke scheinbar ohne Leidenschaft. «Ihr wißt, was das bedeutet.»

Er nahm sich Zeit, seine Worte wirken zu lassen. Das Nugget wanderte von Hand zu Hand, und alle starrten darauf wie auf einen Vorboten großen Unheils.

«Heute morgen traf ich auf zwei Männer», fuhr er fort, als sich das Raunen im Kreis gelegt hatte, «die wie Wahnsinnige im Wasser des Shining Stone Creek tanzten, vor Freude darüber, daß im Sand des Baches Gold liegt. Sie werden, sie können es nicht für sich behalten. Vielleicht wimmeln morgen schon die Schwarzen Berge von Bleichgesichtern, die ihren Vater erschlagen würden, um in den Besitz des gelben Metalls zu gelangen. Und mit ihnen werden Soldaten kommen, um ihre Habgier zu schützen. Es wird kein Frieden sein in unseren Bergen, ehrwürdige Väter, tapfere Brüder. Die weißen Männer werden den Vertrag von der Pappel zerreißen.»

Der letzte Satz war an den Grauen Bären allein gerichtet, der jetzt niedergeschlagen und mit hängenden Schultern auf seinem Platz saß. Fast verspürte der Weitspähende Falke Mitleid mit diesem Mann, der einst als Krieger und Mann von Weisheit weit berühmt gewesen war. Und Zuneigung und Ehrfurcht schwangen auch in seinen Worten mit, als er abschließend sagte: «Wir brauchen nicht wie Bettler zur Agentur zu gehen. Die Trommeln rufen zum Büffeltanz. Unsere Zelte werden in diesem Winter genug Fleisch haben.»

Der Graue Bär erhob sich, trat auf den Ausgang des Zeltes zu und schlug die Decke zurück. Das war das Zeichen für das Ende der Ratsversammlung. Wortlos standen alle auf und traten vor das Zelt, und ernst schauten sie dem Tanz zu, mit dem die jungen Männer in der herabsinkenden Dämmerung nach uraltem Ritus den Großen Geist um eine reiche Jagdbeute anflehten. Hier draußen klangen die Trommelschläge härter, fordernder, und manch einem der Alten gingen sie ins Blut und ließen die Erinnerung an die Tage der Jugend wach werden.

Der Weitspähende Falke reihte sich in den Tanz ein und war bald ganz mit der stampfenden, immer hektischer werdenden Bewegung der Leiber verschmolzen.

Tasunka-witko überblickte noch einmal das weite, grasbewachsene Tal unter der steil aufragenden Felswand im Norden, in dem die Zelte in einem großen Halbkreis angeordnet waren. Die tiefstehende Sonne ließ die Schatten der Tänzer mit jeder Minute länger weden. Dann schwang er sich aufs Pferd; seine Begleiter taten es ihm gleich.

Als er im Sattel saß, löste sich der Graue Bär aus der Gruppe der Alten. «Nach den Herbstjagden senden wir unseren Boten in die Zelte von Tasunka-witko», sagte er förmlich. «Wir wollen keine übereilten Beschlüsse fassen.»

«Mein Bruder ist klug», entgegnete Tasunka-witko mit einem ermunternden Lächeln. «Er wird bedenken, daß nur die Kraft aller Stämme der Dakota die weißen Landdiebe zwingen kann, die Verträge zu achten.» Er hob die Hand zum Gruß und sprengte, von seinen Begleitern gefolgt, dem östlichen Talausgang zu.

Am nächsten Morgen brachen fünfundzwanzig junge Männer, unter ihnen der Weitspähende Falke und der Flinke Hirsch, nach den Jagdgründen der Dakotas am White River auf. Als sie nach zwei Tagesritten die Prärie erreicht hatten, bot sich ihnen ein grauenvolles Bild. Hunderte von Büffelkadavern bedeckten die Ebene. Geier hockten auf ihnen und rissen mit scharfen Schnäbeln Fetzen stinkenden Fleisches heraus. Joe Bludgeons Männer, die aus Tanglewood vierzehn Tage zuvor mit unbekanntem Ziel aufgebrochen waren, hatten ganze Arbeit geleistet.

Fassunglos verharrten die Indianer in der durch den Aasgeruch verpesteten

Luft. Erst allmählich wurde allen bewußt, was das sinnlose Abschlachten der Büffel für ihre Stammesabteilung bedeutete: Man wollte sie dem Hunger preisgeben, wollte sie zwingen, die Black Hills zu verlassen und den Winter bei der Agentur zu verbringen. Trotz des Zorns, der in ihnen brodelte, sprach niemand ein Wort. Das Verbrechen erschien ihnen so ungeheuerlich, daß ihnen die Kehlen wie zugeschnürt waren.

Aus der Ferne klang, wie zum Hohn, das Heulen einer Lokomotive der Union Pacific Railway herüber.

Da zerriß der Racheruf des Weitspähenden Falken die Stille und wurde von den Männern aufgenommen.

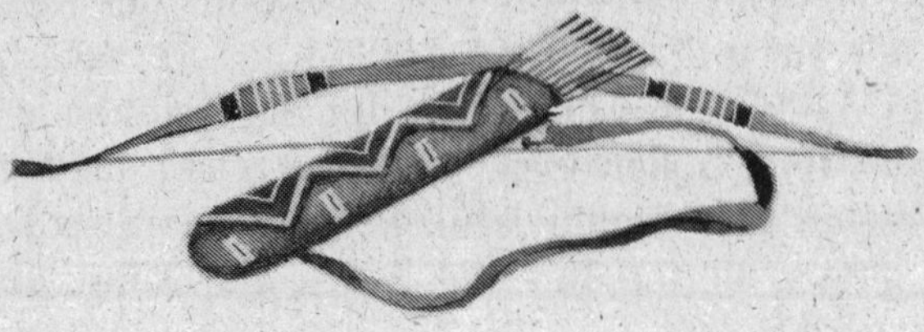

4 Seit am 10. Mai des Jahres 1869 bei Ogden in den Rocky Mountains die letzte Schwelle und das letzte Schienenstück der Union Pacific Railway gelegt worden war, transportierte diese Eisenbahn Monat für Monat Tausende Zuwanderer aus den Oststaaten in den mittleren und fernen Westen, Männer mit und ohne Familien, die mit ihren meist nur erbärmlichen Habseligkeiten einem neuen Leben und, wie sie meinten, dem Glück entgegenfuhren. Im Westen sollte das Gold in den Bächen liegen; hier warteten Prärien, die schon beim Bau der Eisenbahn von den Bisons fast entvölkert worden waren, auf riesige Rinderherden, deren Fleisch wiederum dank der Bahn auf schnellem Weg in die Schlachthöfe transportiert werden konnte; hier war Ackerboden in Fülle für ein Spottgeld zu haben. Die Weiten des Westens lockten und versprachen nie gekannte Freiheit von all den Banden, die den Menschen im zivilisierten Osten einengten, vor allem Freiheit vom allzuoft drückend empfundenen Gesetz.

Aber der Westen drohte auch. Wie viele Geschichten über die wilden, blutrünstigen Indianer waren im Umlauf! Erzählungen und Romane verbreiteten sie, und das Land war voll von den Erlebnissen eines Mannes, der sich Buffalo Bill nannte und sich rühmte, in zehn Minuten fünfzig Büffel erlegen zu können, eines Mannes, der vielen der Züge regulärer Truppen gegen die Indianer als Scout zugeteilt gewesen war und dem ein Indianerleben nicht mehr galt als das Leben eines Bisons.

So fuhren die Auswanderer denn mit Hoffen und Bangen ihren unbekannten Zielen entgegen, bereit, das Glück beim Schopf zu packen, wann immer und wo immer es sich zeigte, und jedem, der Miene machte, sich zwischen sie und das Glück zu stellen, besonders aber den Indianern den Garaus zu machen. Nach einem Recht dieser Indianer auf das Land, das sie bewohnten, fragten sie nicht. Ihre ganze Sorge war darauf gerichtet, heil ihr Ziel zu erreichen, und immer wieder, wenn der Zug durch die weiten Prärien jenseits des Missouri fuhr, blickten die Männer und Frauen besorgt aus den Fenstern, ob sich nicht irgendwo die Spur einer Schar Rothäute zeigte, den mörderischen Zustrom von weißen Siedlern zu unterbrechen.

Der Zug, der an einem sonnigen Tag im Oktober des Jahres 1875 durch die endlosen grünen Weiten dampfte, machte, was die Passagiere und deren Hoffnungen und Befürchtungen anging, keine Ausnahme. Die Waggons waren vollgestopft mit Menschen und Gepäckstücken, auf denen Kinder schliefen oder zwischen denen sie herumtollten; Frauen hielten Säuglinge auf dem Arm, Männer rauchten, beobachteten durch die Fenster die vorüberhuschende Prärie oder dösten vor sich hin. Eine Abteilung Dragoner, die in die Black Hills abkommandiert war, machte die drangvolle Enge komplett. Vorn, auf dem Kuhfänger der Lokomotive, saßen zwei Scouts, Winchesterbüchsen in den Händen, bereit, sofort auf Menschen und Tiere zu schießen, die sich dem Zug in den Weg stellen würden. Auf dem Dach des zweiten Waggons waren zusätzlich zwei reguläre Soldaten postiert, so daß das Ganze eher den Eindruck eines Truppentransports in feindlichem Land als den einer zivilen Reisegesellschaft machte.

In einem der Abteile, einen großen Schließkorb zwischen die Füße gestellt, saßen drei Männer beim Pokern beisammen, als kümmere sie nicht die mögliche Gefahr, derentwegen der Zug so gesichert war. Ein vierter, dem man trotz seines martialischen Aussehens den Neuling im Westen auf den ersten Blick ansah, stand gegen die Abteilwand gelehnt und verfolgte mit Interesse, wie der Sergeant McDryden Spiel um Spiel gegen die Herren Bashan und Fletcher verlor. Mitfühlend wiegte er jedesmal den Kopf, wenn der Sergeant wieder eine Hand, die er für aussichtsvoll gehalten hatte, auf den Schließkorb warf, wo Bashan und Fletcher bereits höhere Karten aufgedeckt hatten.

Der Zuschauer hieß Peter Hille und war ein nicht mehr ganz junger Mann von kleinem Wuchs, in dessen Augen eine seltsame Mischung aus Aufgewecktheit und verträumter Schläfrigkeit stand, was seinem Gesicht oft genug einen schafsmäßigen Ausdruck verlieh, es zuzeiten aber pfiffig aussehen ließ. Wer ihn näher kannte, wußte, daß in Peter Jonathan Hille oder Pete, wie er von Kindesbeinen an genannt wurde, eine ganz eigene, oft bis zum Eigensinn verfestigte Vorstellung von der Welt und von dem, was gut und was schlecht war, lebte. Hinzu kam, daß sein Ehrgefühl äußerst kitzlig war. Wenn er sich beleidigt fühlte – und das war nicht gerade selten der Fall –, dann kümmerte es ihn nicht, ob der Beleidiger ein bärenstarker Kerl oder vielleicht gar ein Messer- oder Revolverheld war. In einer Art Blindheit ging er auf ihn los, wobei er ununterbrochen auf den Gegner einredete und einschlug. Unter seinen Freunden in Pennsylvania, wo er in einem gottverlassenen Nest am Susquehanna bei einem Farmer als schlechtbezahlter Schweizer gearbeitet hatte, wurde die Geschichte von seiner Rauferei mit einem weitbekannten und weitgefürchteten Preisboxer noch immer erzählt, und besonders reich schmückten sie die Passage aus, in der Pete, da ihm in seiner Wut keine anderen Sätze in den Sinn kamen, mit lauter Stimme die zehn Gebote rezitierte, während er auf dem erstaunten und belustigten Boxer herumdrosch und diesen auch bei der Anweisung «Du sollst kein falsch Zeugnis reden wider deinen Nächsten» so glücklich und hart am Kinn traf, daß der lautlos in sich zusammensackte und für Minuten reglos am Boden lag.

Auch jetzt, da er der Pokerpartie zuschaute und sah, wie Bashan und Fletcher dem immer dümmlicher dreinschauenden Sergeanten einen Dollar nach dem anderen abnahmen, mahlten seine Kiefer, und ein Strom von unverständlich gemurmelten Worten kam aus seinem Mund. Schließlich konnte er nicht mehr an sich halten, und laut sagte er: «Mensch, Sergeant, Sie gehen vor die Hunde. Wenn Sie noch eine Stunde weiterspielen, dann ist Ihre Löhnung für die nächsten beiden Monate zum Teufel. Geben Sie's auf. Die beiden Gentlemen sind geschickter als Sie.»

Bashan quittierte diese Rede mit einem trägen Blick aus seinen stets rotgeränderten Augen. Nichts war aus diesem Blick zu lesen, und doch hätte er jeden, auf den er gerichtet war, zum Schweigen gebracht, jeden außer Peter Jonathan Hille. Der begegnete diesem Blick in aller Unschuld und all seinem gekränkten Rechtsempfinden wie ein Kind einer blutrünstigen Dogge.

«Ich an Ihrer Stelle», sagte er ungerührt, «würde gleich einmal nachschauen, ob das mit rechten Dingen zugeht.» Und er griff in Stellvertretung des betrogenen Sergeanten nach den fünfzehn Karten, die auf dem Schließkorb lagen und die den wagemutigen Dragoner, der mit einem Straight diesmal einen fetten Pott zu gewinnen gedacht hatte und von einem Full House in Fletchers Hand geschlagen worden war, mindestens um fünf Dollar leichter gemacht hatten. Doch ehe Hille noch einen Finger auf die Karten legen konnte, fühlte er einen brennenden Schmerz in der Hand. Bashan hatte in der mehr beiläufigen Art, in der er mit Menschen umzugehen pflegte, seine brennende Zigarre zwischen Petes Hand und den Talon geführt.

«Nimm deine unnützen Pfoten weg», sagte er dabei träge. «Die Karten sind heiß.»

Gleichzeitig, wie auf Verabredung, zog Fletcher seinen Revolver. Er richtete den Lauf auf Hilles Bauch. «Hau endlich ab!» Auf seinem ebenmäßigen, scharfgeschnittenen Gesicht mit dem strichschmalen Bärtchen auf der Oberlippe erschien ein Ausdruck von kalter, grausamer Entschlossenheit, der die Furcht verständlich machte, die jeder vor diesem Mann hegte, der ihn schon einmal in Aktion gesehen hatte.

Pete rieb sich die schmerzende Rechte, zog mit einer ungeschickten Bewegung der Ellbogen sein funkelnagelneues Coltgehänge, das er sich auf Anraten von Freunden vor der Fahrt in den Westen gekauft hatte, zurecht und ging, noch immer die verbrannte Hand reibend, zögernd auf die Tür zum nächsten Abteil zu.

Fletcher ließ seinen Colt spielerisch um den Zeigefinger kreisen und grinste hinter ihm her. Bashan paffte wieder an seiner Zigarre und mischte bedächtig die Karten zu einem neuen Spiel.

Im nächsten Abteil, in dem sich eine Gruppe von vielleicht zehn Zuwanderern um einen Mann von fast vornehm zu nennendem Äußeren gruppiert hatten, herrschte eine ziemlich gedrückte Stimmung. Das Lächeln des Mannes im Mittelpunkt, das zwei übermäßig große Eckzähne entblößte und so alle Beruhigung und alles Vertrauen, die es verbreiten sollte, teilweise wieder zunichte machte, wirkte fehl am Platz. Die anderen Gesichter im Abteil blieben ernst, und Pete setzte sich still auf einen freien Platz.

«Ich verstehe Ihre Besorgnis nicht, meine Herren», sagte der lächelnde Mann und fuhr mit einer Bewegung glättend über seinen braunen Bart, in dem sich erste graue Strähnen zeigten. «Die Regierung hat mir das Land in den Black Hills übertragen. Ich habe an Sie Land verkauft, zu einem Preis, meine Herren, für den Sie in einem Vierteljahr kein Blumenbeet mehr bekommen.» Seine Stimme klang fest und bestimmt, duldete keinen Widerspruch, und hinter den höflichen Worten stand nichts weniger als Freundlichkeit. Er, das machte sein Tonfall unmißverständlich klar, hatte die anderen in der Hand. Sie hatten Gelder an ihn gezahlt und von ihm dafür einen schriftlich fixierten Anspruch auf ein Stück Land erhalten, auf ein Stück Land übrigens, das in der Regel weitaus größer war als die Felder und Weiden, die die Farmer im übervölkerten Osten bewirtschafteten. «Beruhigen Sie sich also», fuhr er fort. «Ich werde Sie und auch die junge Dame», er machte eine leichte Kopfbewegung zum Fenster hin, an das ein blondes Mädchen von achtzehn Jahren lehnte und dem Gespräch der Männer mit wachem Auge folgte, «sicher in Ihre neue Heimat bringen. Joe Bludgeons Name auf einem Vertrag ist so gut wie Gold. Für den bekommen Sie auch bei der Bank von England allen Kredit, den Sie brauchen.»

Er lachte nicht mehr und sah Pete nur drohend an, als der unbekümmert sagte: «Liegt die nicht ein bißchen weit von hier, die Bank von England?»

«Jedenfalls», wiederholte er dann bekräftigend, «besteht nicht der geringste Anlaß zur Unruhe. Laut Regierungsbeschluß müssen die Rothäute sich alle bis zum einunddreißigsten Januar sechsundsiebzig in für sie bestimmten Reservationen einfinden. Ein Teil von ihnen ist schon dort, der Rest wird folgen.» Den letzten Satz sagte er mit der Sicherheit eines Mannes, der Vorsorge getroffen hat, daß sich auch erfüllt, was er verkündet, und er unterstrich die Sicherheit wieder mit einem Lächeln.

Catherine, das Mädchen am Fenster, mochte dieses Lächeln nicht. Der Mann war ihr überhaupt unheimlich, trotz seines gepflegten Anzugs aus dunkelblauem Doppeltuch und der ordentlich gebundenen roten Schleife auf dem weißen Hemd, das nach fast zweitägiger Reise noch immer makellos sauber war. Sie hatte ihrem Vater abgeraten, als er zwei Wochen nach dem Tod der Mutter seine Farm verkaufte und den Erlös dazu verwenden wollte, von Bludgeon ein, am bescheidenen Ausmaß des bisherigen Besitzes gemessen, freilich riesiges Stück Land in den Vorbergen der Black Hills zu erwerben. Doch der Vater war unbelehrbar geblieben. In ihm lebte nur noch der Gedanke, im Westen frei und unabhängig existieren und arbeiten zu können. Er träumte, wie viele seinesgleichen, von großen Rinderherden, die er über die Prärie treiben konnte; er träumte von unübersehbaren Feldern mit Mais und Korn. Und der Traum hatte ihn blind gemacht, auch dafür, daß er im Grunde für sein Geld nichts erhalten hatte als ein Stück Papier mit der Unterschrift des Ehrenmannes Joe Bludgeon.

Erst seit sie auf der Bahn saßen und sich in den schlechtgefederten Wagen Stunde um Stunde durchrütteln lassen mußten, waren ihm Bedenken gekommen. Besonders die Bekanntschaft mit den anderen Männern, die gleich ihm ihr Vertrauen in Bludgeon gesetzt hatten und von denen einige nun doch nicht mehr so felsenfest daran glaubten, daß dieser Mann untadelig sei, ließ in ihm den Verdacht wachsen, es könnte nicht alles seine Richtigkeit haben. Aber erst vor einer Stunde hatte er Catherine gegenüber seinen Verdacht geäußert, und die hatte wenig tun können, um den Vater, der noch immer schwer am Tod seiner Frau trug, nicht noch unsicherer zu stimmen. So hatte sie denn begütigend davon gesprochen, daß alles gut auslaufen werde und daß es schließlich noch ein Gesetz in den Staaten gebe und Gerichte, Betrug zu ahnden.

Jetzt aber, da sie am Fenster stand und Bludgeons unbekümmerte, selbstsichere Art zu durchschauen begann, war ihre gespielte Sicherheit wie weggeblasen. So sprach nur einer, der mit Menschen und Gesetzen, nach denen sie lebten, nicht viel Federlesens machen würde, wenn es darauf ankam, einen Vorteil für sich herauszuschinden. Und seine beiden Begleiter im Nebenabteil, die von Zeit zu Zeit den Kopf durch die Tür steckten und sich mit der stereotypen Frage «Alles in Ordnung, Chef?» an ihn wandten, hatten ihr Bludgeon nicht sympathischer gemacht, genausowenig wie die in rüdem Ton vorgetragenen Komplimente, mit denen Bludgeon sie bedachte.

Besonders die Art, wie er über die Indianer sprach, ließ sie erschrecken. Zwar war Catherine, wie alle, daran gewöhnt, Rothäute nicht als gleichberechtigte Menschen anzusehen; doch als Bludgeon die Bemerkung machte, es sei schade, daß das Pack nicht dichtbehaartes Fell hätte, damit man Pelze aus ihm machen könne, war ihr ein Schauer über den Rücken gelaufen. Wer so von Menschen sprach, auch wenn es sich um Wilde handelte, verdiente nichts als Mißtrauen. Voller Mitgefühl hörte sie, wie ihr Vater, zwischen Hoffen und Bangen schwebend das Wort an Bludgeon richtete.

«Ich fürchte», sagte er mit unsicherer Stimme, aus der nur zu deutlich die klägliche Bereitschaft herauszuhören war, seine Befürchtungen, koste es, was es wolle, zerstreuen zu lassen, «die Dakotas werden noch ein Wörtchen bei den Landverkäufen mitreden wollen. Bis sich alles beruhigt hat, wird wohl einige Zeit voller Unruhe vergehen. Oder meinen Sie nicht, Mister Bludgeon?»

«Bravo, Emerson. Sie sind ein real denkender Mann.» Wieder strich sich Bludgeon den Bart. «Sie denken über heute und morgen hinaus, genau wie ich und meine Freunde.» Er beugte sich ein Stück weiter vor, in die Richtung, in der Emerson saß, und dämpfte seine Stimme um einige Grade, sprach aber immer noch laut genug, daß alle im Abteil ihn verstehen konnten. «Im Vertrauen: Wir haben unsere Köpfe schon angestrengt. Die Rothäute werden schneller begreifen, als ihnen lieb ist, daß sie in den Black Hills nichts mehr verloren haben. Habe ich mich klar genug ausgedrückt?»

Emerson nickte mechanisch, obwohl er sich nicht recht vorstellen konnte, was die Indianer so schnell zu der Einsicht bringen sollte, daß sie ihr Land verlassen müßten.

Peter Jonathan Hille aber forschte aufmerksam in Bludgeons Miene, ob sich dort vielleicht eine Spur fände, die auf Bludgeons Pläne deuten mochte. Doch das lange, schmale Gesicht mit den wasserblauen Augen unterm schwarzen Haar, der großen Nase und dem zu kleinen Mund blieb unbewegt. Erst als einer der Männer, ein vierschrötiger Kerl mit wildwucherndem Vollbart und breiter Brust, die das karierte Hemd zu sprengen drohte, mehr sachlich als aufgebracht «Abknallen!» sagte, verzogen sich Bludgeons Mundwinkel nach unten, und er widersprach bedächtig.

«Das ist kein ganz schlechter Gedanke», sagte er. Und dann, nach einer sekundenlangen Pause: «Aber er ist auch nicht ganz neu. Und zudem bei einigen Menschheitsaposteln mit und ohne Talar im Osten doch recht unpopulär.»

«Ich würde ihn weniger als unpopulär bezeichnen», mischte sich Hille wieder ins Gespräch, «eher als unmenschlich.» Dabei sah er Bludgeon herausfordernd an.

«Sie sind klug, Mister Hille», entgegnete Bludgeon mit einem Anflug von Sarkasmus in der Stimme, «klug und mitfühlend, und das ehrt Sie und macht Sie mir wahnsinnig sympathisch.» An den schießwütigen Burschen gewandt, fuhr er fort: «Es gibt auch andere Mittel, genauso wirkungsvolle. Zum Beispiel: Einige sehr gute Freunde, die sehr gut schießen können, sind zu dieser Stunde unterwegs. Und sie haben sehr gute Gewehre bei sich ... Sehr gute Gewehre», wiederholte er versonnen. Er lehnte sich zurück, schloß die Augen und sprach weiter wie einer, der einem klugen Gedanken nachhängt. «Stellen Sie sich vor: Auch Indianer müssen essen. Das Leben in der freien Luft macht besonders hungrig. Keine Büffel, keine Indianer. Das ist eine Rechnung, die schon oft aufgegangen ist. Und sie wird auch in den Black Hills aufgehen. Ich habe fünfhundert Dollar in dieses Unternehmen gesteckt, und wer mich kennt, weiß, daß ich mein Geld nie zum Fester hinauswerfe.»

Peter Jonathan Hille stieg die Übelkeit in die Kehle. Soviel Tüchtigkeit, soviel Ehrbarkeit, soviel Schlauheit konnte er nicht vertragen. Wortlos stand er auf und ging ins Nebenabteil zurück. Wenn er schon verdammt war, mit Ganoven zu reisen, dann wollte er wenigstens solchen gegenübersitzen, die sich nicht mit feinen Anzügen behängten.

5 Der eine der beiden Scouts, die auf dem Kuhfänger postiert waren, hatte trotz des stetigen Rüttelns der Lokomotive auf dem schlechten Schienenweg und des ohrenzerreißenden Lärms, den die Maschine verursachte, alle Mühe, wach zu bleiben. Hin und wieder sah er mit Augen, deren Lider schwer waren vor Müdigkeit, zu seinem Kameraden hinüber, blinzelte, lächelte, richtete den Blick wieder nach vorn, wo sich die Prärie tellerflach und in allen Schattierungen von Grün und Braun spielend bis zum Horizont dehnte. Nur im Norden wurde sie von den bläulich herüberschimmernden Black Hills begrenzt.

Den ganzen Tag über hatten sie keinen Büffel zu Gesicht bekommen und keinen Indianer. Es schien, als mieden die Tiere, von ihrem Instinkt gewarnt, die tödliche Nähe der Eisenbahn, gegen deren dampfgetriebene Gewalt sie auch in Rudeln nichts ausrichten konnten. Und die Indianer hatten anscheinend den Widerstand gegen die für sie genauso tödliche Zuwanderung von Siedlern aufgegeben. Jedenfalls hatte der Scout in seiner dreijährigen Praxis als Begleiter im Linienverkehr der Union Pacific erst zweimal einen Indianerüberfall im Gebiet diesseits der Rocky Mountains erlebt, und jedesmal waren er und die Passagiere mit heiler Haut und dem Schrecken davongekommen, während die angreifenden Indianer gehörig hatten bluten müssen. Seit nunmehr fünfzehn Monaten erwies sich die Fahrt durch die Indianergebiete südlich der Black Hills als völlig gefahrlos, und tauchte nicht manchmal doch ein Büffel in respektvoller Entfernung vom Zug auf, auf den man schießen konnte, so hätte man vor Langeweile umkommen können. Doch die Company bestand auf ausreichenden Schutz für ihre Passagiere, wohl auch deshalb, um den Herren in Washington zu demonstrieren, wie gefährlich ihr Unternehmen und wie notwendig es sei, es entsprechend zu unterstützen.

Ein wenig wehmütig dachte der Scout daran, daß die Zeiten, da Buffalo Bill dutzendweise Tiere und Menschen abschießen konnte, wohl nun endgültig vorbei wären. Übermächtig drückte der Schlaf auf seine Lider. Die eintönige

Landschaft, die nur selten durch Bäume, eine Bodenwelle oder eine Gruppe kahler, gelbgrauer Felsen belebt wurde, verschwamm vor seinen Augen, wurde konturenlos, als sehe er sie durch einen Schleier. Auch das heisere, nicht abreißen wollende Tuten der Dampfpfeife, das plötzlich über ihm aufflammte, erschien ihm für eine Sekunde unwirklich und zu seinem Halbschlaf gehörend. Dann aber, als sein Begleiter einen Schuß abfeuerte und wild «Alarm!» schrie, wurde er in die Wirklichkeit hineingerissen. Mechanisch hob er die Winchesterbüchse an die Wange und zielte, so gut es das Rütteln der Lokomotive zulassen wollte, auf einen rothäutigen Mann, der auf einem schwarzen Pferd vorn rechts hinter einem Felsbrocken hervorgaloppierte. Er traf nicht, und als er ein zweites Mal schießen wollte, war der Indianer aus seinem Gesichtsfeld verschwunden. An seiner Stelle tauchte eine Schar Reiter auf, alle mit freiem Oberkörper und die Gesichter durch Bemalung mit schwarzer und weißer Farbe zu kriegerischen Masken entstellt. Blindlings schoß er einmal, zweimal in die Menge, traf ein Pferd, das sich hoch aufbäumte und mit einem schrecklichen Schrei, der sogar das heisere Gellen der Dampfpfeife übertönte, den Reiter abwarf, ehe es seitwärts zusammenbrach und den Mann unter sich begrub.

Unterdessen war in den Zugabteilen ein unbeschreibliches Chaos losgebrochen. Winselnd oder stumm vor Entsetzen versuchten Frauen und Kinder Pfeilen zu entgehen, die durch die offenstehenden oder bereits zerbrochenen Fenster zischten. Sie warfen sich zu Boden, duckten sich unter die Bänke. Glas splitterte, Schüsse krachten, Pulverrauch hing stinkend und zäh in der Luft und machte das Atmen schwer. Die Dragoner, soweit sie nicht auf den Wagendächern postiert waren und von dorther auf die Angreifer schossen, belegten von den Fenstern aus die neben dem Zug reitenden Schemen mit hastigem Feuer. Zeit zum Zielen blieb nicht; es galt nur, die Angreifer durch einen dichten Schußhagel daran zu hindern, den Zug zu entern.

Auch die meisten der Zuwanderer beteiligten sich an dem Kampf, und obgleich ihnen der Schreck deutlicher als den Dragonern im Gesicht geschrieben stand, bewährten sie sich in dieser für sie ungewohnten Lage. Sogar Emerson fingerte ungeschickt am Hahn seines Revolvers, drückte ihn durch, und der Rückstoß schleuderte seine Hand aufwärts, so daß das Geschoß in die hölzerne Decke drang.

Peter Hille stellte sich schützend vor Catherine, die sich in eine Ecke gedrückt hatte. Ein Pfeil zischte um Handbreite an seinem Kopf vorbei und bohrte sich in die Abteilwand. Mehr verwundert als erschrocken betrachtete er das Geschoß.

Bludgeon hatte seinen Sitzplatz nicht verlassen. Sein Gesicht war beim ersten Schuß schon um eine Schattierung blasser geworden, Schweiß stand ihm auf der Stirn, sein deutlich ausgeprägter Adamsapfel sprang vor Erregung auf und ab.

Nun war erreicht, was er gewollt hatte: Die Dakotas in den Black Hills waren aus ihrer Reserve gelockt. Wahrscheinlich hatten sie früher als erwartet ihre Winterquartiere aufgesucht und das Gemetzel unter den Büffeln entdeckt. Jetzt antworteten sie mit einem Überfall. Er tastete nach der flachen Whiskyflasche in der Innentasche seiner Jacke, schraubte sie auf und nahm zwei, drei tiefe Schlucke. Der Whisky benetzte seine trockene Kehle, rieselte heiß die Speiseröhre hinunter und brannte angenehm im Magen. Bludgeon stöhnte leise und wohlig, wischte sich den Mund mit dem Handrücken.

«Los, Dicker!» rief er zu Bashan hinüber, der an einem Fenster stand und aus zwei Revolvern so schnell feuerte, wie sich die Trommeln nur drehen wollten. «Zeig's dem Gesindel!»

Bashan wandte sich kurz um, grinste über sein schweißglänzendes, verschmiertes Gesicht und nickte.

Dieser Überfall konnte der Anfang vom Ende der Dakotas sein! Zu dumm nur, daß er, Bludgeon, in ihn verwickelt worden war. Er hatte das Losbrechen der Indianer erst in einigen Wochen erwartet und sich beeilt, bis dahin wieder in Tanglewood zu sein, um von dort die Gegenmaßnahmen zu leiten und das Eingreifen der Regierungstruppen beschleunigen und lenken zu können. Jetzt steckte er selber mitten im Kampf. Unwillkürlich zog er den Kopf ein Stück tiefer in den Kragen. Vor dem Schwirren der Pfeile fürchtete er sich nicht. Die Wände des Waggons konnten sie nicht durchschlagen, und sein Platz lag außerhalb des Schußfeldes der durch das Fenster dringenden Geschosse. Bludgeons Sorge war einzig darauf gerichtet, ob die Indianer mit Gewehren ausgerüstet waren. Doch sowohl Bashan als auch Leutnant Forsythe, der Anführer der Dragonerabteilung, konnten ihn in diesem Punkt beruhigen: Fast alle Angreifer waren nur mit Pfeil und Bogen bewaffnet. Forsythe hatte zuversichtlich gelächelt, als er den Reisenden die Mitteilung machte, und war dann schnell weitergehastet, um seinen Leuten neue Anweisungen zu geben.

«Na, Mister, wie gefällt Ihnen der Zauber?» rief Peter Hille aus seiner Ecke herüber. «Die Herren Wilden scheinen doch nicht damit einverstanden zu sein, Ihnen ihr Land abzutreten.»

«Reden Sie keinen Unsinn!» entgegnete Bludgeon scharf. «Helfen Sie uns lieber, aus dem Schlamassel herauszukommen. Wenn der Zug stehenbleibt, haben wir alle nichts zu lachen.»

Wie zur Bestätigung begann der Zug rapide an Geschwindigkeit zu verlieren. Bludgeon sprang erschrocken von seinem Sitz. Er achtete nicht auf das Triumphgeschrei Fletchers, der einen Indianer mitten in die Brust getroffen hatte.

«Was ist los?» schrie er.

«Scheint was mit der Lokomotive zu sein», sagte Bashan ruhig, während er die Trommeln seiner beiden Colts lud.

«Das kann ich mir denken, du Idiot!» Angst griff nach Bludgeons Kehle. Er warf sich flach auf den Boden. «Leutnant!» rief er von unten herauf. «Wenn der Zug zum Stehen kommt, massakrieren uns die Rothäute bei lebendigem Leib!»

Und das war der Grund für Bludgeons Angst und Aufregung: Ein Pfeil vom Flinken Hirsch hatte den Lokomotivführer in den Rücken getroffen. Der sackte nach vorn und hing mit dem ganzen Gewicht seines Oberkörpers auf dem Bremshebel und verlangsamte so die Fahrt des Zuges.

Das war das Signal für den Weitspähenden Falken, einen Versuch zu wagen, der den Zug endgültig zum Stehen bringen sollte. Einige Sekunden lang galoppierte er hinter dem letzten Wagen her, während der Flinke Hirsch und ein anderer Krieger mit ihren Pfeilen den Dragoner in Schach hielten, der versuchte, vom letzten Abteilfenster aus zum Schuß auf den Falken zu kommen. Zweimal mußte er vor den Geschossen der Indianer in Deckung gehen, so daß der Falke Gelegenheit bekam, sein tollkühnes Unternehmen auszuführen. Als er auf Reichweite an den letzten Waggon herangekommen war, legte er all seine Kraft in den Sprung, löste sich von seinem Pferd, bekam das überstehende Wagendach zu fassen, pendelte für den Bruchteil einer Sekunde hin und her und zog sich dann hoch. Kriechend bewegte er sich vorwärts, unbemerkt von den beiden Soldaten auf dem Dach, die vollauf damit beschäftigt waren, Schuß um Schuß gegen die neben dem Zug herreitenden Indianer abzufeuern.

Mit gewagtem Sprung schnellte er auf das Dach des nächsten Waggons und stand, schwankend im Rhythmus des Zuges, über den Soldaten. Noch ehe sie sich aufraffen konnten, hatte Falke den einen von ihnen an den Beinen gepackt, und er warf den verdutzten Mann kopfüber in die Tiefe. Inzwischen hatte sich der zweite Soldat so weit von seinem Schrecken erholt, daß er sein Gewehr mit beiden Händen am Lauf faßte und es dem noch gebeugt dastehenden Falken mit aller Gewalt gegen die Brust stieß. Fast wäre der Indianer durch diesen Stoß vom Dach geschleudert worden, hätte er sich nicht Zentimeter vom Rand des Daches fangen und sich auf seinen Gegner werfen können. Ein kurzer, heftiger Ringkampf folgte, bei dem der Soldat durch die Uniform, die dem Falken Gelegenheit bot, den Widersacher zu packen, im Nachteil war. Als der Indianer die Rechte freibekam, schmetterte er sie mit solcher Wucht gegen die Schläfe des Soldaten, daß diesem die Sinne schwanden. Bewußtlos rollte er vom Waggondach. Nun schien der Weg zum Führerstand der Lokomotive für den Falken frei zu sein.

Doch in dem Augenblick, da er den letzten Wagen des Zugs geentert hatte, waren sich die beiden Scouts auf dem Kuhfänger mit Schrecken der Gefahr bewußt geworden, die allen von einem Stillstehen des Zuges drohte. Zwar wußten sie nicht, was dem Lokomotivführer zugestoßen war, doch ahnten sie, daß er die Herrschaft über die Maschine verloren haben mußte. In einem

halsbrecherischen Versuch, den Führerstand zu erreichen, kletterte einer der Scouts, von dem anderen durch Feuerschutz gegen die vordringenden Indianer unterstützt, am Kessel der Lokomotive entlang, krallte sich an Schrauben und Hebeln fest und tastete vorsichtig mit dem Fuß vor, ehe er ihn fest aufzusetzen wagte.

Als der Scout sich mit einem letzten, verzweifelten Sprung ins Führerhaus rettete und ohne Überlegung den toten Lokomotivführer hochriß, hob der Falke vorsichtig den Oberkörper, um sich auf den Tender hinunterfallen zu lassen. Doch der zweite Scout sah die Bewegung. Ein Schuß aus der Winchesterbüchse zwang den Indianer, wieder Deckung zu suchen. Gleichzeitig merkte er, wie der Zug zunehmend an Geschwindigkeit gewann. Nun wußte er: Der Anschlag war mißglückt. Ihre einzige Chance hatte darin gelegen, den Zug so schnell wie möglich zum Stehen zu bringen. Jetzt würden die Pferde nicht mehr lange die Geschwindigkeit des Zuges mithalten können. Sie waren schon ziemlich erschöpft.

Entschlossen setzte er die Pfeife, die an einer Schnur um seinen Hals hing, an den Mund und ließ ein gellendes Signal ertönen. Sofort zügelten die Dakotas ihre Pferde und schwenkten ab. Einige ledige Tiere sprengten hinter dem Haufen der Krieger, unter ihnen auch das Pferd des Flinken Hirschs, dessen Leben der andere Scout mit einem Schuß in den Kopf ein Ende gemacht hatte.

Nur das Pferd des Weitspähenden Falken jagte noch neben dem Zuge her, Schaum vorm Mund und mit gespitzten Ohren.

Vorsichtig, um sich dem noch immer lauernden Scout auch nicht durch die kleinste Bewegung zu verraten, schob sich der junge Häuptling an den Rand des Daches. Er spähte hinunter, sah das Tier auf gleicher Höhe. Blitzschnell richtete er sich auf, nun ohne auf die Schüsse des Scouts zu achten, und sprang auf den Rücken des Pferdes, das sofort reagierte und ohne den mindesten Schenkeldruck in voller Karriere hinter den anderen herjagte.

Im Innern des Zuges dauerte es noch eine geraume Weile, bis sich der Schrecken gelegt hatte. Bludgeon war der erste, der seine Fassung wiedererlangte. Unbekümmert, als hätte er sich nie auf den Boden geworfen, klopfte er umständlich den Staub von Hose und Jacke und setzte seinen Hut wieder auf, den Bashan ihm mit verständnisvollem Grinsen reichte.

«Das hätten wir gut überstanden», sagte der Revolverheld und blies nach alter Westsitte in die Läufe seiner beiden Colts. Dann machte er sich gemächlich daran, die Kammern wieder zu füllen. «Für den Fall, daß diesen Hunden noch einmal das rote Fell juckt», erklärte er. Dann sah er sich nach seinem Partner Fletcher um, zwinkerte ihm zu und machte die Bewegung des Kartenmischens.

Der hob bedauernd die Achseln. «Unserm Sergeanten hat ein Pfeil das Ohr an die Wand genagelt», sagte er. «Einige Damen kümmern sich um den Helden. Der ist so bald nicht wieder vernehmungsfähig. Und von den anderen Herrschaften hier», er sah sich herausfordernd im Kreis um, «hat wohl niemand Lust, ein Spielchen mit uns zu wagen.»

«Da könnte ich mein Geld genausogut gleich zum Fenster hinauswerfen», erwiderte Peter Hille mit schlecht verhohlener Wut.

Befehlend stieß Bludgeon eine Faust gegen Fletchers Brust, der Miene machte, sich auf Hille zu stürzen. «Geht wieder ins Nebenabteil», sagte er nur. Und dann freundlicher: «Ihr habt eure Sache prächtig gemacht, Jungs.»

Befriedigt über das Lob des Chefs, trollten sich die beiden, Fletcher, nicht ohne noch einen drohenden Blick auf Hille geworfen zu haben.

Außer dem Sergeanten McDryden, dem ein Pfeil das linke Ohrläppchen abgerissen hatte und der nun bleich, aber gefaßt, wie es einem Soldaten zukommt, in einer Ecke saß, betreut von eilfertigen, zarten Händen, hatte nur einer der Zuwanderer Schaden erlitten, ein junger Bursche, der aus einer Fleischwunde am Oberarm blutete. Die Nachricht vom Tod des Lokomotivführers und vom ungewissen Schicksal der beiden Posten auf dem Waggondach war noch nicht in dieses Abteil gedrungen.

Bludgeon setzte sich neben Catherine.

«Nun, Miss Catherine, alles in Ordnung?» Er zog wieder seine Whiskyflasche aus der Rocktasche, nahm einen Schluck, brannte sich eine Upman an, die er zuvor mit Bedacht einem schwarzen Lederetui entnommen hatte. Dann sprach er weiter, ohne auf den offensichtlichen Widerwillen zu achten, den das Mädchen ihm entgegenbrachte: «Es ist schon gut für eine Dame, wenn sie in dieser Gegend einen erfahrenen Westmann zur Seite hat, der sie beschützen kann.» Er zog die Oberlippe für einen Moment zurück und ließ seine Eckzähne sehen. «Wenn ich Ihnen raten darf, Miss Catherine, nehmen Sie einen Schluck. Whisky beruhigt.»

«Dann rate ich Ihnen: Nehmen Sie einen großen Schluck, Mister Bludgeon. Mir ist nichts passiert dank dieses Gentleman, der mich beschützt hat.» Sie wies mit dem Kopf zu Peter Hille hinüber, der mit dem Rücken gegen eines der zerbrochenen Fenster lehnte und das Lob mit einer linkischen Verbeugung quittierte.

«Oh, ein Held!» Bludgeon musterte Hille von Kopf bis Fuß und verzog seinen Mund zu einem spöttischen Lächeln. «Na ja», fuhr er dann fort, «vielleicht ist das kein Getränk für Damen. Aber Sie, Mister Emerson, werden mir doch sicherlich keinen Korb geben.» Das Lächeln war aus seinem Gesicht gewischt, als er Catherines Vater die Flasche reichte. Es hatte einem Ausdruck Platz gemacht, der einem besorgten Lehrer angestanden hätte, der sich für seine Schüler verantwortlich fühlt. «Sagen Sie selbst, Emerson, ist es nicht zum Heulen, daß dieses rothäutige Gesindel keine Ruhe gibt?» Bekümmerung über soviel Wildheit und Feindschaft ließ seine Stimme leicht zittern.

«Wir sind mit Ihnen gekommen», erwiderte Catherines Vater, als er Bludgeon die Flasche zurückreichte, «um uns in den Black Hills eine neue Existenz aufzubauen. Mit Indianern und Indianerkriegen wollen wir nichts zu schaffen haben.»

Bludgeon nickte mitfühlend und versonnen. «Wem sagen Sie das, Emerson? Auch ich bin ein Mann des Friedens und der Verständigung. Aber – Sie haben es ja selbst erlebt. Das Pack gibt keine Ruhe. Wir werden keinen Frieden haben in den Black Hills, ehe nicht diese vertragsbrüchigen Rotschufte vertrieben worden sind. Aber das werden wir schon besorgen, nicht wahr, Leutnant?»

Leutnant Forsythe, ein junger Mann, der erst vor einem Jahr West Point verlassen und seitdem Dienst in einer Garnison in New Jersy getan hatte, fühlte sich gar nicht wohl in seiner Haut. Mehr gewohnt zu gehorchen, als zu befehlen, und in den Belangen eines Lebens im Westen völlig unerfahren, wurde er angesichts dieses offenen Appells an seine Entschlußkraft puterrot und rückte den Hals im Kragen hin und her. Er nahm einen kleinen Schluck aus der Flasche, die Bludgeon ihm gereicht hatte, und beschloß, diplomatisch zu sein. «Ich habe», sagte er, «strikten Befehl, bis zum einunddreißigsten Januar Gewehr bei Fuß zu stehen.»

«Amen.» Bludgeon nahm einen Pfeil auf, der am Boden liegengeblieben war, und gab sich den Anschein, als betrachte er das gefiederte Geschoß mit den Widerhaken an der Spitze aufmerksam. «Ich wußte ja, auf die amerikanische Armee ist Verlaß.» Und er blickte einen nach dem anderen an: Catherine, Hille, Emerson und die anderen Zuwanderer, die im Abteil saßen.

Leutnant Forsythe lief ein Prickeln über die Kopfhaut. «Natürlich», beeilte er sich dann zu versichern, «werde ich friedliche amerikanische Bürger jederzeit mit allen mir zur Verfügung stehenden Mitteln zu schützen wissen.» Bei diesen Worten saß er stocksteif in seiner blauen Uniform auf seinem Platz, die Hände in den weißen, vom Pulverrauch nur wenig geschwärzten Stulpenhandschuhen wie beim Unterricht in West Point korrekt auf die Knie gelegt.

«Das hört sich schon besser an, Leutnant», sagte Bludgeon ungeniert. «Zauderer können wir hier im Westen nicht brauchen. Meine Herren» – mit einer weiten Armbewegung bezog er alle Männer im Abteil in die Anrede ein –, «Sie haben den Termin aus dem Mund des Leutnants gehört. Ab Januar wird dieses Gebiet zur Einwanderung freigegeben. Dann werden die Bodenpreise und die Preise für die Claims klettern wie ein Thermometer in der Hölle. Seien Sie froh, daß Sie ein paar Monate früher in dieses schöne Land gekommen sind. Freilich», er machte eine winzige Pause, «ganz ungefährlich ist es hier noch nicht. Das haben Sie erlebt.» Anscheinend befriedigt, lehnte er sich zurück, schlug die Beine übereinander und paffte dicke Rauchwolken aus seiner Zigarre.

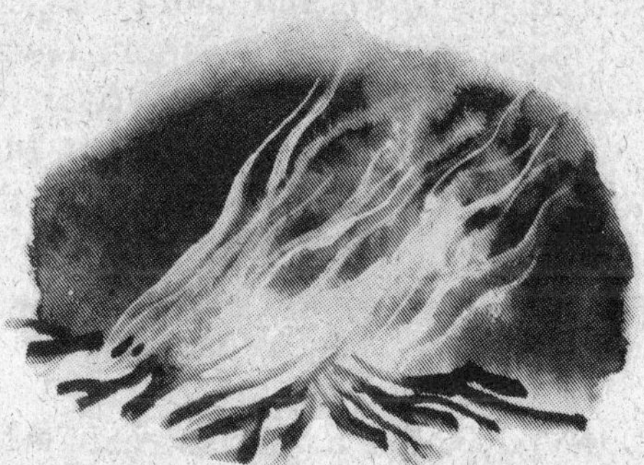

6 Die Station der Union Pacific Railway bestand aus einer Handvoll Schuppen, einer Bretterbude, die sich großspurig «Bahnhof» nannte, drei Lagerhäusern und natürlich einem Saloon, in dem die Wartenden sich die oft erheblichen Verspätungen mit Trinken oder einem Spielchen, meist mit beidem, vertrieben. Wer das Unglück hatte, nachts den Anschluß vom Zug zu einer der unregelmäßig verkehrenden Postkutschen zu verpassen und sich dennoch nicht am Bier und am Whisky gütlich tun oder sich von den ständig hier umherlungernden Spielern ausplündern lassen wollte, der mußte mit einer Art Scheune als Unterkunft vorliebnehmen, in der rohgezimmerte Bänke, die Wände entlang gestellt, das einzige Mobilar waren und aus deren ungedieltem Fußboden Kälte und Feuchtigkeit aufstiegen. Zweimal hatten Indianer bereits die hölzerne Pracht in Flammen aufgehen lassen, und zweimal war sie

wieder erstanden, scheußlicher als zuvor. Es schien, als fände sich niemand, der auch nur einen Dollar mehr als unbedingt nötig in dieses unwohnliche Ensemble zu stecken bereit war.

Sam Blake, der Händler, saß frierend auf einer Bank. Neben ihm hockte Bad Face, sein Indianer, dessen Gesicht von den Pocken verwüstet war und der Blake schon seit fünf Jahren als Kutscher und als Mittelsmann bei seinen Geschäften diente. Zu ihren Füßen brannte ein Feuer, gerade groß genug, um hin und wieder die Hände an ihm zu wärmen. Seit drei Stunden warteten sie nun schon auf den Zug, der Waren für Blake bringen sollte: Säcke mit Salz, Kisten mit Patronen, Lederzeug, einen Posten Messer und andere Eisenwaren, Zinngeschirr, Stiefel, Tabak und Kleinigkeiten, die das harte Leben im Westen ein wenig erleichtern konnten, darunter einige Fäßchen mit schlechtem Whisky, der weiter östlich eigens für den Handel mit den Indianern gebrannt wurde. Bad Face ging hin und wieder ins Freie, um nach den Pferden zu sehen, die sie ausgeschirrt hatten und die nun geduldig auf dem nur spärlich mit Gras bewachsenen Boden ihr Futter suchten. Dabei trat er regelmäßig auch an den Schienenstrang, preßte sein Ohr an den kalten Stahl und lauschte, ob nicht endlich der Zug nahte. Dann ging er zurück in die Scheune und hockte sich wieder ergeben neben seinen Chef, dem wie immer die kurzstielige Peitsche mit der langen Lederschnur am Handgelenk baumelte. Vom Saloon drang heiseres Singen herüber. Dort vergnügten sich einige Kutscher, die mit Planwagen gekommen waren, um die zu erwartenden Zuwanderer in Empfang zu nehmen und sie an ihre Ziele zu bringen. Man war guter Laune; denn es hatte geheißen, Soldaten kämen mit dem Zug, und sie sollten in der Nähe von Tanglewood stationiert werden. Soldaten bedeuteten sicheren Schutz auf dem Weg, und Sicherheit war in diesen Zeiten so nötig wie das Brot in den Black Hills. Seit einigen Tagen zogen die Indianer durch die Berge und verbreiteten Unruhe unter den weißen Siedlern. Es lief das Gerücht um, Tasunka-witko und Tatanka-yotanka bereiteten einen großen Krieg gegen die Siedler vor, um sie ein für allemal aus den Black Hills zu vertreiben. Da war Vorsicht geboten und ein Detachement Soldaten doppelt willkommen.

Captain Ronald und zwei Dragoner, die ihn begleiteten, um die erwartete Verstärkung zu empfangen, hatten ein kleines Feuer unter freiem Himmel entzündet. Zwischen den Männern im Saloon saßen auch vier Leute von Joe Bludgeon, Männer, die sich an dem Gemetzel unter den Büffeln beteiligt hatten. Sie warteten seit drei Tagen auf die Rückkehr ihres Chefs und vertrieben sich die Zeit mit Trinken, Spielen und Schlafen und fanden gelegentlich auch einmal im Zielschießen auf Bäume oder alte Töpfe ihr Vergnügen oder darin, daß sie die Pferde, unter ihnen auch die von Bludgeon und seinen zwei Begleitern, auf kurzen Ausflügen sich die Beine vertreten ließen. Sie kampierten in einem Zelt, einige hundert Schritt vom Schienenweg entfernt, und brachten den Inhaber des Saloons dadurch in Verlegenheit, daß sie einen unstillbaren Durst an den Tag legten, ihn mit der Bezahlung aber auf die Ankunft ihres Chefs vertrösteten. Seit drei Tagen hieß es: «Morgen kommt Joe, der zahlt alles.» Und der Wirt hegte berechtigten Zweifel daran, daß er je zu seinem Geld kommen würde; trotzdem wagte er nicht, den vier schwerbewaffneten Burschen die alkoholischen Erfrischungen zu verweigern.

Als der Zug schließlich einlief, graute im Osten der Tag. Mit einem Schlag war der öde Bahnhof belebt wie ein Platz, auf dem Kirchweih gefeiert wird. In das müde, asthmatische Zischen der stehenden Lokomotive mischten sich Rufe. Wagen knarrten, Kommandos flogen hin und her, die Hufe der aus dem Viehwagen herausgeführten Dragonerpferde schlugen polternd und hohl gegen die hölzerne Verladerampe. Im ungewissen Licht der Dämmerung huschten Menschen und Tiere hin und her, schleppten Gepäckstücke und vertraten sich nach so langer Reise die Füße. Die Kunde vom Überfall der Indianer verbreitete sich im Nu, und die Erzählfreudigen unter den Passagieren hatten bald genügend Zuhörer, die ihrem Bericht von den aufregenden Ereignissen gern lauschten. Der tote Lokomotivführer wurde in den Warteschuppen gebracht und mit einer Plane zugedeckt. Dem Scout, der durch seine Tollkühnheit das Anhalten des Zugs verhindert und die Maschine umsichtig und sicher ans Ziel gefahren hatte, streckten sich die Hände der dankbaren Reisenden entgegen. Er wurde in den Saloon gezerrt, wo ihm Joe Bludgeon gleich eine ganze Flasche Gin kaufte. Auch die anderen ließen sich nicht lumpen, und nach einer halben Stunde lag der Scout sinnlos betrunken in einer Ecke, während sein Kamerad seinen Platz an der Theke einnahm und weitersoff. Der Zug würde ohnehin so bald nicht wieder abfahren können, ohne Lokomotivführer. Und außerdem, so wollte der Wirt des Saloons wissen, hätten die Indianer einige Meilen westwärts der Station die Schienen aufgerissen.

In diesem Trubel, in dem die Dragoner allen im Weg standen, schien einzig Sam Blake einen klaren, planenden Kopf zu behalten. Er gab Anweisungen, schleppte selber Kisten und Säcke und hatte bei allem noch ein aufmerksames Auge auf seine Ware. War das nicht Bashan, der sich in aller Ruhe daranmachte, eine der Kisten mit dem Messer aufzubrechen?

«Hände weg!» schrie Blake, und mit einer unglaublich schnellen Bewegung ließ er den Lederriemen seiner Peitsche durch die Luft sausen und schlug dem Dieb den Hut vom Kopf.

Bashan erstarrte, und nur seine blinzelnden Augen verrieten, wie unfaßbar ihm Blakes Handlung vorkam. Man hatte nach ihm, Bashan geschlagen! War Blake ein Könner im Umgang mit der Peitsche, Bashan handhabte seine Revolver mit Meisterschaft. Niemand hätte hinterher sagen können, wie die beiden Colts in seine Hände gekommen waren. Bashan knurrte nur, und seine Zeigefinger krümmten sich schon um den Abzug.

«Bashan! Waffen weg!» rief Bludgeon.

Wie ein Hund, der die Stimme seines Herrn hörte, reagierte Bashan augenblicklich. Ruckartig ließ er die Arme sinken und schob die Colts in die Halfter. Auf einen Blick von Bludgeon hin wandte er sich um und verließ mit hängenden Schultern den Platz.

«Nichts für ungut, Blake!» sagte Bludgeon so verbindlich, wie es ihm möglich war. «Mein Mann hat sich geirrt.»

«Das will ich hoffen», knurrte Blake und ging wieder an seine Arbeit. «Ich mag solche Irrtümer nicht.»

«Soll nicht wieder vorkommen, Blake.» Bludgeon schickte Blake einen abwägenden Blick hinterher. Dann ging er zu der Gruppe Uniformierter, bei der er zuvor gestanden hatte, und nahm das Gespräch wieder auf, als sei nichts vorgefallen. «Hat dir dein junger Leutnant inzwischen alles berichtet?» fragte er einen Mann, den die Schulterstücke als Captain auswiesen. Er mochte fünfzig Jahre alt sein, war hochgewachsen und hatte das Gesicht eines Bullenbeißers, zu welchem Eindruck vor allem die platte Nase über dem eisgrauen, nur an den Spitzen vom Tabak bräunlich verfärbten Schnauzbart wesentlich beitrug. «Hat sich wacker geschlagen, der junge Mann aus West Point. Seine Leute haben eine Breitseite nach der anderen auf das Gesindel gefeuert.»

Forsythe, da er sein Lob so unverhohlen ausgesprochen hörte, senkte geniert den Kopf. Er murmelte, er habe nur seine Pflicht getan, und empfahl sich dann, um nach seinen Leuten zu sehen. In Wirklichkeit hatte es ihm die schöne Catherine Emerson angetan, die er in einiger Entfernung mit ihrem Vater und Peter Hille zusammen stehen sah, und von der er sich für die Zukunft in diesem unwirtlichen und ihm so gänzlich fremden Land manchen Abend bei freundlichem Gespräch und einigem mehr erwartete.

Bludgeon, der die Absicht des Leutnants schon während des letzten Teils der Reise und mehr noch die Bereitschaft des Mädchens, auf Forsythes Höflichkeiten einzugehen, beobachtet hatte, ließ ihn nur ungern gehen und wäre ihm am liebsten gefolgt. Schließlich hatte er Catherine ins Spiel gebracht, indem er ihren Vater zum Zug nach dem Westen überredet hatte. Und ihm stand, so glaubte er in seiner aufs Merkantile gerichteten Art, das Vorkaufsrecht an ihr zu. Dabei war ihm gar nicht bange, daß ihr deutlich gezeigter Widerwille gegen ihn dieses Recht schmälern könnte. Er vertraute ganz auf die Unterstützung des Vaters. Dieser ältliche und völlig unselbständige Emerson würde, waren sie einmal an Ort und Stelle, auf seine, Bludgeons, Hilfe angewiesen sein. Schließlich lebte man in einem christlichen Land, wo die Kinder dem Vater Gehorsam schuldeten, und schließlich war er, Joe Bludgeon, nicht irgendwer, sondern ein Mann von beträchtlichem Reichtum und vielleicht noch größerer Macht in diesem Teil des Landes.

Doch so ungern Bludgeon auch zusah, wie sich der Leutnant Catherine näherte, so sehr war er sich bewußt, daß es vorerst galt, Wichtiges zu besprechen. Also wandte er sich wieder dem Captain zu.

«Nun, Mike», sagte er aufgeräumt, «geht hier alles in Ordnung?»

«Wie abgesprochen.»

Captain Ronald war ein einsilbiger Mann, dem die Jahrzehnte des Lebens bei der Truppe seinen ohnehin kargen Wortschatz noch mehr verringert hatten. Am liebsten beschränkte er sich auf Kommandos und ließ im Zweifelsfall eher die Waffen sprechen als die Zungen. Und diese Eigenschaft hatte ihm das Wohlwollen seiner Vorgesetzten eingetragen, die über seiner Tatkraft seine Beschränktheit nur allzugern vergaßen. Er war unentbehrlich geworden in diesem Indianergebiet und sorgte verläßlich dafür, daß den Rothäuten auch nicht ein Grashalm mehr zugestanden wurde, als unbedingt nötig war. Dabei erfüllte ihn nicht jener unstillbare Indianerhaß, den man oft genug unter den Soldaten im Westen antraf. Er betrachtete vielmehr die «Lösung des Indianerproblems», wie er den Ausrottungsfeldzug nannte, als eine bis ins letzte auskalkulierbare Aufgabe, die am ehesten mit stupider Systematik und Disziplin zu bewältigen war. Er schwor auf das altbewährte Schema, das der Reihe nach Vertragsabschlüsse, Provokationen durch weiße Siedler, Vergeltungsmaßnahmen durch die Truppe und neue, wesentlich ungünstigere Vertragsabschlüsse vorsah. Bis zum Ende der siebziger Jahre, dessen war er sicher, würde im Gebiet der Black Hills kein Indianer mehr frei umherreiten; bis dahin wären die Reste der Stämme in Reservationen untergebracht, wo sie, nun gänzlich auf die Gnade der Regierung angewiesen, ein Leben am Rande des Verhungerns fristen konnten.

In diesen Plan war auch Joe Bludgeons Vorgehen einbezogen. Offiziell wußte Captain Ronald natürlich nichts davon, daß Joes Leute das Massaker unter den Bisons veranstaltet hatten. Er wartete nur darauf, daß die Indianer noch vor Ablauf des Vertrags von der Pappel Rache üben, daß sie sich widersetzlich zeigen würden, indem sie sich weigerten den Winter bei den Agenturen der Regierung zu verbringen. Dann konnte er mit gutem Recht losschlagen, und bei den anschließenden Verhandlungen über einen neuen Status der Besiegten brauchte die Regierung noch weniger Konzessionen zu machen. Ob Bludgeon und seine Hintermänner, die er nicht kannte, deren Vorhandensein für ihn, den grenzerfahrenen Offizier, aber unbestreitbar war, Gewinn aus dieser Entwicklung zogen, kümmerte ihn nicht. Er war unverheiratet, lebte spartanisch und fand im übrigen Genüge darin, seine Pflicht als Soldat zu erfüllen, und die hieß vor allem: den ganzen Kontinent unter die Herrschaft der weißen Amerikaner zu bringen. Die Nachricht vom Überfall auf den Zug der Union Pacific hatte ihn aufatmen lassen. Jetzt kam auch für ihn wieder einmal die Zeit zu handeln.

«Die Truppenverstärkung ist ja nicht gerade überwältigend», sagte er ein wenig griesgrämig zu Bludgeon.

«Mehr habe ich mit dem besten Willen beim Gouverneur nicht herausschlagen können», erwiderte Bludgeon mit einem bedauernden Achselzucken. «Aber vergiß nicht, Mike, meine Leute sind auch noch da. Und die Indianer haben nur wenige Feuerwaffen.» Er nahm den Offizier freundschaftlich bei der Schulter, führte ihn ein Stück abseits hinter den Saloon, wo sie auf keinen Fall belauscht werden konnten. «Wir müssen jetzt noch enger zusammenarbeiten, Mike», eröffnete er ihm. Und in einem fast halbstündigen Vortrag entwickelte er Ronald einen Plan, der diesen erfahrenen Militär von Zeit zu Zeit anerkennend nicken ließ.

Inzwischen hatte sich die Kolonne formiert. An der Spitze rumpelte der Planwagen von Sam Blake, vollgestopft mit Waren aller Art, so daß die vier Pferde Mühe hatten, ihn die leichte Steigung zu dem Pfad hinaufzuziehen, der zum Platte River führte. Blake hielt die Zügel in der Hand, während Bad Face vor sich hin döste. Ihm folgten weitere vier Wagen, die die Zuwanderer und deren Gepäck beförderten. Den Schluß des Zugs, der zu beiden Seiten von den Dragonern flankiert wurde, bildeten Leutnant Forsythe und Captain Ronald, die hinter dem Wagen mit Waffen und Munition für die Dragoner ritten, sowie Bludgeon mit seiner Begleitung. Snaky Joe, zwischen Fletcher und Bashan reitend, fühlte sich wie ein König, der in sein Reich zurückkehrt. Mit Besitzermiene musterte er das weite Land, und manchmal, etwa wenn eine besonders schöne Baumgruppe auftauchte, blitzten seine Augen vor Stolz, so als habe er die Bäume selber gepflanzt und sich um ihr Wachstum gekümmert. Captain Ronald saß stocksteif wie ein Neuling auf seinem Pferd, und niemand hätte in ihm den erfahrenen Reiter vermutet, der schon bis zu fünfzig Meilen am Tag zurückgelegt hatte.

Leutnant Forsythe war innerlich aufgewühlt, und daran war Miss Catherine schuld, die seine Komplimente zwar freundlich angehört, sich ansonsten aber gar nicht so aufgeschlossen gezeigt hatte, wie man es von einem jungen Mädchen erwarten konnte, wenn es einem Mann in der kleidsamen blauen Uniform der Dragoner begegnete. Er haderte mit dem Zwang, der ihm gebot, neben seinem Vorgesetzten zu reiten und auf dessen nur spärlich gestellte Fragen zu antworten. Viel lieber hätte er in dem zweiten Wagen von vorn gesessen, in dem auch Catherine und ihr Vater fuhren.

Die schweren Planwagen ließen die Kolonne nur langsam vorankommen. Gegen Mittag erst war der Platte River erreicht und damit eine Strecke zurückgelegt, die ein Reiter in flottem Tempo in etwas mehr als drei Stunden hinter sich bringen konnte. Der Fluß führte, wie stets um diese Jahreszeit, wenig Wasser, so daß der Übergang keine Probleme aufgab. Als die Dunkelheit sich über das Land senkte, schlugen die Dragoner ihre Zelte am Ufer eines Baches auf, der ein kleines, tief eingeschnittenes Tal durchfloß. Die Wagen wurden zu einem Halbkreis gestellt, der im Fall eines Angriffs als Verteidigungsstellung dienen konnte. Der Wagen, in dem die Dragoner Waffen und Munition transportierten, wurde von einem Doppelposten bewacht. Bald loderten einige Feuer auf, um die sich alle sammelten: Zuwanderer, Kutscher, Soldaten, auch Joe Bludgeon und seine Leute.

Der Weitspähende Falke überblickte aufmerksam die abendliche Szene. Er saß auf einer Buche am Rand des Hangs, der ziemlich steil zum Bach hin abfiel. Ein Wolfsfell bedeckte seinen Oberkörper und schützte ihn vor der Kühle des Herbstabends. Am Fuß des Baums, von dichtem Gebüsch verborgen, warteten drei Dakota-Krieger auf die Befehle des jungen Häuptlings.

Den ganzen Tag über waren die Indianer parallel zu der Karawane geritten, stets darauf bedacht, zu beobachten, ohne selbst gesehen zu werden. Verbittert hatte der Weitspähende Falke es geschehen lassen müssen, daß sich der Menschenzug immer weiter in das Gebiet hineinfraß, das seinem Volk gehörte, und mehr als einmal war er nahe daran gewesen, seiner Verbitterung freien Lauf zu lassen, das Gewehr hochzureißen, und wenigstens einige ihre Dreistigkeit entgelten zu lassen. Besondere Genugtuung hätte es ihm bereitet, Bludgeon, den selbstsicheren und verschlagenen Landräuber, vom Pferd zu schießen, den Mann, der in den Zelten der Dakotas gehaßt und gefürchtet wurde wie kein zweiter. Man konnte ihn als den rücksichtslosesten Verfolger aller Indianer und als einen geschickten Taktierer, der es verstand, die Behörden und das Militär zur Unterstützung seiner ungesetzlichen Machenschaften heranzuziehen. Aber der Weitspähende Falke wußte, daß er heute klug sein und sein Rachegelüst bezähmen mußte. Der Tag der Abrechnung mit Snaky Joe würde kommen, das war gewiß. Heute galt es, Wichtigeres zu tun, als einen Mann und seine Kumpane für ihre ungezählten, blutigen Untaten zu strafen.

Der Weitspähende Falke beobachtete, wie die Männer und Frauen unten im Tal um die Feuer wimmelten, wie sie Essen bereiteten, sich miteinander unterhielten, wie sie die Nachtlager zurechtmachten. Haß stieg ihm in die Kehle und trieb ihm das Blut in die Augen. Er sah wieder die getöteten und verwesenden Büffel vor sich, spürte den atemberaubenden Gestank, den das Aas verbreitet hatte. Er sah die gemordeten Krieger, die sie, nachdem der Zug weitergefahren und er mit einigen Begleitern an die Stelle des Überfalls zurückgekehrt war, auf die Pferde gehoben hatten, um sie ins Lager zu bringen. Und er hörte wieder die Klagen der Überlebenden, in die sich Schreie der Wut und der Hilflosigkeit gemischt hatten. Und er gedachte des Versprechens, das er vor den Leichen abgelegt hatte. Nicht eher, so hatte er verkündet, werde er in die Zelte der Dakotas zurückkehren, bis er nicht dafür gesorgt habe, daß viele der Krieger mit Feuerwaffen ausgerüstet wären. Anders konnte man den weißen Landräubern nicht entgegentreten. Und in einem der Wagen dort unten, das wußte er, befanden sich Gewehre bündelweise und Kisten voller Munition. Er hatte die Soldaten beim Verladen beobachtet, unten an der Station. Er kannte den Wagen, in dem das kostbare Gut transportiert wurde. Und er würde, wenn sich die Dunkelheit völlig über das Tal gesenkt hatte und die Männer und Frauen eingeschlafen waren, mit seinen Begleitern ins Lager schleichen. Aber noch mußte er seine Ungeduld zügeln.

Das Unternehmen, das er vorhatte, war zu wichtig und auch zu gefährlich, als daß er es durch Unbedachtsamkeit gefährden durfte.

Vorerst jedoch war das kleine Lager am Bach noch voller Leben. Die meisten der Zuwanderer fanden an diesem ersten Abend in der neuen Heimat lange keinen Schlaf. Sie saßen um die Feuer und mutmaßten wieder einmal, was die nächsten Wochen und Monate bringen würden. Es herrschten die abenteuerlichsten Vorstellungen über die Fruchtbarkeit des jungfräulichen Bodens. Einige sprachen von Ernten, die von Küste zu Küste noch nie gesehen worden seien; andere setzten mehr auf die Zucht von saftigem Rindfleisch; dritte wieder – und hierzu waren die meisten zu rechnen – hatten weder feste Vorstellungen noch Pläne. Sie waren erst einmal froh, dem entronnen zu sein, was sich «Zivilisation» nannte und was mit seinem festgefügten Gesellschaftsaufbau jedem wenig Platz zur Entwicklung gelassen hatte. Abwarten und Zusehen, das war ihre Parole, wobei sie willens waren, das Abwarten insoweit wörtlich zu nehmen, als sie sich die nächsten Wochen ohne Arbeit vorstellten. Eines aber war allen gemein: Wenn die Rede auf das Gold kam, das angeblich in den Black Hills zu finden war, dann trat ein Leuchten in ihre Augen, ein Leuchten freilich, das weniger in der Fröhlichkeit als in der Habgier seine Wurzel hatte.

Leutnant Forsythe war es endlich gelungen, sich unter dem Vorwand, er müsse die Posten für die Nacht einteilen, aus der Gesellschaft des Captains zu stehlen. Dies war in wenigen Minuten getan, und er beeilte sich, nach Miss Catherine Ausschau zu halten. Er fand sie in der Nähe des Feuers, an dem ihr Vater mit Bludgeon und seinen Leute sowie zwei weiteren Zuwanderern saß. Uninteressiert an dem Gespräch, das fast ausschließlich von Vorträgen Bludgeons bestritten wurde, stand sie am Ufer des Bachs und betrachtete versunken den in vielen Farben spielenden Sonnenuntergang. Schweigend stellte Forsythe sich an die Seite des Mädchens, das ihm nur einen kurzen Blick zuwarf, brachte aber nicht den Mut auf, sie anzureden. Sie wird sich in der kühlen Luft erkälten, dachte er nur, dieweil er selber fröstelnd die Schultern zusammenzog.

«Mir gefällt es hier nicht», sagte sie plötzlich. «Mir behagt vor allem nicht die Gesellschaft, in der sich Vater befindet.»

«Aber Miss Catherine», entgegnete er, überrascht von der Bitterkeit, die in ihren Worten lag. «Ein schönes Mädchen wie Sie sollte nicht solch trüben Gedanken nachhängen. Sie werden sehen, auch im Westen kann das Leben schön sein, wenn man die richtigen Freunde findet. Ich zum Beispiel ...»

«Sie zum Beispiel», unterbrach sie ihn, «werden Bludgeon und seinen Leuten zu Hilfe eilen, wenn sie in der Tinte stecken. Und Sie werden gar nicht danach fragen, wie es dazu gekommen ist.»

«Ich bin Soldat», antwortete er und glaubte, damit alles erklärt zu haben.

«Ja, Sie sind Soldat.» Sie schwieg wieder, und Forsythe, den Catherines Antwort wie ein kalter Guß getroffen hatte, fand nicht den Mut, das Gespräch weiterzuführen. Nach einer Weile sagte das Mädchen: «Hören Sie nur, was Bludgeon wieder von sich gibt.»

Forsythe lauschte auf die schneidende Stimme hinter sich. Bludgeon versuchte gerade in einer Mischung aus ermutigendem Zureden und Heraufbeschwören von Gefahren den Zugewanderten, hauptsächlich aber Catherines Vater, seine und seiner Leute Rolle als Beschützer und Ratgeber besonders herauszustreichen. Die Verbindlichkeit, die er noch während der Eisenbahnfahrt vorgetäuscht hatte, war gänzlich von ihm abgefallen. Jetzt war er Joe Bludgeon, der erfahrene Westmann und Chef einer Bande von ihm bedingungslos ergebenen Kreaturen, denen sich auch die Zugewanderten würden beugen müssen.

«Ohne uns, meine Herren, sind Sie verloren», verkündete er. «Manch einer hat schon geglaubt, er könnte sein Leben hier im Westen allein führen. Vielleicht sogar, indem er sich mit den Indianern gut stellt. Und manch einen hat diese Sentimentalität das Leben gekostet. Mit den Indianern kann man nicht leben, das können Sie sich hinter die Ohren schreiben. Fragen sie Bashan oder Fletcher. Die haben ihre Erfahrungen gemacht.»

Bashan, der seine kurzen Beine untergeschlagen hatte und mit einem Ast in der Glut herumstocherte, daß die Funken stoben, knurrte etwas Unverständliches, das Zustimmung bedeuten sollte.

«Gefühlsduselei ist die schlimmste Krankheit hier im Westen», dozierte Bludgeon weiter. «Ein schneller Colt ist und bleibt das beste Argument. Und schnelle Colts haben wir, ich und meine Leute, und wir werden sie auch zu gebrauchen wissen.» Er ließ in der Schwebe, ob diese Colts auch gegen Siedler in Aktion treten sollten, die sich seinem Diktat nicht fügen würden.

Bei solch kaum verhohlener Drohung hielt es Leutnant Forsythe nicht länger an seinem Platz. Schroff wandte er sich um und trat ans Feuer.

«Mister Bludgeon», sagte er entschlossen, nur eine Spur von Unsicherheit in der Stimme, «ich denke, wir sollten den Schutz der Siedler der Armee überlassen. Das Gerede von schnellen Colts kann leicht deren Gebrauch heraufbeschwören, und dann ist der Teufel los.»

Bludgeon sah verwundert zu ihm empor. Die anderen Männer am Feuer waren gespannt, wie Bludgeon reagieren würde. Nur Bashan tat, als interessiere ihn nicht, was um ihn vorging. Er stocherte weiter mit dem Ast im Feuer und bedachte den aufgebrachten Offizier mit keinem Blick.

«Sieh da, unsere tapfere Armee sorgt sich um uns!» Bludgeon stand auf und lächelte den Leutnant an. Doch ohne Übergang verlor sein Gesicht alle Freundlichkeit und Verbindlichkeit. Es wurde hart, die Augen bekamen im flackernden Licht des Feuers einen kalten Glanz. «Ich würde Ihnen raten, Leutnant, sich erst ein wenig mehr von dem Wind in den Black Hills um die Nase wehen zu lassen, ehe Sie sich dazu aufschwingen, uns zu belehren. Und damit Sie schneller zu Erfahrungen kommen, bin ich gern bereit, Ihnen in Tanglewood Nachhilfeunterricht zu erteilen. Auch im Schießen.» In Leutnant Forsythe kochte die Wut und machte ihm den Mund trocken. Aber bevor er noch etwas entgegnen konnte, fuhr Bludgeon fort: «Im übrigen würde ich mich an Captain Ronald halten. Er weiß, was im Westen nötig und was nur leeres Gerede ist. Und falls es Ihnen noch nicht aufgefallen sein sollte: Captain Ronald ist mein guter Freund. Wir sind schon gemeinsam gegen die Indianer auf den Kriegspfad gezogen, als Sie noch Ihre Hosen auf den Bänken der Kriegsakademie blankgewetzt haben.» Den letzten Satz hatte Bludgeon bereits im Weggehen gesprochen. Er trat an Catherine heran, und ohne sich davon beeindrucken zu lassen, daß das Mädchen einen halben Schritt zurückwich, als er ihr die Hand auf die Schulter legen wollte, sagte er im Ton aufrichtiger Besorgnis: «Ich fürchte, es wird zu kalt für Sie. Ich habe für Ihren Vater und Sie einen Platz in meinem Zelt reserviert. Bashan und Fletcher verbringen die Nacht gern im Freien.»

«Komm, Kind», sagte auch Emerson, der sich vom Feuer erhoben hatte, «Mister Bludgeon meint es gut mit uns.»

Catherine sah in das bekümmerte Gesicht ihres Vaters, sah, wie trostbedürftig er war. Wortlos nahm sie seinen Arm und ging mit ihm auf Bludgeons Zelt zu.

«Ach, Catherine», sagte er, «ich fürchte, wir haben noch schwere Zeiten vor uns. Aber wer einmal A gesagt hat, muß auch B sagen.»

«Auch wenn B für Bludgeon steht?» Sie hatte absichtlich so laut gesprochen, daß Bludgeon es hören konnte. Doch unbeeindruckt und höflich schlug der die Decke vorm Zelteingang zurück und wünschte eine gute Nacht.

Forsythe, doppelt gedemütigt und unfähig, sich zu einer Handlung aufzuraffen, räumte den Platz und machte die Runde bei den Posten.

Nach einer halben Stunde hatten sich auch Bludgeons Männer zur Ruhe gelegt. Sie schliefen im Freien unter Bärenfellen, die Gürtel mit den Colts in Reichweite und die Gesichter mit ihren Hüten bedeckt.

Jetzt brannte nur noch ein Feuer im Lager. Hier saßen Blake, Hille und Sergeant McDryden, der trotz des turbanartigen Verbands um seinen Kopf guter Dinge war. Sam Blake hatte aus seinen Vorräten für jeden einen Becher Whisky ausgeschenkt, auch für Bad Face, der mit halbgeschlossenen Augen neben dem Feuer lag und anscheinend nicht auf die Unterhaltung hörte. Hille, der Neuling im Westen, war maulfaul und hörte nur zu, was Blake und der Sergeant an Meinungen und Erlebnissen von sich gaben. Besonders McDryden, der seit dem Ausbruch des Sezessionskriegs in der Armee diente, konnte kein Ende finden im Erzählen. Erfahren in den kleinen und großen Zügen gegen die Indianer, mit ihrer Tapferkeit wie mit ihren Listen bekannt, vertraut auch mit ihrer Gastfreundschaft und mit ihrer Grausamkeit, wenn diese Gastfreundschaft mißbraucht wurde, fühlte er sich allem, was in der nächsten Zeit über die Black Hills hereinbrechen konnte, überlegen. Natürlich gründete sich diese Überlegenheit nicht zuletzt auf das Bewußtsein, nötigenfalls die besseren Waffen einsetzen zu können. Im übrigen war er der Meinung, daß die Dakotas es gar nicht wagen würden, sich auf einen offenen Kampf mit den Siedlern und Soldaten einzulassen. Crazy Horse und Sitting Bull – so nannte er nach der Art der weißen Amerikaner Tasunka-witko und Tatanka-yotanka, die berühmtesten Häuptlinge der Dakotas – seien viel zu klug, als daß sie einen Krieg vom Zaun brechen würden.

«Sie werden keinen Krieg vom Zaun brechen», bestätigte ihm Blake. «Aber sie können einfach nicht ruhig zusehen, wie ihr Gebiet von Zuwanderern überflutet wird, die nichts anderes im Sinn haben, als so schnell wie möglich alles Land an sich zu reißen. Sie krepieren vor Hunger und Entbehrungen, wenn sie nicht bald etwas unternehmen. In wenigen Wochen ist es in den ganzen Staaten herum, daß in den Black Hills Gold gefunden werden kann. Ob's stimmt oder nicht – das bloße Gerücht wird Armeen von Abenteurern in Marsch setzen. Und die sind schlimmer als die Heuschrecken, die in ein Getreidefeld einbrechen. Glauben Sie mir, Sergeant, es gibt Krieg, spätestens im nächsten Frühjahr.»

«Ich habe aber von Verträgen gehört», mischte sich nun Hille ein, der sich mühte, eine neue Pfeife einzurauchen. «Und Verträge sind mehr als Papierfetzen. Die müssen doch eingehalten werden.»

«Das sagen sie am besten den wild gewordenen Kerlen in der Armee und den großen Finanziers. Die sitzen weit vom Schuß und predigen andauernd, der Westen wäre für eine blühende amerikanische Wirtschaft lebensnotwendig. Krieg ist ihr zweites Wort. Die Vorsichtigeren nennen es so: Befriedung der indianischen Stämme. Andere wieder: Gewinnung von Siedlungsraum. Alle meinen sie dasselbe. Ich weiß aus jahrelanger Erfahrung, wie man Indianer befriedet. Indem man sie nämlich in Ruhe läßt. Um mich selber am Leben erhalten zu können, brauche ich lebende Indianer, keine toten. Und es muß ihnen gut gehen, sonst können sie meine Ware nicht kaufen, und dann geht es mir dreckig.»

«Wenn Sie ihnen aber dieses Teufelszeug von Tabak andrehen, das Sie mir eben angeboten haben, dann machen Sie sich genauso schuldig an ihrer Ausrottung wie die anderen.»

Hilles Scherz fiel bei den beiden Männer auf unfruchtbaren Boden. Das Gespräch hatte sie ernst gestimmt; auch den Sergeanten, der sich an seinen Zug mit General Custer im vorigen Jahr erinnerte und an das Massaker unter den Cheyennen am Washita, als sie Dörfer überfallen und alles niedergemacht hatten, was sich ihnen in den Weg gestellt hatte. «Es ist schon ein Drecksland», sagte er resignierend. «Manchmal überlege ich allen Ernstes, ob ich nicht den Dienst in der Armee quittieren soll.»

«Es wäre ein schönes Land», widersprach Blake, «wenn nicht immer neue

Dreckskerle herüberkämen. In Tanglewood werden Sie noch ein ausgesucht prächtiges Exemplar von einem Schurken kennenlernen, Hille. Und wenn Sie brav sind, dann können Sie sogar in seine Dienste treten.»

«Wenn Sie Bludgeon meinen», entgegnete Hille ungerührt, «habe ich seine Bekanntschaft bereits gemacht, und ich habe nicht vor, mich unter seine Totschläger einzureihen. Da würde ich es schon vorziehen, auf Ihrem Karren durch die Indianerdörfer zu ziehen und Ihren Tabak zu verkaufen. Obschon das auch eine verdammte Sünde ist.» Und grinsend spuckte er in hohem Bogen ins Feuer.

«Das ist ein Wort, Mann!» Sam Blake war nun auch ein bißchen aufgeräumter. «Ich werde darauf zurückkommen, wenn wir in Tanglewood sind. Hoffentlich bleibt uns noch Gelegenheit, durch die Dörfer zu ziehen.»

«Jedenfalls übernehme ich erst einmal die Wache», sagte Sergeant McDryden. Und er ging, steifbeinig vom langen Sitzen, zu den Pferden hinüber. Die Tiere schnaubten aufgeregt und drängten sich aneinander. Verwundert und getrieben von einem unheimlichen Gefühl, stolperte er durch die Nacht, um die beiden Wachposten vor dem Munitionswagen aufzusuchen. Er fand sie tot neben dem Wagen liegend. Aufgeregt riß er seinen Revolver aus dem Gurt und feuerte zwei Schüsse ab. Augenblicklich war das Lager in Aufruhr. Verschlafene Männer liefen fluchend umher, die Feuer wurden wieder angefacht. In ihrem Schein sah man, was sich ereignet hatte: Der Wagen war ausgeplündert. Nicht ein Gewehr, nicht eine Patrone waren geblieben. Unbehagen und Angst in den Gesichtern, umstanden die Männer das leere Fuhrwerk.

«Löscht die Feuer!» schrie Captain Ronald, und Dragoner liefen mit Eimern zum Bach hinunter, gossen Wasser in die Flammen, rissen das noch glimmende Holz auseinander, trampelten auf den letzten Glutresten herum. Beißender Qualm durchzog die Wagenburg.

«Jetzt ist es soweit!» sagte Bludgeon gelassen. Und wäre es nicht finster gewesen, man hätte auf seinem Gesicht einen Zug von Befriedigung sehen können. «Wie steht's nun, Herr Leutnant, will die Armee noch immer Gewehr bei Fuß verharren?»

Leutnant Forsythe erwiderte nichts. Er beugte sich zu den beiden am Boden liegenden Soldaten hinunter.

Die Posten wurden verdoppelt, und kaum jemand fand in dieser Nacht noch einmal Schlaf. Alle Nerven waren bis zum Zerreißen gespannt. Jeder erwartete einen Angriff der Indianer. Doch nichts ereignete sich, die Nacht blieb still. Nur das Zirpen der Grillen, das Heulen von Kojoten und das Plätschern des Baches waren zu hören, gelegentlich auch metallisches Klirren, wenn die Posten sich an ihren Waffen zu schaffen machten. Nur einmal zerriß ein ferner Schrei die Stille. In ihm lag der Triumph des Weitspähenden Falken, dessen Unternehmen geglückt war.

7 Die Ankunft der Wagen und Reiter in Tanglewood, von einem vorausgeprengten Mann Bludgeons gemeldet, löste einen Trubel aus, der bei der Alltäglichkeit des Ereignisses unverständlich gewesen wäre, hätte nicht in den Siedlungen der Black Hills trostlose Langeweile die Tage beherrscht. Jeder Anlaß war willkommen, der das ewige Einerlei von Arbeit, Umherlungern und Schlaf unterbrach, und jeder war neugierig auf die neuen Gesichter, die mit der Kolonne kommen würden, war begierig auch, Neuigkeiten aus den zivilisierten Gegenden zu erfahren. In die Neugier mischte sich zugleich die Sorge. Denn jeder Zuwanderer war ein möglicher Konkurrent, vielleicht beim Abstecken der Claims, vielleicht bei der Verteilung des Landes, vielleicht bedeutete er sogar eine mögliche Gefahr für Leib und Leben. Zuviel Gesindel strömte in jenen Tagen in den Westen, zu viele Männer, die sich vor dem Gesetz auf der Flucht befanden und die sich in den unerschlossenen Gebieten sicherer wähnten. Da war es schon angebracht, sich die Gesichter gleich bei der Ankunft genau anzuschauen und am ersten Tag schon ein paar Worte zu wechseln. Andere Bewohner von Tanglewood wieder versprachen sich von der sofortigen Besichtigung der Neuankömmlinge ein gutes Geschäft oder zumindest eine Runde Bier im Saloon; denn nie trennten sich Menschen williger von ihrem Geld als nach langer und womöglich gefahrvollen Reise, und nie kletterte der Preis für eine Übernachtung höher als an den Tagen, da eine Wagenkolonne aus dem Osten eintraf und Menschen ausspie, die nach all den Strapazen die Hälfte ihrer Habe darum gegeben hätten, wieder einmal unter einem festen Dach schlafen zu können. Kurz, die Motive, die die Bewohner von Tanglewood schon eine halbe Stunde vor Ankunft der Planwagen vor die Hütten trieb und sie erwartungsvoll die Straße nach Süden hinunterblicken ließ, waren so vielfältig und bunt wie die Kleidungsstücke, die sie auf dem Leib trugen, aber auch so fadenscheinig wie diese. Natürlich sammelten sich alle vor dem Saloon, teils um der Quelle zu erwartender alkoholischer Freuden nahe zu sein, teils weil die Straße hier einen Knick machte, der wie auf eine geheime Absprache dazu genutzt worden war, eine Platz entstehen zu lassen, auf dem Zusammenkünfte stattfinden und Wagen ausgeladen werden konnten. Sogar die wenigen Frauen Tanglewoods waren gekommen. Aber sie veränderten das Bild nicht wesentlich. Es sah aus, als hätten sie sich in diese Männergesellschaft verirrt.

Nur ein Mann in der Siedlung sah der Ankunft des Zuges mit ungutem Gefühl entgegen: der Wirt Bill Myers. Am Tag nach dem Besuch von Chatham im Saloon war er zum Shining Stone Creek hinaufgeritten, ausgerüstet mit Sieb und Pfanne, und hatte den ganzen Nachmittag lang im eisigen Wasser des Baches nach den begehrten Goldklümpchen gesucht, dabei immer bestrebt, von den beiden Goldwäschern nicht gesehen zu werden. Zwar war die Ausbeute dieser wenigen Stunden gering gewesen, doch hatte eine knappe Unze des gelben Metalls Myers davon überzeugt, daß Chatham nicht geprahlt hatte und daß es sich lohnen würde, systematischer weiterzusuchen, auf eigene Faust natürlich und heimlich. Eines jedoch war ihm bei aller Vorsicht nicht aufgefallen: Dick Fergueson, sein Kumpan, war ihm in gehörigem Abstand gefolgt und hatte ihn voll übelwollendem Interesse beobachtet.

Jetzt saß Dick schon seit dem frühen Vormittag an der Theke, die hungrigen Säuferaugen im ausgemergelten Gesicht unverwandt und fordernd auf den Wirt gerichtet, und erging sich in finsteren Andeutungen. Und jedesmal, wenn er das leere Glas wieder vor Myers hinschob, kam derselbe Satz von seinen Lippen: «Die Reichen sollen die Armen leben lassen, so steht's schon in der Bibel.»

Myers, der sich zuerst keinen Reim auf die seltsame Rede hatte machen können, begriff bald, daß Dick über seinen heimlichen Ausflug zum Shining Stone Creek Bescheid wußte, und er tat alles, um den Kumpan zu besänftigen. Aber immer, wenn er zu einer Erklärung oder Beschwörung ihrer Freundschaft ansetzte, unterbrach Dick ihn, schob ihm das Glas zu und sagte seinen Vers. Am späten Nachmittag endlich, als Dicks unwahrscheinlicher Durst gestillt zu sein schien, kam das von Myers so sehr gewünschte Gespräch zustande. Zwar konnte Dick nur noch mit schwerer Zunge von dem berichten, was er wußte, doch war seine Drohung, dem Chef von allem Mitteilung zu machen, nicht minder eindrucksvoll.

«Joe wird sich sehr dafür interessieren, was für Geschäfte du hinter seinem Rücken machst. Bei Gott, das wird er!»

Vergebens appellierte Myers an ihre Freundschaft, vergebens beschwor er ihn, den Mund zu halten, vergebens bot er ihm die Hälfte seines ersten kümmerlichen Fundes an. Dick Fergueson beharrte mit der Stupidität des Betrunkenen darauf, daß Bludgeon vom Treiben seines Wirts Kenntnis haben müsse.

Hinter Dicks Unbestechlichkeit und hartnäckigem Denunziationsbedürfnis stand die trotz seines Rausches noch immer wache Angst vor der Rache des Chefs. Er gehörte schon seit zwei Jahren zu Bludgeons Stammpersonal und hatte oft genug erlebt, wie der Verräter bestrafte, vielmehr bestrafen ließ. Dem kam es auf einen Mord mehr oder weniger nicht an. Manch einer war schon in Begleitung von Bashan und Fletcher aus Tanglewood hinausgeritten und nicht mehr zurückgekehrt, und die beiden hatten hinterher mit treuherziger Miene erklärt, den Kameraden habe es nicht mehr in der Siedlung gehalten, er habe sich verabschiedet und sei weitergezogen; er lasse noch schön grüßen. Und einmal hatte Dick selbst einen Mann auf Bludgeons Anweisung mit einem Schuß in den Rücken niedergestreckt, einen Mann übrigens, mit dem er recht gut befreundet gewesen war und der sich nichts anderes hatte zuschulden kommen lassen, als Bludgeon im betrunkenen Zustand einen Schuft und Halsabschneider genannt zu haben, einen Kerl, der seine eigene Großmutter ins Bordell verkaufen würde, wenn er sich auch nur den geringsten Gewinn davon verspreche.

Bludgeons Einfluß reichte weit, das wußte Dick Fergueson nur zu gut, und er wußte auch, daß es an Schwachsinn grenzen würde, mit Bill Myers gemeinsame Sache zu machen. Der kam nie mit seinem Vorhaben durch. Warum also nicht die Gelegenheit nützen, sich einen guten Stand bei Snaky Joe zu verschaffen? Der schätzte Ergebenheit wie nichts anderes auf der Welt und ließ sich auch nicht lumpen, wenn es galt, Treue zu belohnen.

«Ich möchte nicht in deiner Haut stecken, Bill», lallte er noch einmal, ehe er nach draußen wankte und sich unter die wartende Menge mischte.

Das Nahen der Kolonne kündigte sich bereits durch Pferdegetrappel und das Knarren der Wagen an, und als zwei Vorreiter um das letzte Waldstück bogen und hinter ihnen der erste Planwagen sichtbar wurde, war die Menge wie elektrisiert. «Da sind sie!» schrie man, und: «Na, endlich!» Einer feuerte zur Begrüßung sogar seinen Colt ab. Dick Fergueson versetzte ihm einen derben Stoß gegen die Brust.

«Der Chef mag so was nicht», sagte er. «Spar dein Pulver für die Rothäute.»

Die Wagen hielten vor dem Saloon, nur Sam Blake kutschierte den seinen noch ein Stück die Straße aufwärts und brachte ihn erst vor seiner Blockhütte zum Stehen. Die Dragoner hielten nur kurz an und verließen die Siedlung in nördlicher Richtung, wo an einem Rinnsal, dem Poker Flat, ein befestigtes Lager aufgeschlagen worden war, das zu einem Stützpunkt ausgebaut werden sollte.

Als Joe Bludgeon absaß, drängten sich sogleich drei seiner Leute hinzu, das Pferd des Chefs zu versorgen. Er warf dem ersten lässig die Zügel zu, und der zog mit dem Tier davon, strahlend, als sei ihm eine besondere Ehre widerfahren. Bludgeons ganze Aufmerksamkeit galt nun Catherine, die ein wenig verwirrt inmittel des Trubels stand, während ihr Vater sich um die Gepäckstücke kümmerte.

«Darf ich Sie ins Haus führen, Miss Cathcrinc», sagtc cr mit eincr Verbeugung und winkelte den rechten Arm an, damit das Mädchen sich einhaken konnte.

«Aber mein Vater ...», wollte Catherine einwenden.

«Dem wird geholfen werden.»

Bludgeon wies zwei Männer durch Zuruf an, sich um den unbeholfenen

Emerson zu kümmern, und geleitete Catherine in die Gaststube, die sich bis auf den letzten Platz gefüllt hatte.

«Hallo, Joe!»

«Willkommen, Mister Bludgeon!»

«Gute Reise gehabt?»

Allgemeine Erwartung lag in der Luft, und sie löste sich in Applaus und begeisterte Zurufe, als Bludgeon einen Arm hob, um sich Ruhe zu verschaffen, und in die Stille hineinrief: «Zur Feier unserer Ankunft ein Faß Whisky, für alle!» Dann führte er Catherine durch den ohrenbetäubenden Lärm bis zur Treppe zum Obergeschoß.

Hier stand Kitty in ihrem schönsten Kleid, dem blausamtenen mit dem Spitzenkragen und den Spitzenmanschetten, lächelnd und steif wie eine Ehrenjungfrau, die zur Begrüßung des Landesherrn angetreten ist. Als sie das Mädchen an Bludgeons Arm bemerkte und dessen Gehabe sah, wurde ihr sofort klar, daß sie wenigstens für die nächste Zeit bei Bludgeon abgemeldet sein würde. Und ihr Lächeln erstarrte zur Grimasse.

«Hallo, Joe», sagte sie lustlos. «Schön, daß du wieder da bist.»

«Hallo, Kitty.» Nicht die geringste Widersehensfreude lag in seiner Stimme. «Das ist Miss Emerson. Sie und ihr Vater sind meine Gäste. Zeige den Herrschaften ihre Unterkunft. Am besten, führ sie in das Eckzimmer.» Damit wandte er sich nach einer nochmaligen leichten Verbeugung vor Catherine auf dem Absatz um und ging zur Theke. Hier hatte sich inzwischen die Menge gesammelt und umdrängte das Whiskyfaß, das Bill Myers angestochen hatte. Händeschütteln, Schulterklopfen für den edlen Spender.

«Ein Hoch auf die Gastfreundschaft des Westens!» rief einer in tränenseliger Stimmung.

Jeder der Männer, die die Theke belagerten, hatte schon vor Joe Bludgeon gezittert, und wenn er sie auf der Staße angesprochen hätte, am hellichten Tag und ohne ersichtlichen Grund, keinem von ihnen wäre sonderlich wohl gewesen. Hier aber, Whiskygläser in Händen und mit der Aussicht auf einen kostenlosen feuchtfröhlichen Abend, hatten sie alle Bedenken fahrenlassen, und selbst in Gedanken nannte ihn in diesem Augenblick keiner mehr «Snaky Joe».

Die einzig mißvergnügte Person im Raum schien Kitty zu sein. Mit gerunzelter Stirn und herabgezogenen Mundwinkeln stand sie auf der Treppe, nachdem sie den Emersons mürrisch das Zimmer gezeigt und grußlos gegangen war, und überblickte die lärmende, quirlende Menge von Männern, unter die sich wieder lautstark die wenigen Frauen der Ansiedlung gemischt hatten.

Bludgeon war auf einen der Hocker an der Theke geklettert und goß in schneller Folge vier, fünf Gläser Whisky in sich hinein, wobei er mehrere Männer zur Berichterstattung empfing.

So liebte sie ihn, wenn der Alkohol sein bleiches Gesicht rötete, seine Glieder lockerte und seine Zunge löste. Dann konnte er auch witzig sein und war nicht darauf bedacht, den Chef hervorzukehren. In dieser Stimmung hatte sie die schönsten Stunden mit ihm verlebt, Stunden, die weltenweit entfernt waren von seinem Alltag, der vom Raffen, Befehlen und Morden beherrscht wurde. In solchen Stunden hatte sie auf seinem Schoß gesessen, und er war der zärtlichste und aufmerksamste Mann von der Welt gewesen, auch der freigebigste, dem es auf hundert Dollar nicht ankam. Dann trat er sie auch nicht wortlos ab, wenn einer aufkreuzte, der nach Geld roch und der sich einen vergnügten Abend bereiten wollte, dann schickte er sie nicht ohne weiteres an die Tische, wo gespielt wurde, etwa um den Fremden, der im Gewinn war, zum Trinken zu animieren und seine Aufmerksamkeit einzuschläfern.

Für heute aber, das fühlte sie deutlich, war er für sie verloren, vielleicht nicht nur für heute. Wenn diese zugereiste Gans mit ihrem Madonnengesicht und dem schüchternen Gehabe es verstand, ihn hinzuhalten, dann war ihr das beste Leben sicher, so lange, wie sie ihm seinen Willen nicht ließ. Wer Joe erst einmal ins Bett genommen hatte, der war bei ihm abgemeldet, der mußte für ihn arbeiten und auf freundliche Stunden warten, in denen die Illusion von der Liebe wieder erblühen konnte. Kitty schloß die Augen vor dem Trubel im Saal. Dann ging sie entschlossen zur Theke und ließ sich von Bill Myers ein Wasserglas mit Whisky füllen.

Inzwischen war die Stimmung auf den Höhepunkt gelangt. Jemand hatte sich ans Klavier gesetzt und hämmerte auf die Tasten, daß die Saiten klirrten. Zwei Männer hatten ihre Geigen mitgebracht und fiedelten, daß ihnen der Schweiß in Bächen von der Stirn lief. Bald erdröhnte der hölzerne Bau unterm Stampfen genagelter Stiefel, und da Frauen rar waren, sah man manches Männerpaar unter fröhlichen und unflätigen Zurufen der Umstehenden miteinander tanzen.

Peter Hille war einer der Ausgelassensten im Saal. Seine dunklen Augen blitzten, und er hüpfte wie ein Gummiball im Takt der Musik. Dabei stieß er unverständliche Worte hervor und klatschte schallend in die Hände. «Leute», schrie er, «Euer Tanglewood ist ein verdammt fideles Nest! Hier laßt uns Hütten bauen! Markus neun, Vers fünf.»

Sam Blake, der die Pferde ausgeschirrt und die Waren verstaut hatte, trat in dem Augenblick durch die Schwingtür, als Hille einem der Geiger das Instrument aus der Hand riß und selber den Bogen in wirbelndem Tempo über die Saiten hüpfen ließ, ohne im Tanzen innezuhalten.

«Komm rein, altes Haus!» schrie er Blake entgegen. «Hier kannst du Freude pfundweis haben, und umsonst!»

«Die kauf ich mir lieber selber», murmelte Sam Blake und ging an die Theke, wo man ihm bereitwillig Platz machte.

«Einen Whisky für Mister Blake!» beorderte Bludgeon. «Natürlich auch auf meine Rechnung.»

«Danke fürs Angebot, Bludgeon», entgegnete Blake, «aber mir wär ein anständiges Bier lieber.»

Als Bill Myers doch ein Glas mit Whisky vor den Händler stellte, schob der es mit ruhiger, bestimmter Armbewegung beiseite.

«Mister Blake ist was Besseres gewöhnt», sagte Bludgeon mit schlecht verhohlener Wut, «feinen Indianerschnaps zum Beispiel, mit dem man Pferdekoliken kurieren kann.»

Blake überhörte die Herausforderung. «Kann man in Ihrer Kneipe nicht mehr das trinken, was man will?» fragte er Myers.

«In seiner Kneipe! Das ist der beste Witz, den ich seit langem gehört habe!» Bludgeon lachte vor Vergnügen, und seine Männer stimmten pflichtschuldig in das Gelächter ein. Nur Bill Myers machte ein säuerliches Gesicht, da man sich auf seine Kosten amüsierte.

«Steh nicht so dumm da», fuhr Bludgeon den Wirt an, nachdem er wieder zu Atem gekommen war. «Hast du nicht gehört: Dein Gast will ein Bier! Zapf ihm eins. Und dann gehen wir beide mal ins Hinterstübchen. Ich glaube, wir haben was zu besprechen. Dick hat mir da vorhin eine nette kleine Geschichte erzählt, die ich von dir auch noch mal hören möchte.»

Myers hantierte mit zitternden Händen am Faß herum und wurde noch um einige Grade blasser, als er sah, wie Bludgeon mit einer Kopfbewegung Fletcher und Bashan zur Theke winkte.

«Wir gehen schon voraus», sagte Bludgeon, indem er vom Hocker rutschte. «Laß uns nicht zu lange warten.»

Es lag keine Drohung in der Aufforderung, eher die Ungeduld des vielbeschäftigten Mannes, der es sich nicht erlauben kann, seine Zeit zu verplempern.

Zögernd verschwand auch Myers durch die Tür zum Hinterzimmer, nachdem er das Bier vor Blake hingestellt hatte. Dick Ferguesón saß sinnlos betrunken und blöde lächelnd an der Theke. «Der kriegt jetzt sein Fett», sagte er zu Blake, und als der ihm eine verständnislose Miene zukehrte, fügte er hinzu: «Na ja, wenn es um Gold geht, ist mit Snaky Joe nicht zu spaßen.»

Das dumpfe Klatschen von Schlägen, das aus dem Hinterzimmer drang, das Wimmern des Getroffenen, sein beteuerndes Lamentieren, die gebellten Fragen konnten auch von der Musik und dem Singen und Trampeln nicht völlig übertönt werden. Blake verstand noch: «Dein Glück, daß du das Maul aufgemacht hast.» Dann wurde die Tür aufgerissen, und Bludgeon erschien im Rahmen, als sei nichts Außergewöhnliches vorgefallen. Hinter ihm, wie Schatten, tauchten mit stumpfen Gesichtern Bashan und Fletcher auf. Bludgeon steuerte geradewegs auf Blake zu.

«Von Ihren Burschen hört man ja schöne Sachen», sagte er ohne Übergang.

«Von meinen Burschen?»

«Stellen Sie sich nicht dümmer, als Sie sind. Ich meine Pat und Chat. Die suchen auf meinem Land nach Gold.»

«Auf Ihrem Land?» Fast hätte es Blake die Sprache verschlagen. «Seit wann nennen Sie das Gebiet um den Shining Stone Creek Ihr Land? Soviel ich weiß, gehört es den Indianern.»

«Gehörte, werter Blake, gehörte!» Man sah Bludgeon an, welchen Spaß es ihm bereitete, Blakes Erstaunen zu sehen. «Die Regierung hat es mir überschrieben.»

«Die Überschreibung möchte ich sehen!»

«Ich bin Ihnen keine Rechenschaft schuldig. Ich wollte Ihnen nur einen Tip geben. Morgen früh reite ich nämlich hinauf. Ich muß mir ja schließlich mal mein Land ansehen.» Er ließ die Worte genüßlich auf der Zunge zergehen. «Und wenn ich jemanden treffe, der sich auf meinem Eigentum breit gemacht hat ...»

Blake wußte, wie der Satz zu vollenden war, und er konnte sich nicht eines Schauers erwehren; so brennend gern er in das Gesicht des Mannes vor ihm geschlagen hätte, so klar war ihm doch bewußt, daß das seine letzte Handlung gewesen wäre. Ihm blieb nichts weiter, als am anderen Morgen, so früh wie möglich, Pat und Chat Nachricht zukommen zu lassen.

«Übrigens», fuhr Bludgeon betont selbstsicher fort, «möchte ich Sie auch warnen. In den Bergen hat niemand mehr etwas zu suchen. Niemand, verstehen Sie? Auch Sie nicht. Es hat sich ausgehandelt. Ich sage Ihnen das nicht im bösen», fügte er beschwichtigend hinzu, als er sah, wie Blake die Schläfenadern schwollen. «Sie wissen, daß die Indianer auf dem Kriegspfad sind. Der Waffendiebstahl letzte Nacht müßte auch Sie davon überzeugt haben, daß es mit dem Indianerhandel vorläufig vorbei ist.»

«Ich frage mich nur, was sie so wild gemacht haben könnte», sagte Blake langsam und lauernd. «Als sie im Frühjahr von hier wegzogen, waren sie die friedlichsten Menschen von der Welt.»

«Da fragen Sie mich zuviel. Jedenfalls möchte ich Ihnen raten, keinen Fuß mehr in die Berge zu setzen. In Ihrem eigenen Interesse. Wenn die Rothäute auf dem Kriegspfad sind, dann machen sie keinen Unterschied mehr zwischen Weißen und Weißen. Jetzt hilft nur noch Gewalt.» Bludgeon ging wieder auf seinen Hocker zu, setzte sich, nahm sein Glas und beobachtete aufmerksam, aber unbeteiligt wie ein Arzt, Bill Myers, der trotz seines rotgeschwollenen Gesichts wieder hinter der Theke stand und mit verzerrtem Lächeln die Gläser füllte. «Das sollte dir eine Lehre sein, Bill», sagte Bludgeon langsam. «Beim nächstenmal kommst du nicht mit ein paar Kratzern davon.» Und Bashan, der hinter seinen Chef getreten war, nickte ernst zu dieser Warnung.

Stumm verließ Sam Blake die Theke, nachdem er Myers eine Münze zugeworfen hatte, sah sich suchend im Saal um und ging an Peter Hilles Tisch. Der war erschöpft und betrunken und hatte den Kopf auf die Arme gelegt. «Steh auf!» sagte Blake und rüttelte den kleinen Mann an der Schulter. «Das ist kein Lokal für anständige Menschen.» Hille blinzelte, lallte etwas vor sich hin und erhob sich torkelnd. Wenn Blake ihn nicht gehalten hätte, wäre er über die eigenen Beine gestolpert. «Du kannst bei mir im Stall schlafen. Morgen reden wir weiter.»

8

Die Sonne war noch nicht ganz hinter den Gipfeln im Osten aufgegangen, als Bad Face sich aufs Pferd schwang und im gestreckten schnellen Galopp Tanglewood auf dem kürzesten Weg in Richtung des Shining Stone Creek verließ. Sam Blake hatte ihn vor einer Stunde geweckt und ihn zur Eile angetrieben. Es ginge um Menschenleben, hatte er gesagt, Pat und Chat seien in großer Gefahr.

Der Indianer ritt so schnell, wie es das unebene, von Felsbrocken übersäte und manchmal plötzlich in losen Sandboden übergehende Gelände zuließ. Obschon Blake ihm das beste Pferd aus seinem Stall gegeben hatte, machten sich bei dem immer wieder zum Galopp angetriebenen Tier doch bald Ermüdungserscheinungen bemerkbar. Der Schaum flog ihm in großen Flocken

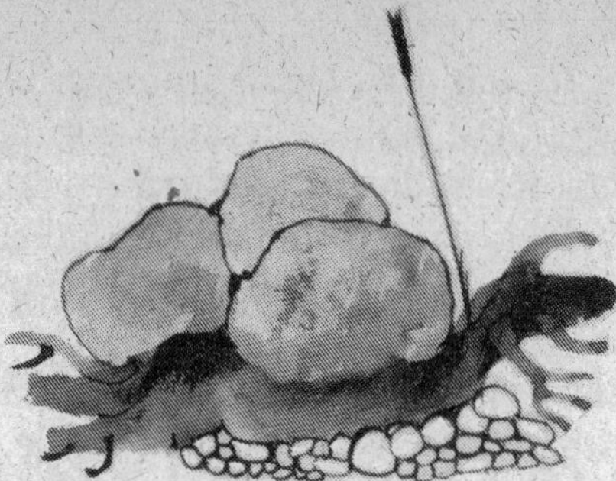

vom Maul, und das Fell glänzte trotz der morgendlichen Kühle schweißnaß. Bald konnte es nicht mehr anders gehen als im Schritt, und Bad Face stieg ab, um das Tier eine Weile verschnaufen zu lassen. Er selbst setzte sich mit dem Rücken gegen eine Felswand, die in etwa zehn Fuß Höhe von einem kleinen Felsplateau überragt wurde. Er hörte nicht die beiden Männer, die sich auf das Plateau herabschlichen. Er bemerkte sie erst, als sie zum Sprung auf ihn ansetzten. Doch da war es zu spät, das Messer zu ziehen. Wie mit eisernen Klammern hielt der eine der Männer seine Arme. Der andere verhinderte, daß Bad Face seine Füße als Waffe gebrauchen konnte. Jetzt erst merkte Bad Face zu seinem Erstaunen, daß nicht etwa Bludgeons Männer ihm aufgelauert und ihn überfallen hatten, sondern Dakotas, Leute seines eigenen Stammes. Sie gehörten zu dem kleinen Trupp, mit dem der Weitspähende Falke das Eindringen in die Wagenburg der Zuwanderer gewagt hatte.

Voller Verachtung sahen die Indianer ihren Stammesbruder an, der sich, wie mancher andere, auf die Seite der Weißen geschlagen hatte und niedere Dienste für sie verrichtete. Sie kannten Bad Face, wußten, daß er vor Jahren schon aus den Zelten der Dakotas gegangen war, als der Händler Sam Blake ihm ein ruhiges und auskömmliches Leben in Aussicht gestellt hatte, wenn er ihm bei seinem Handel zur Hand ging. Und sooft er mit Blake in die Zelte der Dakotas kam, um für den Händler zu dolmetschen, begegnete ihm die eisige Ablehnung seiner Stammesgenossen. Zwar war man auf die Dienste von Leuten wie Blake angewiesen, doch erachtete man es als eines indianischen Mannes unwürdig, sich selber am Handel zu beteiligen. So vermehrte Bad Face die Schar der unglücklichen Geschöpfe, die vom eigenen Volk ausgestoßen waren, ohne in den Siedlungen der Weißen Anerkennung zu finden.

«Laßt mich reiten», bat er jetzt die beiden Krieger. «Ich habe eine wichtige Nachricht zu überbringen.»

Doch die Männer würdigten ihn keiner Antwort, noch lockerten sie die Griffe, die ihn am Boden hielten. Stumm schienen sie auf etwas zu warten.

Nach einigen Minuten – Bad Face hatte sich schon in sein Schicksal gefügt – erscholl ein Ruf von jenseits des Shining Stone Creek, den die Krieger sofort beantworteten. Aus dichtem Gebüsch am anderen Ufer trat der Weitspähende Falke. Hoch aufgerichtet stand er im klaren Licht des frühen Mor-

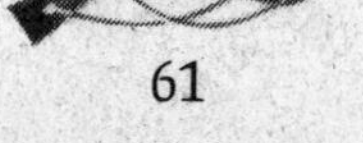

gens. Die Bemalung auf Gesicht und Oberkörper verlieh seiner Erscheinung etwas Wildes, Kriegerisches. Die Winchesterbüchse in seiner Rechten und die Streitaxt im Gürtel unterstrichen diesen Eindruck.

Er winkte seinen beiden Männern mit weit ausholender Geste zu. Sofort lockerten sich deren Griffe, und Bad Face konnte sich zu sitzender Stellung erheben.

«Komm!» sagte der eine der Krieger und zog den Gefangenen auf die Füße.

Sie durchwateten den Bach. Der Weitspähende Falke erwartete sie mit verschränkten Armen und unbewegtem Gesicht. Bad Face wollte zu einer Erklärung ansetzen, doch der junge Häuptling schnitt ihm mit herrischer Handbewegung das Wort ab. Flüsternd beriet er sich mit den beiden Kriegern, ehe er das Wort ergriff.

«Wieso treibst du dich zu so früher Stunde an diesem Creek herum?» fragte er. «Bist du im Dienst des weißen Mannes so tief gesunken, daß du auch schon dem gelben Metall nachjagst? Oder haben sie dich aus ihrer Siedlung vertrieben?»

«Ich reite im Auftrag Sam Blakes, des Händlers.»

«Bei dem du Sklavendienste leistest.»

«Ich arbeite bei ihm aus freien Stücken», erwiderte Bad Face selbstbewußt, «und reite freiwillig für ihn zu seinen beiden Freunden.»

«Und warum reitest du so früh?»

«Joe Bludgeon ist wieder im Land.»

«Ich weiß es.» Haß malte sich auf dem Gesicht des Weitspähenden Falken und ließ seine Züge hart und scharf werden.«In der Prärie sind Hunderte Büffel ein Fraß der Geier geworden. In unseren Zelten wird Hunger herrschen.»

«Snaky Joe will die Dakotas von ihrem Land vertreiben. Er sagt, es gehört ihm. Er sagt, die Regierung hat es ihm überschrieben! Er hat eine Horde Bleichgesichter aus dem Osten mitgebracht. Und viele werden noch folgen.»

«Wir wissen das!»

«Heute will er mit seinen Leuten zum Shining Stone Creek. Die beiden weißen Männer haben Gold gefunden. Er sagt, es ist sein Land. Ich soll die Männer warnen.»

Wieder beriet sich der Weitspähende Falke flüsternd mit seinen Begleitern, ehe er Bad Face anwies: «Reite zurück in die Siedlung der Weißen. Sag dem Händler, du hättest mit dem Weitspähenden Falken gesprochen.»

Bad Face zögerte, wollte einwenden, daß er einen Auftrag zu erfüllen habe. Doch einer der Begleiter des Weitspähenden Falken nahm ihn am Arm und führte ihn zum Ufer zurück und durch den Creek zu seinem Pferd.

Während dieses Zusammentreffens des Weitspähenden Falken und seiner Gefährten mit Bad Face erreichten Joe Bludgeon und vier seiner Männer, unter ihnen Fletcher und Dick Fergueson, die Stelle des Shining Stone Creek, an dem Chatham und Patterson ihren Claim hatten. Sie waren eine Viertelstunde nach Bad Face aus der Siedlung aufgebrochen und hatten einen zwar etwas weiteren, dafür aber bequemeren Weg eingeschlagen, den die Pferde mit Leichtigkeit unter ihre Hufe nehmen konnten.

Chatham und Patterson hörten rechtzeitig das Pferdegetrappel, ließen ihre Pfannen im Stich und versteckten sich, nichts Gutes ahnend, hinter einem Felsblock. Eine Sekunde später sahen sie Bludgeon und seine Männer in breiter Front auf das Ufer zureiten, jeder einen Stutzen schußbereit in den Händen.

«Jetzt wird's ernst, Chat», flüsterte Patterson und zog seinen Colt aus dem Halfter.

Chatham war auch in dieser bedrohlichen Situation nicht aus der Fassung zu bringen. Er grinste breit, wischte sich die Nase mit dem Handrücken. «Die wollte ich schon immer mal vor der Flinte haben», sagte er, während er den Hahn seines Revolvers spannte. «Es geht doch nichts über einen freundlichen Morgenbesuch.»

Drei der Männer sprangen vom Pferd und suchten die Umgebung der Stelle im Creek ab, an der das Werkzeug der Goldwäscher lag.

«Patterson! Chatham! Kommen Sie heraus! Ich habe mit Ihnen zu reden!» rief Bludgeon, dem gar nicht wohl war in seiner Haut. Er saß hoch zu Roß, für jeden, der auf ihn schießen wollte, eine ideale Zielscheibe.

«Kommt 'raus, wir finden euch doch!» rief auch Fletcher und fuchtelte mit seinem Stutzen in der Luft herum.

«Soll ich ihn abknallen?» fragte Chatham.

«Laß das. Wir müssen wissen, was sie wollen.»

«Uns wollen sie. Das ist alles.»

«Wir können uns auf keine Schießerei einlassen. Die Burschen sind uns überlegen.» Und laut rief Patterson, als hockte Chatham nicht neben ihm, sondern eine halbe Meile weit entfernt: «Chat, gib acht! Snaky Joe ist hier!»

Die drei Männer, die keine zehn Schritt vom Versteck der Goldwäscher entfernt suchten, fuhren erschrocken herum.

«Laßt die Gewehre fallen!» befahl Patterson. «Oder ich spicke euch die Westen mit Blei.»

Ratlos blickten die Männer zu Bludgeon hinüber. Der nickte, und sie ließen die Gewehre fallen, während Joe selbst und Fletcher ihre Winchesters in den Sattelfutteralen verschwinden ließen.

«Kommen Sie heraus, Patterson. Es ist kein Gewehr mehr auf Sie gerichtet.»

Bludgeon schwang sich nun auch vom Pferd und ging einige Schritte auf den Felsen zu, hinter dem sich Patterson und Chatham versteckt hielten.

Vorsichtig und geduckt, den Colt schußbereit in der Hand, trat Patterson hinter dem Felsen hervor. Erst als er sich davon überzeugt hatte, daß wirklich keine Waffe ihn mehr bedrohte, richtete er sich auf.

«Und wo ist der andere?» Bludgeon schaute sich suchend um.

«Hier, wenn es Ihnen nichts ausmacht.»

Als Bludgeon Chatham hinter demselben Felsbrocken vorkommen sah, spiegelte sich offene Wut auf seinem Gesicht. Unwillkürlich zuckte seine Hand zum Halfter. Aber er besann sich rechtzeitig darauf, daß er zwei bewaffneten Männern gegenüberstand. «Ich sehe, ihr seid zu Scherzen aufgelegt.» Sein Ton war eisig, sein Gesicht zur Maske erstarrt.

«Morgens haben wir immer unsere fröhlichsten Stunden. Stimmt's, Pat?» sagte Chatham.

Patterson blieb ernst. «Kommen wir zur Sache. Was verschafft uns die Ehre Ihres Besuchs auf unserem Claim?» fragte er.

«Auf eurem Claim!» Bludgeon lachte unfroh und wandte sich beifallheischend zu seinen Begleitern um, die sein Lachen aufnahmen und es durch die ganze Skala der Boshaftigkeit variierten. «Das muß ein Irrtum sein, Mister Patterson.» Jedes seiner Worte war betont und deutlich ausgesprochen. «Das ganze Gebiet des Shining Stone Creek ist mir von der Regierung verschrieben worden. Mir, versteht ihr? Ich habe mein gutes Geld dafür bezahlt, und ich bin gekommen, um mein Eigentum zu übernehmen. Also packt eure Sachen und macht euch aus dem Staub!»

Patterson und Chatham sahen einander verblüfft an. Chatham war der erste, der nach Sekunden des Schweigens die Sprache wiederfand. «Das meinen Sie doch wohl nicht im Ernst, Mister», sagte er. «Das Land hier gehört niemandem, das heißt, es gehört natürlich den Indianern, keinem anderen. Nein, Mister, wenn Sie uns aufs Kreuz legen wollen, müssen Sie schon früher aufstehen.»

«Ich könnte euch wie Diebe behandeln», fuhr Bludgeon unbeirrt fort. «Aber ich bin kein Unmensch. Ich achte eure Arbeit. Achtzig Prozent der Ausbeute an mich – aber ehrlich. Dann könnt ihr hier weiterarbeiten.»

«Mister, Sie sind wohl zu lange in der Sonne geritten.» Jeder scherzhafte Klang war aus Chathams Stimme verschwunden. Jetzt wußte er endgültig, daß Snaky Joe keine Sekunde zögern würde, sie zu ermorden, wenn es sein mußte.

«Was wir hier aus dem Bach gefischt haben, ist unser Eigentum», sagte Patterson ruhig. «Und davon bekommen Sie keine gottverdammte Unze. Das Märchen von der Regierungsverschreibung können Sie Neulingen auftischen, uns nicht. Wir kennen Snaky Joe und seine Praktiken lange genug. Und jetzt lassen Sie uns in Ruhe. Wir haben Arbeit.»

Bludgeon trat plötzlich einen Schritt nach vorn und lenkte so die Aufmerksamkeit der Goldwäscher für den Bruchteil einer Sekunde auf sich. Das genügte Fletcher und den anderen Begleitern, blitzschnell die Colts zu ziehen. «Stehenbleiben, oder ihr liegt für immer!» bellte Bludgeon. «Die Zeit für Kinkerlitzchen ist vorbei!» Mit einer Kopfbewegung wandte er sich an einen der

Männer, ohne Patterson und Chatham aus den Augen zu lassen. «Rock, sieh nach, wo die Diebe mein Eigentum versteckt haben. Schnell.»

Als der mit Rock Angeredete Miene machte, den Befehl auszuführen, schrie Chatham vor Wut auf.

«Zurück, du Bandit!» Und er feuerte seinen Colt auf den näher kommenden Rock ab.

Doch Rock war schneller, und er hatte die größere Übung im Schießen. Mit beiden Händen faßte sich Chatham an den Bauch und sank langsam zu Boden.

Fast gleichzeitig krachten vier, fünf Schüsse. Rock brach, die Arme hochwerfend, von einer Kugel aus Pattersons Revolver getroffen, tot zusammen. Patterson fühlte einen glühendheißen, harten Schlag gegen sein rechtes Schultergelenk, der seinen Arm augenblicklich lähmte und Übelkeit in ihm aufsteigen ließ. Taumelnd, dann kriechend, erreichte er den Schutz des Felsens, hinter dem er bewußtlos zusammenbrach.

Als Bludgeon dem Verwundeten nachsetzen wollte, hörte er in seinem Rük-ken schrill und weithin gellend den Kriegsschrei der Dakotas. Entsetzt drehte er sich herum und feuerte seine Winchester blindlings gegen den Hang ab, von dem der Ruf ertönt war. Auch Fletcher und die anderen Männer schossen, was die Läufe hergaben. Aber die Angreifer boten kein festes Ziel. Von Felsbrocken zu Felsbrocken springend, kamen sie zu Tal.

«Auf die Pferde!» schrie Bludgeon, nackte Angst in der Stimme, und rannte im Zickzack auf die Stelle zu, an der die Tiere sich laut wiehernd gegeneinander drängten. Er sah, wie einer seiner Männer auf sein Pferd sprang und vielleicht hundert Schritt weit kam, ehe ihn ein Pfeil in den Hals traf. Der Mann sackte seitwärts vom Pferd, blieb aber mit dem Sporn im Steigbügel hängen und wurde von dem in Todesangst galoppierenden Tier quer über den Creek geschleift. «Auf die Pferde!» wiederholte Bludgeon völlig überflüssig und rannte ziellos hin und her.

Fletcher saß bereits im Sattel und jagte, ohne sich um die Zurückgebliebenen zu kümmern, das Tal entlang.

Angstschweiß stand in großen Tropfen auf Bludgeons Stirn. Der Gedanke an Flucht beherrschte sein Hirn. Der gräßliche Schrei, den Dick Fergueson neben ihm ausstieß, als ihn ein Treffer aus dem Gewehr des Weitspähenden Falken um die eigene Achse wirbelte, drang nicht in sein Bewußtsein. Er warf sich auf ein Pferd, schmiegte sich instinktiv an den Hals des Tieres und ließ ihm die Zügel schießen. Er hörte nicht mehr die Schüsse, registrierte nicht mehr die Einschläge, die Staub aufwirbeln ließen oder von Steinen als sirrende Querschläger wegspritzten. Erst nach einer Meile wahnwitziger Raserei klärten sich ihm wieder die Sinne. Er richtete sich im Sattel auf und ließ das Pferd verhaltener gehen. Wohltuend empfand er den Wind auf der schweißnassen Haut. Er riß sich das Hemd auf, atmete langsam und tief, um sein wild schlagendes Herz zu beruhigen. Einige hundert Schritt weiter traf er auf Fletcher, der hinter einem Felsvorsprung mit schußbereiter Büchse wartete.

«Na, Chef, das war haarscharf», sagte Fletcher grinsend.

«Red keinen Unsinn!» fuhr Bludgeon ihn an. «Das war das Todesurteil, für sie alle!»

9 Im Dorf der Dakotas am Shining Stone Creek herrschte eine außergewöhnliche, unheildrohende Stimmung. Die Kinder, die sonst schreiend zwischen den Zelten umhertobten, drückten sich an ihre Mütter, als wüßten sie von dem Schweren, das der Stammesabteilung bevorstand; nirgendwo war eine Frau zu sehen, die Pemmikan bereitete oder Büffelhäute aufspannte, damit sie in der Luft trocknen konnten; keiner der Männer saß müßig vor seinem Zelt in der Sonne, die Beine untergeschlagen. Selbst die zahlreichen Hunde schienen zu wittern, daß etwas ungewöhnliches in der Luft lag, und sie umsprangen mit steil aufgestellten Schwänzen die Gruppen von Männern, die flüsternd, dabei immer wieder Blicke auf das Zelt des Zauberers werfend, miteinander berieten.

Vor einer Stunde war der Graue Bär in das Zelt gegangen, um mit dem Weisen durch Beschwörungen und Zeremonien den Großen Geist zu befragen, was zu tun sei. War es klüger, den Gefahren und Drohungen der Weißen zu trotzen, oder sollte man das von der Regierung zugewiesene Reservat aufsuchen und dort ein zwar wenig ehrenvolles, dafür aber ruhiges Leben führen? Der Graue Bär hatte sich schon entschieden, und seit jener Ratsversammlung, an der auch Tasunka-witko teilgenommen hatte, war die Meinung in ihm fester geworden, daß nur durch ein Unterwerfen unter die Befehle der Regierung der Stamm vor der Vernichtung gerettet werden konnte. Die Zeremonien, die der Medizinmann im vollen Ornat veranstaltete, seine gemurmelten Sprüche, seine dann und wann aufklingenden spitzen Schreie, wenn der Geist ihn überkam, sein Augenrollen, sein Schnaufen, das Klirren seiner zahlreichen Wampume – all das drang nicht mehr in das Bewußtsein des Grauen Bären. Er hockte am Boden, rauchte aus seiner Pfeife, stierte vor sich hin. Er kannte die Meinung des Medizinmannes, der da vor ihm in seltsamen Verrenkungen den Großen Geist beschwor. Und er wußte, welcher Spruch schließlich aus dem zahnlosen Mund des Alten tönen würde. Aber der Graue Bär brauchte die Bestätigung des Großen Geistes, um seinen Entschluß im Stamm durchzusetzen. Wachen Auges hatte er die seit Tagen schwelende und ständig stärker werdende Unzufriedenheit besonders der jungen Männer mit seinem Entschluß, den Winter über bei der Agentur der Regierung zu verbringen, beobachtet. Die unzufriedenen Reden, die von «Schande» und «Feigheit» sprachen, waren seinem Ohr nicht entgangen. Er brauchte den Spruch des Großen Geistes, um die Murrenden zum Schweigen, die Unentschlossenen zum Anerkennen seines Entschlusses zu bringen. Der Graue Bär war von Unsicherheit zerrissen. Nie zuvor war ihm begegnet, was ihm in diesen Tagen widerfuhr. Immer hatte unter den Dakotas das Wort der Häuptlinge gegolten, nie hatte jemand gewagt, ihre Autorität anzuzweifeln, gleich ob in Friedenszeiten oder in Kriegsläuften. Jetzt schien alles in Frage gestellt, die alte und, wie der Graue Bär glaubte, gute Ordnung schien zu wanken, und es bedurfte nachhaltiger Anstrengungen, sie nicht einstürzen zu lassen. Ein wehmütiges Lächeln ging über das vorzeitig gealterte Gesicht des Häuptlings, als für Sekunden das Murmeln des Beschwörers in sein Bewußtsein drang. Wann je hatte er es nötig gehabt, zu solchem Mittel zu greifen? Früher war die Zeremonie nichts anderes gewesen als eine feierliche Ausschmückung der Anordnungen, die er und der Rat der Ältesten getroffen hatten. Jetzt mußte sie dazu herhalten, seinem Wort überhaupt erst Geltung zu verschaffen. Bedeutete dieser Ungehorsam das Ende der Dakotas, den Schlußpunkt einer langen und ruhmreichen Vergangenheit? Der Graue Bär erwog die Frage nur flüchtig. Wichtig allein war ihm, daß es nicht zum Krieg kam, zu einem Krieg, den die Dakotas nicht gewinnen konnten. Er sehnte sich nach der Ruhe der Reservation, und er war nicht gesonnen, sich diese Ruhe durch einen Hitzkopf wie den Weitspähenden Falken zerstören zu lassen. Es würde ohnehin nachhaltiger Anstrengungen bedürfen, um den Weißen klarzumachen, daß nicht die gesamte Stammesabteilung für den Überfall auf den Eisenbahnzug und den Raub der Gewehre verantwortlich zu machen sei und daß er, der Häuptling, nichts anderes im Sinn habe, als friedlich zur Agentur zu ziehen. Aber er würde auch das noch auf sich nehmen, würde nach Tanglewood reiten, das weiße Wolfsfell als Zeichen der Friedfertigkeit und des Willens zum Verhandeln auf eine Lanze gesteckt, um die sicherlich aufgebrachten Siedler zu beschwichtigen. Um des Friedens willen wollte er das auch noch tun, um seines Friedens willen vor allem, wie er sich freimütig eingestand. Mochten dann die Voreiligen zusehen, wie sie sich aus der Schlinge wanden, die sie sich selber gelegt hatten. Er, der Graue Bär, zog seine Hand von ihnen ab, wollte ihnen nicht mehr Vater und Häuptling sein.

Indessen war der Weitspähende Falke nicht müßig gewesen. Er hatte an die dreißig Männer um sich gesammelt. Zu seinen Füßen stapelten sich die Gewehre, die er erbeutet hatte.

«Ihr seht, ich habe Wort gehalten», sagte er. «Was ich bei der Leiche des Flinken Hirschs und den anderen Ermordeten geschworen, ist erfüllt worden. Wir sind mit Feuerrohren bewaffnet und nicht mehr wehrlos den Angriffen der weißen Banditen ausgesetzt.»

Neugier und Genugtuung mischten sich in den Blicken der Männer, als sie sich, einer nach dem anderen, niederbeugten und eines der Gewehre aufnahmen. Dann aber, als sie die Waffen in den Händen hielten, ließen sie alle anerzogene Gelassenheit fahren. Laut lachend und durcheinandersprechend zeigten sie einander die Gewehre, strichen über die glatten, kühlen Läufe, ließen die Schlösser einschnappen und wieder ausrasten und visierten einander an.

Eine Weile sah der Weitspähende Falke gelassen dem Treiben zu. Dann lenkte er mit einer Handbewegung die Aufmerksamkeit auf sich und begann den meist im Umgang mit Feuerwaffen ungeübten Männern die notwendigen Handgriffe zu erläutern. Befriedigt stellte er fest, daß es keinem von ihnen, die mit Jagd und Kriegszügen groß geworden waren, sonderlich schwerfiel, sich auf die neuen, wirkungsvolleren Waffen einzustellen. Ihre Augen waren ohnehin von früh an darin geübt, Ziele zu erkennen.

Listiger Fuchs, ein schlanker, kleiner Mann, der seinen Namen dem Talent verdankte, noch in schier aussichtsloser Lage einen Ausweg zu finden, trat, sein Gewehr in beiden Händen vor sich haltend, vor den Weitspähenden Falken hin. «Du hast Wort gehalten», sagte er ohne Pathos, aber doch nicht ohne Ergriffenheit. «Wir sind nicht mehr wehrlos, und dafür danken wir dir.»

«Es war meine Pflicht», erwiderte der Falke, «unser Volk gegen die Diebe und Räuber zu stärken.»

Damit war der zeremonielle Teil des Gesprächs beendet. Der Listige Fuchs ließ die Büchse sinken, stellte sie mit dem Kolben gegen seinen rechten Fuß auf die Erde und fragte sachlich, wie es dem Weitspähenden Falken gelungen sei, die Waffen zu erbeuten. Der berichtete knapp, doch ohne wesentliche Einzelheiten auszulassen. Er erzählte auch davon, wie sie Zeuge des Überfalls auf die Goldwäscher am oberen Shining Stone Creek geworden waren und wie sie sich am Kampf gegen die übelsten aller Weißen beteiligt hatten.

«Lebt die weiße Giftschlange noch?» fragte der Listige Fuchs, und hinter seiner Frage stand die Hoffnung, daß diesen Erzbanditen, der von jedem Dakota nur mit Verachtung, Zorn und auch Furcht genannt wurde, endlich sein verdientes Schicksal ereilt haben möchte.

«Sie lebt noch», entgegnete der Weitspähende Falke scheinbar nüchtern und unbeteiligt. Doch es klang wie ein Schwur, als er mit lauter Stimme hinzusetzte: «Sie wird unser Volk nicht mehr lange mit ihren Diebereien und Morden schrecken können!»

Der Listige Fuchs trat, ein wenig erschrocken vor der düsteren Feierlichkeit, die in diesen Worten lag, einen Schritt zurück. «Glaubst du», fragte er dann und deutete mit einer Kopfbewegung zu dem Zelt des Zauberers hinüber, vor dem sich acht Männer versammelt hatten, um den Häuptling zu erwarten, «daß der Graue Bär deinen Kampf gegen die weiße Giftschlange gutheißen wird? Ich weiß, er wird in die Siedlung der Bleichgesichter reiten und Frieden anbieten.»

«Er wird in sein Verderben reiten!»

Diese Feststellung war mit solcher Überzeugungskraft getroffen, daß der Listige Fuchs nicht zu widersprechen wagte. Aber auch in ihm lebte ein Teil der Unentschlossenheit, die den Häuptling ergriffen hatte, und über allem Zorn auf die weißen Landräuber hegte auch er die Befürchtung, daß der Kampf der Dakotas crfolglos scin könntc. So fragte er dann vorsichtig: «Gibt es keine Brücke von dir zum Grauen Bären?»

«Ich habe mit ihm die Pfeife geraucht», antwortete der Weitspähende Falke, «nachdem Tasunka-witko und seine Krieger unsere Zelte verlassen hatten. Der Graue Bär ist nicht mehr der Krieger, der er einst war. Die Gefahr, in der er seine Jahre zugebracht hat, haben ihn stumpf werden lassen für die letzte, größte Gefahr. Seine Zähne sind locker geworden, und es verlangt ihn nach den Suppen der Agentur. Seine Augen sind trüb geworden. Er sieht nicht den vergifteten Köder, den die Bleichgesichter nach uns ausgeworfen haben. Er will nicht erkennen, daß sie unser Land wollen, das sie nur dann ihr eigen nennen können, wenn kein roter Krieger mehr am Leben ist.»

Unter den Männern um den Weitspähenden Falken breitete sich Unruhe aus. Alle blickten zum Zelt des Zauberers hinüber, aus dem der Graue Bär trat, gefolgt von der dürren Gestalt des Beschwörers, dem auch das langhaarige Büffelfell keine Stattlichkeit mehr verleihen konnte und den die Büffelhörner eher lächerlich als geheimnisvoll und schreckenerregend aussehen ließen. Die Krieger, die vor dem Zelt gewartet hatten, bildeten schweigend eine Gasse.

Der Graue Bär stand hoch aufgerichtet, in der Rechten einen buntgeschmückten Speer, an dessen Spitze das weiße Wolfsfell befestigt war. «Der Große Geist hat gesprochen», verkündete er. «Wir reiten in die Siedlung der Bleichgesichter.»

Pferde wurden herbeigebracht, und als der Graue Bär und die Männer vorm Zelteingang aufgesessen waren, setzten sie sich in Bewegung. Im Schritt kamen sie auf die Gruppe zu, die beim Weitspähenden Falken stand.

Sie boten ein prächtiges Bild, die Männer zu Pferd, in ihrem Federschmuck und den reichverzierten Kleidern, und manch einer der Krieger ließ verlegen sein Gewehr sinken, als der Graue Bär mit steinerner Miene in die Runde blickte.

Der Weitspähende Falke aber sah nur eins: Der Häuptling und seine Begleiter waren unbewaffnet bis auf die Messer und die Tomahawks an den Gürteln. Verachtung und Mitgefühl stritten in ihm. Furchtlos hielt er dem strengen Blick des Grauen Bären stand. Er wußte, jetzt würde es noch einmal zu einer Auseinandersetzung kommen, und dann würden sich ihre Wege trennen, vielleicht für immer. Trotz des Gefühls, das Rechte zu tun, krampfte sich ihm das Herz zusammen bei dem Gedanken, von einem Freund und Berater Abschied nehmen zu müssen, der ihm stets mehr gewesen war als ein Häuptling und an den ihn seine Zuneigung zu Blauhaar fast wie an einen Vater band. Er wollte noch einmal an Vernunft und Erfahrung des Häuptlings appellieren, wollte noch einmal in Ruhe und Freundlichkeit die Gründe auseinandersetzen, die ihn bewogen, den Kampf statt der Unterwerfung zu wählen. Aber er konnte kein Zeichen des Einlenkens in den Zügen des Grauen Bären entdecken, keine auch noch so geringe Spur seiner früheren Zuneigung zu ihm. Und als der Graue Bär endlich zu sprechen begann, da klangen die Worte hart und unbeteiligt, als ob er zu einem völlig Fremden redete.

«Ich reite heute noch vor dem Abend in die Siedlung», sagte er. «Die weißen Männer sollen wissen, daß wir nichts damit zu tun hatten, als du unbesonnen in unseren Bergen das Kriegsbeil gegen sie erhobst.»

«Sie haben unsere Büffel gemordet!» Das war wie ein Schrei der Verzweiflung vor so viel Uneinsichtigkeit.

Doch er beeindruckte den Grauen Bären nicht. Er sah in dem jungen Krieger nur noch den Störenfried, der seine und des ganzen Stammes Ruhe aufs Spiel setzte.

«Bei der Agentur brauchen wir keine Büffel.»

«Wenn die Dakotas ausgerottet sind, brauchen sie überhaupt keine Nahrung mehr.»

«Aus dir spricht der böse Geist.»

«Aus dir spricht verbrecherische Leichtgläubigkeit.»

Wer die beiden Männer sah, jeden unbeugsam und innerlich bebend vor Zorn, der allzu leicht in Haß umschlagen konnte, dem sank der Mut. Hatte es soweit kommen müssen? War das nicht der größte Triumph der Bleichgesichter, daß sie einen Keil zwischen die roten Krieger hatten treiben können? Voller Unbehagen dachten alle daran, was die nächsten Tage und Wochen bringen würden. Die Frauen blickten erschrocken aus gebührender Entfernung auf die Szene.

«Treib es nicht zu weit!» sagte drohend der Graue Bär. «Es gibt Mittel, Lästerzungen zum Schweigen zu bringen und dem Entschluß des Häuptlings Gehorsam zu verschaffen.»

Kaum hatte der Graue Bär diese Worte ausgesprochen, bereute er sie schon. Unwilliges Murmeln erhob sich. Wenn sich die Männer auch noch nicht dazu aufraffen konnten, sich offen gegen ihn zu stellen, so war durch seine Bereitschaft, sich den Anordnungen der Weißen zu fügen, sein Ansehen doch so weit gesunken, daß er seine Drohung nicht hätte wahrmachen können, ohne Gefahr für sich selbst heraufzubeschwören. Immerhin standen die mutigsten und stärksten Krieger des Stammes hinter dem Weitspähenden Falken, und beim Grauen Bären waren meist nur die geblieben, die gleich ihm einen Frieden um jeden Preis wünschten, weil sie ein Leben in Ruhe dem Kampf vorzogen. Er versuchte seine Drohung damit zu entschärfen, daß er sachlich wiederholte: «Ich reite noch heute in die Siedlungen der weißen Männer.»

«Reite nur», entgegnete der Weitspähende Falke, der nun endgültig erkannt hatte, daß es kein Übereinkommen zwischen ihm und dem Grauen Bären mehr geben konnte, «bettle bei Büffelmördern und Dieben um Frieden. Sie werden dich betrügen, so wie sie uns schon immer betrogen haben. Sie wollen Krieg, und jeder, der ihnen in die Falle geht, ist ihnen hoch willkommen. Reite nur! Unterwirf dich! Du wirst untergehen.»

«Aussichtsloser Kampf bedeutet Untergang», sagte der Graue Bär, nun wieder ganz beherrscht. «Ich werde den Frieden nicht brechen und alles dafür tun, daß niemand denkt, die Dakotas hätten den Frieden gebrochen. Du, Weitspähender Falke, hast die Trennung gewollt. Trage nun auch die Folgen.»

Wo Sekunden zuvor noch die Leidenschaft das Feld beherrscht hatte, breitete sich nun die Ruhe der Förmlichkeit aus. Der Weitspähende Falke trat einen Schritt vor, so daß er unmittelbar beim Pferd des Häuptlings stand. Er legte die Rechte auf die Brust. «Ich werde mit meinen Männern und Zelten noch heute das Dorf verlassen, noch ehe die Sonne ihren höchsten Punkt erreicht haben wird. Hau.»

«Möge dich der Große Geist nicht vollends verlassen», sagte der Graue Bär unbewegten Gesichts, und mancher Mann glaubte aus diesen Worten einen Rest der alten Zuneigung für den Jüngeren herausgehört zu haben. Damit trieb der Graue Bär seinem Pferd die Fersen in die Weichen, und das Tier machte einen Satz nach vorn. Die Begleiter folgten dem Beispiel des Häuptlings und spornten ihre Pferde gleichfalls an.

«Jetzt sind wir zerstritten», stellte der Listige Fuchs resigniert fest.

«Uns blieb keine Wahl.» Der Weitspähende Falke blickte den Reitern nach, bis sie den Ausgang des Talkessels erreicht hatten und hinter einem Felsvorsprung verschwanden.

«Wer mir folgen will, der breche seine Zelte ab», sagte er. «Es ist besser, zu kämpfen, als feige und hilflos den Dieben und Mördern ausgeliefert zu sein.»

«Weitspähender Falke hat recht», ergänzte der Listige Fuchs. «Uns bleibt keine Wahl.»

Während der nächsten Stunde glich das Dorf der Dakotas einem wimmelnden Ameisenhaufen. Mit einer Gewandtheit, die von langer Übung im Aufschlagen und Abbauen der Zelte zeugte, machte sich fast die Hälfte der Frauen des Dorfes daran, die Büffelhäute und Zeltstangen zu bündeln und die wenigen Habseligkeiten zusammenzupacken. Alles ging ohne Hast und ohne lautes Reden vor sich. Jeder notwendige Handgriff war in Fleisch und Blut übergegangen, jeder Gegenstand hatte seinen vorherbestimmten Platz. Sogar die Hunde waren in den Plan der Wanderungen einbegriffen, und auf ihren Rücken wurden leichtere Lasten festgebunden. Die Pferde standen geduldig, um vor schlittenähnliche Gefährte gespannt zu werden, die aus den Zeltstangen zusammengefügt wurden und Frauen und Kindern und dem Gepäck Platz boten.

Der Weitspähende Falke hatte seine geringe Habe bald zusammengebündelt. Nach einem prüfenden Blick über die Geschäftigkeit des Dorfes ging er langsam zum Zelt des Grauen Bären hinüber. Er fand Blauhaar vorm Eingang sitzend. Eine Minute stand er schweigend vor ihr, und sie hob nicht den Kopf. In Gedanken verloren, starrte er sie an, ehe er zu reden begann.

«Wir werden das Lager verlassen.»

«Ich bleibe im Zelt meines Vaters.» Das sagte sie sachlich, ohne eine Spur von Erregung in der Stimme. Solange sie noch nicht einem Mann zur Frau gegeben war, hatte sie kein Recht, das väterliche Zelt zu verlassen.

«Ich werde an dich denken, Blauhaar, wohin mich auch immer die Wanderung führen mag.»

Sie hob den Kopf, und er sah Tränen in ihren Augen. «Ich werde bei dir sein», sagte sie, «was auch immer geschieht, ich werde bei dir sein.»

Er strich ihr leicht über die Wange und hätte sich gern für einen Augenblick neben sie gesetzt. Doch der Aufbruch duldete keinen Aufschub. «Dein Vater will in die Siedlung der weißen Diebe reiten. Gib mir Nachricht, wenn er nicht zurückkommt oder wenn euch sonst etwas zustoßen sollte. Heute werden wir auf der Lichtung bei den Weißen Steinen übernachten. Morgen haben wir vielleicht schon unser Winterquartier im Tal der Präriehunde erreicht.»

«Ich werde an deine Worte denken.»

10 Zur selben Stunde, da im Indianerdorf die Auseinandersetzung zwischen dem Grauen Bären und dem Weitspähenden Falken die Einheit der Stammesabteilung endgültig zerriß und der junge Häuptling mit den kampfwilligen Männern aufbrach, tobten sich im Saloon von Tanglewood Mißtrauen und Leidenschaften aus. Wieder waren fast alle männlichen Siedler im Schankraum zusammengekommen, aber die ausgelassene Fröhlichkeit des vergangenen Abends war dahin. Bill Myers lehnte gelangweilt hinter der Theke, und wäre nicht Bashan gewesen, der ab und an ein Glas Whisky für sich, natürlich auf Rechnung des Chefs, verlangte, so wäre er gänzlich überflüssig gewesen. Denn niemanden gelüstete es nach einem scharfen Schnaps oder einem milden Bier. Jeder wollte mehr, wollte endgültig Klarheit darüber haben, wie die Besitzverhältnisse in diesem Teil des Landes lagen.

Sam Blake hatte die Abwesenheit Snaky Joes benutzt, um am frühen Morgen bereits die meist noch vom Abend verkaterten Siedler zusammenzutrommeln und ihnen zu eröffnen, daß Bludgeon ein Betrüger sei, der sie um ihr gutes Recht bringen wollte, als freie Bürger dieses Landes unentgeltlich zu siedeln, wo es ihnen beliebte.

«Soll er doch seine Landverschreibungen vorweisen!» hatte er unter dem Beifall der Siedler ausgerufen, und natürlich die, die am Tag zuvor erst gemeinsam mit Bludgeon eingetroffen waren und die sich besonders betrogen fühlten, weil sie bereits an ihn gezahlt hatten, um ein Stück Land zu besitzen, hatten lauthals geschrien.

«Das Land ist für jeden da!»

«Und was wird mit den Indianern? Davon hat er uns kein Sterbenswörtchen gesagt!»

«Unverschämtheit!»

«Wir haben alle die gleichen Rechte!»

«Wir suchen Gold, wo's uns paßt!»

«Wir bauen unseren Mais an, wo wir wollen!»

«Wir züchten unser Vieh, wo es am besten gedeiht!»

«Hängt den Kerl auf!»

Zufrieden hatte Sam Blake diesen Zurufen gelauscht, und er sah im Geist bereits ein Tanglewood, das von Snaky Joe und seiner Bande gesäubert war, eine Siedlung, in der jeder ruhig seinem Gewerbe nachging und in der er, Sam Blake, als Pionier natürlich besonders geachtet sein und in der seine Stimme schwerer wiegen würde als die aller anderen. Doch die Illusion des Händlers war nicht von langer Dauer gewesen.

Gegen zehn Uhr, als der Zorn der Siedler den Höhepunkt erreicht hatte und sich einige der Männer bereits darauf vorbereiteten, ungeachtet der finster und gewalttätig blickenden Gesellen Bludgeons diesem einen heißen Empfang mit ihren Büchsen zu bereiten, hörte man Hufschlag von der Straße her, und eine Sekunde später stürzten Fletcher und hinter ihm, schwer atmend und dreckbesudelt, Joe Bludgeon in den Saloon. Der stets propere Anzug aus dunkelblauem Doppeltuch war zerrissen, der Hut irgendwo verlorengegangen, das Haar hing ihm wirr in die Stirn. Nur die rote Schleife saß wie immer akkurat unterm jetzt freilich nicht mehr blütenweißen Kragen. Ohne sich um die Männeransammlung zu kümmern, wankten Fletcher und Bludgeon zur Theke, warfen sich auf Hocker und verlangten Whisky.

Als erster faßte sich Blake. Er bahnte sich einen Weg durch die unschlüssig dastehenden Männer und ging auf Bludgeon zu. Der sah nur flüchtig zu ihm hoch, während er in einem Zug das zweite Glas leerte.

«Unannehmlichkeiten unterwegs gehabt?» fragte Blake, und jeder im Saal hörte den Spott aus seinen Worten heraus. «Hat Sie Ihr Gaul abgeworfen?»

Bludgeon sah ihn mit einem Blick an, in dem alle Verachtung für die Ahnungslosigkeit der Welt lag.

«Oder haben Ihnen vielleicht Pat und Chat ein bißchen zugesetzt?» fuhr Blake, schon unsicherer geworden, fort. «Das sind sonst friedliche Burschen.»

«Sagen Sie lieber: Das waren friedliche Burschen.» Bludgeons Einwurf erregte gerade durch seine Beiläufigkeit die Neugier. Einige der Männer, die vor einer Minute noch bereit gewesen waren, ihn an den nächsten Baum zu hängen oder ihn mit ihren Kugeln in ein Sieb zu verwandeln, drängten an Bludgeon heran.

«Was ist los?»

Doch Bludgeon gab sich, als habe er noch immer nicht den Atem, Bericht über das zu erstatten, was er erlebt und was ihn so erschöpft hatte. Wenn er auch nicht genau wußte, was die Männer am Vormittag im Saloon zusammengetrieben hatte, so war seine Witterung für Gefahr doch so weit entwikkelt, daß er schon beim Betreten des überfüllten Gastraums beschlossen hatte, nur auf äußerstes Drängen Auskunft zu geben. Das, wußte er, konnte seine Glaubwürdigkeit nur unterstützen. Er schloß die Augen, fuhr sich mit der flachen Hand über die Stirn, strich auch, wie es seine Gewohnheit war, über den Bart. Dabei beobachtete er mit Befriedigung und Erleichterung, wie sich seine Männer aus der Menge zu lösen begannen und sich Schritt für Schritt zur Theke durchdrängten. Erst als er sich sicher wußte in der bewährten Hut seiner Bravos, glitt er, noch immer mühsam genug, um das Bild eines erschöpften und gejagten Menschen nicht zu zerstören, vom Schemel, hob die Hand, langsam und bedeutungsvoll, wie einer, der sich im Widerstreit der Meinungen Gehör zu verschaffen sucht, und erzählte seine Geschichte mit matter, doch gleichwohl von mühsam zurückgehaltenem Zorn bebender Stimme.

Er berichtete, wie er am frühen Morgen mit vier Leuten ausgeritten sei, um das Gebiet zu inspizieren, das ihm die Regierung zugesprochen habe – «Jawohl, zugesprochen hat!» wehrte er den Einwurf eines besonders erregten Mannes bündig ab –, und auch den Shining Stone Creek erreicht hätte. Was er in der Folge den gierig lauschenden Siedlern bot, war die Schilderung eines harmlosen Mannes, der über Land fährt und in die Hände der Räuber fällt: Er trifft auf Patterson und Chatham, man begrüßt einander freundschaftlich, unterhält sich übers Wetter und darüber, daß der Bach nun endlich fündig geworden sei, er gratuliert den Goldwäschern, vergißt aber nicht, darauf hinzuweisen, daß von nun an, da die Regierung ihm die Rechte an dem Gebiet übertragen habe, alles gefundene Gold ihm gehöre, man einigt sich, man ist gerade beim Handschlag, der Frieden und Freundschaft besiegeln soll, da fallen in rascher Folge Schüsse vom Berg.

Inzwischen waren Forsythe und sein Sergeant in den Saloon gekommen. Forsythe, weil er Catherine wiedersehen wollte, die er auch nach einigem Umherblicken an einem Tisch neben ihrem Vater fand, und McDryden, weil er einfach Durst verspürte und im Saloon irgend jemanden erwartet hatte, der ihm ein Glas Whisky spendieren würde. Da sie die Gesellschaft in atemlosem Schweigen vorfanden, in das hinein Bludgeon seinen Bericht gab, drückten sie sich still auf einen noch freien Platz beim Ausgang und waren bald selber gefangen von dem, was Snaky Joe seiner Zuhörerschaft zu bieten hatte.

«Ich werfe mich hinter einen Felsen und sehe im Fallen, wie Chatham zusammenbricht und gleich darauf auch Patterson torkelt und lang hinschlägt. Dick Fergueson wirft die Arme in die Luft, Rock sackt lautlos zusammen. Fletcher kann sich auf sein Pferd werfen und jagt in voller Karriere das Tal hinunter. Und dann ertönt vom Hang der Kriegsruf der Dakotas.»

Selbst auf Sam Blakes Gesicht malte sich der Eindruck der farbigen Schilderung. Er mußte all seine Skepsis gegenüber Joe Bludgeon zusammennehmen, mußte sich ins Gedächtnis zurückrufen, was er von ihm, seiner Praxis und seinen Lügen wußte, um nicht wie die anderen offenen Mundes zu lauschen und zu glauben, was da vorgetragen wurde.

Bludgeon hielt für einen Moment in seiner Schilderung inne, wischte sich den Schweiß mit einem großen weißen Taschentuch von der Stirn und goß, zur Stärkung, noch ein Glas Whisky hinunter. Mit Befriedigung sah er, wie die Gesellschaft vor ihm sich ganz in Bann hatte schlagen lassen und ihre Feindseligkeit vergessen hatte. Wie ein guter und geübter Erzähler raffte er den Schluß, ging nur mit einem Satz darauf ein, wie es ihm in buchstäblich letzter Sekunde gelungen sei, auf seinem Pferd zu entkommen, und hielt dann abermals inne. Jetzt erst, bei neuerlicher Musterung der Versammelten, schien er den Leutnant zu bemerken. Jedenfalls sagte er: «Gut, daß Sie da sind, Forsythe. Gut, daß Sie alles mit angehört haben. Was gedenkt die Armee zu unternehmen?»

Dem jungen Mann war, wie immer, wenn man Entscheidungen von ihm verlangte, nicht wohl in seiner Haut und Uniform. Er beschränkte sich darauf, ein salomonisches Gesicht zu machen. «Die Armee denkt in größeren Zusammenhängen.» Damit aber hatte er es niemandem recht gemacht. Die Siedler murrten, und Bludgeon war Gelegenheit gegeben, Zorn hochzuspielen, der wiederum das Murren der Männer verstärkte.

«Es geht um Mord, Mister», rief er, «falls Sie das noch nicht mitbekommen haben, um nackten, feigen Mord! Die Indianer haben die beiden armen Goldwäscher und drei meiner Leute umgebracht. Das ist fünffacher Mord, Mister! Was muß denn noch geschehen, ehe die Armee sich aufrafft einzugreifen? Sollen diese Männer hier die nächsten sein, die aus dem Hinterhalt erschossen werden? Muß es erst dazu kommen, daß Sie einen Indianerpfeil im Rükken stecken haben?»

Verlegen rutschte Leutnant Forsythe auf seinem Stuhl hin und her und verwünschte seinen Einfall, in den Saloon zu gehen. Da er aber nun einmal direkt angesprochen war, mußte er antworten. «Sie wissen wie ich und wie alle hier, Bludgeon», sagte er unsicher, «daß die Black Hills Indianderland sind und daß wir Befehl haben, die Indianer in diesem Territorium bis Ende Januar nächsten Jahres in Ruhe zu lassen.» Diese Bemerkung, sowenig bestimmt sie vorgetragen war, entfachte in einigen der Versammelten wieder rebellischen Geist und erinnerte sie daran, weshalb sie im Saloon zusammengekommen waren.

«Aha! Indianerland!»

«Das kann Ihnen ja gar nicht überschrieben worden sein!»

«Der Leutnant muß es wissen. Er hat Befehle.»

Sogar Emerson, der stille und unsichere Mann, machte sich stark, erhob sich von seinem Stuhl, blickte noch einmal auf seine Tochter hinunter und sagte ohne Beben in der Stimme: «Es ist an der Zeit, daß Sie uns reinen Wein einschenken, Mister Bludgeon.» Dann setzte er sich wieder.

Snaky Joes Leute machten drohende Gesichter und fingerten bereits an ihren Colthalftern. Doch ihr Chef hielt die Zeit noch nicht für gekommen, den Mut der Siedler mit Blei abzukühlen. Wer wußte, wozu er die Männer noch brauchte, wenn der Krieg mit den Indianern erst einmal losgebrochen war? Also beschwichtigte er die Schießwütigen mit befehlendem Blick und wandte sich, ganz Aufmerksamkeit, an Emerson.

«Ich glaubte, Mister Emerson», sagte er ruhig, «ich hätte Ihnen bereits reinen Wein eingeschenkt. Fünf Männer sind ermordet worden, und ihr Schicksal kann morgen unseres sein. Das ist der reinste Wein, den ich zu bieten habe. Sollten wir uns nicht lieber zusammenschließen, als uns in nutzlosen Streitereien zu verlieren? Sie haben gehört, daß die Armee Gewehr bei Fuß stehen und zusehen will, wie friedliche amerikanische Bürger von den Rotärschen abgeknallt werden. Müssen wir uns da nicht selbst verteidigen?»

«Haben Sie es nicht ein paar Cents billiger?» schrie Blake angeekelt. «Die Leute wollen wissen, was mit der Landverschreibung ist, und Sie fangen wieder mit der Geschichte an, die Sie uns schon einmal aufgetischt haben. Vielleicht erzählen Sie uns mal, was Sie am Creek zu suchen hatten.»

«Ich kann auf mein Land reiten, wann ich will, auch ohne vorher einen großmäuligen Händler gefragt zu haben.»

«Auf Ihr Land?»

«Ja, auf mein Land.»

«Mir hat die Regierung kein Stück von dem Bach verkaufen wollen, als ich im Frühjahr darum nachgesucht habe.»

«Das ist Ihr Pech.»

«Zeigen Sie uns die Landverschreibung, und der ganze Streit hat ein Ende.»

«Recht hat er!» rief man, und : «Her mit den verdammten Papieren!»

Vergebens versuchte Bludgeon, sich durch Armschwenken Gehör zu verschaffen, vergebens blieb auch der erneute Ansatz, die Männer zu Einigkeit aufzurufen, um gegen die Indianer bestehen zu können. Man wollte die Papiere sehen.

Die meisten waren aufgestanden und bildeten einen Halbkreis um den nun doch blaß gewordenen Bludgeon und seine Kumpane. Peter Hille hatte sich in die erste Reihe gedrängt und stand mit roten Ohren vor Bludgeon. Sein verletztes Empfinden für Gerechtigkeit beherrschte seine flackernden Augen, als er heiser loskrähte: «Sie haben uns in Julesburg gesagt, das Gebiet sei indianerfrei. Das war ganz schlicht gelogen.»

«Mich hat noch niemand ungestraft einen Lügner genannt», entgegnete Bludgeon mit gefährlicher Ruhe.

«Dann wird es Zeit, daß es mal einer tut», konterte Hille, unbeirrt von der Drohung. «Also: Sie haben uns angelogen!»

Sich mit dem Fuß von der Theke abstoßend, warf sich Bludgeon auf den kleinen Mann, packte ihn an der Weste und beutelte ihn so heftig, daß der Kopf wie der einer Lumpenpuppe schlenkerte.

Gleichzeitig hatten Bludgeons Männer die Colts gezogen. «Keine Aufregung, Leute», sagte Bashan träge und wälzte einen erloschenen Zigarrenstummel von einer Ecke des Mundes in die andere. «Der Chef hat so was nicht gern.»

Nun war die Stunde der Armee gekommen. Während Sergeant McDryden sich mutig auf die beiden Prügelnden stürzte, um sie auseinanderzubringen, und dabei sowohl von Bludgeon als auch von Hille Püffe abbekam, widmete sich sein Vorgesetzter einer zarteren Pflicht. Mit einer korrekten Verbeugung trat er vor Catherine Emerson hin und sagte, ohne rot zu werden: «Miss Emerson, ich glaube, das ist eine Szene, die nicht für Damen bestimmt ist. Kommen Sie, ich bringe Sie auf Ihr Zimmer.»

Doch noch ehe Forsythe dazu kam, seinen ritterlichen Dienst auszuführen, stürzte ein Mann durch die Pendeltür, torkelte noch ein, zwei Schritt auf die Mitte des Raums zu und brach dann kraftlos zusammen. Draußen wieherte das Pferd, das schweißnaß und abgetrieben von dem Ritt vom Shining Stone Creek herunter mit staksigen Beinen hin und her ging.

Der Mann, der mitten im Raum bewußtlos auf dem Gesicht lag, war Pat Patterson, der Goldwäscher. Sein Hemd klebte vor Blut.

Niemand hörte, wie Fletcher einen Fluch ausstieß und Bludgeon sagte: «Das hat uns noch gefehlt!» Alle umdrängten den Verwundeten, Sam Blake kniete an seiner Seite, drehte ihn auf den Rücken und riß ihm das Hemd auf. Noch immer sickerte Blut aus der Wunde an der rechten Schulter.

«Verbandzeug! Wasser! Schnell!» schrie Blake über die Schulter. «Er verblutet!»

Bill Myers holte die Kiste unter der Theke vor, in der sich Binden und Salben befanden, die öfter gebraucht wurden, als jemand, der mit den Bräuchen im Westen nicht näher bekannt war, annehmen würde. Catherine säuberte die Wunde mit geschickten Fingern und legte einen Verband an. Als sie sein blut- und dreckverschmiertes Gesicht wusch, erwachte Patterson für Sekunden aus seiner Ohnmacht. Verstört blickte er auf die Umstehenden.

«Mord», sagte er dann mit leiser Stimme, doch deutlich genug für die Umstehenden. «Mord ... Snaky Joe ..., seine Leute ... Chat ..., die Indianer ...» Dann schwanden ihm wieder die Sinne, und sein Kopf sank ihm auf die Brust.

Unsicher sah Sam Blake hoch, suchte mit den Augen Bludgeon. Der stand über ihm, mit kalkweißem Gesicht.

«Da hört ihr es!» Bludgeons Stimme zitterte. «Es war Mord. Wie ich es euch gesagt habe. Die Indianer. Der da hat sie erkannt. Es war Mord, Leute!»

Alle standen starr. Sollte Snaky Joe nicht gelogen haben?

«Los, wir tragen ihn in mein Haus.» Blake fand als erster die Sprache wieder.

«Er kann hier in einem der Gästezimmer bleiben», sagte Fletcher.

«Sicher ist sicher», entschied Blake. «Wir bringen ihn rüber.»

«Einen Augenblick noch», mischte sich Bludgeon ein, der seine Sicherheit wiedergefunden hatte, nachdem seine Auslegung der Worte des Verwundeten geglaubt wurde. «Wir müssen etwas unternehmen, sonst herrscht morgen hier Mord und Totschlag.»

«Gut, einverstanden.» Blake stand auf. «Dann schlage ich vor, wir verhandeln mit den Dakotas. Das ist der beste Weg, um endgültig mit ihnen ins reine zu kommen.»

Fletcher zog ein Gesicht, als hätte er in eine Zitrone gebissen. «Mit den Halunken auch noch verhandeln? Das ist ausgemachter Blödsinn.»

«Halt's Maul, du Strohkopf!» Alle blickten erstaunt auf Bludgeon, der seinem Lieblingsgorilla so barsch ins Wort gefallen war. «Blake hat recht. Wir müssen verhandeln. Schicken Sie Ihre Rothaut ins Indianerdorf. Fletcher wird Bad Face begleiten.»

Einen Lidschlag lang glaubte Fletcher, die Welt sei aus den Fugen. Was war in den Chef gefahren, daß er jetzt solche Töne anschlug? Dann aber sah er in Bludgeons Gesicht und verstand. «Klar, Chef», sagte er nur.

«Vielleicht hören sie auf Bad Face», überlegte Blake, und dann entschlossener: «Versuchen müssen wir's auf jeden Fall.»

Jedem der Männer im Saloon war wohler. Ein Entschluß war gefaßt, man brauchte nicht mehr zu streiten, man konnte handeln. An die stürmischen Forderungen, Bludgeon sollte seine Landverschreibungsurkunde vorzeigen, dachten sie alle nicht mehr. Da lag einer auf den schlechtgehobelten Dielen, ausgeblutet und bleich, der hatte von Mord gesprochen, und der mußte es wissen. Und Mord bedrohte sie alle. Was sollte da noch ein langes Palaver über Landverschreibungen. Es gab nur einen Feind, die Indianer, und mit denen mußte man fertig werden.

Als eine Viertelstunde später Bad Face und, halbrechts hinter ihm reitend, Fletcher Tanglewood in Richtung Shining Stone Creek verließen, atmeten die Männer und Frauen auf. Keiner sah das Unbehagen auf dem pockennarbigen Gesicht des Indianers, der dem Befehl Blakes nur zögernd gehorcht hatte und erst aufs Pferd gestiegen war, nachdem sein Chef ihm eine Belohnung versprochen hatte für den Fall, daß seine Mission Erfolg haben sollte.

Wie würde er im Dorf des Grauen Bären empfangen werden, das er vor Jahren verlassen hatte? Bad Face konnte sich sehr gut die ablehnenden und hochmütigen Gesichter vorstellen, die Reden voller geheimer und offener Verachtung für ihn, der zu den Weißen desertiert war. Manchmal haßte Bad Face seine Stammesgenossen, dann wieder war er verzweifelt darüber, daß er den Schritt zu den Weißen getan hatte. Und jetzt, da er zu ihnen ritt, um Frieden auszuhandeln, fielen ihn Haß und Verzweiflung besonders stark an, und selbst der Gedanke, daß er doch eine wichtige Mittlerrolle innehatte, konnte ihn nicht fröhlicher stimmen.

Daran war nicht zuletzt Fletcher schuld, der letzte von allen Männern Tanglewoods, mit dem er gern allein durchs Land geritten wäre. Bad Face kannte ihn als einen brutalen Indianerverächter, der selbst Bludgeon an Skrupellosigkeit übertraf, wenn es galt, einen Vorteil durch Mord zu erreichen. Nur ungern wußte er ihn hinter sich, und sooft er versuchte, sein Pferd langsamer gehen zu lassen, in der Hoffnung, daß Fletcher ihn dann überholen würde, zügelte auch Fletcher sein Tier, und wenn Bad Face sich dann enttäuscht umwandte, grinste ihm Fletchers glattes Gesicht mit dem strichdünnen Schnurrbart entgegen. Und jedesmal hob Fletcher salutierend die Peitsche.

Aber auch dem Revolverhelden war nicht wohl bei diesem Ritt. Man hatte ihn allein gelassen, ihn, der nach genauer Anweisung exakt arbeitete wie ein Uhrwerk, hatte ihn ohne Instruktion gelassen. Bludgeons «Reite los, dir wird unterwegs schon was einfallen» war ganz und gar nicht nach Fletchers Geschmack. Er wußte nicht, ob er Bad Face bis zum Indianerdorf begleiten und es wirklich zu Verhandlungen kommen lassen sollte oder ob es besser wäre, wenn er sich der Rothaut vorher entledigte. Verhandlungen würden mit Sicherheit zutage fördern, was sich wirklich am Shining Stone Creek zugetragen hatte, und dann gäbe es neben dem von den Toten auferstandenen Patterson zumindest noch einen anderen Wisser in Tanglewood. Also mußte nach der Verhandlung Bad Face stumm gemacht werden? Aber wozu erst verhandeln, wo es doch nichts zu verhandeln gab? Was hatte sich der Chef eigentlich gedacht, als er Blakes Vorschlag annahm? Er, Fletcher, hätte einen Bogen um diesen Vorschlag gemacht wie der Teufel um ein Weihwasserbecken. Aber vielleicht hatte der Chef nur Zeit gewinnen wollen. Kritisch genug war ja die Situation für ihn gewesen: der Verwundete auf dem Boden, die Stimmung der Männer gegen sich, Blakes beständiges Bohren, wie es denn nun um die Landverschreibungen wirklich bestellt sei …

Unter solch wenig freundlichen Gedanken, die sich mühsam genug durch Fletchers Kopf quälten, hatten die beiden ungefähr ein Drittel des Wegs zum Indianerdorf zurückgelegt, als Bad Face sein Pferd plötzlich zum Stehen brachte, so daß Fletcher Mühe hatte, nicht aufzureiten. Sie befanden sich auf einem Pfad, an dessen linker Seite der Berg ziemlich steil abfiel, und von dem aus man einen ungehinderten Blick ins Tal hatte. Stumm deutete Bad Face in die Tiefe, wo ein langer Zug von Indianern sich langsam vorwärtsbewegte. Wie immer in überraschenden Situationen machte Fletcher seiner Hilflosigkeit durch einen Fluch Luft, ehe er daranging, die Lage, so gut es gehen wollte, zu überdenken.

Das da unten waren keine Indianer auf dem Kriegspfad. Fast hinter jedem Pferd war ein Travois angebunden.

«Das sieht verdammt nach Aufbruch aus», murmelte Fletcher, und er strengte sich an, Sinn in die Angelegenheit zu bringen. Doch wäre er zweifellos in seinen Bemühungen nicht allzuweit gekommen, hätte Bad Face ihn nicht auf eine Fährte gebracht.

«Da zieht der Weitspähende Falke mit fast der Hälfte des Stammes», sagte der Indianer.

«Nur mit der Hälfte?»

«Ja, ich kann den Grauen Bären nirgendwo entdecken, auch nicht die Ältesten. Wie es aussieht, hat der Falke nur die jüngeren Männer und ihre Familien bei sich.»

Jetzt hatte Fletcher einen Geistesblitz, der sich deutlich auf seinem Gesicht malte. «Dann sind also nur noch ...» entfuhr es ihm. Als Bad Face ihn erwartungsvoll ansah, machte er eine Handbewegung, die andeutete, daß er nicht willens sei, den Gedanken ganz auszusprechen. «Los, Rothaut, wir reiten zurück nach Tanglewood!»

Bad Face war erstaunt über den plötzlichen Sinneswandel. «Warum sollen wir zurückreiten?» fragte er mißtrauisch. «Wir haben dem Grauen Bären eine Botschaft zu überbringen. Er ist nicht bei dem Zug da unten. Also müssen wir ins Indianerlager reiten.»

«Quatsch nicht, Rothaut», fuhr Fletcher ihn an. «Es hat sich alles geändert, und wenn ich sage, wir reiten zurück, dann reiten wir zurück, verstanden?»

Doch Bad Face zeigte sich störrisch. Er ahnte, daß hinter allem eine Teufelei stecken mußte. Was hatte der angefangene Satz zu bedeuten? Und was das Leuchten der Augen Fletchers, als sei ihm etwas besonders Erregendes eingefallen? Braute sich in diesem Kopf ein Plan zusammen, wie man das halb entvölkerte Lager am besten angreifen konnte? So unwillig sich Bad Face auch auf den Weg gemacht hatte, sowenig ihm daran gelegen gewesen war, sich dem Hochmut und der Verachtung seiner Stammesgenossen auszusetzen, so entschieden wehrte er sich jetzt gegen die Anordnung, nach Tanglewood zurückzukehren. Irgendeine Gefahr war im Verzug, und er mußte zu den Zelten des Grauen Bären, um ihn zu warnen.

«Mich hat Blake geschickt», sagte Bad Face ruhig, doch entschieden, «und ich kehre nicht um, ehe ich seinen Auftrag ausgeführt habe. Sie können meinetwegen heimreiten.»

Damit setzte er seinen Weg fort.

«Verfluchte Rothaut!» knurrte Fletcher, riß sein Pferd nach vorn und stieg halb aus dem Sattel. Sein Messer blitzte, als er sich von hinten auf Bad Face warf. Bis zum Heft trieb er die Klinge in den Rücken des Indianers, der für Sekunden noch, als sei er erstaunt, aufrecht sitzen blieb, ehe ein gurgelndes Geräusch aus seiner Kehle stieg und ein plötzlicher Krampf ihn schüttelte und vom Pferd warf.

Ungerührt blickte Fletcher auf den Sterbenden hinunter, ehe er sich aus dem Sattel schwang, sich mit sachlicher, fast neugieriger Miene über Bad Face beugte und ein letztes Zucken beobachtete. Dann riß er das Messer aus dem Rücken des Toten, wischte es sorgfältig am Gras ab und steckte es wieder in seinen Gürtel.

In gestrecktem Galopp jagte er auf Tanglewood zu.

11 Joe Bludgeon war nicht der Mann, der über den Geschäften sein Vergnügen vergaß. Gewohnt, alles, was er einmal angefaßt hatte, auf Biegen oder Brechen zu seinen Gunsten zu wenden und das zu erreichen, worauf er einmal sein Auge gerichtet hatte, ließ er sich auch nicht von den turbulenten Geschehnissen am Shining Stone Creek und dem Aufruhr im Saloon davon abhalten, weiterhin um Catherine zu werben. Eine Stunde nachdem er Fletcher mit Bad Face auf den Weg geschickt hatte, klopfte er an die Tür des Gästezimmers, in der Emerson und seine Tochter untergebracht waren. Er glänzte wieder in der für Tanglewood so ungewohnten Untadligkeit der Kleidung, hatte ein frisches weißes Hemd angezogen und einen tadellos geschneiderten blauen Rock und sich nach der Rasur den Bart mit ein paar Tropfen Eau de Cologne besprengt. In der linken Hand hielt er eine Flasche Chartreuse, in der rechten zwei winzige Gläser. Ein Herr vom Scheitel bis zur Sohle, stand er vor der Tür, nachdem er sich versichert hatte, daß Emerson in der Gaststube seine Besorgnisse und Ängste mit einigen Whiskys zu vertreiben suchte.

Catherine war nicht erstaunt, ihn zu sehen. Sie hatte sogar mit seinem Besuch gerechnet; so einer, das wußte sie, macht keine halben Sachen.

«Entschuldigen Sie die Störung», begann Bludgeon, ganz Gentleman und in den Formen des Umgangs mit Damen wohl bewandert. «Aber Patterson geht mir nicht aus dem Kopf. Sie haben doch mitgeholfen, ihn zu Blake hinüberzubringen. Ist er schon wieder bei Bewußtsein?»

Auch auf diese Frage war Catherine vorbereitet. Blake hatte sie instruiert, daß es gar nicht so lange dauern würde, bis Snaky Joe bei ihr auftauchte und sich nach Pat erkundigte. «Dem wär verdammt wohler, wenn Pat kein Wort mehr durch die Zähne bringen könnte», hatte Blake gesagt.

«Er ist noch immer ohnmächtig», antwortete Catherine und sah, wie Bludgeon aufatmete. «Er hat zuviel Blut verloren.»

«Jedenfalls danke ich Ihnen, Catherine!»

«Wofür?»

«Sie haben sich gut gehalten. Ich bewundere Sie. Ein Mädchen, das den ersten Tag unter diesen rauhen Burschen verbringt ...» Er ließ offen, was er an Lob noch hatte sagen wollen, lächelte statt dessen, zeigte seine Wolfszähne, ließ sich unaufgefordert auf den nächsten Stuhl fallen und streckte die Beine weit von sich. Dann begann er zu philosophieren. «Das Leben hier ist hart», sagte er versonnen, «und manchmal sieht es so aus, als wäre jeder des anderen Feind.»

Er stellte die Gläschen auf den Waschtisch und entkorkte die Flasche. «Aber das täuscht», fuhr er fort, «glauben Sie mir. Die Männer hier sind zwar rauh, aber in ihrem Kern doch herzensgut. Bashan zum Beispiel ...»

«Ich möchte ihm nicht im Dunkeln begegnen», sagte sie rasch.

Bludgeon lachte. «Vielleicht haben Sie recht. Aber er ist ein herzensguter Kerl. Und treu wie Gold.»

Catherine setzte sich auf ihr Bett. Ein sanfter Bludgeon, der seinen Leibwächter einen herzensguten Kerl nannte, war ihr unheimlicher als der Bludgeon, den sie vor der Versammlung der Siedler gesehen hatte: skrupellos, geistesgegenwärtig und stets bereit, seinen Hals mit eine Lüge aus der Schlinge zu ziehen.

«Lassen wir das ernste Zeug beiseite.» Bludgeon füllte die Gläser bis zum Rand und balancierte sie mit übertriebener Vorsicht zum Bett hinüber. Catherine wollte sich erheben, doch er stand bereits dicht vor ihr. «Trinken wir lieber einen Willkommensschluck. Trinken wir auf unser Tanglewood.»

Zögernd nahm sie das Glas, das er ihr hinhielt. Dabei sah er ihr in die Augen und wirkte für einen Augenblick so lächerlich, wie ein Mann in solcher Situation nur wirken kann. «Ich hoffe, Sie verstehen, wenn ich sage, auf unser Tanglewood.» Seine Stimme war belegt. Er nippte nur an dem süßen grünen Likör, der ihm ein Greuel war und den er sich von dem zuerst erstaunten, dann aber verständnisvoll blinzelnden Bill Myers nur hatte geben lassen, weil er glaubte, Mädchen wie Catherine seien von so etwas besonders angetan.

Ihre Hände streiften einander, als sie beide die Gläser auf dem Nachttisch abstellten. Die Berührung löste den Mann in ihm aus. Er warf sich auf sie und versuchte sie zu küssen. «Wollen Sie mich denn nicht verstehen?» schnaufte er.

«Lassen Sie mich sofort los!» Das Mädchen stieß ihm ein Knie in den Bauch.

«Ich werde alles für Sie tun», beteuerte er mit schmerzverzerrtem Gesicht, «alles, was in meiner Macht steht. Catherine, wir werden glücklich sein!»

Die Worte, oft geübt, gingen ihm über die Lippen, ohne daß das Hirn beteiligt war. Er dachte: Du bist die widerspenstigste kleine Zicke, die mir je begegnet ist. Aber dich krieg ich schon kirre! Weiter kam er nicht. Er fühlte, wie sich etwas Hartes gegen seine Rippen preßte.

«Stehen Sie auf, Bludgeon! Oder ich jage Ihnen ein Kugel in den Bauch.»

Während Bludgeon um Küsse bemüht war, hatte Catherine ihm geschickt den Colt aus dem Halfter gezogen, dessen Mündung sich jetzt in seine Seite bohrte. Er wußte vom häufigen Umgang mit der Waffe, wie schlecht sie gesichert war und wie leicht sich ein Schuß lösen konnte. So ließ er sich nicht zweimal auffordern, sondern sprang sofort hoch und trat zwei Schritte zurück.

Auch Catherine stand auf. Sie hielt den Colt unverwandt auf Bludgeon gerichtet.

«Sie haben sich ja wirklich schnell eingelebt in unsere Sitten», sagte er mit einem Anflug von Scherz. «Auch in unsere Sprache. Was da eben über Ihre schönen Lippen gekommen ist, das hätte Bashan nicht treffender formulieren können.» Das Lächeln wollte ihm nicht so recht gelingen. «Geben Sie das Ding her. Das ist kein Spielzeug. Es kann leicht losgehen.»

«Ich weiß, Bludgeon. Deshalb rate ich Ihnen, keinen Schritt näher zu kommen.»

«Zornig gefallen Sie mir noch besser.»

«Und Sie gefallen mir am besten, wenn ich nicht allein mit Ihnen in einem Zimmer bin.«

«Seien Sie doch vernünftig.»

«Ich war nie vernünftiger. Passen Sie auf, Bludgeon. Damit Sie sehen, wie ernst es mir ist.» Sie drückte den Abzugsbügel durch. Der kleine Raum schien unter der Heftigkeit des Knalls auseinanderzubersten.

Zu Tode erschrocken sprang Bludgeon zur Tür. Er sah die Likörflasche in Scherben und die zähe grüne Flüssigkeit an der Wand hinterm Waschtisch herunterrinnen. Der Geruch von verbranntem Pulver war unerträglich. Die Hand auf der Türklinke, versuchte Bludgeon noch einen Scherz. «Kompliment, Miss», sagte er. «Sie werden's weit bringen in unserem schönen Westen. Um den Schnaps ist es übrigens nicht schade. Ich mag ihn sowieso nicht.» Sein Gesichtsausdruck strafte seinen fröhlichen Ton Lügen, und als Catherine seiner Rede ein «Ich übrigens auch nicht» hinterherschickte, war es um seine Fassung vollends geschehen. Er riß die Tür auf und stürzte hinaus. Auf der Treppe prallte er gegen den besorgten Bill Myers, der den Schuß gehört hatte und der nachsehen wollte, ob seinem Chef etwas zugestoßen sei. Hinter ihm sah er, ungewiß im Halbdunkel der Treppe, Emerson, den der ungewohnte Genuß von starkem Alkohol leicht schwanken ließ.

«Ist was mit meiner Tochter?» fragte Emerson mit schwerer Zunge.

«Seien Sie unbesorgt, Mister.» Bludgeon drängte den unbeholfenen Mann gegen das Geländer. «An der wird jeder Mann seine Freude haben, der eine Kunstschützin zur Frau sucht.»

Damit ließ er den erstaunten Emerson zurück. Er hörte nicht mehr auf dessen altväterliches «Hat sie sich unschicklich betragen?» Erst nach dem dritten Glas Whisky legte sich seine Wut so weit, daß er wieder klar überdenken konnte, was ihm in den letzten Minuten zugestoßen war.

Bashan, der in die Gaststube kam, um mit seinem Chef einen kleinen Schwatz über die zu erwartenden Ereignisse zu halten, knurrte er böse an, so daß dieser sich erschrocken an einen Tisch in der äußersten Ecke setzte. Myers wagte erst gar nicht, ein Wort an ihn zu richten. Stumm stand er hinter dem Tresen und wartete darauf, Bludgeon das Glas wieder füllen zu können.

Nach einer Stunde winkte Bludgeon Bashan zu sich an die Theke.

«Wie sieht's bei Blake aus?» fragte er.

«Der Kerl schläft noch immer.»

«Wo liegt er?»

«In Blakes Stube. Blake ist immer bei ihm und läßt keinen an ihn ran. Als ich eben da war, hat er mich nicht reingelassen.»

«Versuch's noch einmal.»

Bashan setzte seinen massigen Körper in Bewegung, trat mit dem Fuß gegen die Pendeltür und schlüpfte geschickt durch die Öffnung, ohne das Holz zu berühren. Das war seine Art den Saloon zu verlassen und zu betreten; die Tür stellte ein Orakel für ihn dar. Wenn es ihm gelang, den richtigen Moment abzupassen und unberührt durch die beiden schlagenden Türflügel zu kommen, würde das Glück ihm hold sein. Zufrieden grinsend schaute er auf die Tür zurück.

Doch als er von der Veranda auf die Straße trat, verging ihm die Zufriedenheit. Mit großen Schritten und anscheinend wütend wie ein Eber sah er Sam Blake in einer Staubwolke auf den Saloon zukommen. Hinter ihm lief mit kleinen Schritten Peter Hille. Blake brüllte Bashan bereits an, als er noch mindestens fünfzig Schritt entfernt war. «Sag deinem sauberen Chef, ich will ihn sprechen!»

Bashan versuchte, seine ausgeprägteste Eigenschaft im Umgang mit Menschen, seine Stumpfheit, ins Spiel zu bringen. Er blieb stumm stehen, ließ die Kinnlade herunterhängen, so daß sein kalter Zigarrenstummel auf die Erde fiel. Aufreizend langsam bückte er sich nach ihm.

«Hast du nicht verstanden?» Auch Blake war stehengeblieben. «Er soll rauskommen. Und zwar schnell!»

Das Geschrei lockte Neugierige aus den Hütten, die durch den ohnehin von Ereignissen zerrissenen Tag stets auf der Lauer lagen, neue Aufregungen zu erleben. Was sollte es nun zu sehen und zu hören geben?

Aufgestört von der Unruhe, trat Bludgeon vor die Tür des Saloons. Mit ausgestreckten Armen hielt er sie weit offen, als wollte er Blake zum Eintritt einladen. «Was wollen Sie, Blake?» fragte er ruhig. «Finden Sie nicht, daß das eine seltsame Art ist, jemandem zum Gespräch einzuladen?»

«Ich will nur Ihre Landurkunden und Konzessionen sehn», konterte Blake und ließ zur Bekräftigung seiner Worte die Peitsche knallen, «Ich will wissen, woher Sie das Recht nehmen, die Claims am Shining Stone Creek für sich zu beanspruchen.»

Bludgeon wußte, daß Patterson zu Bewußtsein gekommen sein und alles erzählt haben mußte, und wie immer in wirklich gefährlichen Situationen, bewahrte er einen klaren Kopf. «Sie sind betrunken, Blake. Gehen Sie nach Hause.» Er wandte dem Händler den Rücken zu und wollte in den Saloon gehen.

Wieder knallte Blake wütend mit der Peitsche. «Gib Antwort!» schrie er, und mehr erklärend zu der inzwischen zusammengelaufenen Menschenmenge fügte er hinzu: «Patterson ist wieder zu sich gekommen. Er hat mir erzählt, was oben am Bach wirklich vor sich gegangen ist.» Und wieder zu Bludgeon: «Genügt dir das, du Revolverheld?»

Bludgeon blickte nur lässig über die Schulter. «Pat redet im Fieber, das wissen Sie so gut wie ich», sagte er. «Wenn Sie ein Mann von Verstand sind, dann kommen Sie rein und trinken ein Glas mit mir und bereden die Sache in Ruhe. Ich mag diese andauernden Aufläufe nicht. Sie stören das Leben in unserem friedlichen Tanglewood.»

Wie aufs Stichwort ertönten vom Ausgang der Siedlung her zwei Schüsse, die als Zeichen des Alarms in die Luft abgegeben worden waren. Staubverkrustet und mehr im Sattel hängend als sitzend, sprengte Fletcher von Norden her die Straße hinunter, den noch rauchenden Colt in der Rechten. Bereitwillig ließ er sich von herbeigeeilten Männern aus dem Sattel heben. Im Nu war jegliches Interesse an der Auseinandersetzung geschwunden. Man drängte heran und bestürmte den heftig keuchenden Fletcher mit Fragen. Stockend und widerwillig kamen seine Antworten: Sie seien auf halbem Weg vom Weitspähenden Falken und seinen Kriegern aus dem Hinterhalt überfallen worden, und Bad Face liege oben in den Felsen mit einem Messerstich im Rücken, tot. «Der arme Kerl», sagte er noch. Dann bedeckte er das Gesicht mit den Händen und ließ sich willig von Bludgeon, der auf die Straße hinausgetreten war, und Bashan in den Saloon führen. Alle drei hielten ihre Köpfe gesenkt, wohl um ihr Grinsen zu verbergen.

«Für so schlau hätte ich dich gar nicht gehalten», sagte Bludgeon leise und herzlich, als sie durch die Tür des Saloons gingen. Fletcher, der abgebrühte Mörder, wurde rot bei dem Lob seines Chefs.

Auf der Straße aber standen die Männer, denen man heute zum zweitenmal die schlechte Komödie eines feigen Indianerüberfalls vorgespielt hatte, und redeten sich die Köpfe heiß über die verdammten Rothäute, die einen Christenmenschen nicht in Frieden leben lassen wollten.

«Man muß das Gesindel ausrotten», sagte ein langer Ire, dem das rote Haar büschelweis aus der offenen Hemdbrust quoll. Und alle nickten ernst und zustimmend.

Die nackte Wut sprang aus Blakes Augen, als er Hille zuzischte: «Verdammt, der Schuft zieht sich wieder aus der Schlinge.»

«Als ob er im Bündnis mit dem Teufel wäre», sinnierte Peter Hille. «Das kann doch nicht mit rechten Dingen zugehen.»

«Laß den Teufel aus dem Spiel.» Blake spuckte voller Ekel auf den staubigen Weg. «Das ist ein harmloser Mann gegen den da. Die arme Rothaut! Ich hab sie auf dem Gewissen. Ich hätte mir an den Fingern abzählen können, daß es nicht gut gehen kann, wenn Fletcher mitreitet.» Und dann, nach einer Pause des Nachdenkens, während der er den Peitschenstiel in schneller Folge gegen die linke Handfläche schlagen ließ: «Ich glaube, in diesem Tanglewood können wir nicht länger bleiben.»

Bludgeons Triumph war vollständig. Nachdem er Fletcher an der Theke einige Gläser Schnaps eingeflößt und dessen Bericht angehört hatte, führte er ihn wieder auf die Veranda des Saloons. Sofort wandten sich aller Augen den beiden zu, und die hitzigen Gespräche verstummten. «Na, was ist, Blake?» fragte Bludgeon nun mit offenem Hohn. «Wollen Sie noch immer die Mörder in Schutz nehmen? Jetzt, wo's einen Ihrer Männer erwischt hat? Nun werden Sie doch hoffentlich anders denken.»

Blake war unfähig, ein Wort zu erwidern. Eine Sekunde lang sah es so aus, als wollte er sich auf Bludgeon stürzen. Doch dann kehrte er ihm den Rücken und ging, gefolgt von Hille, langsam die Straße hinab. Die Peitschenschnur schleifte im Staub.

«Seht nur!» rief Bludgeon. «Da verdrückt er sich, der Indianerfreund. Bin gespannt, was er als nächstes tun wird.»

Und in sein Lachen stimmten die Männer vor dem Saloon ein.

«Sein Geschäft geht in die Binsen, das ist alles!» schrie einer.

«Am liebsten hätte er uns auch noch an die Roten Schufte verhökert!» rief ein anderer.

«Steckt ihm die Bude überm Kopf an!» forderte hitzig ein dritter und erntete dafür Beifall.

Aber Bludgeon hob die Hand. «Unternehmt nichts Überstürztes. Immerhin ist er einer von uns, und bis heute war er ein angesehener Mann in dieser Siedlung. Wir haben jetzt Wichtigeres zu tun.» Er nahm Fletcher beim Arm und schob ihn nach vorn. «Mein Freund hat euch noch etwas zu sagen. Los, sprich! Sag, was du gesehen hast.»

Und Fletcher, stolz, im Mittelpunkt des Interesses zu stehen, berichtete noch einmal vom Überfall des Weitspähenden Falken, vom feigen Mord an Bad Face und davon, wie er mit knapper Not entkommen sei. Und alle lauschten gespannt, als hätten sie das alles nicht schon einmal gehört und als wäre ihnen am Morgen nicht schon einmal ähnliches erzählt worden.

Wieder gab es Protestbezeigungen von allen Seiten.

«Das ist aber noch nicht alles», fuhr Fletcher fort. «Eine halbe Stunde von hier wäre ich fast in eine Indianerhorde hineingeritten. Zum Glück habe ich sie rechtzeitig gesehen und konnte auf einen Nebenpfad ausweichen. Es sind neun Figuren, an ihrer Spitze der Graue Bär. Er trägt einen Speer und daran ein weißes Wolfsfell. Das heißt, er will verhandeln.»

«Jetzt wollen sie verhandeln», warf Bludgeon dazwischen. «Jetzt, nachdem sie noch einen Mann umgebracht haben!»

Diese Bemerkung löste einen unglaublichen Tumult auf dem Platz vor dem Saloon aus. Alle schrien durcheinander, einige pfiffen gellend auf den Fingern, Arme wurden gereckt. Es dauerte mindestens eine Minute, bis Bludgeon sich wieder Gehör verschaffen konnte.

«Leute!» schrie er mit überkippender Stimme. «Jetzt keine Unbesonnenheiten! Fletcher ist zwar wie der Teufel geritten, um uns zu warnen. Aber sie müssen jede Sekunde hier sein. Holt eure Waffen! Wir werden ihnen den Empfang bereiten, den sie verdienen!»

Wieder verwandelte sich die Siedlerversammlung in eine tobende, heulende Masse, die in alle Winde auseinanderstob, um sich zu bewaffnen. Sekunden später liefen sie wieder zusammen und zogen, zu allem entschlossen, was man von ihnen verlangen würde, dem nördlichen Ausgang der Siedlung zu. Hinter ihnen verbarrikadierten die Frauen Türen und Fenster.

Nur Sam Blake und Hille standen auf der Straße vor dem Blockhaus. «Nach dem, was jetzt kommt, kann Tanglewood nur noch ein Wunder retten», murmelte der Händler.

Als der Graue Bär als erster aus dem Wald ritt, sah er eine Wand von Männern vor sich, und wie ein Hieb traf ihn die Erinnerung an die Warnung des Weitspähenden Falken, daß er in sein sicheres Verderben gehen würde. Einen Augenblick dachte er an Flucht, sah aber sofort die Unmöglichkeit ein, den Kugeln zu entkommen. Ehe sie ihre Pferde gewendet hätten, wären sie alle getroffen. Also ritt er nach kurzem Zögern weiter auf den Menschenwall zu. Seine Hand krampfte sich um den Speer, von dessen Spitze das Parlamentärszeichen herabhing. Das kennen sie, dachte er verzweifelt, das Wolfsfell müssen sie anerkennen. Und außerdem sehen sie, daß wir unbewaffnet sind. Daß die Indianer unbewaffnet waren, sah Bludgeon auf den ersten Blick. So trat er furchtlos aus der Reihe, ging ein paar Schritte auf den Häuptling zu.

«Was willst du von uns, Grauer Bär?» fragte er scharf und ohne die bei solchen Gelegenheiten übliche Einleitung.

«Frieden mit den weißen Männern», antwortete der Graue Bär unsicher und hob die Hand zum Gruß.

«Dazu ist es zu spät!» Bludgeons Worte peitschten dem Häuptling entgegen, ließen den letzten Rest Hoffnung in dem Grauen Bären zerstieben. «Ihr habt fünf unserer Männer ermordet. Ich fordere die Auslieferung des Mörders Weitspähender Falke. Und ich fordere euren sofortigen Abzug aus den Bergen.»

Unheilvolle, tödliche Stille lag für Sekunden über der Straße. Nur das Schnauben der Indianerpferde war zu hören.

«Der Weitspähende Falke ist aus meinen Zelten abgezogen», sagte der Graue Bär schließlich, und man hörte aus seiner Stimme, wie schwer es ihm fiel, sich angesichts dieses unwürdigen Schauspiels zu beherrschen. «Wir haben das Kriegsbeil nicht ausgegraben. Und ich glaube nicht, daß der Weitspähende Falke ...»

«Dann bleibst du hier, bis alle deine Leute abgezogen sind», unterbrach ihn Bludgeon.

Zu spät bemerkte der Graue Bär, daß rechts und links am Straßenrand kriechende Gestalten auftauchten. Als er sein Pferd herumriß, krachten die ersten Schüsse. Bashan und Fletcher machten ihrem Ruf als sichere Schützen alle Ehre. Zwei Indianer sanken von den Pferden.

Dann brach ein Höllenkonzert los. Jeder wollte sich und den anderen beweisen, daß er ein mutiger Mann sei, und schoß seine Trommeln und Magazine leer. So wohlfeil würden Indianerhäute nicht mehr zu haben sein!

Ein Wunder nur, daß in dem Durcheinander nicht auch Siedler zu Schaden kamen.

Eine Kugel streifte die Schläfe des Grauen Bären, ließ eine blutige Schramme zurück und raubte ihm die Gewalt über die Zügel. Sein Pferd bäumte sich auf, und er fühlte sich von hinten umklammert und heruntergerissen. Ehe er auch nur eine Bewegung der Abwehr hatte machen können, lag er auf der Erde, und auf seiner Brust kniete ein grinsender, übelriechender Mann.

«Wir brauchen dich noch, Freundchen», sagte Bashan, und er spuckte dem Grauen Bären seinen Zigarrenstummel mitten ins Gesicht.

Sofort waren drei, vier Männer bei dem Häuptling, rissen ihn hoch, hielten ihn und stießen ihn auf die Hütten von Tanglewood zu. Mit gesenktem Kopf stand er dann vor Bludgeon.

«So geht man mit Mördern um», sagte der ohne Leidenschaft. «Los, fesselt sie! Und dann ab mit ihnen in den Schuppen.»

Jetzt erst bemerkte der Graue Bär, daß er nicht allein vor Bludgeon stand. Zwei seiner Begleiter, Luchsauge und Krähe, teilten sein Schicksal. Luchsauge, der versucht hatte, den Kordon der Siedler zu durchbrechen und den nördlichen Dorfausgang zu gewinnen, war vom Pferd geschossen worden und blutete aus einer Wunde am Bein.

«Sieh dich nur um», höhnte Bludgeon. «Das ist der Rest von deinem Aufgebot. Die anderen hat der Teufel geholt.»

Als der Graue Bär und seine beiden Leidensgenossen unter Schlägen und Tritten in den Schuppen gegenüber dem Saloon getrieben wurden, sammelte Bludgeon seine Leute um sich.

«So, das wär's für heute», sagte er lakonisch. «Morgen früh vor Sonnenaufgang brauche ich mindestens dreißig Männer. Männer, versteht ihr mich? Das Pack zieht jetzt in die Kneipe und feiert seinen Sieg. Zieht mit und werbt. Whisky ist selbstverständlich frei.»

«Wird gemacht, Chef!» beeilte sich Bashan zu versichern und zeigte sein freundlichstes Grinsen.

12 Nur langsam ebbte die Erregung in Tanglewood ab. Am Abend noch, lange nachdem der Graue Bär und seien Gefährten gefesselt in den Schuppen geworfen worden waren, standen Männer in Gruppen auf der Straße herum. Andere wieder bevölkerten den Saloon. Und da gab es niemanden, dem nicht noch immer die Anspannung vom Gesicht abzulesen gewesen wäre. Jeder rühmte sich, auf seine Weise dazu beigetragen zu haben, daß die Indianerhorde so schnell und so gründlich zur Räson gebracht worden war. Doch keiner von ihnen erwähnte auch nur mit einem Wort das weiße Wolfsfell, das der Graue Bär zum Zeichen seiner friedlichen Absicht mit sich geführt hatte. Und niemand sagte laut, daß es doch eigentlich eine kleine Abtei-

lung gewesen war, gegen die man den Sieg davongetragen hatte. Wie auf Verabredung schwieg man darüber, sprach statt dessen um so lauter und intensiver von den Untaten der Dakotas, die sogar nicht davor zurückschreckten, einen Mann aus ihrem eigenen Stamm zu ermorden, nur weil er als Bote der weißen Siedler zu Verhandlungen aufgebrochen war.

Snaky Joes Leute erwiesen sich auf der Straße und im Saloon als die eifrigsten Debattierer. Sie gingen von Gruppe zu Gruppe, stimmten in die Lobeshymnen ein, klopften Schultern und bestätigten jedem, der es hören wollte, seine Tapferkeit und seine Umsicht, verbreiteten aber gleichzeitig die Meinung, daß der Zusammenstoß mit dem Grauen Bären erst das Vorspiel gewesen sei, dem mit Sicherheit ernsthaftere Kämpfe folgen würden, wenn man sich nicht entschließen könnte, dem roten Gesindel zuvorzukommen und ihm ein für allemal die Lust zu nehmen, friedliche weiße Siedler zu überfallen und zu ermorden. Nun erwies es sich, daß manchem zwar das Herz aufging, wenn er an den harmlosen Kampf am Ortsausgang dachte und daran, wie schnell man mit den Indianern fertig geworden war, daß ihm aber wesentlich weniger wohl zumute wurde bei der Aussicht, diesen Kampf womöglich gegen eine Überzahl bewaffneter Dakotas führen zu müssen.

«Nur keine Bange», versicherte Fletcher einem der Männer auf der Straße, der erst vor wenigen Tagen mit Bludgeon in Tanglewood eingetroffen war und dem das Unbehagen über das, was sich allzu offensichtlich zusammenbraute, unübersehbar in den Augen stand. «Wir haben ein probates Mittelchen, mit den Hurensöhnen fertig zu werden. Ein sehr probates Mittelchen.» Und Bashan nickte zu diesen Worten gelassen, wie einer, der die Zukunft kennt und ihr furchtlos entgegensehen kann.

«Wird euch schon nicht sonderlich viel Neues eingefallen sein», sagte der Mann zweifelnd. «Es kommt doch immer auf dasselbe heraus:Wer zuerst schießt und wer besser schießt, hat gewonnen. Heute hatten wir zuerst den Finger am Abzug, und das ist den Rothäuten schlecht bekommen. Womöglich sind sie morgen die schnelleren. Dann gnade uns Gott.»

«Nicht, wenn wir es klug anstellen», orakelte Fletcher. «Nicht, wenn wir sie erst gar nicht zum Schießen kommen lassen. Mister Bludgeon hat da einen Plan.» Vergnügt beobachtete er, wie das Unbehagen aus der Miene des Mannes wich und einer Neugier Platz machte, die deutlich die Bereitschaft erkennen ließ, jede Finte willkommen zu heißen, die Aussicht auf Erfolg bot.

«So, einen Plan hat er?»

Andere drängten hinzu, und Fletcher wartete, bis genügend Männer versammelt waren. Dann sagte er bedächtig, als gelte es, schwere gedankliche Arbeit zu leisten: «Ich weiß nicht, ob die Gentlemen hier sofort begreifen werden, um was es geht. Und überhaupt, mir wird die Kehle trocken, und der Verstand schläft mir ein hier draußen an der frischen Luft. Bill Myers hat sicherlich noch einen hochprozentigen Lebenswecker im Regal.»

«Joe gibt einen für uns alle aus», fügte Bashan hinzu und schob seinen kalten Zigarrenstummel genüßlich von einer Mundecke in die andere. «Und Joe ist nicht kleinlich.»

Das brachte die Männer in Bewegung. Der Saloon war schon so voll, daß die sprichwörtliche Stecknadel kaum hätte zu Boden fallen können. Ellenbogen bei Ellenbogen und Knie an Knie saßen die Männer um die Tische gedrängt. Eine rauchgeschwängerte und vom Schnapsdunst und Schweiß erfüllte Luft machte das Atmen schwer und ließ die Gesichter vom Schweiß glänzen. Erstaunlich war nur, wie in diesem Gedränge noch einer ein Eckchen gefunden hatte, wo er halbwegs ungehindert monotone Hillbillies auf der Geige herunterkratzen konnte, auf die ohnehin niemand hörte.

Für Fletcher, Bashan und die zuletzt Angekommenen bedeutete es ein schweres Stück Arbeit, sich bis zur Theke durchzuzwängen; doch mit Bashan als Rammbock, der allem, was nicht aus dem Weg ging, rücksichtslos auf die Füße trat, gelang das Unternehmen.

«Also, was ist?» fragte der Mann, in dem Fletcher Hoffnungen auf ein leichtes Spiel mit den Indianern geweckt hatte, und er kniff die Augen erwartungsvoll zu Schlitzen zusammen, ehe er den ersten Schluck Whisky aus dem Wasserglas in sich hineinstürzte und dann leicht hustend vornübergebeugt dastand. «Was ist mit dem Plan von eurem Chef?»

Aber Fletcher ließ sich noch immer Zeit, noch immer spielte er den Überlegenen. In Wirklichkeit lauerte hinter seinem wissend lächelnden Gesicht die Unsicherheit. Er wußte einfach nicht, wie er das in Worte kleiden sollte, was Bludgeon ihm zu verbreiten aufgetragen hatte. Er war nun einmal kein Redner, das wußte doch Joe. Und außerdem: Warum sagte er es ihnen nicht selbst? Fletcher begann mit dem Allgemeinsten, was im Indianergebiet umlief – mit den Phrasen von den friedlichen Siedlern, die von den Wilden gejagt und getötet würden –, und meinte dann, daß es endlich an der Zeit sei, mit dieser Brut ein für allemal Schluß zu machen. Doch er stieß nur auf Unverständnis; auf den Gesichtern machte sich Langeweile breit, und selbst Bashan wurde ungeduldig.

«Wir sind hier nicht auf einer Kirchenvorstandssitzung», knurrte er. «Sag den Leute, was du zu sagen hast. Und damit basta!»

Fletcher warf ihm nur einen gereizten Blick zu und fuhr in dem einmal angeschlagenen Ton fort.

Da riß Bashan die Geduld. Er schob Fletcher mit einer einzigen Handbewegung beiseite, schwang seinen massigen Körper mit erstaunlicher Behendigkeit auf die Theke, ohne auch nur eines der Gläser umzustoßen, und hielt eine Ansprache, an die er später immer wieder als an die erstaunlichste rhetorische Leistung dachte, die er je zustande gebracht hatte.

«Männer von Tanglewood», sagte er. «Ich will nicht um den heißen Brei herumreden. Die Dakotas wollen uns ans Leben. Wir müssen uns wehren.

Das wißt ihr so gut wie ich. Das, was wir mit dem Grauen Bären und seinen Leuten gemacht haben, vergessen sie uns nie. Wenn wir auch nur zwei Tage warten, haben wir die ganze Bande auf dem Hals. Was ist also zu tun?» Er machte eine Pause. Vom ungewohnten und langen Reden war ihm die Luft knapp geworden. «Wenn Wanzen im Haus sind», fuhr er dann fort, erleichtert lächelnd, einen Vergleich gefunden zu haben, «dann gibt es nur eins: ausräuchern! Dasselbe sollte man auch tun, wenn Indianer in der Nähe sind. Sie werden keine Ruhe geben. Und wenn wir fünf von den Halunken abgeschossen haben, sind morgen zwanzig unterwegs, um uns das Lebenslicht auszublasen. Wenn wir sie aber alle auf einmal totschlagen, haben wir endlich Ruhe.»

Während dieser Rede war Joe Bludgeon auf der Treppe erschienen. Zuerst verwundert, dann belustigt und schließlich doch ärgerlich darüber, daß sein Gorilla im Begriff war, allzu offen über das zu sprechen, was er plante, und daß er womöglich manche der Männer abschrecken könnte, war Bludgeon Stufe um Stufe hinuntergestiegen. Sein «Halt's Maul, Bashan!» ließ den Revolverhelden jäh verstummen. Gedemütigt und verwirrt und längst nicht mehr so gewandt, wie er hinaufgekommen war, stieg Bashan von der Theke, während Bludgeon, den alle wie auf ein Kommando anstarrten, das Wort ergriff.

«Bashan meint es gut mit uns allen», begann er ruhig und beschwichtigend, und seinem Ton war nichts mehr von der Verärgerung anzumerken. «Er ist nicht geschickt im Reden, wie viele unter euch. Jedenfalls nicht so geschickt wie im Umgang mit Waffen. Doch was er gesagt hat, das ist goldrichtig. Wir müssen mit der Indianerplage fertig werden, wenn wir uns und unseren Kindern ein schönes und friedvolles Leben bereiten wollen.»

Solche Worte fallen mir nie ein, dachte Bashan voller Neid und Bewunderung für Bludgeon, der breitbeinig auf der Treppe stand und seinem Gesicht den Ausdruck ernster Bekümmernis gegeben hatte.

«Und deshalb müssen wir gemeinsam überlegen, was zu tun ist.»

Jetzt fühlte sich jeder angesprochen, und befriedigt konnte Bludgeon in die Runde blicken, auf gefurchte Stirnen, auf erwartungsvoll ihm zugewandte Gesichter.

«Schlagen wir das Pack tot!» schrie einer aus der Menge, und er verstummte, als Bludgeon den Arm hob und Schweigen gebot.

«Das will überlegt sein», erwiderte er. «Wenn wir uns den Dakotas im offenen Kampf stellen, unterliegen wir. Sie sind uns in der Zahl weit überlegen. Ein Angriff auf ihr Lager wäre Selbstmord, zumal jetzt, wo sie durch Waffendiebstahl stark geworden sind.» Bludgeon wußte, daß der Vorschlag zu dem, was er vorhatte, unbedingt von den Siedlern selbst kommen mußte. Er durfte auf keinen Fall als erster davon sprechen, das Indianerdorf zu überfallen.

«Ausräuchern», hatte Bashan gesagt. Vielleicht war das ein Fehler, vielleicht waren innerlich schon einige von der Vorstellung abgeschreckt, die Dakotas in ihrem Dorf zu überfallen. Vielleicht aber hatte das Wort schon in den Männern Wurzeln geschlagen, so daß es von ihnen zurückkam, und er es nur aufzufangen und ins rechte Gleis zu lenken brauchte. Einige Sekunden lag blickte er stumm auf die brodelnde Menge an den Tischen und an der Theke. Der Fiedler hatte längst sein Instrument abgesetzt und blinzelte in die blakende Lampe, so als ginge ihn das, was sich hier tat, nichts an. Besorgt beobachtete Bludgeon, wie die allgemeine Spannung nachzulassen begann und wie sich kleine Gruppen bildeten, die eifrig und gestenreich beredeten, was denn nun zu tun sei. Sie müssen alle mitmachen, hämmerte es in seinem Hirn. Alle! So etwas kann man nicht mit einer Handvoll Bravos unternehmen, auch nicht, wenn es glückt. Keiner darf sich ausschließen! Ein einziges schlechtes Gewissen muß danach die ganze Siedlung beherrschen. So etwas bindet, so etwas ist die Gewähr dafür, daß auch alle bei der Stange bleiben.

«Wir sollten zu einem Schluß kommen, Gentlemen!» Bludgeon stieg drei Stufen höher, um besser gesehen und gehört zu werden. «Vielleicht hat Bashan recht, vielleicht nicht. Ich bin Demokrat und überlasse euch die Entscheidung. Fest steht jedenfalls, daß es so nicht weitergeht. Wir können nicht Tag und Nacht Wachposten rund um unser Tanglewood stellen. Sie würden auch nichts ausrichten bei der Hinterlist der Indianer. Wenn wir nichts unternehmen, bleibt uns auf die Dauer kein Ausweg, als die Siedlung aufzugeben, und das gerade jetzt, wo der Shining Stone Creek fündig geworden ist.» Bludgeon hatte die Stimmung in der Versammlung richtig berechnet. Ein einziger Schrei der Empörung und Ablehnung schlug ihm entgegen, den er mit noch so heftigem Schwenken der Arme nicht einzudämmen vermochte.

«Schweinerei!»

«Betrüger!»

«Er will uns nur Angst machen, um alles Gold selber einsacken zu können!»

«Bashan soll seinen Vorschlag machen!»

«Wir verlassen Tanglewood nie!»

«Sprengt doch die Rothäute in die Luft!»

Später wußte niemand mehr, wer vom Sprengen gesprochen hatte, und keiner konnte sagen, ob es dem Zwischenrufer ernst gewesen war. Selbst die naheliegende Vermutung, Bashan oder Fletcher hätten das Wort in den Tumult geworfen, konnte nie bewiesen werden.

Bludgeon war glücklich, daß sein Stichwort gefallen war. Wie ein Schlag durchzuckte es ihn, ließ seine Augen glänzen. Scheinbar gelassen wartete er ab, bis sich das erregte Stimmengewirr gelegt hatte. Dann nahm er wieder das Wort. «Ich sehe, es gibt entschlossene Männer unter uns, denen ihr Glück und das Glück ihrer Familien ernst genug ist, um selbst etwas Außergewöhnliches dafür zu wagen. Hier ist davon gesprochen worden, das Indianerdorf in die Luft zu sprengen. Wer es auch immer gesagt hat, so etwas will bedacht sein und verlangt unser aller Teilnahme. Unser aller Teilnahme!» wiederholte er, als er beobachtete, wie Peter Hille sich der Tür näherte und den Saloon verlassen wollte. «Auch Ihre, Mister!» Und er wies mit dem ausgestreckten Arm auf Hille.

«Da mache ich nicht mit!» sagte er mit einer Stimme, die fast tonlos war vor Schreck und Verachtung. «Eher lasse ich alles hier im Stich.»

«Feigling!» brüllte Bashan und sah seinen Chef erwartungsvoll an.

Bludgeon winkte ab. «Gehen Sie nur, gehen Sie zu dem Indianerfreund Blake. Der hat Sie ja wahrscheinlich nur hierhergeschickt, um diese Versammlung von tapferen Männern zu verwirren.» Dann hob er die Stimme und sagte hart: «Doch ich kann Ihnen auch im Namen der Männer hier versichern, daß Sie und Ihr sauberer Mister Blake an unserem Leben keinen Anteil mehr haben. Habe ich recht?» wandte er sich wieder an die Versammelten. «Sollen wir die Dreckarbeit tun, damit andere den Nutzen davon haben?»

Von allen Seiten murmelte es Beifall, und einige der Tür schon am nächsten Stehende machten Miene, Hille nicht ungeschoren aus dem Saloon entkommen zu lassen.

Der aber ließ ich nicht beeindrucken und rief: «Leute, merkt ihr denn nicht, daß das ein abgekartetes Spiel ist? Ihr sollt die Dreckarbeit für Bludgeon tun! Nichts anderes.»

Doch niemand hörte auf ihn, und er wurde mit Rippenstößen durch die Pendeltür gewirbelt.

Jetzt gab es kein Zurück mehr für die Männer im Saloon. Selbst die, die sich noch dagegen gesträubt hatten, ein solch gewaltsames Unternehmen gutzuheißen, geschweige denn an ihm teilzunehmen, sahen sich nun gezwungen, dem Plan, den Bludgeon zu entwickeln begann, zuzustimmen. Wer wollte schon als Feigling dastehen, als Indianerfreund vielleicht sogar, der sich den Notwendigkeiten verschloß, die ein friedliches Leben in Tanglewood erforderte? Zudem hatte sich Bludgeons Bande so geschickt im Saloon verteilt, daß jedermann in seinem Tun und Lassen beobachtet wurde.

Snaky Joe konnte nun auch die Maske des Biedermanns fallenlassen und offen seinen Plan entwickeln. Da war kein Wort mehr zu hören von Bedenken und von schwerer Entscheidung. Von Pulver nur wurde gesprochen und davon, wie stark die Ladung sein müsse, mit der man die Felswand oberhalb des Dakota-Dorfs in eine Steinlawine verwandeln könne, die die Tipis unter sich begraben sollte. Nur gelegentlich, wenn die Stimmung im Raum wieder einmal vor dem Ungeheuerlichen ins Wanken zu geraten drohte, begann Bludgeon erneut seinen Sermon von den friedlichen amerikanischen Siedlern, die sich – zum Teufel noch einmal – das Recht auf menschenwürdiges, freies Leben, wenn nötig, auch mit Gewalt erkaufen müßten.

Länger als zwei Stunden blieb man beisammen und besprach das Unternehmen bis in alle Einzelheiten. Die Luft im Saloon wurde immer unerträglicher. Der Whiskystrom floß in auskalkulierter Stärke. Denn es war genauso wichtig, die Männer bei Laune zu halten wie darauf zu achten, daß sie am nächsten Tag in aller Frühe einen klaren Kopf hatten. Von beidem hing der Erfolg ab. Seine eigenen Leute hatte Bludgeon angewiesen, nur noch Tee statt Whisky zu trinken, den Bill Myers stets in etikettierten Flaschen bereithielt und der sonst dazu bestimmt war, den Animiermädchen bei Gelagen mit Fremden einen klaren Verstand zu sichern.

Kurz vor Mitternacht gaben die beiden Posten Bludgeons, die seit dem Weggang Hilles die Tür besetzt hatten, den Weg frei. Vier Stunden Schlaf, hatte Snaky Joe gesagt, müßten für heute genügen. Immerhin gehe es um Großes und Wichtiges für die ganze Gemeinschaft. Keiner widersprach, als er hinzusetzte, daß er, da er nun einmal das Vertrauen der Versammelten gewonnen hätte, die Aktion ganz in die Hand nehmen werde. Er erwartete für den morgigen Tag absoluten Gehorsam und Disziplin bei der Durchführung des Plans.

«Meine Leute», sagte er abschließend, «werden dafür sorgen, daß ihr alle rechtzeitig aus dem Schlaf gescheucht werdet. Sammelpunkt ist der Saloon. Seht eure Waffen nach, sorgt dafür, daß ihr genügend Munition zur Hand habt und daß eure Gäule in Schuß sind. Das andere überlaßt uns. Morgen abend, wenn Gott will, werden wir hier das fröhlichste Fest feiern, das dieses Nest je gesehen hat.» Und er schickte den ins Freie drängenden Siedlern einen triumphierenden Blick nach.

13

In der Morgendämmerung brachen sie gemeinsam auf. Nebelfetzen hingen zäh zwischen den Bäumen des Hangwalds, und nur mühsam konnten sich die Sonnenstrahlen einen Weg bahnen. Der weiche, laubbedeckte Boden dämpfte das Geräusch der Pferdehufe. Nur das Schnauben der Tiere stand in der kalten Luft. Die Dämmerung hatte die Gesichter der Männer ins Graue verfärbt und verstärkte so den Eindruck, sie seien unausgeschlafen.

Niemand sprach.

Bludgeon führte den Trupp von vielleicht vierzig Reitern an. Auch heute trug er einen Anzug aus blauem Doppeltuch und ein weißes Hemd, das von einer roten Schleife geziert war. Er hatte es sich nicht nehmen lassen, auch zu dieser Gelegenheit lange und umständlich Toilette zu machen. Schließlich mußte er sich auch äußerlich von dem Pack unterscheiden, das Tag und Nacht die stinkenden Kleider nicht vom Leibe bekam und aus dem Dreck eine Tugend machte. Er haßte das Leben im Westen, und er dachte oft mit Wehmut an die Hotels von Chicago und New York, wo man sich als Mensch unter Menschen fühlen konnte. Der Gedanke, daß er schon lange kein Vaudeville mehr besucht hatte und keinen Spielsalon, in dem man dem Partner nicht auf

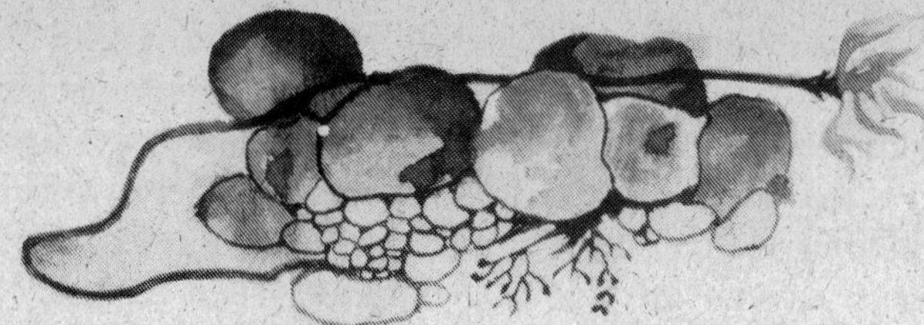

die dreckigen Finger sehen mußte, sondern im Kreis von Herren und Damen in anständiger Garderobe seine Jetons mit lässiger Eleganz aufs grüne Tuch werfen konnte, ohne gewärtig sein zu müssen, daß einem ein unrasierter Kerl den Gewinn streitig machte, der Gedanke stachelte oft genug sein Verlangen. Nein, Joseph Washington Bludgeon war nicht für ein Leben gemacht, das von Ungeziefer, Gewalttat, harter Arbeit und stumpfsinnigem Suff bestimmt war. Aber er mußte dieses Leben noch eine Weile durchstehen, um sich dann desto sicherer in den Städten des Ostens bewegen zu können, für immer frei von Sorgen. Hier im Westen konnte man sein Vermögen machen; das Geld ausgeben konnte man nur im Osten. Und solange man hier schuften und sich die Finger schmutzig machen mußte, hatte man darauf zu achten, daß man nicht einer der schweißstinkenden Burschen werden würde, deren man sich bediente. Denn nichts auf der Welt, glaubte Joe Bludgeon, ist so anziehend wie der Sumpf. Er hatte Männer in die Black Hills kommen sehen, entschlossene, harte Männer, die gleich ihm ein Vermögen hatten machen wollen und die nach ein paar Wochen schon zu Pennern herabgesunken waren. Jetzt bevölkerten sie die Kneipen, vom Alkohol ausgehöhlt, und auf das bloße Gerücht hin, daß irgendwo Gold gefunden worden sei, zogen sie Hunderte von Meilen durch die Prärie, quälten sie sich durch Gebirge. Das Gold, wenn sie welches fanden, ließen sie dann gewöhnlich im nächsten Saloon, den einer aufgemacht hatte, der wie er, Joe Bludgeon, auf zivilisiertere und schnellere Art zu einem Vermögen zu kommen trachtete. Nein, dieses Leben war nichts für ihn. Er mußte es so schnell wie möglich hinter sich bringen.

Der heutige Tag konnte ihn ein beträchtliches Stück näher an sein Ziel heranführen. Wenn die Berge erst einmal von Indianern gesäubert waren, dann hatte er freie Hand. Schließlich waren ihm die Konzessionen auf das Land versprochen für den Fall, daß die Dakotas das Gebiet räumten. Und wenn sie es nicht freiwillig räumten, dann mußte man eben nachhelfen, wenn es sein mußte, mit ein paar Säcken Pulver und einigen Metern Lunte. Fast liebevoll blickte er zu den beiden Packtieren hinüber, die von Bashan am Zügel geführt wurden. Harmlos sahen die Säckchen aus, die auf die Pferderücken gebunden waren und an den Flanken herabbaumelten, und sauber, als ob sie Mehl enthielten.

Nach einer knappen Stunde erreichten sie den Punkt, an dem sich die Abteilung trennen mußte. Der mäßig bergan steigende Pfad, der zum Creek führte, verlief geradewegs nach Norden. Ihn sollte der größte Teil des Trupps entlangreiten und in einem weiten Bogen das Indianerlager von seiner offenen Seite her ansteuern. Bashan und drei zuverlässige Leute waren bestimmt, sich mit den Packpferden links in die Berge zu schlagen, wo sie nach steilem Aufstieg ein kleines Plateau des Felsens erreichen mußten, der das Lager im Westen überragte. Hier war die entscheidende Arbeit zu tun.

Bludgeon zügelte sein Pferd und winkte Bashan zu sich heran. «Ist alles klar?»

«Alles klar, Chef!» Bashan hob mit lässiger Gebärde die rechte Hand an seinen Hut.

«Von euch hängt alles ab.»

«Ich weiß. Wir machen Maßarbeit. Keine Sorge, Chef.»

«Kann sein, sie haben eine Wache aufgestellt, oberhalb des Plateaus.»

«Ist schon gestorben.»

«Das Signal?»

«Zwei Revolverschüsse, Chef. Habe nichts vergessen.»

«Dann muß alles schnell gehen.»

«In Ordnung.» Noch einmal hob Bashan salutierend die Hand zum Hut. Dann gab er seinem Pferd die Sporen und lenkte es zu den Männern hinüber, die auf ihn warteten.

Bludgeon blickte den vieren nach, wie sie langsam die pfadlose Felshalde hinaufritten. Erst als sie hinter einem Vorsprung verschwunden waren, gab er den anderen das Signal, und der Zug setzte sich in Bewegung.

Der Aufstieg gestaltete sich mühevoller, als Bashan vermutet hatte. Die Tiere fanden auf dem geröllreichen Boden keinen sicheren Stand. Felssplitter bohrten sich ihnen in die Hufe und machten sie störrisch. Wenn der Berg allzu steil wurde, mußten die Reiter absitzen und die Pferde am Zügel führen, und das war angesichts des unsicheren, leicht rutschenden Bodens die schwierigste Aufgabe. Denn es galt für die vier Leute, sechs Pferde den Berg hinaufzubringen. Trotz der Morgenkühle stand Bashan und den anderen der Schweiß auf der Stirn. Mit zusammengebissenen Zähnen quälten sie sich bergan, und ihre Wut auf die Indianer unten im Tal wuchs, so als hätten diese ihnen befohlen, zu unzeitiger Stunde eine solche beschwerliche Expedition zu unternehmen. Auf einem verhältnismäßig ebnen Stück des Wegs, hinter dem sich nach einigen Dutzend Schritten wieder eine steile Passage erstreckte, beschloß Bashan, wenigstens die Reittiere zurückzulassen. Sie banden die Pferde an zwei verkrüppelte Kiefern, die in dem steinigen Boden Wurzeln geschlagen hatten. Nach einer weiteren Viertelstunde ließen sie auch die Packpferde zurück und beluden sich mit den Pulversäcken und hängten sich die zu Ringen zusammengelegte Zündschnur um den Hals. Jetzt trat zur Beschwernis des Aufstiegs die Notwendigkeit hinzu, die letzte Wegstrecke so leise wie möglich zurückzulegen. Als sie den oberen Rand der Felswand von der Rückseite her fast erreicht hatten, gab Bashan ein Zeichen zum Halten. Flüsternd beriet er sich mit den anderen. Es blieb ihnen kaum mehr eine halbe Stunde bis zum vereinbarten Signal. In dieser Zeit mußten auch die Spalten ausfindig gemacht werden, in denen die Sprengladung versteckt werden sollte. Eile war geboten. Sie beschlossen, Bashan allein den geraden Weg zum Plateau zurücklegen zu lassen, während die anderen rechts und links ausschwärmen und von den Seiten aus zu ihm stoßen wollten.

Bashan arbeitete sich Meter um Meter bergauf, und obwohl er nur Luntenschnüre um den Hals trug, keuchte er so heftig, daß er mehrmals innehalten mußte, um sich einem vielleicht dort oben lauernden Wachposten nicht zu verraten. Als Bashan sich mit letzter Kraftanstrengung und mit verhaltenem Atem auf das Plateau hochzog, blendete ihn die im Osten hinter einem Berggipfel aufgehende Sonne, so daß er für eine Sekunde die Augen schließen mußte. Dann sah er den Mann, der, in eine Decke gehüllt, an dem der Talseite zugewandten Rand kauerte, sah ihn als Silhouette überlebensgroß gegen den Himmel gestellt. Für einen Augenblick wollte ihn der Mut verlassen. Doch er riß sich zusammen, lag zwei Atemzüge flach auf dem Bauch, ehe er sich langsam näher an den Mann heranschob. Er überlegte, ob es nicht gefahrloser für ihn wäre, den Posten einfach in die Tiefe zu stoßen, verwarf aber den Plan sofort. Damit würde er das Lager wecken und alles zum Scheitern bringen. Der Mann mußte lautlos aus dem Weg geräumt werden. Eisige Ruhe überkam Bashan, als er an den rissigen Fels gepreßt lag. Er schätzte die Entfernung zwischen sich und dem Posten, während er seinen Hirschfänger herauszog und zwischen die Zähne nahm, um die Hände frei zu haben. Mit zwei Sätzen könnte er ihn erreichen.

Plötzlich bewegte sich der Mann am Rand des Abgrunds. Er hob den Kopf, ließ die Decke von seinen Schultern gleiten und richtete den Oberkörper auf. Irgendein Geräusch mußte ihn aufgeschreckt haben, vielleicht ein Stein, den einer von Bashans Leuten ins Rollen gebracht hatte. Doch ehe er sich noch völlig aufrichten konnte, fühlte er sich nach hinten zurückgerissen, und Hände, hart wie Eisen, umkrampften seinen Hals. Sein Schrei erstarb in einem gurgelnden Röcheln.

Bashan leistete ganze Arbeit. Drei-, viermal stieß er dem Indianer das Messer in die Brust. Aus rotgeränderten Augen sah er auf den Sterbenden nieder. Doch sein Gesicht blieb ausdruckslos, spiegelte nicht einmal Befriedigung darüber, daß er durch entschlossenes Handeln eine Gefahr beseitigt hatte. Mit einem leisen Pfiff beorderte er seine Kumpane herbei. Mit der Ruhc und der Präzision von Feuerwerkern machten sie sich ans Werk, suchten und fanden Spalten in dem verwitterten Gestein, schätzten ab, welche Wirkung die Pulverladung an dieser und an jener Stelle haben mußte, verbanden die einzelnen Säckchen durch ein System von Zündschnüren, die in einem Punkt zusammenliefen, und sahen nach noch nicht einer Viertelstunde befriedigt auf das Geleistete. Nicht einen Blick hatten sie an das Indianerdorf in der Tiefe verschwendet, dem ihr Anschlag galt. Jetzt erst, nachdem alles zur Sprengung vorbereitet war, krochen sie bis an den Rand des kleines Plateaus vor und starrten auf die Zelte hinunter.

«Die scheinen alle noch zu schlafen», sagte einer der Männer fast betroffen.

«Wir werden sie schon wach kriegen», behauptete Bashan.

«Die werden denken, der Große Geist selbst wäre zu Besuch gekommen, wenn ihnen die Felsbrocken um die Ohren fliegen.»

Dann sahen sie ein Mädchen aus dem Zelt treten und mit einem Gefäß zur Quelle gehen. Sie bewegte sich mit der Arglosigkeit eines Menschen, der sich völlig sicher weiß. Bei einer Gruppe von Pferden blieb sie stehen und streichelte einem Tier über den Hals. Das Pferd wieherte so laut, daß die Männer auf dem Plateau es hören konnten.

«Wenn die wüßte ...»

Bashan riß ein Streichholz an der Schuhsohle an und entzündete seine Zigarre, die über der Arbeit erloschen war. «Verdammt viele Lücken in dem Lager da unten», sagte er, nachdem er die Zelte gemustert hatte. «Der Falke scheint wirklich die Hälfte der Schufte mit sich genommen zu haben. Schade. Ich hätte sie lieber alle auf einem Haufen gehabt. Das wäre ein Aufwaschen gewesen.» Dann kroch er zurück zu der Stelle, wo unmittelbar neben der Leiche des Wachpostens die Zündschnüre zusammenliefen und zu einer Wulst zusammengedreht worden waren.

Noch einmal überprüfte er die Spalten und Löcher, in denen die Pulversäckchen steckten. Er fühlte Stolz, daß alles so sauber und fachmännisch hergerichtet war. Der Chef konnte zufrieden sein. Mit Genuß malte er sich den Empfang aus, der ihnen in Tanglewood zuteil werden würde. Bei dem Gedanken an den Whisky, der ihn erwartete, wurde seine Kehle trocken.

Doch die Stimme eines der Männer riß ihn in die Wirklichkeit zurück. «Ich glaube, ich sehe da drüben Reiter. Das müssen sie sein.»

Bashan kroch wieder zum Rand des Plateaus und starrte angestrengt in die ihm gewiesene Richtung. Dann sah er sie, wie sie in breiter Front auf das Lager zuritten, jede nur mögliche Deckung ausnutzend und die Büchsen schußbereit im Arm. «Haut ab!» befahl Bashan. «Das Signal kann jede Sekunde gegeben werden. Sie sind nicht mehr weit vom Lager entfernt.»

Die drei Männer beeilten sich, das Felsplateau zu verlassen. Ohne Rücksicht darauf zu nehmen, daß sie gehört werden könnten, rutschten sie den felsigen Hang hinunter, um weit entfernt zu sein, wenn das Pulver gezündet wurde.

Bashan hockte seelenruhig neben den Schnüren. Er hatte schon beim Aufstieg einen soliden Felsblock unmittelbar unterhalb des Plateaus ins Auge gefaßt, der ihm gute Deckung bieten konnte und innerhalb der Zeit zu erreichen wäre, in der die Lunten brannten. Er hörte nicht das Gepolter der Steine, das

durch den Rückzug seiner Helfer verursacht wurde. Er blinzelte träge in die Sonne.

Da zerriß ein hoher kehliger Schrei die Stille. Bashan sprang auf, trat an den Rand des Felsens und sah, wie zwei Männer auf die Zelte zuliefen. Die Kette der Reiter verhielt am Talausgang. Die beiden Schüsse, die unmittelbar hintereinander fielen, galten aber nicht den Flüchtenden. Sie waren das Signal für Bashan. Jetzt kam Leben in den schwerfälligen Mann. Mit einem Satz war er bei den Zündschnüren. Er hielt die glimmende Zigarre an die zusammengedrehten Enden, wartete, bis er sicher war, daß sie Feuer gefangen hatten und gleichmäßig brannten, und sprang dann vom Plateau hinunter. Fast hätte er sich, von der Wucht des Sprunges nach vorn geschleudert, überschlagen. Doch er fing sich, wankte für den Bruchteil eines Augenblicks und stürzte weiter auf den Felsblock zu, hinter dem er Sicherheit erwartete.

Die Sekunden, da er keuchend in Deckung lag und auf die Explosion wartete, dehnten sich unerträglich. Sein Herz klopfte wie ein Hammer gegen die Rippen, war in jeder Fingerkuppe zu spüren, indes seine Gedanken fieberhaft um die Frage kreisten, was wäre, wenn die Zündschnüre nicht gleichmäßig brannten oder wenn sie gar erloschen.

Die fünf Explosionen die einander so schnell folgten, daß sich eine von der anderen kaum abhob, waren wie eine Erlösung für Bashan. Offenen Munds und das schweißnasse, dreckverschmierte Gesicht an den Felsen gepreßt, spürte er mit einer Art von Wonne, wie der Boden unter ihm bebte. Der Anprall des Luftdrucks gegen seine Trommelfelle machten ihn für Minuten taub. So hörte er nicht, wie sich die Gesteinsmassen lösten und talwärts sausten; er hörte nicht das Schreien der Getroffenen, das gellend zum Himmel stieg, nicht das Krachen der Gewehre, mit dem Bludgeon und seine Leute in das Dorf einbrachen und alles niedermetzelten, was die Steinlawine lebend überstanden hatte. Ein Lächeln der Befriedigung verzerrte seine Lippen. Seine Aufgabe war gelöst. Der Chef würde zufrieden sein mit ihm. Langsam erhob er sich, klopfte sich den Staub von den Kleidern und wankte, scharfen Pulvergeschmack auf der Zunge, talwärts.

14 Blauhaar hatte die Nacht über keinen Schlaf gefunden. Die Sorge um den Vater hatte sie wachgehalten und immer wieder Szenen und Bilder voller Schrecken vor sie treten lassen. Die Vorstellung, daß er den Siedlern lebend in die Hände gefallen sein konnte, war ihr genauso unerträglich gewesen wie die, daß er sein Leben eingebüßt haben könnte. Unruhig hatte sie sich auf ihrem Lager gewälzt und war mindestens ein dutzendmal vors Zelt getreten, in der Hoffnung, den Grauen Bären und seine Leute heimkehren zu sehen. Gegen Morgen stand sie auf, entzündete das Feuer und ging zur Quelle, um Wasser zu holen. Noch regte sich nichts hinter den Zeltwänden. Nur die Pferde schnaubten, ein wenig ängstlich, wie ihr schien, und scharrten mit den Vorderhufen. Sie waren auch durch ihr Tätscheln und Zureden nicht zu beruhigen. Sie ging zum Zelt zurück und gab sich, um die Unruhe in sich niederzukämpfen, ganz den Gewerken des Tages hin. Doch der Gedanke an den

Vater ließ sie nicht los. Der Weitspähende Falke hatte recht behalten mit seiner Prophezeiung, daß ins Verderben ginge, wer sich mit den weißen Banditen aufs Verhandeln einließ. Wie sehr wünschte sie sich, an seiner Seite zu sein; wie oft hatte sie seine Worte bedacht: Gib mir Nachricht, wenn deinem Vater oder euch etwas zustoßen sollte. Als der Abend das weite Tal mit Dunkelheit überzogen hatte und der Graue Bär und seine Begleiter noch immer nicht zurückgekehrt waren, hatte sie mit sich gekämpft, ob sie dem Zug des Falken nachreiten und ihn verständigen sollte. Allein die Hoffnung, daß der Vater im Lauf der Nacht noch zurückkommen werde, hatte sie von diesem Schritt abgehalten. Sie war von Zelt zu Zelt gegangen und hatte den Frauen und den Alten Mut zugesprochen: Solche Verhandlungen könnten sich lange hinziehen, zumal der Graue Bär als ein Mann bekannt sei, der zäh und unnachgiebig die Rechte seines Stammes verteidige. Sie war überall willkommen gewesen, man hatte sie bereitwillig angehört und ihr zugestimmt, schon um die eigenen Ängste zu zerstreuen. Jetzt aber hatte sie alle Hoffnungen aufgegeben. Lebte der Graue Bär noch oder wäre er noch Herr seiner Entschlüsse, er würde nicht eine Sekunde gezögert haben, ihr und den anderen Nachricht zukommen zu lassen. Und in dem Maß, wie ihre Hoffnung auf die Rückkehr des Vaters schwand, stieg ihre Entschlossenheit, ins Lager des Weitspähenden Falken zu reiten.

Als sie dabei war, ein Pferd zu satteln, hörte sie die Warnschreie der Wächter und sah gleichzeitig die beiden Männer auf die Zelte zulaufen. Dann fielen zwei Schüsse. Verwirrt hielt sie in ihrer Tätigkeit inne. Doch noch ehe sie einen klaren Gedanken fassen konnte, erdröhnte die Felswand oberhalb des Dorfes unter ohrenzerreißenden Donnerschlägen. Für Bruchteile einer Sekunde schien es so, als ob Teile der Wand, die sich vom Massiv abgehoben hatten, reglos in der Luft verharren wollten. Dann sackten sie in sich zusammen und stürzten krachend auf die Zelte zu.

Instinktiv warf sich Blauhaar zu Boden und wurde im Fallen von einem Steinsplitter an der Schläfe getroffen, der ihr die Besinnung raubte. Als sie wieder die Augen aufschlug, bot sich ihr ein Bild gräßlicher Verwüstung. Das Zelt ihres Vaters war von einem schweren Felsbrocken getroffen worden, der die büffelledernen Wände wie Papier zerrissen und die Stangen zermalmt hatte. Der weite Talgrund war übersät mit großen und kleineren Brocken und Leichen. Eine tote Frau, ihr Kind an sich gepreßt, lag in einiger Entfernung zusammengekrümmt auf der Erde. Ihre Schädeldecke war zertrümmert. Das Kind lebte noch und schrie aus Leibeskräften. Blauhaar wollte aufstehen, um das Kind an sich zu nehmen. Da sah sie die Männer, die, die Büchsen im Anschlag, durch das Lager gingen, auf alles schossen, was sich regte, und Brandfackeln in die Überreste der Zelte warfen. Zwei von ihnen kamen, angelockt durch das Geschrei des Kindes, geradewegs auf sie zu. Sofort preßte sich Blauhaar wieder an die Erde und schloß die Augen. Sie hörte das Peitschen eines

Schusses, der dem Kinderweinen ein Ende setzte. Dann vernahm sie Schritte, und ein Stiefel bohrte sich ihr so heftig in die Seite, daß sie nur mit Mühe einen Aufschrei unterdrücken konnte.

«Die ist auch krepiert», hörte sie eine Stimme sagen.

«Das wär's dann für heute», antwortete eine andere Stimme. «Dachte nicht, daß alles so glatt gehen würde. Keiner von uns hat einen Kratzer abbekommen.»

«Es geht eben nichts über eine exakte Planung. Joe weiß schon, wie man so was fingert.»

«Wie die Hasen sind sie auf uns zugelaufen, als der Berg runterkam. Man brauchte nicht mal zu zielen.»

Die Stimmen entfernten sich wieder.

Blauhaar würgte Übelkeit in der Kehle. Am liebsten wäre sie wieder in die Bewußtlosigkeit zurückgefallen; aber Schmerz und Empörung hielten sie wach, auch die Angst, die Männer könnten noch einmal zurückkommen und bemerken, daß sie noch lebte. Doch die Tränen konnte sie nicht zurückhalten. Lautlos weinte sie in sich hinein. Allmählich kam ihr ihre Aufgabe zum Bewußtsein. Sie mußte überleben, um dem Weitspähenden Falken Nachricht von dem Verbrechen bringen zu können. Je länger sie dalag, desto ruhiger wurde sie bei dem Gedanken an die Rache, die der Untat folgen mußte. Eine Weile noch hörte sie Rufen und Gelächter, dann und wann fiel noch ein Schuß. Die Sonne stand schon ziemlich hoch am Himmel, als verebbender Hufschlag ihr anzeigte, daß die Reiter sich entfernten.

Vorsichtig richtete sie sich auf. Nachdem sie sich vergewissert hatte, daß keiner der Siedler im Tal zurückgeblieben war, erhob sie sich. Sie schwankte in der grellen Sonne, die das Ausmaß der Verwüstung ganz erkennen ließ. Am liebsten wäre sie davongestürzt, kopflos, irgendwohin, wo die Luft nicht von Brandgeruch verpestet war. Doch sie zwang sich, durchs Lager zu gehen, zwang sich, vor den Leichen und den verbrannten Zelten stehenzubleiben. Sie fühlte, wie ihr Haß wuchs. Am Talausgang, wo die Toten zu einem Wall gehäuft lagen, ließ sie ihren Tränen freien Lauf. Sie kauerte sich auf den Boden und schlug die Hände vors Gesicht. Leise stimmte sie einen der alten Gesänge an, mit denen die Toten beklagt wurden. Allmählich gewann ihre Stimme an Kraft, und sie beendete das Lied mit einem Schrei.

Als habe die Klage um die ermordeten Brüder und Schwestern sie gestärkt, stand sie plötzlich auf, ging zum Creek hinunter, wusch sich Gesicht und Hände, trank und kühlte die Wunde an der Schläfe. Noch einmal durchstreifte sie das Tal, diesmal auf der Suche nach einem Pferd. Viele Tiere waren tot, und was den Kugeln und den niederstürzenden Felsmassen entgangen war, hatten die Banditen mit sich fortgeführt. Endlich stieß sie auf einen Rappen, der einige hundert Schritt unterhalb des Lagers graste.

Blauhaar ritt Stunde um Stunde, immer das Bild des verwüsteten Dorfes vor Augen. Sie spürte ihren Hunger nicht, und nur einmal hielt sie an, um ihren Durst zu stillen. Sie war ganz von dem Gedanken beherrscht, so schnell wie möglich ins Lager des Weitspähenden Falken zu kommen. Gegen Abend erreichte sie die bewaldeten Kuppen, die das Tal der Präriehunde umgaben. Einer der Wachposten führte sie zum Zelt des Falken. Als Blauhaar den Freund wiedersah, dessen Gesicht gezeichnet war von den Anstrengungen der letzten Tage, so daß seine Züge noch schärfer hervortraten, fühlte sie Schwäche und Geborgenheit zugleich. Die Nacht allein im Zelt, der Überfall, die Stunden, in denen sie reglos am Boden gelegen hatte, die schrecklichen Bilder beim Gang durch das zerstörte Dorf, der angestrengte Ritt – all das entlud sich in dieser Sekunde, da sie vor dem Weitspähenden Falken stand und sich sicher wußte. Blauhaar lehnte den Kopf gegen seine Schulter, und hätte er ihr nicht einen Arm um die Schultern gelegt, sie wäre zusammengebrochen.

«Du bringst schlechte Nachricht?»

«Alle sind tot!»

«Alle?»

«Der Berg ist zerrissen. Die Felswand ist auf unsere Zelte gefallen. Was noch lebte, haben sie ermordet.»

«Wer?»

«Die aus Tanglewood. Snaky Joe war ihr Anführer.»

«Und der Graue Bär und Luchsauge?»

«Sie sind in die Siedlung geritten und nicht wiedergekommen.»

«Erzähl mir alles.»

Mit steinernem Gesicht hörte der Weitspähende Falke die Nachricht von der Ermordung seiner Stammesgenossen. Nur die Hand, die er um Blauhaars Schulter gelegt hatte, verriet seine Erregung. Sie krampfte sich in den Oberarm des Mädchens.

«Dafür werden sie bezahlen», sagte er, als das Mädchen seinen Bericht beendet hatte. Dann geleitete er Blauhaar in sein Zelt. Sie fiel nach wenigen Minuten in einen unruhigen Schlaf, während der Weitspähende Falke die Männer zusammenrufen ließ, um mit ihnen zu beraten, wie die Untat gerächt werden könnte.

«Wir machen ihre Siedlung dem Erdboden gleich», sagte der Listige Fuchs voller Verbitterung. Zwei seiner Brüder waren unter den Ermordeten.

«Wir dürfen nicht übereilt handeln», gab der Weitspähende Falke zu bedenken. «Der Graue Bär und die, die ihn begleitet haben, sind vielleicht in ihrer Hand. Wir müssen sichergehen. Zwei Krieger reiten zu dieser Stunde noch nach Tanglewood, um das auszukundschaften.»

Silberpfeil, ein kleiner Mann von vielleicht dreißig Jahren und als einer der mutigsten Kämpfer bekannt, widersprach. «Der Graue Bär hat alle ins Unglück gestürzt mit seiner Feigheit. Sollen wir nun auf ihn Rücksicht nehmen?»

Schweigen folgte seinen Worten. Niemand fand sich, den Häuptling zu verteidigen. Alle starrten vor sich hin. Das Krachen der Äste im Feuer war das einzige Geräusch, das die Stille durchbrach. Da ergriff der Weitspähende Falke das Wort.

«Krieger der Dakota, tapfere Brüder. Ich verstehe eure Erbitterung gegen den Grauen Bären. Auch mein Herz war voll davon. Aber dort im Zelt schläft Blauhaar, seine Tochter. Sie ist als einzige dem Gemetzel entkommen. Soll sie uns später anklagen können, wir hätten nicht alles getan, um ihren Vater zu retten? Bedenkt, Brüder, bei all eurem Groll gegen den Häuptling, daß er es nicht verdient hat, unter den Händen von Dieben und Mördern zu sterben. Er war ein kühner Krieger. Das Alter hat in schwachherzig gemacht und seine Augen trüb werden lassen. Wenn wir ihn retten, retten wir die Ehre des Stammes. Hau, ich habe gesprochen.» Erwartungsvoll blickte der Weitspähende Falke in die Runde. Er sah, daß seine Worte nicht ohne Eindruck auf die meisten geblieben waren. «Zwei Krieger müssen sofort in die Siedlung der Mörder reiten», wiederholte er, und als keine Gegenstimme laut wurde, bestimmte er zwei Männer, die sich augenblicklich vom Feuer erhoben und zu ihren Pferden gingen.

Nachdem sie das Feuer verlassen hatten, fuhr der Weitspähende Falke fort: «Eine andere Pflicht bleibt uns noch zu tun. Unsere Brüder und Schwestern liegen ermordet vor ihren verbrannten Zelten. Sie dürfen nicht den Geiern zum Fraß werden und den Schakalen. Beim Morgengrauen werden wir zum Creek aufbrechen und unsere Toten bestatten. Ihr Anblick soll unsere Rache noch furchtbarer werden lassen.» Zum Zeichen, daß er seine Rede beendet hatte, zog er sich die Decke, die ihm um die Schultern hing, über den Kopf und blieb bewegungslos sitzen, ein Bild der Trauer und der Anklage.

Gegen Morgen kamen die beiden nach Tanglewood entsandten Kundschafter auf schweißnassen Pferden zurück. Sie berichteten, daß die Siedlung ein einziger tobender und heulender Haufe von betrunkenen Männern sei, die ihren Sieg feierten, nur die Wachen vor einem Schuppen seien halbwegs nüchtern gewesen. Sie erzählten, wie sie sich von der Rückseite her an den Schuppen herangeschlichen und durch ein Astloch drei Gestalten am Boden hatten liegen sehen. Durch Klopfzeichen und geflüsterte Worte waren sie mit den Gefangenen in Verbindung getreten und hatten ihnen Mut zusprechen können.

Der Weitspähende Falke nahm ihren Bericht entgegen, ohne sie zu unterbrechen. Seit der Rede am Ratsfeuer schien er verstummt zu sein. Die Rache, die ihm auferlegt war, hatte alle anderen Regungen in ihm ersterben lassen. Erst als die Krieger aus ihren Zelten zusammenströmten, kehrte Leben in seinen Körper zurück. Mit knappen Worten bestimmte er, wer mit ihm reiten und wer zum Schutz des Lagers und der Frauen und Kinder zurückbleiben sollte. Mit einem langen Blick nahm er Abschied von Blauhaar. Sie stand vor seinem Zelt, und in ihren Augen flackerte noch immer der Schrecken des vergangenen Tages. Als er die Hand zum stummen Gruß hob, umfaßte sie ihn mit einem langen, ängstlichen Blick.

«Ich werde im Zelt des Weitspähenden Falken auf die Rückkehr der Krieger warten», sagte sie fast tonlos und wandte sich ab, um die Tränen nicht zu zeigen, die einer Dakota-Frau nicht anstanden, wenn die Männer in den Kampf zogen.

Falke und die sechzig Krieger, die mit ihm ritten, gönnten sich keine Rast. In langer Kette zogen sie über die Bergpfade, durchquerten sie enge Täler. Wenn ein Stück Wald oder ein zu steiler Weg sie zwang, das Tempo der Tiere zu verlangsamen, suchten sie die verlorene Zeit auf dem nächsten Stück des Weges wieder aufzuholen. In allen lebte nur der eine Wille: mit eigenen Augen die Spuren der Schandtat zu sehen und in die Herzen den Haß auf die Mörder zu senken. Und manch einer konnte seine Ungeduld, Rache zu nehmen und den toten Verwandten und Stammesgenossen möglichst viele von den Mördern ins Reich des Großen Geistes nachzuschicken, so wenig zügeln, daß er den Umweg über das zerstörte Dorf für Zeitverschwendung ansah. Alle fühlten sich stark und tapfer genug, jetzt, am hellen Tag, über die Siedlung herzufallen.

Der junge Häuptling, der nur einige Dutzend Schritt hinter den vorausgeschickten Kundschaftern ritt, hielt den Kopf gesenkt. Die Zügel lagen lose in seiner Rechten. Er bot das Bild eines Menschen, der in tiefes Nachdenken versunken ist und doch nicht mit sich ins reine zu kommen vermag. Auf die Fragen des halbrechts hinter ihm reitenden Listigen Fuchses hatte er entweder keine Antwort, oder er beschied den Freund mit ein paar Worten, die zeigten, wie wenig er bei der Sache war. Das Schicksal seines Volkes hielt seine Gedanken ganz gefangen. Jetzt, da der Entrüstungssturm in seinem Innern so weit abgeebbt war, daß er wieder klare Überlegungen anstellen konnte, jetzt da das Leid, das über die Männer, Frauen und Kinder gekommen war, mit jedem Schritt, der sie dem Dorf näher brachte, greifbarere Gestalt annahm, da die Toten nicht mehr nur als Zahlen existierten, jetzt bemächtigte sich der Zweifel des Weitspähenden Falken. Gewiß, er hatte zur Rache aufgerufen, und er spürte noch immer ein Würgen in der Kehle, wenn er an Snaky Joe und seine Banditen dachte, die wie böse Geister in ihr Leben eingebrochen waren. Aber gab es über die Rache hinaus einen Grund, den offenen Kampf mit den Siedlern zu suchen? Waren sie noch aus den Black Hills zu vertreiben, in die sie sich wie Läuse in einen Pelz eingenistet hatten? Wenn die Kunde von den Goldfunden am Shining Stone Creek nach Osten drang, würde der Ansturm der Abenteurer ins Unermeßliche wachsen, und kein Vertrag und kein Gesetz konnte dann vor ihrer Mordwut schützen. Konnte ihnen der Krieg Einhalt gebieten? Die Stammesabteilung war auf die Hälfte reduziert. Zwar hatte er den größten Teil der jungen Krieger mit sich fortgeführt, und die Bewaffnung war gut wie nie zuvor. Doch den Diggers würden Truppen folgen, das war die immer geübte Praxis, Truppen, die Gut und Leben der Bürger, wie es hieß, schützen sollten. Was Snaky Joe unternommen hatte, war nur das Vorspiel zu dem, was folgen würde, wenn sie in Tanglewood einbrechen sollten. Hatte unter diesen Umständen der Graue Bär nicht doch recht gehabt, sich den Befehlen der Regierung von vornherein zu unterwerfen? Schatten des Unmuts huschten über das Gesicht des Weitspähenden Falken, als er diese Überlegungen anstellte. Er haderte mit sich selbst, daß er sich überhaupt in sie verloren hatte. Welche Rücksichten konnte es noch geben, nun, da der Shining Stone Creek mit Blut gefärbt war? Das Beispiel des Grauen Bären hatte deutlich genug werden lassen, wohin Versöhnungsbereitschaft führte. Man wollte keinen Frieden, um keinen Preis. Und wenn sich auch Snaky Joe heute weiter vorwagte, als die Regierung es für nützlich und angebracht hielt, dieselbe Regierung würde morgen, wenn es galt, «berechtigte Interessen» zu vertreten, ihre Truppen marschieren lassen. Sie hatte es oft genug bewiesen, und der Mann, der sich «der Weiße Vater» nannte und der sich gern mit dem einen oder anderen Häuptling in Washington zeigte, um seine Freundlichkeit und Freundschaft zu den Indianern zu demonstrieren, hatte nichts im Sinn, als denen, die ihn gewählt hatten und die ihn wieder wählen mußten, ein willfähriges Werkzeug zu sein. Nein, sich heute den Forderungen irgendwelcher Strolche zu unterwerfen, hieße, morgen von noch ärgeren Forderungen bedrängt zu werden. Da war es schon besser, den Versuch zu wagen, das Schicksal aus eigener Kraft zu wenden.

Der Weitspähende Falke hob entschlossen den Kopf und sog die klare Bergluft tief in die Lungen. Sein Mustang trabte unverdrossen und ohne Ermüdung zu zeigen, und es war, als ob die Kraft und die Ausdauer des Tieres sich dem Reiter mitteilten.

Die Sonne war noch nicht am höchsten Punkt ihrer Bahn angelangt, als die Abteilung das Tal erreichte, in dem noch zwei Tage zuvor Leben pulsiert hatte. Jetzt lagerte Totenstille über den Berghängen. Nur das heisere Krächzen aasgieriger Geier erfüllte die Luft.

Schweigend ritten die Krieger bis an den Wall von Leichen heran, der den Taleingang versperrte; schweigend stiegen sie von den Pferden, und ohne ein Wort zu verlieren, machten sie sich daran, ihre traurige Pflicht zu erfüllen.

Von Packtieren wurden die mitgeführten Gerätschaften losgebunden, die für die Bestattungszeremonien unerläßlich waren, die Tücher und die Gefäße mit den Salben, die Kästen mit den Tonfigürchen, die die Toten auf den Weg in die Ewigen Jagdgründe vor Fährnissen behüten, die Nahrungsmittel, die sie auf diesem Weg vor dem Verhungern beschützen sollten. Manch ein Klageruf wurde laut, wenn einer der Krieger einen Freund und Gefährten oder eine Verwandte entdeckte. Das Totentipi konnte die Leichen nicht fassen, so daß man sie in langer Reihe vor dem Zelteingang aufbahren mußte.

Der Weitspähende Falke ging unterdessen durch das zerstörte Dorf, und während die Verwandten ihre Toten versorgten, stand er vor den Zeltruinen, bei den Leichen der Pferde, blickte er zu der Felswand empor, von der die mörderische Gesteinsmasse heruntergestürzt war. Angesichts der Verwüstungen schwand auch der Schatten eines Gedankens an Versöhnung, schwand jede Regung, die Black Hills zu verlassen, ohne mit den Mördern abgerechnet zu haben.

«Kein Mitleid mit den Mördern und Dieben!» sagte er mit lauter Stimme.

In seinem Rücken hatte eine Trommel in gemessenem Rhythmus zu dröhnen begonnen: Aufruf zur Klage und zum selbstvergessenen Schreiten, das auf der langen Reise den Toten Geleit sein sollte.

Entschlossen riß er sich die Kleider vom Leib und trat, nur noch mit einem Lendenschurz bekleidet, in den Kreis. In der Hand hielt er das Kriegsbeil. Doch statt sich dem Rhythmus des Tanzes anzupassen, bäumte er sich auf, und unter wiederholten spitzen Schreien zuckte und wand er sich in der Ekstase des Kriegstanzes. Bald nahmen die Trommeln den neuen Rhythmus auf; härter bearbeiteten die Fäuste das Fell. Ein Krieger nach dem anderen fiel in den Tanz ein.

15

«Wann nimmt das ein Ende?» Besorgt blickte Sam Blake durch das Fenster seiner Blockhütte auf die Straße, wo die Menschen durcheinanderquirlten wie auf einem Jahrmarkt. Er sah auf übernächtigte Männer, ungewaschen, in verdreckten Kleidern, an denen noch Blut klebte. Er roch förmlich den Schnapsdunst, den ihre aufgerissenen Münder ausströmten. Das Fensterglas dämpfte kaum das schwerzüngige Singen, das allenthalben aufklang, sich zu wölfischem Heulen steigerte, ehe es wieder erstarb.

«Wenn die Fässer und Flaschen im Saloon leer sind», sagte Peter Hille, der hinter ihm stand, lakonisch. «Bis jetzt scheinen die Vorräte noch zu reichen.»

Seit die Expedition vom Indianerlager zurückgekehrt war, wollte das Saufen und Grölen, das Renommieren und Schreien kein Ende nehmen. Die ganze Nacht durch war der Schnaps in Strömen geflossen, und jeder, der wollte, hatte seinen gehörigen Teil an den flüssigen Vorräten bekommen. Man gebärdete sich, als habe man nicht einem Verbrechen seine Hand geliehen, sondern wäre aus einer siegreich bestandenen Schlacht heimgezogen.

Gegen Morgen war der Ruf aufgekommen: «Das Land gehört jetzt uns!» Niemand wußte, wer ihn zuerst ausgestoßen hatte. Doch er war zur Parole des Tages geworden; er wurde sogar zu einer improvisierten Melodie gegrölt, zu der die Beine den Takt stampften.

Und immer wieder verschwand eine Gruppe von Siedlern im Saloon, wo Bill Myers alle Hände voll zu tun hatte, die immer noch durstigen und, wie es schien, immer durstiger werdenden Kehlen mit hochprozentigem Alkohol oder Bier zu kühlen, auf daß das Schreien und Singen seinen Fortgang nehmen konnte. Manch einer hatte sich für eine Stunde oder zwei vom Haufen weggeschlichen, um sich eine Mütze voll Schlaf zu nehmen, und war dann, gestärkt, in der Absicht weiterzufeiern, zurückgekehrt.

«Snaky Joe läßt sich die Sache etwas kosten.» Blake trat vom Fenster zurück. «Jetzt, glaubt er, gehört das Land ihm, und er kann einen Riesengewinn mit seinem Verkauf und der Ausbeutung der Goldvorkommen erzielen.»

Am Tisch in einer dunklen Ecke saß Emerson neben seiner Tochter. Er hielt den Kopf in beide Hände gestützt. Seit Stunden schon saß er so da. Selten blickte er einmal auf, noch seltener warf er ein Wort in die ohnehin spärliche Unterhaltung. Am gestrigen Abend, als die Triumphfeier ihren ersten Höhepunkt erreicht hatte und den Saloon in seinen Grundfesten beben ließ, war er mit Catherine zu Sam Blake hinübergeschlichen und hatte um ein Nachtquartier gebeten. Seitdem hatte er Blakes Haus nicht mehr verlassen. Hier fühlte er sich halbwegs sicher vor der tobenden Meute, sicher auch vor Bludgeon, der noch immer jede Gelegenheit nutzte, sich Catherine wieder zu nähern. Blakes selbstverständliche Gastfreundschaft tat ein übriges, ihn in der Blockhütte zu halten. Sein faltenreiches Gesicht spiegelte deutlich die Enttäuschung und die Selbstvorwürfe, die in ihm nicht zur Ruhe kamen. Leichtfertig, wie ihm jetzt schien, hatte er seine bescheidene, aber sichere Existenz aufs Spiel gesetzt und sich und sein Kind in ein Unternehmen verstrickt, das kein gutes Ende nehmen konnte. Oft genug drängte ihm ein selbstmitleidiges Schluchzen in die Kehle, wenn er an all die Strapazen dachte, die er schon hinter sich gebracht hatte und die ihm noch bevorstanden. Wie nur sollte er jemals aus diesem verteufelten Land wieder herauskommen? Denn daß er nach allem, was geschehen war, hier siedeln sollte, erschien ihm unmöglich. Manchmal wünschte er sich, er wäre von robusterer seelischer Verfassung, wie die Kerle da draußen, die sich nicht einmal die Zeit genommen hatten, das Blut von den Gesichtern und Händen zu waschen, ehe sie sich auf den Whisky gestürzt hatten. Dann wäre alles einfacher. Er würde von dem Stück Land Besitz ergreifen, für das er ja schon bezahlt hatte und das jetzt sicherlich zu Bludgeons Verfügung stand, und wenn er Glück hätte, bekäme er auch ein Stück von dem Bach dazu, in dem Gold gefunden worden war. Aber der Gedanke, daß das Land mit Strömen von Blut erkauft war, ließ ihn nicht los. Hinzu trat die Furcht, andere Indianer könnten kommen und die Schlächterei unter ihren

Stammesgenossen rächen. Die bloße Vorstellung, noch einmal so etwas wie den Indianerangiff auf die Eisenbahn erleben zu müssen, zog ihm den Magen schmerzhaft zusammen. Nur fort von hier, so schnell wie möglich! Nichts als dieser Gedanke beherrschte ihn, und er erhielt stets aufs neue Nahrung durch Blakes und Hilles gelegentliche Bemerkungen, die ihm zeigten, wie tief sie in der Klemme steckten in diesem Tanglewood.

«Die machen jetzt keinen Unterschied mehr zwischen Weißen und Weißen», hatte Blake gesagt. «Jetzt sind wir alle dran.»

Pat Patterson, der Mann, der noch vor zwei Tagen auf den Tod verwundet schien, hatte sich erstaunlich schnell erholt. Die Kugel war nur ins Fleisch gedrungen und hatte die Schulter wieder verlassen, ohne einen Knochen verletzt zu haben. Catherines und Blakes Pflege vor allem war es zu danken, daß er die durch den beträchtlichen Blutverlust aufgetretene Schwäche hatte überwinden können. Den Rest hatte seine gesunde Natur übernommen. Die Wunde schmerzte nur noch leicht, und wenn er auch noch sehr bleich aussah, so stand er doch wieder einigermaßen fest auf den Beinen. Wie ein eingesperrtes Tier durchmaß er den Raum mit langen Schritten. In ihm brannte das Verlangen, mit Bludgeon abzurechnen. Doch er wußte auch, daß er in diesem überschäumenden Taumel da draußen nichts ausrichten konnte. Die Stimmung war gänzlich zugunsten Bludgeons umgeschlagen, und jeder, der versuchen sollte, auch nur ein böses Wort gegen ihn zu sagen, würde nicht nur Joes Bande gegen sich haben, sondern auch all die Männer, die sich ihm durch das gemeinsame Verbrechen verbunden fühlten. In Patterson tobte die Wut. Nur mit Rücksicht auf Catherine brach er nicht in lautes Fluchen und Schimpfen aus. Für sie fühlte er Dankbarkeit und einen Respekt, wie er ihn noch vor keinem weiblichen Wesen empfunden hatte. Ihr Gesicht war das erste gewesen, das er erblickt hatte, als er aus der Bewußtlosigkeit erwacht war. Und seitdem ließen ihn ihre Augen nicht mehr los. Ein Gespräch mit Catherine bedeutete für Patterson, den ungeschlachten Burschen, der sein Leben ganz auf das wilde Treiben in den Black Hills eingerichtet zu haben glaubte, Erholung. Wenn sie ihm von ihren Hoffnungen erzählte, davon, daß sie einmal an der Seite eines Mannes ein Stück Land bebauen und Vieh züchten wolle, fühlte er sich sofort angesprochen, so als habe sie ihn aufgefordert, ihr dabei zu helfen, den Traum wahr zu machen. Wenn sie von ihren Ängsten sprach, von der Sorge um ihren Vater, der dieses gefährliche Durcheinander, in das sie geraten waren, möglicherweise nicht überleben würde, hätte er ihr brennend gern seinen Schutz angeboten. Aber er wagte es nicht, weil er nicht für aufdringlich gelten wollte.

Auch Catherine hatte Gefallen an Patterson gefunden, an seinem sicheren Wesen, seiner Art zu reden, die in ihrer Lage besonders wohltuend wirkte. Der Vater in seiner Hilflosigkeit war wieder zum Kind geworden, von dem man nur Launen und Ängste, nicht aber Entscheidungen und Mut erwarten konnte. Wäre Bludgeon zur Tür hereingekommen, um sie noch einmal für sich zu beanspruchen, dann wäre von Emerson wohl keine Unterstützung zu erwarten gewesen. Pat Patterson aber, das glaubte sie fest, hätte keine Sekunde gezögert, ihm handgreiflich klarzumachen, wo der Ausgang war. Sie ertappte sich dabei, wie sie Patterson musterte, wenn er sich unbeobachtet glaubte, und wie sie hierbei Überlegungen anstellte, die weit über das hinausgingen, was einem Mädchen in ihrem Alter und von ihrer Erziehung in einem allzu engherzigen Elternhaus eigentlich zustand. Wenn er dann zu ihr hinsah, wich sie verwirrt seinem Blick aus.

Die fünf Menschen in der Blockhütte warteten. Sie warteten darauf, daß der Hexensabbat vor der Tür endlich abflauen, daß die sich stets aufs neue anstachelnde Bewegung endlich an der eigenen Erschöpfung zum Stillstand kommen würde. Hille hantierte mit seinen Pistolen herum, die er noch nie abgefeuert hatte, und säuberte schon zum siebenten- oder achtenmal die Läufe mit einem Lumpen, den er auf einen Stock gezogen hatte. Patterson ging vom Fenster zur Hintertür und zurück, immer wieder, die Hände auf den Rücken gelegt. Blake machte sich an einer Ladung Pulver zu schaffen, die er aus dem Warenlager ins Blockhaus geholt hatte, damit die Menge sich ihrer nicht bemächtigte und Unheil anrichtete. Emerson verharrte in seiner Stellung am Tisch; nur hin und wieder warf er seiner Tochter einen Blick zu, in dem sich sein ganzes Elend spiegelte.

«Wir hätten gleich gestern abend das verdammte Nest verlassen sollen», brummte Blake, «gleich, als sie von ihrer Tour zurückkamen und sich im Saloon drängelten. Jetzt sitzten wir hier wie die Mäuse in der Falle.»

«Hätte nach Flucht ausgesehen, nach Feigheit», sagte Peter Hille, «so als ob sie uns Angst eingejagt hätten.»

«Besser feig als tot.» Blake setzte sich auf eines der Pulverfäßchen und ließ seine Peitsche baumeln. «Wenn wir uns jetzt aus dem Staub machen, gibt's einen Höllenkrach.»

Erschrocken blickte Emerson auf. «Glauben Sie, Mister Blake?» fragte er mit gepreßter Stimme. «Aber man kann uns doch nicht hindern, dahin zu gehen, wohin wir wollen.»

«Man kann, Mister Emerson», erwiderte Patterson lakonisch. «Ich habe auch mal geglaubt, man könnte mich nicht von meinem Platz im Creek vertreiben. Sie sehen ja, was draus geworden ist, aus dem Kinderglauben.»

«Kein Grund zur Panik», meinte Hille fröhlich und blickte mit zusammengekniffenem Auge durch einen Revolverlauf. «Den möchte ich sehen, der Pete daran hindert, zu tun, was er sich vorgenommen hat. In einer Kneipe in New Jersey wollte mal einer ...»

«Spar dir deine Geschichten für später», fiel Patterson ihm ungeduldig ins Wort. «Wir haben jetzt andere Sorgen. Wenn nur einer lebend aus dem Lager entkommen ist, dann kommt uns morgen das rote Pack auf den Hals.»

«Die Indianer», verbesserte Hille ernst.

«Meinetwegen auch die Indianer», fuhr Patterson ärgerlich fort und nahm seine Wanderung wieder auf. «Dann gnade uns Gott!»

«Pat hat recht», gab Blake zu bedenken. «Ich hab's euch schon gesagt: die machen dann keinen Unterschied, die fragen nicht danach, ob wir dabeigewesen sind oder nicht. Warum sollten sie auch.»

«Ich habe in der Nacht gehört, wie Fletcher sich damit gebrüstet hat, alle wären umgekommen, kein Hund wär entkommen. Das ganze Lager hätten sie genauestens durchgekämmt.» Eine kleine Hoffnung war in Emersons Stimme, die unmenschliche Hoffnung, es möchten alle den Tod gefunden haben, auf daß es niemanden gäbe, der die Kunde von der Untat verbreiten konnte. «Aber wer weiß, ob ihnen nicht doch einer durch die Finger gerutscht ist», setzte er seufzend hinzu.

Mit offensichtlicher Verachtung blickte Hille auf den Mann nieder, den der bloße Gedanke, es könnte einer der Überfallenen entkommen sein, wieder hatte zusammensacken lassen.

«Wir müssen uns auf das Schlimmste gefaßt machen», sagte Patterson. «Deshalb schlage ich vor, daß wir einen Wagen anschirren, sobald es dämmert. Die da draußen müssen doch mal genug haben und ihren Rausch ausschlafen.»

«Du vergißt, Pat», gab Blake zu bedenken, «daß Joe seinen Banditen verboten hat, sich zu besaufen. Was da draußen rumtorkelt, ist das Kroppzeug, das sowieso nicht ordentlich mit einem Gewehr umzugehen versteht. Bashan und Fletcher und all die anderen sind nüchtern wie du und ich. Und die beobachten uns. Joe hat keine Lust, dich entkommen zu lassen, damit du zum nächsten County-Sheriff gehst und ihn wegen Überfall und Mord anklagst.»

«Wir müssen es versuchen», beharrte Patterson. «Auch um Catherines willen.»

Dankbar sah das Mädchen zu ihm auf, und sie lächelte ihn freimütig an.

«Aber wie wollen wir das anstellen?» jammerte Emerson. Ich bin ein alter Mann, der sein Leben friedlich verbracht hat, und ich kann keine Strapazen aushalten. Mein Herz ...»

«Hör auf, Vater», sagte Catherine mühsam beherrscht. «Die Gentlemen hier überlegen, wie sie uns und sich in Sicherheit bringen können, und du hast nichts anderes zu tun, als dein Alter und dein schwaches Herz jammernd vorzuweisen.»

«Mein eigen Kind», jammerte Emerson fort, «mein eigen Kind! Ach, was ist das nur für eine Welt!»

«Das kann ich Ihnen genau sagen, Mister», sagte Hille. «Das ist eine Scheißwelt, in der dem der Reichtum zufällt, der am schnellsten seinen Colt aus dem Halfter kriegt. Und wenn einer ein paar Tönnchen Pulver hat, dann kann er sogar mit einem Schlag ein riesiges Stück Land an sich bringen.»

Blake war wieder ans Fenster getreten und versuchte erneut, durch die staubigen, verschmierten Scheiben einen Eindruck vom Geschehen auf der Straße zu bekommen. «Sie toben noch immer wie die Verrückten, und wir sollten uns ernsthaft überlegen, wie wir hier herauskommen, anstatt zu jammern und uns zu streiten. – Es stimmt, Pat», wandte er sich an den jungen Mann, «sobald es dämmert, müssen wir versuchen, einen Wagen flottzumachen.»

«Blake, der große Händler, will all seinen Besitz im Stich lassen?» Hille hob in spöttischem Erstaunen die Brauen. «Und was ist, wenn du wiederkommst und findest nichts mehr vor als einen Haufen Asche?»

«Meine heilen Knochen sind mit lieber», antwortete Blake, ohne auf Hilles Spott einzugehen. «Warten wir noch eine Stunde.»

Während die fünf Menschen in Blakes Blockhaus zusammensaßen und sorgenvoll an das dachten, was die nächsten Stunden bringen würden, lag Bludgeon auf dem Bett in einem der Zimmer im Oberstock des Saloons und paffte dicke Rauchwolken aus seiner Zigarre gegen die niedrige Decke. Schuhe und Jacke hatte er ausgezogen, die Hände hielt er hinter dem Kopf verschränkt. Auf einem Schemel am Fenster hockte Kitty, sichtlich müde, doch glücklich, wieder in der Nähe des Geliebten sein zu können. Sie stocherte mit einer Nadel an einem Stück Mousselin herum, das in einen Stickrahmen gespannt war. Nach jedem Stich blickte sie zu Bludgeon hinüber.

Wie gern hätte sie sich neben ihn auf das Bett gelegt, wie gern hätte sie ihn wenigstens angesprochen. Aber seine Miene war alles andere als einladend, und während all der Stunden hatte er nur einmal das Wort an sie gerichtet. «Geh runter», hatte er gesagt, «und sieh zu, daß ein bißchen Ruhe wird. Wenn sie besoffen sind, sollen sie nach Hause gehen.» Aber ihr Versuch, die Männer zur Ruhe zu bringen, war vergebens gewesen. Man hatte sie nur ausgelacht und ihr zu verstehen gegeben, der Herr da oben solle sich nicht künstlich aufregen; schließlich hätten sie alle doch redlich ihre Arbeit getan und könnten so lange trinken, wie es ihnen paßte.

Bludgeon mußte von so etwas wie Furcht vor den Leuten beherrscht sein. Kitty konnte sich nicht daran erinnern, ihn jemals so untätig gesehen zu haben, wenn jemand seine Bitte oder seinen Befehl so unverhohlen mißachtet hatte. Ein Wink an Bashan, Fletcher und die anderen hätte genügt, um das lärmende Pack da unten zur Vernunft zu bringen. Aber er gab den Wink nicht. Es schien vielmehr, als horche er ängstlich darauf, ob die Menge nicht die Treppe hinaufzöge und ins Zimmer zu dringen versuchte. Mit einer Rauferei oder Schießerei wäre ihm jetzt am wenigsten gedient gewesen. Er hatte ihre Hilfe nötig gehabt, hatte es geschickt verstanden, sie zu seinen Komplizen zu machen. Und jetzt wurde er die Meute nicht los, diese Kerle, die seit einem Tag versuchten, ihr schlechtes Gewissen in Schnaps zu ertränken.

Kitty legte Stickrahmen und Nadel beiseite, stand auf und näherte sich vorsichtig dem Bett. Bludgeon schien sie nicht zu bemerken, stierte weiter an die Wand hinterm Fußende und ließ Zigarrenrauch zur Decke emporsteigen.

«Joe!»

Bludgeon gab keine Antwort, bewegte nicht einmal den Kopf. Nur die offenen Augen verrieten, daß er noch wach war.

Kitty berührte leicht seinen Arm. Da zuckte er zusammen wie unter einem Schlag, warf den Kopf herum und sah sie wütend an.

«Soll ich dir nicht etwas zu essen machen?» fragte sie besorgt. «Seit gestern abend hast du nichts mehr gegessen.»

Bludgeon knurrte nur, brachte den Kopf wieder in die vorherige Lage und schien sich nicht mehr um die Anwesenheit des Mädchens zu kümmern.

Dann, plötzlich und unerwartet, brach es aus ihm heraus. «Die Schweine!» schrie er. «Die glauben, sie könnten mit Joe Bludgeon machen, was sie wollten, nur weil er sie gebraucht hat!»

Kitty trat unwillkürlich einen Schritt zurück und beobachtete voller Sorge den verzerrten Ausdruck seines Gesichts und die heftig atmende Brust. «Joe!»

«Ich werde es ihnen beweisen, daß ich kein toter Hund bin.» In seiner Stimme schwang wieder etwas von seiner alten Entschlossenheit. «Es war meine Idee, das Pack da oben am Creek auszuräuchern. Die Holzköpfe hätten sich noch monatelang von den Rothäuten auf der Nase herumtanzen lassen, bis das Militär sie in die Reservate getrieben hätte.»

Einer, der Snaky Joe nicht kannte, hätte glauben können, er fühlte sich wirklich als der Wohltäter der Siedlung und hätte nur im Interesse der Männer und Frauen von Tanglewood das Massaker veranstaltet und nicht die anderen dazu benutzt, seine Ziele zu verfolgen. Als er sich aufrichtete und mit baumelnden Beinen auf der Bettkante saß, die Hände unter die Schenkel geschoben, kroch wieder das gewohnte wölfische Lächeln in seine Züge; seine Augen wurden hart. Er warf den Rest der Zigarre auf die Dielen und nahm einen tiefen Schluck aus der Brandyflasche, die auf dem Nachttisch stand. «Man muß mit den Wölfen heulen», sagte er leichthin, «darf aber nie vergessen, daß man selber nicht dazugehört. Sollen sie saufen, bis ihnen der Schnaps aus den Ohren kommt. Sollen sie Krach machen, grölen. Ich mach mit!» Er sprang auf, schob das Mädchen, das ihm im Weg stand, beiseite, zog sich die Stiefel an, trat vor den Spiegel, fuhr sich mit den Fingern durch den Bart, richtete mit ein paar Bewegungen sein Haar und ging zur Tür. Das war wieder ganz der alte Joe. Kitty sah es mit Erleichterung und Besorgnis und auch ein bißchen mit dem Stolz, mit dem eine Frau den geliebten Mann betrachtet, wenn er wieder so geworden ist, wie sie ihn geliebt und geschätzt hat. «Werde mich mal unten umsehen und ihnen die Hölle heiß machen.»

16 Als die Dämmerung sich über Tanglewood senkte und die Ärmlichkeit der Hütten mit stumpfem Grau überzog, ebbte der Tumult auf der Straße ab. Die meisten Zecher waren halb besinnungslos in Schlaf gefallen, einige hatten sich nicht einmal die Zeit genommen, ihr Lager aufzusuchen, und lagen am Straßenrand. Vielleicht noch ein Dutzend Unentwegter bevölkerte den Saloon, wo Bludgeon an einem Tisch neben der Theke so etwas wie ein Hauptquartier aufgeschlagen hatte, von dem aus er Befehle gab und Anweisungen erteilte. Alle Unsicherheit war von ihm abgefallen, sein Verstand wach wie immer, wenn es galt, einer Gefahr zu begegnen. Und Gefahr drohte, das wußte er. Der Kampf war noch nicht beendet.

Von Zeit zu Zeit blickte er auf die jetzt stillere Straße hinaus, verfolgte den Weg der Wache. An den beiden Ausgängen der Siedlung hatte er je zwei seiner Leute postiert, ein weiterer Mann bewachte den Schuppen mit den Gefangenen. Fünf Männer, unter ihnen Fletcher, patrouillierten mit entsicherten Gewehren zwischen den Hütten. In dieser Nacht mußte sich alles entscheiden.

Wenn es nur einem der Bewohner des Indianerdorfes gelungen war, dem Massaker zu entkommen, dann würde der Weitspähende Falke inzwischen unterrichtet sein und nicht zögern, einen Rachezug gegen Tanglewood zu unternehmen. Einen Angriff bei Tag traute Bludgeon den Dakotas nicht zu, da die Siedler sich in ihren Hütten verschanzen konnten; ein Angriff bei Tag wäre einem Selbstmord gleichgekommen. Die Dunkelheit kam der Kampfführung der Indianer zudem entgegen. Wer wie sie, alle Vorteile, die ein unübersichtliches Gelände bot, auszunutzen verstand, der mußte seine Kampfkraft bei Nacht verdoppeln, vervielfältigen können.

Verächtlich lächelnd dachte Bludgeon an die betrunkenen Siedler, die mit dem Alkohol ihr bißchen Verstand und den Rest von Gewissen eingeschläfert und versucht hatten, sich die Angst aus den Knochen zu treiben. Mit denen würde er leichteres Spiel haben, wenn erst einmal die Gefahr eines Indianerüberfalls abgewehrt war. Wer sich vom Schnaps derart beherrschen ließ, den konnte man mit einem Dutzend erprobter und entschlossener Männer bis ans Ende der Welt jagen. Und er würde sie bis ans Ende der Welt jagen, wenn sie sich auch nur im mindesten aufrührerisch zeigen sollten. Die Stunden, da er oben auf dem Bett gelegen und fast ängstlich auf ihr Randalieren gelauscht hatte, vergaß er ihnen nicht, und fast wünschte er, die Dakotas würden ihnen allesamt das Fell über die Ohren ziehen. Wenn er nur gewußt hätte, wann ein Angriff zu erwarten war! Es hielt ihn nicht an seinem Tisch. Er trat zur Tür, vor der Bashan Posten stand und stumpfsinnig in die Dämmerung hinaussah.

«Nichts Neues, Chef», meldete er. «Die große Müdigkeit ist über sie gekommen. Wenn ich mal was sagen darf: Mir ist's recht, daß die Burschen pennen. Wenn der Tanz wirklich losgehen sollte, stehen sie einem ja doch nur im Weg.»

«Ich mache noch einmal die Runde», sagte Bludgeon. «Sieh zu, daß die letzten den Saloon noch verlassen. Schmeiß sie meinetwegen mit Gewalt raus.»

«Wird gemacht», erwiderte Bashan mit einem tatenlustigen Grinsen. Doch er kam nicht dazu, diese angenehme Aufgabe zu übernehmen. Als er, wie gewohnt, die Pendeltür mit einem Fußtritt öffnen wollte, hielt ihn Bludgeon am Arm fest.

«Sieh dir das mal an», sagte er und wies mit einer Kopfbewegung die Straße hinunter, wo es vor Blakes Blockhaus lebhaft zuging.

Ein Wagen wurde herausgeschoben, Pferde wurden angeschirrt, und im Zwielicht huschten Gestalten zwischen Haus und Wagen hin und her und verstauten Gepäckstücke im Wageninnern.

«Die Ratte will abhauen», kommentierte Bashan sachlich das Geschehen. «Dem wird der Boden hier zu heiß.»

«Nicht nur Blake, auch das Mädchen und sein Vater. Und Patterson. Den hätten wir über dem ganzen Trubel fast vergessen.» Nachdenklich strich sich Bludgeon über den Bart. «Der kann uns beim nächsten Sheriff Scherereien machen, wegen des Tanzes oben am Creek. Geh mal rüber, und sieh dir das mal näher an. Wenn Patterson zu Schaden kommt, kann man nichts machen. Und das Mädchen laß ich nur ungern gehen.»

«Verstehe, Chef!»

Gewichtig und die Füße weit nach außen gesetzt, ging Bashan auf Blakes Blockhaus zu, die Arme leicht angewinkelt, so daß die Hände nahe den Colthalftern waren.

Emerson, von seiner Angst noch immer in Atem gehalten, sah Bludgeons verläßlichsten Mann als erster und stieß einen erschrockenen Ruf aus.

Hille, der unter einer schweren Kiste keuchte, blickte sofort hoch.

«Es geht los!» rief er Blake zu, warf die Kiste auf den Planwagen und machte Front gegen den näher kommenden Bashan.

Blake trat mit Catherine aus der Tür, dirigierte das Mädchen neben Patterson auf den Kutschbock, half Emerson ins Wageninnere und stellte sich neben Hille. Vom Handgelenk herab baumelte ihm die Peitsche mit dem langen Lederriemen.

«Na, kleine Reise unternehmen?» fragte Bashan, als er nahe genug herangekommen war, um verstanden zu werden, ohne die Stimme zu strapazieren. Er haßte lautes Sprechen.

«Das geht dich einen Dreck an.» Blakes Stimme klang heiser vor Wut, und heftig spielten seine Wangenmuskeln.

«Schönen Gruß vom Chef», fuhr Bashan unbeirrt fort, «es wird nicht gekniffen.» Dann, ohne Übergang, bellte er heiser: «Alles Aussteigen!» Und er zog, um seinem Befehl Nachdruck zu verleihen, beide Revolver und hielt sie in Hüfthöhe, auf Hille und Blake gerichtet. Langsam ging er auf die Rückseite des Wagens zu, vor der die beiden Männer sich aufgebaut hatten. Patterson, hatte der Chef gesagt, sei wichtig, überlegte er. Und dann das Mädchen. Aber er sah die beiden nicht. Die mußten im Wagen sitzen oder vorn auf dem Bock. «Hab ich mich undeutlich ausgedrückt?» Er ließ die Revolvermündungen kleine Kreise beschreiben. «Macht schnell, sonst werde ich ungemütlich.»

Ungemütlich jedoch wurde vorerst Sam Blake. Mit einer im Ansatz kaum wahrnehmbaren Bewegung riß er die Peitsche hoch, und ehe noch Bashan die Gefahr erkannt hatte und abdrücken konnte, schnitt sich der Riemen beißend in beide Handrücken. Mit einem Schmerzensschrei ließ Bashan die Pistolen fallen, und während er noch mit einer instinktiven Bewegung die Hände zwischen die Oberschenkel preßte, um sich Linderung zu verschaffen, zog sich ein noch schärferer Schmerz von den Augen bis zur Kinnspitze. Er riß die Hände hoch vors Gesicht und wollte sich auf Blake stürzen.

«Bleib stehen, wo du bist», hörte er da Hille mit heller Stimme rufen, und mehr dem Reflex gehorchend, den die unüberhörbare Drohung in Hilles Stimme auslöste, kam er dem Befehl nach und blieb wie angewurzelt stehen. Als er die Hände vom Gesicht nahm, sah er Blut an ihnen. Sein Blut! Das brachte ihn wieder zur Besinnung, verwandelte die heiße Wut in kalte Rachegedanken.

Wenn er nur seine Pistolen wiederhätte!

«Fahr los, Pat!» schrie Blake, und im selben Augenblick schlug Patterson auf die Pferde ein, daß sie einen wilden Satz nach vorn taten, der das Gefährt fast aus dem Gleichgewicht gebracht hätte. Er wurde nach hinten geschleudert, die Zügel glitten ihm aus den Händen, und vom Anprall gegen den Sitz betäubt und durch das sich an ihn klammernde Mädchen in seiner Bewegungsfreiheit eingeengt, verlor er die Herrschaft über die Tiere, die in wildem Galopp die Straße hinunterrasten, vorbei an den am Eingang der Siedlung postierten Männern, die sich nur durch einen verzweifelten Sprung zur Seite in Sicherheit bringen konnten, und hinein in den Wald, wo der Weg durch überstehendes Wurzelwerk noch holpriger und gefährlicher wurde. Emerson im Innern des Wagens, der die Lage nicht überblicken konnte, glaubte, seine letzte Stunde habe geschlagen, und klammerte sich jammernd und verzweifelt an das Gestänge, über das die Plane gebreitet war. Erst volle fünf Minuten später, als die Kraft der Tiere über ihrem vergeblichen Bemühen, sich von der Last des Wagens zu befreien, nachließ, gelang es Patterson durch einen gewagten Sprung auf die Deichsel und von dort auf einen Pferderücken, das Gefährt zum Stehen zu bringen. Mit weichen Knien stieg er vom Pferd, hob die zitternde Catherine vom Wagen und drückte sie an sich. Währenddessen

hatte sich die Szene auf der Straße von Tanglewood kaum verändert. Bewegungslos stand Bashan noch immer den beiden Widersachern gegenüber, den Hals nach vorn gereckt und die Augen aufmerksam und starr auf die Peitsche gerichtet. Der Wortwechsel und der Lärm des davonpolternden Wagens hatten einige der Betrunkenen aus dem Schlummer gerissen. Mit verquollenen Lidern traten sie aus ihren Behausungen und stellten sich in respektvoller Entfernung von der Gruppe auf, um den weiteren Gang der Dinge zu verfolgen. Man nahm den Streit als willkommene Zugabe zur Zecherei und wartete gespannt darauf, wie er ausgehen würde.

Jetzt, da Bashan sich in den Mittelpunkt des Interesses gerückt sah, wurde er unsicher. Die Überlegungen hinter seiner niedrigen Stirn überschlugen sich, und je mehr er sich anstrengte, einen Ausweg aus seiner Lage zu finden, der ihm gestattete, das Gesicht zu wahren, desto verwirrter wurde er, und seine Verwirrung steigerte seine Wut. Plötzlich aber ging ein Leuchten über sein einfältiges, brutales Gesicht. Er hatte einen Plan! «Verfluchte Hunde!» knurrte er, laut genug, um von Blake und Hille gehört zu werden, und drehte sich dann langsam um, so als habe er es aufgegeben, sich weiterhin mit ihnen anzulegen. Den Kopf hielt er gesenkt, suchte unauffällig seine Revolver in den Blick zu bekommen. Dann bückte er sich, schnell genug, wie er glaubte, um sie zu erreichen. Seine geschundenen Hände waren nur noch einige Zoll von den Waffen entfernt, als ein Schuß aufpeitschte und eine Kugel sich in den Staub zu seinen Füßen bohrte.

«Liegenlassen, Freundchen!» rief Hille gleichzeitig und blickte dem fassungslosen Bashan harmlos ins Gesicht, so als habe er nicht ein schwerkalibriges Geschoß auf ihn abgefeuert, sondern freundschaftlich mit einem kleinen Kiesel nach ihm geworfen.

Auf Sam Blakes Gesicht spielte Verblüffung. «Donnerwetter!» murmelte er. «Dieser Pete macht sich.» Und er schob sich den Hut ins Genick und lachte, daß es weithin zu hören war, und konnte sich nicht mehr beruhigen.

Sein Lachen wurde von den Zuschauenden aufgenommen, von denen manche dem gefährlichen Kerl bei aller Kumpanei, die sie seit zwei Tagen mit ihm verband, diese Lektion gönnten.

Das Lachen fegte Bashans Vorsatz, überlegt zu handeln, hinweg und stürzte ihn wieder in einfallslose Wut. Nur eins beherrschte noch sein Denken: Er mußte, koste es, was es wolle, an seine Colts gelangen. Also bückte er sich wieder, noch schneller diesmal, und wieder krachte Hilles Pistole, wieder schlug eine Kugel vor Bashans Füße in den Straßenstaub und spritzte, da sie auf einen Stein getroffen war, sirrend als Querschläger davon, so daß Bashan einen Satz nach hinten machte, der ihn fast aus dem Gleichgewicht geworfen hätte.

«Sieh dich vor!» warnte Hille. «Das nächste Mal könnte ich dir ein Stück von der großen Zehe abschießen.»

«Der Junge ist köstlich!» brüllte Blake mit einer Stimme, die vor Vergnügen überschnappte, und ließ seine Peitsche knallen.

Jetzt gab es für Bashan kein Halten mehr. Mit gesenktem Kopf wollte er auf Hille zustürzen. Doch noch ehe er einen Schritt nach vorn getan hatte, spritzten rechts und links von ihm Kugeln in den Straßenstaub und zwangen ihn, eine Art Veitstanz aufzuführen, um den Geschossen zu entgehen. Sechs-, sieben-, achtmal schoß Hille, schoß so lange, bis auch die Kammern seines zweiten Colts leer waren. Dabei kniff er jedesmal, wenn er den Abzug durchdrückte, die Augen fest zu, als hätte er Furcht vor dem Teufelsding.

Er schoß noch, als Bashan, von plötzlicher Panik erfaßt, mit großen Sprüngen in Richtung des Saloons davonlief, alle Zeichen stummen Entsetzens im Gesicht. Der Gedanke an Vergeltung dieser Schmach kam ihm gar nicht. Erst als er schwer atmend auf einem Stuhl der Kneipe hing und einige große Whisky hinterkippte, malte er sich aus, wie er den kleinen krummbeinigen Kerl langsam und qualvoll aus der Welt bringen wollte, mit dem Messer oder mit dem Feuer oder am besten mit beidem.

Peter Hille hatte inzwischen in aller Ruhe seine Colts wieder mit Patronen gefüllt und sie in die Halfter gesteckt.

«Ich glaube, es wird Zeit, daß wir hier verschwinden», sagte er zu Blake, der sich die Lachtränen aus den Augen wischte.

Die Bemerkung brachte dem Händler wieder die gefahrvolle Situation zum Bewußtsein. Er schnaufte noch einmal, schlug Hille dann auf die Schulter und sagte: «Du hast recht. Los, auf die Pferde!» Als sie im Sattel saßen, fügte er hinzu: «Das Bild werde ich mein Lebtag nicht vergessen. Dieses dumme Gesicht von Bashan und sein blödsinniges Herumgehopse!» In gestrecktem Galopp ritten sie hinter Patterson und den Emersons her und hatten sie eine Viertelstunde später erreicht. Gemeinsam zogen sie, nachdem das Vorgefallene kurz besprochen worden war, durch die nun einbrechende Nacht und schlugen ihr Lager am Fuß eines dichtbewaldeten Berges auf.

Sam Blake und seine Begleiter waren um keine Stunde zu früh aufgebrochen. Der Weitspähende Falke und seine Krieger lagen schon seit den frühen Nachmittagsstunden in einer Schlucht unweit Tanglewoods verborgen. Mit dem Gleichmut von Menschen, die gewohnt sind, sich in Geduld zu fassen, sahen sie dem Abend entgegen. Mit der Dämmerung verdoppelte sich ihre Aufmerksamkeit. Die Nerven jedes Mannes waren zum Zerreißen gespannt, während die Gesichter unter der gelbschwarzen Kriegsbemalung gelassen blieben.

Der Weitspähende Falke saß neben dem Listigen Fuchs auf einem umgestürzten Ahornstamm. Noch einmal sprachen sie einzelne Phasen der Operation gegen Tanglewood durch. Der junge Häuptling wollte sich vor dem Angriff ohne Begleitung in die Siedlung schleichen, um die Befreiung der Gefangenen, von denen sie durch die Kundschafter erfahren hatten, in die Wege zu leiten. War er zurückgekehrt, sollte der Angriff beginnen.

Zu der Zeit, da Blake und Hille aus Tanglewood hinausjagten, steckte der Weitspähende Falke Messer und Tomahawk zu sich und machte sich, nur mit Lendenschurz und Mokassins bekleidet, auf den Weg. Die schon empfindliche Kühle des Herbstabends schien ihm nichts auszumachen. Schweigend grüßte er die zurückbleibenden Männer durch Heben der Hand und huschte davon.

Mit schnellen, lautlosen Schritten lief er auf die Siedlung zu. Jeder Quadratfuß des Landes war ihm vertraut, und er bewegte sich sicher wie ein Nachtwandler auf einem Dachfirst.

In der Nähe des Dragonerlagers verhielt er für einige Sekunden, lauschte auf die Geräusche, die zu ihm herüberdrangen, hörte Wiehern und gedämpftes Singen und eilte weiter.

Schon auf hundert Schritt Entfernung sah er, als er sich dem nördlichen Ausgang der Siedlung näherte, die Umrisse der beiden Posten, die breitbeinig die Straße sperrten, und konnte ihnen so bequem ausweichen. Man war also auf einen Kampf vorbereitet. Ein Lächeln der Befriedigung huschte über das Gesicht des Weitspähenden Falken. Sie hatten den Kampf gesucht, hatten ihn mit unglaublicher Härte und Hinterhältigkeit begonnen. Sie würden die entsprechende Antwort erhalten. Er schlug einen Bogen nach Westen, schlich einen leicht ansteigenden Hügel hinan, bis er eine Position gewann, von der aus er direkt auf den Schuppen hinuntersehen konnte, den ihm die Kundschafter als Gefängnis des Grauen Bären und seiner Begleiter bezeichnet hatten. Hinter einen Busch gekauert, wartete er, bis die Dunkelheit so weit fortgeschritten war, daß die Hütten der Siedlung nur noch als kaum erkennbare Schemen unterm blassen, immer wieder von driftenden Wolken verdeckten Mond lagen. Durch kaum eines der Fenster schimmerte ein Licht, und nur aus dem Saloon drang noch einiger Lärm, dann und wann auch Klaviergeklimper, das vom Abendwind zerrissen und nur bruchstückhaft zu ihm hinübergetragen wurde. Auf der Straße und zwischen den Hütten sah er die Schatten einiger Männer, die offensichtlich die Posten an den beiden Enden des Ortes verstärkten. Langsam und jede Möglichkeit zur Deckung nutzend, glitt er dann den Hügel hinunter, kroch an Stellen, von denen er glaubte, sie seien leichter einzusehen, oder wenn der Mond wieder einmal für Sekunden völlig hinter den Wolken hervortrat, auf dem Bauch liegend voran, bis er den Schuppen erreicht hatte. Hinter einem Gerümpelhaufen hockend, der einige Schritte von der Rückwand sich türmte, beobachtete er den Wächter, der in unregelmäßigen Abständen seine Runde um das Gebäude machte. Wenn er den Atem anhielt, glaubte er sogar Geräusche aus dem Schuppeninnern zu hören, Knistern von Stroh, tiefe Atemzüge, einmal auch ein leises Stöhnen. Schon wollte er, als der Wachmann sich wieder zur Schuppentür begeben hatte, zum Sprung ansetzen, um die Rückwand zu erreichen, als er näher kommende Schritte und Räuspern vernahm, dann eine Stimme. Das schwache schwankende Licht einer Stallaterne kam näher. Es war die Stimme Joe Bludgeons, und der Weitspähende Falke mußte sich mit aller Kraft beherrschen, um den blind machenden Haß zu unterdrücken, den diese Stimme in ihm aufsteigen ließ. Noch war die Gelegenheit nicht gekommen, mit dem Mörder seines Volkes abzurechnen, noch mußte die Rache warten, damit sie desto fürchterlicher werden konnte.

«Wie steht's?» hörte er Bludgeon fragen.

«Alles ruhig», antwortete der Posten. «Ich glaube, Chef, wir lassen uns zuviel graue Haare wachsen wegen dem Gesindel. Wenn wir den Kerlen ein Messer zwischen die Rippen stechen, sind wir sie los und können endlich mal wieder richtig pennen.»

«Dummkopf!» entgegnete Bludgeon. «Ein lebender Grauer Bär nützt uns mehr als ein toter. Begreif das doch, Mann. Den können wir an den Falken verhökern, um den Preis, daß er uns in Ruhe läßt. Die lassen ihren Häuptling doch nicht im Stich.»

Als der Weitspähende Falke seinen Namen aus Bludgeons Mund hörte, zuckte er zusammen. Er fühlte sich durch das bloße Aussprechen seines Namens schon entehrt, und die Vorstellung, die Beleidigung sofort zu sühnen, ließ sein Herz vor Ungeduld schneller schlagen. Und wieder mußte er sich zur Besonnenheit zwingen.

Eisen klirrte, die Schuppentür quietschte in ihren Angeln, und dumpf und undeutlich hörte er jetzt Bludgeons Stimme aus dem Gebäude herausdringen. Offensichtlich redete er auf die Gefangenen ein. Der Weitspähende Falke wagte den Sprung zur Rückwand des Schuppens und preßte sein Ohr an die rauhen Bretter.

«... Überlegt es euch», beschloß Bludgeon seine Rede. «Ich gebe euch Zeit bis morgen früh. Wenn ihr meinem Vorschlag zustimmt, schicken wir den Verwundeten als Unterhändler.»

Keiner der Gefangenen antwortete.

In Mannshöhe sah der Weitspähende Falke einen Schimmer des Lichts von Bludgeons Stallaterne durch die Bretterwand dringen. Dort befand sich eines der Löcher, durch die der fensterlose Schuppen mit Luft und tags mit ein bißchen Helligkeit versorgt wurde. Vorsichtig tastete er zu der Öffnung empor und stellte fest, daß er sie bequem mit ausgestrecktem Arm erreichen konnte. Zufrieden ließ er den Arm sinken und wartete darauf, daß Bludgeon den Schuppen wieder verlassen würde.

Als die Tür abgeschlossen wurde, machte er sich durch leises Kratzen an der Bretterwand bemerkbar, lauschte auf eine Entgegnung aus dem Innern des Schuppens und zog, als er ein kurzes hohes Pfeifen hörte, das Messer aus seinem Lendenschurz und ließ es durch das Luftloch gleiten. Mit kaum wahrnehmbarem Geräusch fiel es auf den festgestampften Lehmboden. Luchsauge, dessen war er sicher, würde einen Weg finden, das Messer zu erlangen und sich und die anderen von den Fesseln zu befreien.

Er verbarg sich wieder hinter dem Gerümpelhaufen, wartete, bis Bludgeon sich nach einem weiteren kurzen Wortwechsel entfernte, und schlich, als der Posten aufs neue seinen Rundgang antrat und sich auf der gegenüberliegenden Seite des Schuppens befand, hinter seinem Todfeind her. Er folgte ihm geduckt und in gehörigem Abstand, verharrte, in irgendeine dunkle Ecke gedrückt, wenn dieser stehenblieb, um ein paar Worte mit einem der Männer auf der Straße zu wechseln, und kauerte sich in den Schatten der Veranda, nachdem Bludgeon wieder den Saloon betreten hatte.

Ein Betrunkener torkelte dicht an ihm vorüber, hatte offensichtlich die Orientierung verloren und ging einigemal fluchend und lachend im Kreis herum, ehe er seine Richtung fand. Ein anderer schlug in hohem Bogen sein Wasser von der Veranda aus ab. Das Klavier im Saloon begann wieder zu klimpern. Dann schrie jemand «Ruhe!» und «Macht, daß ihr nach Haus kommt, ihr Säufer!» Die Tür flog auf, und ein Mann, offensichtlich gestoßen, schoß ins Freie, strauchelte, fiel aufs Gesicht und blieb mitten auf der Straße liegen. An solchem Gesindel sollte er die Toten seines Volkes rächen! Doch die Abscheu konnte den Haß nicht verdrängen. Er löste sich von der Veranda, lief geduckt zu einem der Fenster und spähte in den Schrankraum, der im trüben Licht einer von der Decke herunterhängenden Petroleumlampe lag. Der Raum, von Rauchschwaden durchzogen, hatte sich bis auf ein paar Figuren, die schlaff auf ihren Stühlen hingen oder mit den Köpfen auf den Tischplatten lagen, geleert. Bludgeon saß an einem Tisch nahe der Theke und redete gestenreich auf eine Frau ein. Doch nicht so sehr das verhaßte Gesicht des Todfeindes trieb dem Weitspähenden Falken das Blut in die Schläfen und ließ seinen Zorn so jäh aufflammen, daß er nur mit Mühe einen Schrei unterdrücken konnte. In einem Stützbalken oberhalb des Tisches, an dem Bludgeon und Kitty saßen, entdeckte er den Tomahawk des Grauen Bären, den Snaky Joe als Trophäe eines leicht errungenen Sieges dort hineingeschlagen hatte.

Mit einem schnellen, entschlossenen Blick musterte der Weitspähende Falke noch einmal den Raum, ehe er vom Fenster zurücktrat und wieder zur Veranda hinüberschlich. Mit aller Gewalt warf er sich gegen die Pendeltür, daß Bashan, der, breitbeinig und die Daumen in den Gürtel gehakt, mit dem Rücken davorstand, quer durch den Schankraum bis fast zur Theke taumelte, wo er an einem der Tische wieder Halt fand.

Noch bevor einer der Anwesenden reagieren konnte, war der Weitspähende Falke mit drei, vier Sprüngen an Bludgeons Tisch, faßte ihn mit einer Hand am Revers, zerrte ihn, der vor Angst die Augen rollte, hoch und hielt ihn als Schutzschild vor sich, während er mit der freien Hand den Tomahawk aus dem Holz riß. Dabei stieß er den Kriegsruf der Dakotas aus, der sich an den Wänden brach und den Männern im Raum furchtbar in den Ohren gellte.

Niemand wagte zu schießen. Man hätte den Kumpan treffen können.

Erst als der Weitspähende Falke durch das Fenster gesprungen und in der Nacht untergetaucht war, stürzte alles kopflos durcheinander. Die Tür und die Fenster wurden besetzt, und blindlings peitschten die Schüsse durch den Abend.

Doch über dem Geknatter erhob sich noch einmal der Kriegsruf des Weitspähenden Falken, ein Zeichen dafür, daß der Häuptling unverwundet war, und ein Vorbote schrecklicher Vergeltung.

«Aufhören!» schrie Bludgeon, der als erster einsah, daß das Schießen zwecklos war. Und noch einmal: «Aufhören, zum Teufel!»

Allmählich ebbte die Schießerei ab.

«Das war die Kriegserklärung!» keuchte Bludgeon.

Jetzt, da die Gefahr zum Greifen nahe war, bewährte sich seine Umsicht. «Sattle die Pferde!» rief er Fletcher zu. «Wir müssen zu Forsythe.»

17 «Wie konnten Sie die Dummheit begehen, die Unterhändler gefangenzunehmen?» Leutnant Forsythe saß auf dem Feldbett; den blauen Uniformrock hatte er übergeworfen, war aber nicht mehr dazu gekommen, ihn zuzuknöpfen. Er starrte, noch verschlafen, in die Lampe auf dem Tisch und kratzte sich den Kopf. An der Tür standen Bludgeon und Fletcher, noch schwer atmend von dem Gewaltritt, der sie in einer Stunde ins Dragonerlager am Poker Flat gebracht hatte. Sergeant McDryden, der Wachhabende, hatte sie zu dem Leutnant geführt. Jetzt beobachtete er gespannt die Szene, die eine Entscheidung darüber bringen mußte, ob die Truppe sich in die Streitigkeiten zwischen den Siedlern und den Indianern einmischen würde.

«Ich bin nicht hierhergekommen, mitten in der Nacht, um mich von Ihnen darüber belehren zu lassen, daß wir falsch gehandelt hätten, als wir uns unserer Haut wehrten», sagte Bludgeon scharf. Man merkte es seinem atemlosen, schnellen Sprechen an, daß er nicht gesonnen war, sich auf lange Diskussionen einzulassen.

Aber Forsythe ließ sich nicht aus der Ruhe bringen. Er hatte diesen Besuch erwartet, wenn auch nicht zu dieser ungewöhnlichen Stunde. Er glaubte, Bludgeon den festen, an Weisungen gebundenen Standpunkt des Militärs entgegensetzen zu können. «Und dann noch das Dorf zu überfallen!» fuhr er tadelnd fort. «Als ob Sie sich nicht an den Fingern einer Hand hätten abzählen können, daß das einen ungeheuren Wirbel auslösen mußte.»

Man sah es Bludgeon an, daß er nur mit Mühe an sich hielt. Ein Zittern durchlief seinen Körper, und er ballte die Hände zu Fäusten zusammen. Dieser Schnösel von Offizier, der noch nie im ernsthaften Kampf Pulver gerochen hatte, wollte ihm gute Ratschläge erteilen!

«Und jetzt soll die Armee Ihnen aus der Patsche helfen.» Unbeirrt spann der Leutnant seinen Faden.

Es war offensichtlich, daß Bludgeon, der großmäulige und gönnerhafte Bludgeon, der ihn von dem Mädchen weggewedelt hatte wie ein lästiges Insekt, am Ende seines Lateins war. Nie vorher war sich der junge Mann so sehr seiner Stellung und Macht bewußt gewesen wie in diesem Augenblick, da das Wohl und Wehe einer ganzen Siedlung von seiner Entscheidung abhing. Langsam erhob er sich, knöpfte sich umständlich den Rock zu, suchte nach seinen Stiefeln. Bludgeon verfolgte jede seiner Bewegungen mit wachsender Ungeduld. «Jetzt bitten Sie um Hilfe», sagte Forsythe unter Ächzen, als er die Stiefel anzog.

«Ich bitte nicht um Hilfe, ich verlange sie!»

Forsythe hob den Kopf, runzelte verwundert leicht die Stirn. Dann wandte er sich an den Sergeanten.

«Sergeant», sagte er, «teilen Sie den Herren unsere Instruktionen mit. Unsere ganz klaren Instruktionen, wie ich betonen möchte», setzte er hinzu.

Und McDryden schnurrte herunter, was er offensichtlich auswendig gelernt hatte, und auf seinem Gesicht spiegelte sich die Befriedigung darüber, diesem zwielichtigen Zivilisten eine Abfuhr erteilen zu können.

«Laut Anordnung des Generals sind wir gehalten, bis zum Abschluß der Verhandlungen über den Ankauf der Black Hills, sonst aber auf jeden Fall bis zum einunddreißigsten Januar des nächsten Jahres jegliche Zusammenstöße mit den Indianern zu vermeiden. Zur reibungslosen Überbrückung dieser Frist sind Ansiedler und Goldsucher von diesem Gebiet fernzuhalten, wenn nötig mit Gewalt.»

«Da hören Sie es», beschloß Forsythe den Sermon seines Untergebenen.

Bludgeons Augen zogen sich zu Schlitzen zusammen, während Fletcher in seiner Hilflosigkeit einfältig lächelte. «Schluß mit der Spielerei!» brüllte Bludgeon. «Mir können Sie mit solchem schwachsinnigen Zeug nicht kommen, mir nicht. Hier geht es nicht darum, was ein General angeordnet und was ein Sergeant auswendig gelernt hat. Hier geht es um Besitz, um Menschen, um amerikanische Bürger, zu deren Schutz Sie, Leutnant, abkommandiert worden sind. Und wenn Sie darauf spekulieren, durch Befolgen von Befehlen schneller befördert zu werden, dann lassen Sie sich von mir sagen, von einem Mann, der auch das Leben in der Armee besser kennt als Sie, daß sich manch einer schon den Hals gebrochen hat, der Befehle zu wörtlich ausgelegt hat. Ich verlange von Ihnen ...» Und als er sah, wie Forsythe vor Staunen über diese Sprache die Augen aufriß und den Unterkiefer hängenließ, wiederholte er: «Ja, ich verlange von Ihnen, daß Captain Ronald unverzüglich von der Lage in und um Tanglewood in Kenntnis gesetzt wird und daß ihm übermittelt wird, sein alter Freund Joe erwarte ein sofortiges Eingreifen der Truppen.»

Diese Worte verfehlten ihre Wirkung nicht. Forsythe gewann den widerwilligen Respekt vor diesem Mann zurück. Bludgeon hatte zu gute Beziehungen, als daß man sich ihm ernsthaft in den Weg hätte stellen können.

«Vielleicht versuchen Sie es einmal damit, die Gefangenen freizulassen. Mag sein, daß der Falke sich damit zufriedengibt», versuchte er einzulenken. «Der Graue Bär wird ihm Tanglewood wert sein.»

«Auf diese blendende Idee bin ich schon gekommen», entgegnete Bludgeon überlegen. «Oder glauben Sie, ich hätte mir die Rothäute auf den Hals geladen, um sie mit gutem Essen ein bißchen hochzupäppeln? Aber so ein Schritt könnte nur die nächsten Stunden überbrücken. Die Dakotas werden keine Ruhe geben. Sie werden über kurz oder lang wieder über uns herfallen.»

«Wieder?» Der Spott, der dieses Wort zu einer Waffe hatte machen sollen, gelang nicht recht. Jedenfalls prallte es an Bludgeon ab.

«Ja, wieder, mein Herr. Oder haben Sie die Affäre auf der Eisenbahn vergessen und den Überfall auf die Goldwäscher am Shining Stone Creek und die Ermordung von Bad Face?»

Fletcher zuckte nicht mit der Wimper, als sein Chef noch einmal die Lüge vom Indianerüberfall auf Patterson und Chatham und von der Ermordung von Blakes indianischem Gehilfen durch die eigenen Stammesgenossen auftischte. Und Forsythe kam nicht dazu, seine Zweifel an der Richtigkeit dieser Darstellung laut werden zu lassen. Denn Bludgeon ließ ihm keine Atempause, sondern fuhr sogleich fort: «Und außerdem, Forsythe, würde ich an Ihrer Stelle nicht so laut für die Rechte der Rothäute eintreten. Offizier in unserer Armee zu sein, ist für einen jungen Mann ehrenvoll, wenn auch wenig einträglich. Man ist nicht ewig jung, und man sehnt sich bald nach ein bißchen Vermögen und Bequemlichkeit. Ich habe Sie beim Treck von der Eisenbahnstation nach Tanglewood doch recht verstanden, daß Sie eine Landoption anstreben. Sorgen Sie dafür, daß anständige Menschen hier in Ruhe siedeln können, und Sie werden die Option, die ich Ihnen versprochen habe, morgen noch bekommen.» Damit kehrte Bludgeon auf dem Absatz um und verließ, gefolgt von seinem Leibwächter, die Blockhütte. Forsythe blieb verwirrt zurück. Ihm schoß die Schamröte ins Gesicht, und er wagte nicht, seinem Sergeanten in die Augen zu sehen.

Zwar rief er den beiden Männern noch nach: «Ihr Zivilisten denkt immer, die Armee sei nur dazu da, eure Dummheiten auszubügeln», aber sein Ton verriet, daß Bludgeon von diesem Offizier keinen ernsthaften Widerstand zu befürchten hatte.

Bludgeon und Fletcher jagten wieder durch die Nacht, der Stunde entgegen, die für Tanglewood und seine Bewohner zu einem Inferno werden sollte.

Als sie Tanglewood erreicht hatten, warfen sie sich aus dem Sattel und stürzten in den Saloon. Dort hatte sich wieder eine größere Menge versammelt, unter ihnen alle Leute Bludgeons, soweit sie nicht Posten standen. Fast alle zeigten deutlich sichtbar die Spuren der durchzechten Tage, und nur der handfesten Energie Bashans und einiger anderer war es zu verdanken, daß sie ihre Hütten verlassen und sich bereitgefunden hatten, den Indianern, sollten sie angreifen, entgegenzutreten.

Bludgeon hielt eine kurze Ansprache, stellte das Eintreffen von Truppen in Aussicht und schloß mit den Worten: «Es gilt, unser schwer errungenes Land zu verteidigen, die zukünftige Heimat unserer Kinder.» Diese Phrase rief nicht die Begeisterung hervor, die er sich erhofft hatte. Wohl sahen die Siedler ein, daß sie um ihr Leben kämpfen mußten; doch bei vielen keimte in den verkaterten Köpfen die Einsicht, daß sie es gewesen waren, die den Kampf heraufbeschworen hatten. Jetzt aber war ein Abrücken von Snaky Joe und seiner Bande nicht mehr möglich, jetzt half keine Reue mehr. Die Dakotas würden keinen Unterschied machen zwischen ihnen und den Anstiftern des Verbrechens, das wußten sie. Nachdem Bludgeon seine Instruktionen gegeben hatte und die Siedler auf ihre Posten gezogen waren, machte er sich noch einmal auf den Weg zum Schuppen. Vielleicht war es noch nicht zu spät, den drohenden Angriff durch Freilassung der Gefangenen abzuwehren oder ihn doch so lange hinauszuschieben, bis reguläre Truppen den Schutz Tanglewoods übernehmen konnten. Die Nacht breitete sich mit Totenstille über der Siedlung aus, aber, das spürte Bludgeon, sie war voller Gefahren. Hinter jeder Hütte konnte der Feind lauern. Unwillkürlich beschleunigte er seine Schritte, so daß Fletcher Mühe hatte, nicht abgehängt zu werden. Aufatmend stellte Bludgeon fest, daß der Schuppen noch verschlossen war und die Wache auf ihrem Posten stand. Er drehte den Schlüssel im Schloß herum und stieß, während Fletcher mit zwei Colts sichernd hinter ihm stand, die Tür auf. Im ungewissen Mondlicht sah er die drei Gefangenen am Boden liegen. Zögernd trat er zwei Schritte näher.

«He, Häuptling! Ich schenk dir das Leben. Auch ohne Verhandlungen. Dein Wort genügt mir. Wenn du den Falken dazu bringst, uns in Ruhe zu lassen, kannst du sofort gehen. Verstehst du mich? Sofort. Ihr könnt gehen.»

Die Antwort blieb aus.

«Ihr alle könnt gehen!» sagte Bludgeon noch einmal.

Da erhob sich langsam eine Gestalt vom Boden. Als sie stand, erkannte Bludgeon Luchsauge. Der Indianer hielt die Hände auf dem Rücken.

«Fletcher, nimm ihm die Stricke ab.»

Doch noch ehe Fletcher um Bludgeon herumgehen konnte, rammte Luchsauge Bludgeon mit aller Kraft den Kopf in den Magen, daß diesem für Sekunden die Luft wegblieb. Schwer schlug er gegen Fletcher, der sich nur mit Aufbietung aller Kräfte auf den Beinen halten konnte.

Jetzt sprangen auch der Graue Bär und Krähe auf. Das Messer des Weitspähenden Falken hatte seine Aufgabe erfüllt. Der Häuptling warf sich auf den taumelnden Fletcher, schlug ihm die Revolver aus der Hand und streckte ihn mit einem harten Hieb nieder, während Luchsauge sich auf den Wachposten stürzte, dem er nach kurzem Kampf das Messer in den Hals stieß.

Bludgeons Gesicht war schmerzverzerrt; vom Stoß gegen den Magen war er noch immer benommen. Mehr vom Instinkt als von klarer Überlegung diktiert, hob er den Revolver, als er die Schatten der drei Indianer durch die Tür ins Freie schlüpfen sah, und drückte ab. Mit einem leisen Schrei brach Luchsauge zusammen. Die Kugel hatte ihm von hinten das Herz durchbohrt.

Als ob der Schuß das Signal gewesen wäre, den Kampf zu eröffnen, gellte vom nördlichen Ende der Siedlung der Kriegsruf der Dakotas aus vielen Kehlen, und dumpfes Pferdegetrappel war zu hören, gedämpft zuerst, dann immer stärker anschwellend.

«Los, komm hoch!» Bludgeon faßte Fletcher unter den Armen und zerrte den halb Ohnmächtigen auf die Füße. Als der wieder zusammensacken wollte, schlug er ihm mit aller Kraft rechts und links ins Gesicht. Der Schmerz brachte Fletcher wieder halbwegs zu sich.

«Sie sind da!»

Fletcher riß die Augen weit auf. Er hob seine Revolver vom Boden auf und taumelte hinter Bludgeon her, der in großen Sprüngen auf den Saloon zulief, ohne sich noch um seinen Kumpan zu kümmern. Als Fletcher die Straße fast erreicht hatte, sah er sie herangaloppieren, zwanzig, dreißig Reiter, die freihändig auf ihren Pferden saßen und mit Pfeilen und Gewehren die Hütten am Rand der Straße, wo sich die Siedler verschanzt hatten, beschossen. Einige trugen brennende Fackeln in den Händen, und Fletcher wußte: heute würde es nicht bei einer Schießerei bleiben. Die Fackeln deuteten auf Brandpfeile. Man wollte die Siedlung einäschern! Er warf sich zu Boden. Der Herzschlag dröhnte ihm in den Ohren. Seine Glieder waren bleischwer. Zoll um Zoll arbeitete er sich voran, den Kopf so eng an den Boden gepreßt, daß er den Sand zwischen den Zähnen spürte. Am Straßenrand stieß er auf Bludgeon, der hinter einem Stapel Bauholz kauerte.

Über die Straße wirbelte noch immer die Kavalkade der Indianerpferde. Vom südlichen Ausgang der Siedlung her war eine weitere Abteilung eingebrochen, die der Listige Fuchs um Tanglewood herumgeführt hatte. Im Kugelhagel, der ihnen entgegenschlug, stürzte mancher indianische Krieger vom Pferd. Doch auch Siedler, die sich zu weit aus ihrer Deckung vorgewagt hatten, brachen getroffen zusammen.

«Das ist schlimmer, als ich erwartet habe», schrie Bludgeon und feuerte seinen Colt gegen einen Reiter ab, der dicht an ihnen vorbeiritt, verfehlte ihn und stieß einen wüsten Fluch aus. Fletcher hatte mit einem Schuß Erfolg, fühlte jedoch, als er den Arm senkte, jäh einen stechenden Schmerz, der ihn aufbrüllen ließ. Ein Pfeil hatte seine Lederjacke durchschlagen und war tief in den Oberarm gedrungen. Noch einmal brüllte Fletcher, als Bludgeon den Pfeil herausriß und die Widerhaken die Wunde vergrößerten.

«Nimm dich zusammen», zischte Bludgeon. «Wir müssen von hier weg.»

Ein Brandpfeil schlug in den Bretterstapel, hinter dem die beiden Männer Schutz gesucht hatten. Das Holz war vom Lagern im heißen Sommer ausgetrocknet und stand in Sekundenschnelle in hellen Flammen. Beißender Qualm machte das Atmen schwer und ließ die Augen tränen.

Mit wilder Entschlossenheit sprang Bludgeon auf und lief geduckt quer über die Straße, stolperte, fiel, riß sich wieder hoch, entging um Haaresbreite den Hufen eines vorüberjagenden Pferdes. Mit einem letzten, verzweifelten Sprung erreichte er den Saloon, warf sich kopfüber hinter ein stallartiges Nebengebäude, in dem Bill Myers die Vorräte stapelte. Und mit Entsetzen sah er, wie Brandpfeile auch in die Bretterwände des Saloons schlugen und wie zuerst das Schild über der Tür und dann das vorspringende geteerte Dach von den züngelnden Flammen ergriffen wurden. Er rannte um das Gebäude herum und rettete sich durch die Tür, die zu dem Raum hinter der Schankstube führte.

«Feuer!» schrie er mit letztem Atem den Männern zu, die an den mit Tischen und Stühlen in aller Eile verbarrikadierten Fenstern standen und ihre Deckung nur verließen, um nach draußen zu schießen. «Das Dach brennt!»

Bashan reagierte augenblicklich. Er verließ seinen Posten und huschte zu einem der Seitenfenster hinüber, die unbesetzt waren, weil sich die Aufmerksamkeit ausschließlich auf das Geschehen auf der Straße konzentrierte. Von hier aus entdeckte er zwei Indianer, die das Dach der danebenliegenden Hütte geentert hatten und an einer Fackel Brandpfeil auf Brandpfeil entzündeten und zum Saloon hinübersandten.

«Feierabend, Gentlemen!» stieß er zwischen den Zähnen hervor, während er bedächtig seine Colts hob und die Gegner mit genau gezielten Schüssen traf. «So, das wäre erledigt», kommentierte er seine Leistung, als die Getroffenen vom Dach stürzten. Dann begab er sich wieder auf seinen Posten.

«Zwei Mann mit Eimern auf's Dach!» kommandierte Bludgeon.

Aber es meldeten sich nicht sofort zwei Leute, seinem Befehl nachzukommen. Wütend stürzte er sich auf Bill Myers, der bleich an der Theke lehnte. «Los, du Feigling!» fuhr er ihn an. «Die gemütliche Whiskyzeit ist vorbei! Aufs Dach!» Einen verschüchterten Siedler, der sich sehnlichst wünschte, nie einen Fuß in dieses Nest und schon gar nicht in diesen Saloon gesetzt zu haben, beförderte er mit einem Fußtritt an Bill Myers' Seite. «Hilf ihm den Bottich raufschleppen.» Dann duckte er sich hinter einen der als Kugelfang vor die Fenster gestellten Tische und schoß in die jetzt brandhelle Nacht hinaus.

«Da drüben liegt Fletcher!» rief Bashan plötzlich. «Der kommt nie zu uns rüber.»

«Gebt ihm Feuerschutz!» befahl Bludgeon, und die Männer an den Fenstern schossen, was die Rohre der Gewehre und der Revolver hergeben wollten. Die zweite Reihe, die hinter den Schützen stand und diesen die geladenen Waffen reichte, konnte kaum die Arbeit bewältigen.

Das starke Feuer zwang die jetzt abgesessenen Angreifer, Deckung zu suchen. Fletcher, der sofort merkte, daß der Feuerschutz ihm galt, stürzte mit Todesverachtung über die Straße und durch die Pendeltür in den Schankraum. Das Freudengeheul, das ihm entgegenschlug, übertönte Bill Myers Aufschrei. Eine Kugel aus dem Gewehr des Weitspähenden Falken, der hinter einem abgestellten Wagen auf der anderen Straßenseite kauerte, hatte ihn getroffen. Er fiel vom Dach und riß im Fallen den Holzbottich mit sich, dessen Inhalt sich in den Straßenstaub ergoß.

Während Bludgeon sich um Fletchers stark blutende Armwunde kümmerte, trat draußen für einige Minuten Ruhe ein. Nur noch vereinzelte Schüsse peitschten durch die Nacht und mischten sich mit den Schreien von Verwundeten und dem ängstlichen Schnauben von Pferden. Die Indianer schienen sich zurückgezogen zu haben.

«Die sammeln sich irgendwo», brummte Bashan, der dem Frieden nicht traute. «Wenn wir jetzt rausgehen, sind wir geliefert.»

«Aber wir müssen raus!» widersprach ihm einer, der neben ihm stand. «Sonst ersticken wir.»

Diese Befürchtung war nicht übertrieben. Der Schankraum hatte sich dermaßen mit Rauch gefüllt, daß nur noch in der Nähe des Bodens und an den Fenstern Luft zum Atmen blieb. Und über die Treppe zum Obergeschoß, das bereits lichterloh brannte, wälzte sich in ständigem Strom Rauch nach unten. An der Decke zeigten sich bereits schwarze Flecken, Zeichen dafür, daß auch der Fußboden des Obergeschosses Feuer gefangen hatte. Die Hitze wuchs ins Unerträgliche und förderte die Panik, die die Atemnot bei den meisten Männern auslöste.

«Wasser!» keuchte einer. «Wir brauchen Wasser!» Er zertrümmerte mit dem Gewehrkolben ein Bierfaß, tunkte sein Halstuch in die heraussprudelnde

Flüssigkeit und band es sich um Mund und Nase. Andere folgten seinem Beispiel, einige tranken aus der Lache, die sich am Boden gebildet hatte, tranken gierig, um das Brennen in ihren Kehlen zu lindern. Wieder andere drängten zu den Fenstern und versuchten, die Gefahr einer neuen Attacke nicht achtend, die Köpfe so weit wie möglich in die Nachtluft zu recken.

Das Krachen und der Funkenregen, mit dem die Decke unter der Last eines brennenden Balkens herunterbrach, mischte sich mit dem Geheul der erneut angreifenden Indianer. Die Schützen an den Fenstern mußten wieder ihre ganze Aufmerksamkeit auf die Straße richten und konnten den hinter ihnen vom glühenden Holz Getroffenen nicht zu Hilfe kommen. Von Süden her preschte eine Abteilung Dakotakrieger heran, die vom Listigen Fuchs angeführt wurde. Sie hielten die Oberkörper weit über die Hälse ihrer Pferde gebeugt und lenkten das Feuer der Verteidiger auf sich. Sie ritten auf der gegenüberliegenden Seite der Straße und ließen Platz für eine zweite Reihe von Reitern, die sich dicht an die Hütten hielt, die auf der Seite des Saloons lagen.

Bevor die Verteidiger noch merkten, daß sie einer List zum Opfer gefallen waren, indem sie ihre ganze Aufmerksamkeit auf die Abteilung des Listigen Fuchses gerichtet hatten, war es schon zu spät. Die Reiter der zweiten Abteilung hatten sich kurz vor dem Saloon von ihren Pferden fallen lassen und robbten in den Winkeln unterhalb der Veranda, der von den Schüssen aus dem brennenden Saloon nicht erreicht werden konnte.

Der Weitspähende Falke stürmte als erster in den Schankraum. Hinter ihm drängten zwanzig mit Gewehren bewaffnete Krieger, die blindlings in den Rauch hineinschossen. Schreie von Getroffenen waren die Antwort. Dann stürzten sich die Indianer auf die Männer, die noch an den Fenstern standen und sich nicht schnell genug auf die neue Situation einstellen konnten. Im Kampf Mann gegen Mann erfahren, wüteten sie mit Tomahawks und Messern verheerend unter ihren Feinden.

Bashan brach unter einem Tomahawkhieb, der ihn am Hals traf, zusammen. Fletcher kroch mit versengten Haaren am Boden herum. Bludgeon hatte nur den einen Gedanken, die Hintertür zu gewinnen. Aber in dem Getümmel, das ausgebrochen war und in dem Freund und Feind einander in den Bewegungen behinderten, und verwirrt von den jetzt allenthalben aufflackernden Flammen, gelang es ihm nicht sofort, sich einen Weg zu bahnen. Blindlings irrte er umher und fand schließlich Schutz hinter der Theke. Doch als er sich auf die Hintertür zuschleichen wollte, gellte ein Schrei furchtbar in seinen Ohren.

«Snaky Joe!»

Das war die Stimme des Weitspähenden Falken. Er stand mitten im Raum, von Rauch umwölkt und von den zuckenden Flammen gespenstisch umspielt.

Die Glieder versagten Bludgeon den Dienst, Übelkeit würgte ihn. Dann stürzte er vornüber. Er hörte nicht mehr das Hornsignal der Dragoner, die in breiter Front auf Tanglewood zustürmten. Er sah nicht mehr, wie der Weitspähender Falke mitten im Anlauf zum Sprung stehenblieb. Er erlebte nicht den Triumph, die Dakotas im dichten Kugelhagel der Soldaten fliehen zu sehen.

Als er wieder zu sich kam, hatte er ein Paar hohe Schnürstiefel in seinem Blickfeld. Und er hörte Leutnant Forsythe sagen: «Ich dachte, es hätte Sie auch erwischt wie all die anderen.»

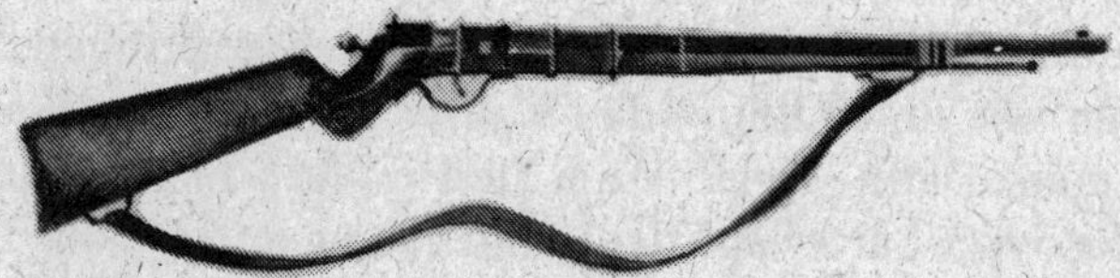

18 Die Verluste der Dakotas waren hoch. Fast ein Viertel der Krieger hatte den Angriff auf Tanglewood mit dem Leben bezahlt, viele waren verwundet. Besonders das Eingreifen der Dragoner hatte sich verhängnisvoll ausgewirkt; und hätte nicht die Nacht die Soldaten gezwungen, sich mit dem Entsatz der Siedlung zufriedenzugeben, wäre kaum einer lebend davongekommen. Im Tal der Präriehunde, dem Zufluchtsort der Frauen und Kinder, sammelten sich die Krieger, und noch während der Nacht, da die Frauen sich um die Verletzten kümmerten, trat der Rat der Ältesten und Häuptlinge zusammen.

Es waren nur noch wenige, die um das Ratsfeuer saßen und trotz der gebotenen Eile in Ruhe darüber berieten, wohin sich der Rest der Stammesabteilung wenden sollte. Es stand fest, daß die Black Hills ihnen kein sicheres Winterquartier mehr bieten konnten. Wahrscheinlich sammelten sich zur selben Stunde schon die Dragoner, um die Verfolgung aufzunehmen, und jegliches Abwarten und jede Unentschlossenheit mußten sich unheilvoll auswirken. Der Plan, sich ins Regierungsreservat zu begeben, wurde nicht mit einem Wort mehr erwähnt. Der Graue Bär, der wieder den ihm zustehenden Ehrenplatz im Rat eingenommen hatte, bat im Gegenteil um Nachsicht dafür, daß er mit seiner falschen Einschätzung der Lage Verwirrung ausgelöst und es den Feinden seines Volkes leicht gemacht habe, ihre verbrecherischen Absichten auszuführen. Die Tage als Gefangener hatten ihn körperlich altern lassen, hatten ihn aber auch zu den Erkenntnissen gebracht, denen er zuvor so beharrlich ausgewichen war. Die Resignation war von ihm abgefallen, sein Auge blickte wieder klar wie in seinen besten Jahren. Aufmerksam hörte er auf das, was die anderen Mitglieder des Rats vorschlugen, und voller Bewunderung für die Tatkraft und Klugheit der Jungen, machte er sich den Plan des Weitspähenden Falken zu eigen, in dem dieser vorschlug, der Übermacht auszuweichen.

«Hier im Tal der Präriehunde sitzen wir in der Falle», sagte der junge Häuptling, nachdem er noch einmal über die Ereignisse der letzten Tage gesprochen hatte, «die Soldaten können uns jederzeit von allen Seiten angreifen. Sie können uns aushungern, wenn sie einen Angriff nicht wagen. Wir sind zu schwach geworden, ihnen ernsthaften Widerstand entgegenzusetzen. Wir müssen sofort versuchen, über den Paß zu ziehen und die Prärie zu erreichen. Ich weiß, das ist beschwerlich und gefährlich. Aber uns bleibt kein anderer Ausweg. Über die Prärie können wir zu den Rosebud Mountains ziehen, wo Tasunka-witko und Tatanka-ɣotanka mit ihren Kriegern ihre Zelte aufgeschlagen haben. In ihrer Nähe werden wir den Winter verbringen, und mit ihnen vereint, werden wir im Frühling den Kampf gegen die weißen Mörder und Diebe aufnehmen. Denn, weise Väter und tapfere Brüder, der Kampf wird weitergehen, er wird härter werden. Und wenn unser Volk überleben will, dann muß es seine Kräfte sammeln. Hau!»

Der Graue Bär nickte Zustimmung und blickte sich im Kreis um, ob jemand dem Plan des Weitspähenden Falken widersprechen wollte. Aber es herrschte Einmütigkeit, so daß ihm nichts blieb, als die Versammlung mit der Mahnung zu schließen, sofort die Zelte abzubrechen und noch vor dem Morgengrauen bereit zum Abzug zu sein. Mit der aufgehenden Sonne sollte sich der Zug in Richtung auf die Paßhöhe im Nordosten in Bewegung setzen.

Als sich die Mitglieder des Rats zerstreut hatten, trat der alte Häuptling auf den Weitspähenden Falken zu. «Ich habe dir viel zu danken», begann er, und sein faltenreiches Gesicht strahlte innere Ruhe aus. «Daß du mir das Leben gerettet hast, war eine tapfere Tat. Doch mir hätte nichts an meinem Leben gelegen, hätte ich es in Unehre beschließen müssen. Du hast mir das Leben wiedergeschenkt, als du unsere Toten gerächt und mir den Glauben an die Kraft unseres Volkes wiedergegeben hast. Darf ich dich meinen Sohn nennen?»

Der Weitspähende Falke stand ein wenig verwirrt vor dem Grauen Bären. Er fand nicht sogleich die Worte, mit denen er würdig auf das Lob hätte antworten können. Doch der alte Häuptling enthob ihn seiner Verlegenheit, indem er ihm beide Hände auf die Schultern legte und ihn mit einem Lächeln in den Augenwinkeln fragte: «Oder ist dir ein Platz im Zelt des Grauen Bären an der Seite Blauhaars nicht willkommen?»

Fast erschrocken machte der junge Häuptling eine abwehrende Handbewegung. «Blauhaar ...», begann er. «Ich weiß», unterbrach ihn der Graue Bär. «Wenn wir die Rosebud Mountains erreicht haben, gebe ich sie dir zur Frau.»

Obwohl sich der Weitspähende Falke ein Leben ohne Blauhaar nicht mehr vorstellen konnte, und er sie in Gedanken schon immer als seine Frau betrachtet hatte, löste die formelle Zustimmung des Vaters eine Freude in ihm aus, die ihm die Sprache verschlug. Vergebens versuchte er Worte des Danks zu finden, und so beschränkte er sich schließlich darauf, den Grauen Bären an sich zu ziehen und seine Wange an dessen Hals zu legen.

«Und jetzt müssen wir an den Tag denken», sagte der Graue Bär und nahm seine Hände von den Schultern des jungen Mannes. «Der Weg ist weit und beschwerlich.» Jäh zerriß die friedliche Stimmung, die aufgekommen war.

Der Weitspähende Falke trat einen Schritt zurück. «Ich kann noch nicht mit euch ziehen», sagte er, «die weiße Giftschlange lebt noch, Joe Bludgeon, der Verderber unseres Volkes. Erlaube mir, daß ich mit den besten Kriegern hinter dem Zug zurückbleibe. Wir werden dem Feind auflauern und ihn aufhalten.»

Zur selben Stunde saßen in der einzigen Hütte Tanglewoods, die nicht den Flammen zum Opfer gefallen war, Bludgeon, Captain Ronald und Leutnant Forsythe um eine große Kiste, die als Tisch diente und auf der eine Landkarte ausgebreitet lag. Bludgeons Gesicht war von Brandwunden übersät, die der Feldscher der Dragoner mit einer Salbe bestrichen hatte, sein Haar bis auf die Kopfhaut abgesengt. Snaky Joe, der stets gepflegt einhergehende Mann, war in dem verschmutzten und zerissenen Anzug kaum wiederzuerkennen. Doch in seinen Augen lebte noch dieselbe verschlagene Rücksichtslosigkeit, die immer wieder aufblitzte, wenn er das Wort in dem Gespräch nahm, das sich um die beste Möglichkeit drehte, den restlichen Dakotas das Ende zu bereiten. Ihn kümmerte es nicht, daß fast die Hälfte der Siedler Tanglewoods den Überfall der Indianer nicht lebend überstanden hatte und daß das von den Soldaten eilig aufgeschlagene Sanitätszelt von Männern und Frauen überquoll, die durch Schüsse oder den Brand verletzt waren, unter ihnen auch Bashan, an dessen Überleben man zweifeln mußte. Im Gegenteil: unter den Toten befanden sich manche, die Forderungen an ihn hätten stellen können, wenn es ans Aufteilen des Landes ging, für das sie schon bezahlt hatten. Sein lange vorbereiteter Plan schien aufzugehen, und das gab ihm neue Energie. Er sah sich, deutlicher denn je, als Herr der Black Hills, der «Joe Hills», wie sein Freund Ronald gesagt hatte, als die Rede darauf gekommen war, daß man die Dakotas vernichten müsse, wenn man das Gebiet fest in die Hand des weißen Mannes bekommen wolle. Jede Erinnerung an die Stunde des Überfalls, in der er einem unrühmlichen, schmutzigen Tod nahe wie nie gewesen war, hatte er in sich ausgelöscht. In ihm lebte nur noch die Gier, seinen großen Coup zu vollenden, und das hieß, die Stammesabteilung des Grauen Bären bis auf das letzte Kind auszurotten. Indianische Scouts, die im Dienst der Armee standen, waren den Fliehenden gefolgt und hatten ausgekundschaftet, daß sie sich alle im Tal der Präriehunde sammelten. Von diesem Augenblick an fühlte sich Joe Bludgeon des Erfolgs seiner Sache sicher. Das Tal würde ihr Grab werden.

Vor den beiden Offizieren entwickelte er seinen Plan, wies darauf hin, daß das Tal nur einen Zugang hatte und daß, wenn man diesen in die Hand bekam, den Indianern nur der beschwerliche Weg über den Paß im Nordosten blieb, da die Berge, die es einschlossen, zu schroff waren, um einen Übergang zu wagen. Gleichzeitig mit dem Talausgang müßte die Paßhöhe besetzt werden. Dann könnte das große Schlachten beginnen.

«In ein paar Stunden ist alles vorbei, wenn wir es geschickt anstellen», sagte er abschließend. «Es kommt nur darauf an, daß wir schnell und entschlossen und durchdacht handeln. Die Rothäute haben keine Ahnung von Taktik. Sie werden nur versuchen, so schnell wie möglich über den Paß zu kommen, um sich in die Weiten der Prärie verlieren zu können.»

Captain Ronald war nicht ohne Neid den Worten seines alten Freundes gefolgt. Eingehend studierte er die Karte, ließ sich die Beschaffenheit des Geländes erklären, erwog andere Varianten des Vorgehens und kam zu dem Schluß, daß Bludgeons Vorschlag der bestmögliche war.

«Deine Idee ist gut, Joe», sagte er, «wenn wir uns daran halten, haben wir sie in der Zange. Sie werden sich mit ihrem ganzen Troß nur mühsam den Berg hinaufquälen können. Es sei denn, sie ließen ihre Damen und ihre Bälger zurück. Aber dazu sind die Rothäute wohl zu sehr Gentlemen.» Und er lachte meckernd.

Gegen drei Uhr morgens war alles bis in die Einzelheiten abgesprochen. Die Dragoner sollten in geschlossener Formation bis an einen Punkt geführt werden, der ungefähr eine halbe Meile vor dem Taleingang lag und an dem das bis dorthin leidlich ebene, wenn auch durch Waldstücke und Felsgruppen recht unübersichtliche Gelände anstieg. An diesem Punkt, so war beschlossen, würde sich die Formation teilen. Der kleinere Teil sollte die Aufgabe haben, den leicht zu übersehenden Taleingang zu besetzen, während der größere nach Norden in die Berge abbiegen und den Paß abriegeln sollte.

Captain Ronald, der nach der Art lang gedienter Soldaten jede Gelegenheit nutzte, sich durch ein paar Minuten Schlaf zu erfrischen, rollte sich nach dem Gespräch in eine Decke und legte sich auf den Fußboden; Forsythe blieb am Tisch sitzen, ließ den Kopf auf die Arme sinken, und sein schwer gehender Atem deutete bald darauf hin, daß auch er eingeschlafen war . Nur Bludgeons Sinn stand nicht nach Ausruhen. Er trat vor die Tür, blickte die Straße entlang, die nur noch von Aschehaufen und stehengebliebenen verkohlten Balken gesäumt war.

Das alles werde ich wieder aufbauen lassen, dachte er, mit meinem Geld, und dann werde ich bestimmen, wer hier siedelt. Das Land wird mir gehören. Ich kann es verkaufen oder verpachten, an wen ich will. Und keine stinkende Rothaut wird mir mehr ins Geschäft pfuschen können. Er atmete tief die Luft ein, die noch immer von Brandgeruch geschwängert war. Selten hatte er sich wohler gefühlt als in dieser Nacht. Befriedigt sah er zu dem Feuer hinüber, das die Posten vor den Überresten des Saloons entzündet hatten. Die Armee war nicht zu verachten. Wenn es um Entscheidendes ging, konnte man sich auf sie verlassen.

Das Geräusch von näher kommendem Hufschlag ließ ihn aufhorchen, und er fühlte, wie sich seine Muskeln verkrampften und seine gute Laune verebbte. Wer konnte um diese Zeit hier durchziehen? Als die Reiter in den Lichtkreis des Biwakfeuers gerieten, erkannte er Sam Blake und Peter Hille. Dieser Anblick trieb ihm die Galle ins Blut. Breitbeinig stellte er sich mitten auf die Straße.

«Dich Ratte wiederzusehen», schrie er Blake voller Haß entgegen, «ist das letzte, was ich mir gewünscht habe. Dein Haus ist hin, deine Waren sind in Rauch aufgegangen. Aber wenigstens hast du dir dein erbärmliches Leben gerettet.»

Blakes Hand, an der die Peitsche baumelte, zuckte. «Dein Werk, Snaky Joe», sagte er mühsam beherrscht und deutete auf den Straßenrand, wo vor einer niedergebrannten Hütte zwei tote Siedler lagen.

«Weit haben Sie es gebracht, Mister Bludgeon», sagte Hille. «Wenn man bedenkt, wie wenig Zeit Sie dazu gebraucht haben, könnte man fast neidisch werden.»

«Hier ist kein Platz mehr für euch Schwätzer», rief Bludgeon im Gefühl des sicheren Erfolgs.

Und dann fragte er: «Wo ist das Mädchen?»

«Lassen Sie die Finger von Catherine, rat ich Ihnen!» Hille stellte sich vor Empörung in die Steigbügel.

«Ich zittere vor Angst.» Das Lachen, das Bludgeon den Worten hinterdreinschickte, kam aus vollem Herzen. «Morgen sprechen wir uns wieder. Und dann möchte ich doch erleben, ob ihr immer noch die große Lippe riskiert.» Er trat an den Straßenrand zurück und ließ die beiden Reiter passieren.

Um vier Uhr riß das Hornsignal die Soldaten aus dem Schlaf. Eine halbe Stunde später waren die Dragoner auf dem Weg zum Tal der Präriehunde. Man ritt in flottem Trab durch die Dunkelheit, die nur von einem fahlen Streifen am östlichen Himmel durchbrochen wurde. Bludgeon, Fletcher und die beiden Offiziere bildeten die Spitze.

Captain Ronald hatte zuvor in einer kurzen Ansprache vor den Soldaten Aufgabe und Vorgehen erläutert, und es war ihm gelungen, seinen Optimismus auf die Männer zu übertragen. Man ritt wie zu einem Jagdvergnügen, leichten Herzens und seiner Sache sicher.

Drei Scouts waren vorausgeschickt, das Terrain zu sondieren und unverzüglich Meldung zu erstatten, wenn sie auf Ungewöhnliches stoßen sollten. Die Scouts kamen nicht zurück, also hielt man es für sicher, sie seien auf nichts Ungewöhnliches gestoßen, und man würde sie am verabredeten Punkt wiedersehen. Weit vor dem verabredeten Punkt, dort, wo das ebene Gelände von Bergen auf beiden Seiten zu einer Art Schlucht verengt wurde, waren die Scouts in einen Hinterhalt der Dakotas geraten und mit Messern und Kriegsbeilen niedergemacht worden.

Der Weitspähende Falke hatte das Vorgehen der Dragoner richtig berechnet und sich nicht darauf beschränkt, den Taleingang gegen einen Ansturm zu verteidigen. Ein Verharren der Krieger am Taleingang hätte die Gefahr mit sich gebracht, daß ein Teil der Dragoner den Paß ungehindert hätte besetzen können. Den Feind so früh wie möglich und an einer Stelle anzugreifen, die nicht er bestimmen konnte, war seine Devise. Jetzt lag er mit zwei Dutzend Kriegern, die sämtlich mit Winchesterbüchsen bewaffnet waren, in Lauerstellung, hinter Felsbrocken und Bäumen versteckt und im Zwielicht der Dämmerung doppelt schwer auszumachen. Das freie Gelände war vielleicht dreihundert Schritt breit und bot einer berittenen Abteilung kaum Platz, sich zu entfalten. Wenn es hier zum Kampf kam, mußten die Dragoner absitzen, wollten sie nicht in die Gefahr geraten, unterm Kugelhagel und durch die Panik der Tiere aufgerieben zu werden. Dragoner zu Fuß aber waren unbeweglicher. Die Rechnung des Weitspähenden Falken ging auf. Als die sechzig Dragoner, in Viererreihen reitend, die Stelle erreicht hatten, an der er mit seinen Kriegern lauerte, gab er nicht sogleich den Befehl zum Feuern. Erst als die Kolonne fast vorbeigezogen war, stieß er den Kriegsruf aus. Die Wirkung der ersten Salve war verheerend. Fünf Soldaten sanken getroffen von den Pferden, und ebensoviel Tiere brachen unter den Kugeln zusammen. Die vorn Reitenden zügelten ihre Pferde, während die Reiter der letzten Glieder ihre Tiere anspornten, um aus der gefährlichen Zone herauszukommen. Das Ergebnis war ein Wirrwarr von Pferden und Menschen, die durcheinanderirrten. Die Indianer machten sich den Vorteil zunutze und schossen Salve auf Salve in das Knäuel.

Ehe noch Captain Ronald die Situation überschauen und seinem Hornisten das Signal zum Absitzen und Ausschwärmen befehlen konnte, verfügte er bereits nur noch über vierzig kampffähige Männer.

Jetzt allerdings bewährten sich militärisches Training und militärische Disziplin. Die Soldaten suchten und fanden Deckung in dem unübersichtlichen Gelände und erwiderten das Feuer, wobei sie freilich dadurch im Nachteil waren, daß sie die Stellung der Angreifer nur ahnen konnten und ihre Schüsse auf gut Glück abgeben mußten. Doch hinderten sie auf diese Weise die Indianer daran, sich allzuweit aus ihren Verstecken vorzuwagen und zum Nahkampf überzugehen.

Sergeant McDryden, der nicht abgesessen war, und die Pferdehalter trieben die Tiere zusammen und führten das Rudel einige hundert Schritt in die Richtung, aus der sie gekommen waren. Dort konnten sie von den Kugeln der Indianer nicht erreicht werden.

Der Weitspähende Falke, der diesen Vorgang beobachtet hatte, erkannte sofort die Chance, die darin lag, die Pferde wieder auf die Kämpfenden zuzutreiben. Durch einen Ruf beorderte er den Listigen Fuchs an seine Seite, setzte ihm seinen Plan auseinander, und Minuten später schlichen vier Krieger auf

das Rudel zu. Der Kampf mit den Pferdehaltern war kurz und heftig. Nur Sergeant McDryden entkam, doch auch er war getroffen und sank vom Pferd, als er Leutnant Forsythe erreicht hatte. Er konnte noch mit schwindender Stimme rapportieren, daß die Indianer die Pferdehalter überwältigt hätten, ehe er seinen letzten Atemzug tat. Da brausten die Tiere auch schon heran, von den roten Kriegern mit Geschrei und Gewehrschüssen aufgepeitscht, und galoppierten laut wiehernd von hinten auf die Dragoner zu, die sich, wollten sie nicht von den Hufen zerstampft werden, nicht anders retten konnten als dadurch, daß sie aufsprangen und so den Indianern ein bequemes Ziel boten.

Captain Ronald verlor über dieser neuerlichen unglücklichen Wendung schier den Verstand. Er sprang auf und stellte sich mit ausgebreiteten Armen den heranstürmenden Tieren entgegen. Der Weitspähende Falke zielte sorgfältig, ehe er abdrückte. Der Captain fiel vornüber. Jetzt gab es für die Soldaten kein Halten mehr. In wilder Flucht jagten sie auf Tanglewood zu, und nur wenigen gelang es, eins der Pferde einzufangen, sich in den Sattel zu werfen und zu entkommen. Einer der wenigen war Leutnant Forsythe.

Auch Bludgeon dachte nur noch daran sein Leben zu retten, da er sah, daß der Kampf verloren war. Als Ronald fiel, flammte eine an Wahnsinn grenzende Angst in ihm auf.

«Diese Schweine!» röchelte er. «Die Schweine!» Er krallte sich mit den Fingern in die harte Erde.

«Komm, Joe, wir müssen weg!» Das war Fletchers Stimme. Bludgeon spürte, wie er hochgerissen wurde. Dann fühlte er etwas Warmes an seinem Hals. Ein Pferd! Fletcher hatte es eingefangen.

«Los, Joe, in den Sattel! Ich setz mich hinter dich!» Das war die Rettung! Er sprang in den Sattel und trieb dem Tier die Sporen in die Weichen, daß es wild nach vorn schoß.

«Joe!» Fletcher hatte sich am Steigbügel festgeklammert. Ungläubiges Staunen malte sich auf seinem Gesicht, als Bludgeon ihn mit einem Fußtritt gegen die Brust zur Seite stieß. «Joe!» rief er noch einmal verzweifelt. Dann traf auch ihn eine Kugel. Er warf die Arme hoch und drehte sich halb um die eigene Achse, ehe er zusammenbrach.

In all dem Tumult hatte der Weitspähende Falke Bludgeon nie aus dem Auge verloren. So groß der Triumph auch sein mochte, den sie über eine Abteilung regulärer Truppen errungen hatten, er wäre unvollständig gewesen, hätte er Snaky Joe entkommen lassen. Die Stunde war gekommen, da alle Untaten aufgerechnet und gerächt werden mußten. Joe Bludgeon mußte sterben.

Vorsichtig bewegte er sich auf den Felsbrocken zu, hinter dem er Snaky Joe wußte. Dann sah er den anderen Mann bei ihm, seinen Kumpan, der sich einem Pferd in die Zügel geworfen und es zum Stehen gebracht hatte. Er sah, wie sich Bludgeon in den Sattel schwang und seinem Retter einen Fußtritt versetzte. Es nützt dir nichts, Snaky Joe, dachte er. Und er zielte auf die Brust des Pferdes. Das Pferd brach in die Knie und warf seinen Reiter in hohem Bogen ab.

Bludgeon kam taumelnd wieder auf die Füße.

«Snaky Joe!»

Bludgeon riß den Kopf in die Richtung, aus der der Ruf gekommen war. Er sah den Weitspähenden Falken, zerrte seinen Revolver aus dem Halfter und feuerte zwei Schüsse gegen ihn ab. Ein Lachen war die Antwort, ein lautes, kehliges Lachen. Bludgeon lief ein Schauer über den Rücken. Er rannte, als ob der Boden unter seinen Füßen glühendheiß wäre, und er wußte doch, daß er den Indianer nicht abschütteln konnte. Er ließ sich fallen, und als er den Kopf hob, sah er den Feind keine fünfzig Schritt entfernt. Er schoß, sprang wieder auf, schoß noch einmal. Der Weitspähende Falke blieb ihm auf der Spur.

Zu spät merkte Bludgeon, daß er gegen einen steilen felsigen Hang getrieben wurde. Als er versuchte, einen Haken zu schlagen, der ihn ins ebene Gelände zurückbringen sollte, trieben ihn Schüsse wieder auf den Hang zu. Er keuchte die Steigung hinan, fiel auf die Knie und kroch weiter. Kein Baum bot ihm Deckung. Nackt lag der Fels vor ihm. Der Weitspähende Falke folgte ihm, trieb ihn immer höher. Mit zitternden, blutenden Händen tastete er nach Spalten und Rissen im Stein. Längst hing ihm die Hose in Fetzen um die

Beine, und die aufgeschundenen Knie brannten. Schweiß biß ihm in die Augen, und Speichel floß ihm in den Bart. Als er wieder einmal sicheren Halt gefunden hatte, wollte er einen Schuß abgeben; aber der Hahn klickte nur. Die Trommel war leer. Mit fliegenden Fingern versuchte er, die Kammern wieder zu füllen. Aber da sah er den Falken zum Greifen nah unter sich, und er schleuderte den Colt nach ihm. Und wieder erscholl das schauerliche Lachen und trieb ihn höher. Als er die kleine Plattform erreicht hatte, war er am Ende seiner Kräfte. Gebannt starrte er auf den Rand, über dem bald der Kopf des Weitspähenden Falken auftauchen konnte, und eine namenlose Angst ergriff ihn bei der Vorstellung, in das Gesicht des Indianers sehen zu müssen. Hinter ihm löste sich ein Stein. Erschrocken fuhr er herum, und als er den Kopf wieder nach vorn wandte, sah er in das Gesicht. Er sah die Augen, die unverwandt und mitleidlos auf ihn gerichtet waren. Zwei, drei Sekunden lang hielt er dem Blick aus diesen Augen stand. Dann wich er zurück, Schritt um Schritt. Und als sein Fuß keinen Halt mehr fand, stieß er einen schrillen Schrei aus und stürzte in die Tiefe.

Der Weitspähende Falke zog sich auf den Felsvorsprung hinauf. Unter ihm breitete sich die Stille des Todes. Er ließ den Blick schweifen über das Land, das seine Heimat gewesen war und das er nun verlassen mußte. Und in dem Ruf, den er ausstieß, mischten sich Triumph und Trauer.

Teil 2

WEISSE WÖLFE

1 Der Winter von 1880 zu 1881 war in den Black Hills der härteste und längste seit Menschengedenken. Selbst die wenigen Siedler, die schon zwanzig Jahre in dem ohnehin rauhen Klima zugebracht hatten, konnten sich nicht erinnern, daß im späten März noch solche Schneemassen vom wirbelnden Wind über die Höhen und durch die Täler getrieben worden waren. Weiter zurück freilich reichte Niemandes Gedächtnis; denn keiner der Männer und Frauen aus den Dörfern im Umkreis von hundert Meilen hatte sich hier vor dem Beginn der sechziger Jahre niedergelassen. Die Dakotas aber, die dieses Gebiet bis vor fünf Jahren besiedelt hatten, waren vertrieben worden und würden, so schien es, nie mehr die Siedlung der Weißen am Fuß der schwarzblau schimmernden Berge behelligen.

Die Häuser von Tanglewood, der größten von einem halben Dutzend Siedlungen in den Tälern am südlichen Rand der Hills, lagen unter einer dichten weißen Decke, die schwer auf den hölzernen, mit Teer abgedichteten Dächern lastete, und auf der Straße und selbst auf den hölzernen Gehsteigen längs der Hausgiebel versank man knöcheltief im Schnee, dessen die Frauen vergebens mit Schaufeln und Besen Herr zu werden versuchten. Jeder gesäuberte Fleck bedeckte sich in Minutenfrist wieder mit einer zentimeterhohen Schicht aus glitzernden Kristallen. Die Menschen wagten sich nur in Felle und dickes Wollzeug gehüllt vor die Türen, die Hüte tief ins Gesicht gezogen, die Köpfe gegen den Wind gestemmt. Dennoch verklebten sich Augen und Nase mit Schnee. Selbst die Minen am Shining Stone Creek, in der viele der Männer von Tanglewood arbeiteten, hatte man vorübergehend stillgelegt, nachdem Versuche fehlgeschlagen waren, die Arbeit in dem großen Tagebau dadurch aufrechtzuerhalten, daß man bei Tag und Nacht Feuer unterhielt, um die wasserreiche Erde aufzutauen und den Arbeitern in den Pausen ein wenig Wärme zu geben. So hielt man denn in den Häusern von Tanglewood eine

Art Winterschlaf, kauerte um die lehmverschmierten Ziegelöfen oder die grob aus Feldsteinen gefügten Kamine und kroch unter die Decken, sobald die Dunkelheit von den Berghängen in die Täler flutete.

Sie sahen in diesem März alle ziemlich verwildert aus, die Männer und Frauen aus Tanglewood, die vom Waschen ohnehin nicht viel hielten, weil das Wasser knapp war und mühsam vom einzigen Reservoir am südlichen Ende der Siedlung herbeigeschafft werden mußte. Jetzt aber, da um jedes bißchen Wärme gerungen wurde wie vor Jahren um ein Goldkörnchen aus dem Creek, dachte erst recht niemand an Sauberkeit, und man nahm eher die Ungezieferplage auf sich, als daß man seinen Körper hin und wieder der Kälte preisgegeben hätte. So stachen denn die Gesichter seltsam grau von all der weißen Pracht ringsumher ab.

Jeder sehnte sich nach dem Frühling, der laut Kalender schon hätte Einzug halten sollen. Lieber den bodenlosen Morast der Schneeschmelze hinnehmen, so dachte jeder, als diese unmenschliche Witterung noch weiter zu ertragen. So träumten sie denn an ihren Öfen freundlicheren Tagen entgegen, dachten dabei manchmal auch mit Schaudern an die Arbeiter der General Mining Incorporation, die erst in den letzten beiden Jahren in diese Gegend gekommen waren und die noch keine Hütte in der Siedlung besaßen. Sie lebten oben am Creek in dünnwandigen und kaum heizbaren Baracken durch deren Ritzen der eisige Wind Schnee blies. Viele von denen, die erst im letzten Sommer in die Black Hills gekommen waren, angelockt vom guten Verdienst, der in Aussicht stand, hatten das Lager schon in Richtung Osten verlassen, als der Winter kein Ende nehmen wollte und das Geld knapp geworden war, da die Arbeit hatte eingestellt werden müssen. Andere waren in den Ort hinuntergekommen und hatten Unterschlupf in den Häusern gesucht. Doch das war ein teures Unterfangen. Denn die Eingesessenen ließen sich jeden Quadratfuß, den sie einem Fremden abtraten, mit unverhältnismäßig hoher Miete entgelten. Eine Nacht in einer warmen Stube um den Preis eines Vierteldollars war keine Seltenheit. Einem Arbeiter vom Creek, der geltend gemacht hatte, für das Geld habe er in Chicago in der besten Pension wohnen können und noch ein Frühstück dazu erhalten, hatte der habgierige Logiswirt geantwortet, dann solle er sich doch nach Chicago scheren; in Tanglewood werde gut verdient und entsprechend hoch bezahlt. Wenn gesagt worden ist, daß die Bewohner von Tanglewood sich nur selten aus ihren Hütten wagten, so heißt das nicht, sie hätten den einzigen Ort der Siedlung nicht aufgesucht, der ein bißchen Abwechslung im Einerlei eines Tages im Mittelwesten verhieß. Der Saloon hatte nichts von seiner Anziehungskraft eingebüßt. Im Gegenteil: in dem Verhältnis, in dem der Schnee die Lebensgeister einschläferte, stieg die Anziehungskraft dieses Treffpunkts. Und war auch das Geld knapp, Tom Payne, der im Auftrag der General Mining Incorporation die Geschäfte führte, schrieb an.

«Schenken Sie den Leuten ein, soviel sie wollen», hatte Harrington gesagt. «Wenn sie nicht saufen, kommen sie auf dumme Gedanken oder laufen weg. Und an beidem hat die Incorporation natürlich kein Interesse. Wir werden schon zu unserem Geld kommen, wenn das Wetter umschlägt und die Arbeit wieder aufgenommen werden kann.»

Und Tom Payne tat, wie ihm geheißen worden war, ja, er ermunterte die Männer sogar, noch einen Schluck Whisky oder Rye oder ein Glas Bier auf Pump zu trinken. «Gegen Kälte und Stumpfsinn helfen nur die Geister», pflegte er zu sagen, und er goß sich zur Bekräftigung seiner Worte regelmäßig einen Hieb aus einer guten Flasche ein. Denn Tom Payne war ein Liebhaber von Gebranntem aller Art und hatte es durch langen vertrauten Umgang mit dem Alkohol zu erstaunlicher Standfestigkeit gebracht.

Nach dem Überfall der Dakotas auf Tanglewood vor fünf Jahren war als erstes Haus der Saloon wieder aufgebaut worden. Nur noch ein paar rauchgeschwärzte Balken an der Decke, die man wieder verwendet hatte, erinnerten an den großen Brand. Jetzt war dieser Saloon in nichts mehr mit der Bretterbude von damals zu vergleichen. Die Theke, aus massivem Mahagoni und von einer schweren Messingstange umlaufen, hätte jedem gutbürgerlichen Etablissement einer mittleren Stadt Ehre gemacht. Die Dielen waren stets sauber gescheuert, und an jedem Tisch erinnerte ein Spucknapf aus Porzellan die tabakkauenden Männer daran, daß sie hier nur zu Gast und nicht zu Hause waren und daß sie gefälligst ihren braunen Speichel nicht auf den Fußboden spucken sollten. Rechts von der Theke, in einem eichengetäfelten Raum von zehn Fuß im Geviert, war sogar etwas wie ein Séparée entstanden, das den Männern vorbehalten blieb, die sich zur Prominenz des Ortes zählen konnten: Direktor Harrington natürlich, der im ersten Stock zwei komfortabel eingerichtete Zimmer bewohnte, dann dem Friedensrichter Emerson, dem Sheriff Pat Patterson, Sam Blake, dem einzigen Landbesitzer, der sich noch gegen die General Mining Incorporation hatte behaupten können, dem Captain Forsythe, der das Dragonerlager am Poker Flat befehligte und eigentlich öfter, als sein Dienst es erlaubte, hier zu finden war, und den Gästen der Corporation. Hier wurde auch kalifornischer Wein serviert, für den die Männer in der Wirtsstube nichts übrig hatten und der zudem ihre Finanzen gar zu arg strapaziert hätte. Wenn sich dennoch einer der Minenarbeiter oder ein durchziehender Trapper in dieses Séparée verirrte, dann sorgte Tom Payne freundlich, aber entschlossen dafür, daß er augenblicklich den Platz räumte. Wenn es notwendig geworden wäre, hätte er Gewalt angewendet. Aber das war bisher nicht nötig gewesen.

Am Abend eines Samstags in jenem kalten März, der besonders tiefe Temperaturen gebracht hatte, saßen Sam Blake und der Sheriff Pat Patterson in der abgeteilten Stube. Blake, grauhaarig, aber mit noch immer faltenlosem feistem Gesicht, glühte bereits vom Whisky. Er hatte beide Ellenbogen auf die

Tischplatte gestützt, und von seinem rechten Handgelenk hing an einer Lederschlaufe eine kurze Peitsche mit langem Riemen herab. Blake war berühmt wegen dieser Peitsche, und er ließ sich in der Öffentlichkeit nie ohne sie sehen. Es hieß, er binde sie auch beim Schlafen nicht vom Handgelenk los. Aber das war nur eine Vermutung, die besonders die später angekommenen Siedler einander zuraunten. Wer Blake von früher kannte, der wußte, daß er sich jetzt mit der Peitsche nur noch schmückte. Ja, vor Jahren noch, da war sie seine gefürchtete Waffe gewesen, und manch einer, der Blake oder seinem Eigentum in unlauterer Absicht zu nahe gekommen war, hatte sie zu spüren bekommen. Jetzt handhabte er sie nur noch manchmal zum Gaudi der Zuschauer, etwa um einem Mann auf zehn Schritt Entfernung eine Spielkarte aus der Hand zu schlagen, ohne dessen Haut auch nur zu streifen. Für seine Sicherheit sorgten inzwischen zwei von ihm als Kutscher gedungene Männer, die sich nie allzuweit von ihm entfernten und die auch jetzt an der Theke lehnten und Whisky mit viel Wasser verdünnt tranken. Blake war wohlhabend geworden, er war der einzige Mann im Ort, der der Corporation die Stirn zu bieten wagte. Seinen Reichtum verdankte er vor allem einer Art Monopol auf den Geldtransport, das sich noch aus der Goldgräberzeit erhalten hatte, als er der einzige gewesen war, der die Nuggets in blanke Dollars umgewechselt hatte.

Das Gepräch des Sheriffs Patterson mit Blake war schon über das Wetter, dieses nie zu erschöpfende Thema in dieser Einöde, hinaus gediehen. Sie hatten einander nicht mehr viel zu sagen und beschränkten sich auf gelegentliche Bemerkungen. Zudem schien Sam Blake nicht in der Stimmung zu sein, gemeinsam Erlebtes aufzuwärmen, was sonst stets das Zentrum ihrer Unterhaltungen bildete. Auch Patterson verspürte wenig Lust, die Rede wieder einmal auf Snaky Joe zu bringen, ihren alten Widersacher, der ihnen beiden nach dem Leben getrachtet hatte und der dann doch zu Tode gekommen war, ohne ihnen den Garaus zu machen.

Patterson zog an seiner Zigarre. Vor einem Monat hatte er seinen dreißigsten Geburtstag gefeiert, und jeder, der ihn von früher kannte, als er noch Blakes Angestellter gewesen war, bescheinigte ihm, er habe sich in den Jahren herausgemacht. Und das hieß, er sei männlicher geworden, besonnener und weniger leicht aus der Fassung zu bringen. Patterson nahm solche Komplimente ruhig hin und lächelte. Dieses Lächeln, das oft auf seinem breiten Gesicht stand, war gewiß mit ausschlaggebend dafür gewesen, daß man ihn vor drei Jahren zum Sheriff gewählt hatte. Dieses Lächeln schuf Zutrauen, war der sichtbare Ausdruck der Redlichkeit dieses Mannes, der ein guter Schütze war und der dennoch seine Colts nie mutwillig gebraucht hatte.

Blake starrte auf die Tischplatte. Er war müde geworden. Zwanzig Jahre in Tanglewood hatten ihn ausgehöhlt, und er hätte sich längst in einen ruhigen Ort an der Ostküste zurückgezogen, wenn nicht der Widerstandswille – Harrington nannte es «Altersstarrsinn» – gewesen wäre. Was lag ihm schon an diesem rauhen Land, wo die Winter sich bis weit ins neue Jahr ausdehnten?

«Man sollte sich was gönnen», sagte er mit schwerer Zunge. Mit der Linken machte er eine fahrige Bewegung über die Tischplatte hin. «Nur ein bißchen was gönnen.»

«Gönn dir mehr Schlaf, Sam», sagte Patterson.

«Du kannst gut spotten. Du bist jung. Ich habe mein Scheißleben in diesen Bergen verschlissen, unter Rothäuten und Weißen, denen die Geldgier aus allen Poren gestunken hat.»

Pat Patterson kannte die Leier. Wenn Blake ein bestimmtes Stadium der Trunkenheit erreicht hatte, begann er stets darüber zu jammern, daß er sich nichts gegönnt hätte. War er nüchtern, hatte sich die weinerliche Stimmung in Nichts aufgelöst. Dann suchte er jede Gelegenheit, sich und anderen zu beweisen, daß er noch immer der alte Sam Blake war, der Händler, der sich ein Vermögen damit zusammengescharrt hatte, daß er den Rothäuten für gute Felle minderwertiges Zeug verkauft hatte: Fusel, schlechten Tabak, von der Armee ausrangierte Wolldecken und ähnliche Ramschartikel. Patterson winkte müde ab.

«Laß, Sam! Über Mangel an Geldgier hast du dich dein Lebtag noch nicht zu beklagen brauchen. Damals, als ich und Chat noch bei dir geschuftet haben, für freie Station, ein Paar Hosen, einen Dollar die Woche, ein Hemd und eine Kiste Whisky im Jahr ...»

«Wirst du wohl auch nie vergessen», unterbrach ihn Blake nörgelnd. «Als ob ich euch schlecht behandelt hätte, dich und den armen Chat, Gott hab ihn selig. Habe ich dich nicht gesund gepflegt, als Snaky Joe euch am Creek überfallen hatte? Das vergißt du wohl.»

«Laß gut sein, Sam. Ich vergesse nichts, das weißt du.»

«Ich weiß nichts!» Blakes Stimme war in Greinen übergegangen. «Gar nichts! Ich weiß nur, daß man mich hier rausbeißen will, mich, Sam Blake, der hier schon gesessen hat, als noch kein verdammter Siedler weit und breit zu sehen war. Blakestown müße das Nest von Rechts wegen heißen. Miningtown wird es bald heißen, nach dieser Gesellschaft, die euch noch alle in die Tasche steckt, einen nach dem anderen.»

«Mich nicht. Ich bin der Sheriff in Tanglewood.»

In diesem Punkt war Pat Patterson empfindlich. Seit er vor drei Jahren in das Amt des Sheriffs gewählt und vom Gouverneur in diesem Amt bestätigt worden war, setzte er seinen Stolz darein, unparteiisch zu sein und, nur dem Buchstaben des Gesetzes folgend, Ruhe und Ordnung aufrechtzuerhalten. Und es schien, als sei ihm darin einiger Erfolg beschieden. Vorbei waren die Zeiten, da Snaky Joe mit Hilfe seiner Bande den Siedlern von Tanglewood seinen Willen hatte aufzwingen können, vorbei auch die Ungesetzlichkeiten bei der Landnahme. Wer jetzt in der Umgebung von Tanglewood Land erwerben wollte, der mußte entweder der Regierung oder dem Eigentümer dafür bezahlen. Darüber wachten er und der Friedensrichter Emerson. Die Gewaltverbrechen waren seit Snaky Joes Tod stark zurückgegangen. Was jetzt noch den vergitterten Raum hinter dem Sheriffbüro bevölkerte, das waren meistens Betrunkene, die randaliert hatten und ausnüchtern mußten, oder Diebe, die bis zur Überführung zum Gericht von Ogalalla City hier einquartiert wurden.

Tanglewood war kein bevorzugter Tummelplatz mehr für lichtscheues Gesindel, das hatte sich im Land herumgesprochen. Und was die General Mining Incorporation anging: mit der war Pat Patterson bisher stets ausgekommen. Die half, die Ordnung aufrechtzuerhalten. Harrington hatte eine eigene Schutztruppe aufgestellt, die dafür sorgte, daß es im Lager der Arbeiter am Creek ruhig blieb. Und die Schutztruppe hatte sich bisher noch nie in die Angelegenheiten der Siedlung eingemischt, war immer im Bereich ihrer Kompetenz geblieben, wie der Friedensrichter das nannte. Dennoch sah Patterson die schwerbewaffneten Burschen mit den verwegenen Gesichtern ungern in der Siedlung. Wenn sie den Saloon bevölkerten, knisterte die Luft vor mühsam unterdrückter Gewalttat, und die Prügeleien, die hier stattfanden, gingen meist auf ihr Konto. Ihr Anführer, der schiefhalsige Bashan, sah zwar streng darauf, daß die Colts in den Halftern steckenblieben. Doch wer konnte ihm schon trauen, dem früheren Intimus von Snaky Joe, der für seine Rücksichtslosigkeit bekannt war und der mehr Menschen auf dem Gewissen hatte als irgend jemand sonst im weiten Umkreis.

«Der Sheriff in Tanglewood ... Mann, Pat!» Blake lüftete umständlich den Hintern und lehnte sich über den Tisch. «Wenn die Incorporation morgen beschließt, du bist es nicht mehr, dann bist du die längste Zeit Sheriff gewesen. Dann kriegst du in diesem verflucht vornehmen Saloon nicht mal mehr einen Schnaps eingeschenkt. Glaub einem alten Mann, den in seinem Leben schon mehr Hunde angepißt haben, als dich Mädchen geküßt haben. Hinter mir sind sie her, seit die ersten Prospektoren in den Hills Zinn und Kupfer entdeckt haben. Aber meine dreitausend Acres am Creek bekommen sie nicht. Ich lasse mich nicht aus dem Geschäft drängen wie die kleinen Golddigger, die so enttäuscht waren, daß sie den Mist nicht klumpenweise fanden und hungern mußten. Denen konnte man den Claim für ein Butterbrot abschwindeln. An mir beißen sie sich die Zähne aus. Sam Blake hat einen langen Atem. Und Sam Blake hat noch immer die Konzession für den Geldtransport, verbrieft und versiegelt von der Western Bank in Ogalalla City. Die Mining Corporation selbst ist auf mich angewiesen. Ohne mich kann sie keinen Cent Lohn zahlen. Glaub mir, Pat, ich habe einen langen Atem!»

Patterson fand nur, daß Blake einen übelriechenden Atem hatte. Er drückte ihn auf seinen Stuhl zurück und sagte: «Sam, du mußt dich endlich daran gewöhnen, daß du in diesem Kaff nicht mehr der König bist. Als du noch die Golddigger mit deiner schiefen Waage beschwindeln konntest und jede Woche zwei Säcke Staub und Nuggets nach Ogalalla City geschickt hast, da hast du in anderen Tönen gesungen. ‹Freie Bahn dem Tüchtigen›, hieß es damals. Und jetzt, wo Tüchtigere als du aufgetaucht sind, jetzt jammerst du. Unsere Verfassung garantiert jedermann, ohne Ansehen der Person, den Anspruch auf Glück, und ich bin dazu da, darüber zu wachen, daß dieses Gesetz in unserem Ort Wirklichkeit bleibt.»

Der letzte Satz klang wie einstudiert, und in der Tat hatte Patterson ihn aus einer «Anleitung für den Sheriff», die ihm kurz nach seinem Amtsantritt vom Gouverneur samt der Verfassung per Boten zugeschickt worden war. In diesem Büchlein las er eifrig, und so konnte es nicht ausbleiben, daß das amtliche Vokabular in seinen Spachschatz überging.

Sam Blake grinste nur.

«Jawohl», bekräftigte Patterson, «ich sorge dafür, daß das Gesetz hier gewahrt wird.»

«Pat Patterson, der kühne Gesetzesbewahrer!» Blake schüttelte ungläubig den Kopf. «Mit dem Blechding da», er wies auf den Sheriffstern an Pattersons Hirschlederjacke, «hast du wohl deinen Verstand beim Gouverneur abgegeben. Realitäten zählen, Junge, sonst nichts. Und Realitäten sind nicht blanke Sterne, sondern blanke Dollars. Als die Incorporation sich vor drei Jahren hier breitmachte, war mir klar, daß sie bestimmen würde, was Gesetz in Tanglewood und Umgebung ist. Weißt du, wieviel Stammkapital die hat?»

«Stammkapital?»

«Ja, was sie so mitbringt. Dreißig Millionen! Mach mal was gegen dreißig Millionen.»

«Du hast dich hoffnungslos in dein Geschäftsdenken verrannt.» Sheriff Patterson wurde ärgerlich. Sobald Blake eine Zahl zwischen die Zähne bekam, biß er sich auf ihr fest. Das war mit den Jahren immer schlimmer geworden. Manchmal glaubte Patterson, das Geld allein regiere Blake, und dann war er drauf und dran, ihm die Freundschaft aufzukündigen. In solchen Fällen erinnerte er sich dann doch an die Situationen, in denen Blake sich unerschrocken und unbekümmert um die Folgen, die seine Unerschrockenheit heraufbeschwören konnte, verhalten hatte, an die Versammlung im alten Saloon zum Beispiel, als er dem Anspruch Snaky Joes auf alles Land am Creek ohne Furcht entgegengetreten war. Das stimmte Patterson dann stets versöhnlicher, ließ in ihm die Sympathien für Blake wieder aufleben. Auch jetzt tat es ihm nach Sekunden schon leid, Blake so barsch behandelt zu haben, und er fügte hinzu: «Aber einer ist nun mal nicht wie der andere.»

«Quatsch!» Blake goß den Rest Whisky aus seinem Glas auf einmal hinunter und rief nach dem Wirt. «Jeder sieht zu, daß er mit dem Arsch an die Wand kommt. Da gibt es keinen Unterschied. Und der beste Schutz ist nun mal ein Stapel Dollars.»

Gleichzeitig mit Tom Payne, dem Wirt, betrat Collins P. Harrington, Direktor der General Mining Incorporation, das Séparée, gefolgt von seiner riesigen schwarzen Dogge. Harrington war ein Mann von schwer zu schätzendem Alter – vielleicht hatte er die Fünfzig schon erreicht, vielleicht war er jünger –, den in den Augen der Frauen das weiße Haar besonders interessant machte. Nur der dünne Mund wollte nicht so recht zu dem ebenmäßig geschnittenen vollen Gesicht passen, das von großen grauen Augen beherrscht wurde, die stets hellwach in die Welt blickten. In Tanglewood trug er nur tadellos geschneiderte Anzüge, und nur, wenn er die Minen am Shining Stone Creek inspizierte, war er in die landesüblichen Lederhosen und -jacken gekleidet. Das, so dachte er, machte Eindruck bei den Arbeitern und ließ ihn eher ins Gespräch mit ihnen kommen.

«Hallo, Gentlemen! Ich sehe, die Sitzung ist schon weit fortgeschritten.» Das sagte er ohne einen Anflug von Anzüglichkeit, ganz so, wie man zu Freunden spricht, zu denen man stößt, wenn sie schon in vorgerückter Stimmung sind. Ungeachtet der scheelen Blicke, die Blake erst ihm und dann dem Hund zuwarf, fuhr Harrington im selben Ton fort: «Der ewige Schnee kann einem auch auf die Nerven gehen. Da ist ein Glas nicht zu verachten.»

Und er setzte sich mit Selbstverständlichkeit neben Sam Blake, streckte mit wohligem Stöhnen die Beine weit unter den Tisch, so als habe er einen weiten Weg hinter sich gebracht und sei nicht nur die fünfzehn Treppenstufen aus seinem Zimmer heruntergestiegen. Der Hund legte sich neben ihm nieder und hechelte mit heraushängender Zunge.

«Das Wetter wird sich wieder bessern», sagte Blake. «Wenn alles andere so gewiß ins Lot käme, dann gäb's bei Gott keinen Grund zu klagen.»

Harrington tat, als verstehe er die Anspielung nicht. Er lächelte flüchtig und ließ dabei zwei Goldzähne sehen; «die einzigen, die es in Tanglewood gibt», pflegte er zu sagen, wenn er bei guter Laune war.

«Ja, da haben Sie schon recht, Mister Blake. Nur begreife ich nicht, was Sie mit ‹allem anderen› meinen. Tanglewood ist das ruhigste Nest im ganzen Mittelwesten, würde ich meinen. Stimmt's Sheriff? Sie können das doch am besten beurteilen.»

Patterson brummte so etwas wie Zustimmung. Er mochte es nicht, wenn er von Harrington zum Zeugen seiner Meinung aufgerufen wurde. Denn obwohl sich der Minendirektor ihm gegenüber bisher korrekt verhalten hatte, konnte er sich nicht entschließen, ihm mehr als sachliche Höflichkeit entgegenzubringen.

«Denken Sie doch nur an die Zeit», fuhr Harrington unbeirrt fort, als gäbe er Neues zum besten, «als Snaky Joe hier die Indianer abschlachten ließ, bis er selber von ihnen in die Ewigen Jagdgründe befördert wurde. Dabei sind Sie doch auch zu Schaden gekommen, Mister Blake. Oder irre ich mich? Haben die Dakotas nicht auch Ihr Blockhaus und die Lagerräume eingeäschert? Das ist jetzt vorbei, Gott sei Dank.»

«Sie haben recht, Mister Harrington, die Indianer sind weg und werden wahrscheinlich nie mehr hier auftauchen», stimmte Blake zu. «Nur müssen wir jetzt mit neuen Quälgeistern fertig werden. Und was Snaky Joe angeht: Seinen Gorilla Bashan haben Sie als Chef Ihrer Sicherheitstruppe angeheuert. Was der Dreckskerl in seinem Leben schon alles an Scheußlichkeiten begangen hat, ist gar nicht mehr aufzurechnen.»

Harringtons Lächeln wurde säuerlich, und man sah es seinen gespannten Wangenmuskeln an, daß er nur noch mit Mühe den Schein der Freundlichkeit aufrechterhielt. Die schwarze Dogge, als teile sie den Unmut ihres Herrn, hechelte schneller und ließ ein leises Knurren hören.

«Das scheint mir nun doch nicht Ihre Sache zu sein, Mister Blake», antwortete Harrington ruhig. «Solange Bashan sich nichts zuschulden kommen läßt, ist er ein Bürger unserer Siedlung wie jeder andere, und er hat ein Recht darauf, behandelt zu werden wie alle. Was wollen Sie? Konnte man ihn je wegen einer Scheußlichkeit, wie Sie sagen, vor Gericht stellen? Ist er Ihnen jemals zu nahe getreten?»

«In den letzten Jahren nicht mehr. Der hat wahrscheinlich noch die Schnauze voll von damals, wo ich ihn mehr als einmal hab abblitzen lassen. Ich würde ihm auch jetzt nicht raten, sich in meine Angelegenheiten zu mischen. Mit Banditen wie dem mache ich kurzen Prozeß.»

«Bleib ruhig, Sam», mischte sich nun Patterson ein, obwohl es ihm schwerfiel, für Bashan Partei zu ergreifen. «Mister Harrington hat recht. Bashan beschränkt sich darauf, mit seiner Truppe am Creek die Ordnung aufrechtzuerhalten. Und wenn du schon von seiner Vergangenheit sprichst: Ich hätte mehr Grund, ihm nicht über den Weg zu trauen. Schließlich war er bei Snaky Joe, als wir am Creek überfallen wurden. Wahrscheinlich hätten sie mich damals auch abgemurkst wie den armen Chat, wenn die Indianer nicht dazwischengekommen wären. Aber ich sage mir: Ein Mensch kann sich ändern. Und Bashan ist ein Mensch.»

«Er ist ein Wolf. Und Wölfe lassen das Reißen nicht.» Blake stand auf. «Mir ist der Appetit am Schnaps vergangen. Guten Abend, Mister Harrington. Auf bald, Sheriff.»

Er stülpte seine Fellmütze über den Kopf, ging forsch, wenn auch ein wenig schwankend, aus dem Séparée und ließ den Riemen seiner langen Peitsche demonstrativ hinter sich herschleifen. An Paynes Theke gab er seinen beiden Begleitern einen Wink, und die rutschen sofort von ihren Hockern und folgten ihm.

«Bezahlt wird morgen!» rief er über die Schulter dem Wirt zu. Noch einige Sekunden lang pendelte die Tür, die er mit Macht aufgestoßen hatte.

«Ja, ja, der gute Sam Blake!» Harrington schickte dieser ungewissen Feststellung einen halben Seufzer hinterher. «In seinem Alter sollte man es mehr mit der Ruhe halten. Meinen Sie nicht, Sheriff?»

«Ja, schon ...»

Patterson wußte nicht, worauf der Direktor hinauswollte. Unbehaglich fingerte er an seinem Halstuch, rückte sein Glas hin und her. Er war – er wußte nicht zu sagen, warum – auf der Hut.

«Man sollte sich mal etwas gönnen», fuhr Harrington fort, «in seinem Alter. Sehen Sie, Sheriff, wenn ich noch ein paar Jahre hier abgebrummt habe, dann gehe ich auch in den Osten zurück. Dann halten mich keine zehn Pferde hier. Aber mit so einem alten Westerner wie Blake, ist das wohl etwas anderes. Die brauchen den Dreck und die ganze hölzerne Pracht.» Er wies mit einer umfassenden Geste auf die Wände des Séparées, und der Hund folgte der Bewegung aufmerksam mit den Augen. «Und doch würde ich Blake empfehlen, mal die Landschaft zu wechseln. Aber mit ihm kann man ja nicht reden, in Ruhe und verständnisvoll, meine ich.»

Es schien Patterson, als schwinge in den teilnehmenden Worte Harringtons eine leise Drohung, zumindest die Entschlossenheit, es nicht beim ruhigen, verständnisvollen Zureden zu belassen, wenn der andere sich seinen Anregungen gegenüber bockbeinig verhielt. Aber dann verscheuchte er seine Bedenken. Ich bin schon genau wie Blake, sagte er sich und wittere überall Unrat, wo die Mining Incorporation im Spiel ist. Bis jetzt wenigstens waren Harrington und seine Leute korrekt.

«Bis jetzt», sagte er, ohne es zu wollen, halblaut, und Harrington blickte ihn verwundert aus seinen wachen grauen Augen an.

«Was gibt es, Sheriff?» fragte er.

«Ich habe nur laut gedacht.»

«Besser laut als gar nicht», stellte Harrington sachlich fest und nippte an seinem kalifornischen Wein, den Payne inzwischen gebracht hatte. «Wo kämen wir hin, wenn wir das Denken aufgäben! Ich hatte mal einen Angestellten ...»

Patterson hatte keine Lust, eine der vielen Anekdoten anzuhören, die Harrington bei jeder Gelegenheit zum besten gab. Er stand auf, ohne das Ende des ersten Satzes abzuwarten. «Entschuldigen Sie mich, Harrington», sagte er. «Ich muß zum Schmied, ehe es dunkel wird. Meinem Gaul fehlt ein Eisen an der Hinterhand.»

Damit nahm er seinen Hut vom Haken, warf sich seinen Fellmantel um und verließ das Séparée mit einem gemurmelten Gruß, ohne sich um Harringtons erstauntes Gesicht zu kümmern.

2 Die drei Männer und die Frau, die durch das Hügelland der Hochprärie nahe dem Fort Robinson ritten, waren in löchrige, schmutzige Decken gehüllt. Reglos hockten sie auf ihren Pferden, die sich mühsam gegen den kalten Wind stemmten, mit geblähten Nüstern und Schaum vor den Mäulern, und auf unsicheren Beinen nur langsam vorankamen. Der wochenlange Weg

herab von der kanadischen Grenze hatte Menschen und Tiere ausgepumpt. Sie sehnten sich nach Wärme, nach Nahrung, nach Schlaf. Nur hin und wieder zuckte eine Hand am Zügel, einem Tier den Weg zu weisen. Die Gesichter waren wie versteinert.

Der Mann, der die kleine Kolonne anführte, hatte als einziger nicht seine Decke um den Kopf geschlungen, so sah man die Stirnbinde, die ihn als einen Häuptling der Dakota auswies. Seine Züge waren von der Entbehrung gezeichnet: die Augen tief in den Höhlen liegend, die Backenknochen weit vorspringend, die kupferbraune Haut mit einem gräulichen Schimmer überzogen. Doch er ließ aufmerksam die Blicke schweifen, wie einer, der Gefahr in der Nähe weiß.

Sie ritten einen Hügel hinauf, dessen Kamm sich undeutlich gegen den schneeverhangenen Himmel abhob. Nur das schwache Schnauben der Pferde war zu hören. Als der Vorreiter den Kamm erreicht hatte, wandte er den Kopf zu seinen Gefährten zurück. Sein Blick galt vor allem der Frau, die hinter ihm ritt, und für eine Sekunde wich die Spannung aus seiner Miene, machte einem gelösteren Ausdruck Platz. Wie zur Ermutigung hob er leicht die Linke. Die Frau nickte und versuchte ein Lächeln.

Dann hatten alle vier den Kamm erreicht, von dem aus sich ein dunstverhangener Blick in das Tal und auf die umliegenden Hügel bot. Jenseits der

Senke lagen auf einer mäßigen Anhöhe die Baracken von Fort Robinson, dem letzten Stützpunkt der Armee vor den westlichen Ausläufern der Black Hills. Die drei Männer und die Frau starrten wie gebannt auf diese ersten Anzeichen menschlicher Besiedlung, die sie nach über einer Woche erblickt hatten.

«Das Fort der Langmesser», sagte der Häuptling leise, mehr wie zu sich selbst. Er wandte sich an die Frau: «Sollen wir rasten, Blauhaar? Oder hältst du noch bis zum White River durch? Vor Sonnenuntergang werden wir den Fluß erreichen.»

Die Frau schlug die Decke zurück. Ihr Gesicht, von Hunger, Kälte und Schlaflosigkeit gezeichnet, wie das des Häuptlings, wandte sich dem Sprecher zu.

«Reiten wir, Weitspähender Falke», sagte sie. «So nahe am Ziel soll man nicht unnötig rasten.» Ihre Stimme klang spröde wie von großem Durst gepeinigt.

Der Weitspähende Falke gab den beiden Männern ein Zeichen und begann, sein Pferd den Hang hinab zu dirigieren. War der Aufstieg für die Tiere schon schwer gewesen, das Bergabgehen wurde ihnen vollends zur Qual, wenn auch die Neigung nicht erheblich war. Mit hochgereckten Hälsen und steifen Vorderbeinen rutschten sie mehr, als sie gingen, und rissen die Augen schreckweit auf. Schon wollte der Häuptling den Befehl zum Absitzen geben, um die Pferde nicht unnötig zu fordern, als er hinter sich einen qualvollen Seufzer, gefolgt von einem dumpfen Aufschlag, und Gepolter hörte. Er wandte sich blitzschnell um und sah eines der Pferde mit eingeknickten Vorderbeinen den Hang hinunterrutschen. Sein Reiter ließ sich gerade noch rechtzeitig aus dem Sattel fallen, um nicht unter das sich jetzt überschlagende Tier zu geraten.

Sofort zügelten die drei ihre Pferde, die sich ängstlich zusammendrängten. Der Weitspähende Falke saß ab. Er ging zu dem Mann, der noch benommen am Boden lag, beugte sich mit besorgtem Blick über ihn.

«Ist mein Bruder Listiger Fuchs verletzt?» fragte er.

Der andere schüttelte den Kopf; ob als Verneinung oder um seine Benommenheit loszuwerden, war nicht zu entscheiden.

Der Weitspähende Falke faßte den Mann unter beide Achseln und stellte ihn auf die Beine. Die Decke glitt herab. Der linke Ärmel seines Lederhemds war zerissen, die Haut des Oberarms zerschrammt.

«Ich habe es kommen sehen», sagte der Listige Fuchs.

Langsam trottete er hinunter, bis zu der Stelle, wo sein Pferd gegen einen Baum geprallt und liegengeblieben war.

Er zog die Winchester aus dem Sattelfutteral, um dem Tier den Gnadenschuß zu geben.

Mit wenigen großen Sätzen folge ihm der Weitspähende Falke. Er legte dem Begleiter eine Hand auf die Schulter.

«Tu's nicht!» sagte er. «Das Fort ist nahe. Nimm einen Pfeil.»

«Wozu jetzt noch Vorsicht?» Der Listige Fuchs sah den Häuptling mehr entmutigt als verärgert an. «Wie lange wird es dauern, bis auch eure Pferde fallen?» Und nach einer Pause unbehaglichen Schweigens fuhr er fort: «Es hat keinen Sinn mehr. Wir kommen nicht weiter.»

Der Weitspähende Falke wollte ihm mit einer Handbewegung das Wort abschneiden. Aber der Listige Fuchs tat, als sähe er die gebieterische Geste nicht. Er richtete sich auf, wandte sein Gesicht dem Fort auf dem gegenüberliegenden Hügel zu.

«Ja, da drüben liegt das Fort», sagte er, und in seinem Blick glomm ein Funken Hoffnung. «Da ist Wärme, da gibt es Nahrung. Denk an deine Frau, Falke. Sie leidet am meisten. Wie sollen wir uns schützen, wenn wir wieder in einen Schneesturm geraten?»

«Wir müssen in die Reservation, zu unserem Oberhäuptling Rote Wolke.»

«Die Reservation erreichen wir nicht mehr.» Jetzt war offener Trotz in der Stimme des Listigen Fuchses. Und er wiederholte: «Da drüben liegt das Fort. – Und da drüben sind Menschen», setzte er hinzu.

Der Weitspähende Falke bedachte seinen Gefährten mit einem Blick voller verachtenden Mitleids. «Menschen», sagte er, und er schickte ein Lachen hinterher, das heiser war vom Hohn. «Hat der Verstand meines Bruders Listiger Fuchs durch den Sturz vom Pferd gelitten?» Unwillkürlich war er in die umständliche und förmliche Redeweise gefallen, die an den Beratungsfeuern üblich war. «Weiß er nicht mehr, was uns diese Menschen angetan haben? Hat er vergessen, wie sie Hunderte seiner Brüder hingeschlachtet haben?»

«Ich bin müde», wandte der Listige Fuchs ein, «und hungrig.»

Der Weitspähende Falke schien den Einwand nicht zu hören.

«Vier Jahre lang haben sie uns gehetzt wie die tollen Hunde, seit der Schlacht am Little Bighorn.» Er sprach, ohne dem Listigen Fuchs auch nur einen Blick zu schenken, sprach so, als verkünde er einer harrenden Menge Neues von Wichtigkeit. «Durch ausgedörrte Steppen sind wir gezogen, durch verschneite Wälder. Im Regen sind uns die Kleider weggefault, der Schnee hat unsere Zelte einstürzen lassen. Und immer waren wir auf der Flucht, haben uns kärglich ernährt. Die Kinder sind vor Hunger eingegangen, unsere Frauen ihnen vor Gram nachgestorben. Vier Jahre lang konnten wir die Gräber unserer Ahnen nicht besuchen.»

«Ich weiß das alles», warf der Listige Fuchs ungeduldig ein, während sein Blick unverwandt auf den Umrissen des Forts ruhte.

«Mein Bruder scheint aber alles vergessen zu haben, weil er jetzt davon spricht, zu den Langmessern gehen zu wollen. Hat er auch vergessen, was unseren Kriegern geschah, die sich in die Forts und Siedlungen der Bleichgesichter begeben haben, weil sie müde waren? Denk an Tasunka-witko, mein Bruder. Er hat der Großmut der Sieger vertraut. Er wurde ermordet.»

Die Erwähnung Tasunka-witkos bewirkte eine erstaunliche Wandlung in der Stimmung des Listigen Fuchses. Plötzlich ließ er den Kopf hängen; aller Trotz war aus ihm gewichen. Erinnerte er sich daran, wie niederschmetternd die Nachricht gewesen war, daß dieser kluge, tapfere Häuptling den Tod durch Wortbruch der Weißen erlitten hatte?

Der Weitspähende Falke bemerkte sofort den Wandel in der Stimmung des Freundes. Er trat einen Schritt näher, legte ihm einen Arm um die Schulter, wie um ihn zu trösten, und mit dieser vertraulichen Geste schwand dessen letzter Widerstand.

«Erschieß das Pferd mit einem Pfeil», wiederholte der Weitspähende Falke. «In wenigen Tagen sind wir im Land unserer Väter. Dort streift der Kleine Wolf mit einer Abteilung der Cheyennes umher. Wenn wir sie erreichen, sind wir gerettet.»

Als der Listige Fuchs sich niederbeugte, sah er, daß das Pferd bereits verendet war. Die starren Augen des Tieres blickten in eine unendliche Leere; sein Maul stand halb offen.

Sie gingen die wenigen Schritte zu den Begleitern zurück. Blauhaar hockte am Boden, fest in eine Decke gewickelt, und wartete auf ihren Mann. Neben ihr stand Dunkle Fichte, ein junger Krieger von kräftigem Wuchs, kaum dem Knabenalter entwachsen. Der Sturz des Pferdes hatte auch in Blauhaar eine Stimmung erweckt, die der Verzweiflung nahekam. Jetzt aber, da sie den Weitspähenden Falken ruhig auf sich zukommen sah, durchflutete sie ein Gefühl der Geborgenheit, trotz des kalten Windes, der über den Hügelkamm pfiff.

«Wir ziehen weiter», entschied der Weitspähende Falke. «Nur Blauhaar reitet. Die beiden anderen Pferde werden am Zügel geführt.»

Jetzt kamen sie noch langsamer voran. Es war schon dunkel, als sie eine Furt im White River erreichten. Der Weitspähende Falke hob Blauhaar aus dem Sattel. Sie suchten sich einen Platz, den eine Baumgruppe notdürftig gegen den Wind schützte. Ein Feuer anzuzünden, wagten sie nicht. Sie würgten einige Bissen Pemmikan hinunter und tranken ein paar Schlucke von dem eisigen Wasser des Flussen hinterher. Der Weitspähende Falke übernahm die erste Wache.

Er setzte sich auf einen Stein nahe dem Ufer, die Winchesterbüchse über die Knie gelegt.

Jetzt, endlich, konnte er alle Überlegenheit und Ruhe fahren lassen, die er tagsüber zur Schau stellen mußte. Hier war er allein mit sich, seinen Gedanken, seinen Hoffnungen und Befürchtungen. Er liebte diese Wachen unterm weiten Himmel. Aus ihnen war ihm schon oft Kraft für den nächsten Tag gekommen. Und diese Kraft hatte er nötig.

Hatte nicht erst heute der Zwischenfall mit dem Listigen Fuchs gezeigt, wie nahe dieser tapfere Krieger daran war, aufzugeben und das gewisse Ende in einem der Forts der Ungewißheit einer Wanderung vorzuziehen, deren Ende noch immer nicht abzusehen war? Was würde sein, wenn sie den Kleinen Wolf wirklich träfen? Und was wäre, wenn sie ihn gar nicht fänden, wenn er schon von den Weißen eingefangen worden war? Sie mußten mit dem Schlimmsten rechnen.

Der Weitspähende Falke hegte keine Wunschträume mehr. Er wußte: Nie mehr würden sich die alten Verhältnisse herstellen lassen. Das Land war unter die Weißen aufgeteilt und von starken Truppen geschützt. Die Bleichgesichter gaben nicht mehr her, was sie einmal besaßen. Die Prärien lagen öde und wüst, kaum daß man noch einem Fuchs begegnete oder anderem kleinen Getier; die Büffelherden waren ausgerottet, systematisch und mit bösem Vorbedacht abgeschossen worden. Wie oft hatte er gehört: «Nur ein toter Indianer ist ein guter Indianer»? Und die Praxis dieser These stand ihm noch eindringlich vor Augen: Hunderte von Büffelkadavern unter der sengenden Sonne, stinkend und von Geiern umkreist. Das Nahrungsreservoir der Stämme diesseits des Missouri war vernichtet, ein für allemal, obwohl sie klein geworden waren, diese Stämme, oft auf nur wenige Köpfe zusammengeschrumpft. Die Soldaten und die Siedler hatten sie wieder und wieder dezimiert, und was übriggeblieben war, das hatte der Hunger hinweggerafft und die Kälte und die Krankheiten, die verheerend wüteten.

Nein, die alten Zeiten kamen nicht wieder. Der Weitspähende Falke hatte zu viele Krieger, zu viele Frauen und Kinder sterben sehen, als daß er noch daran glauben konnte, jemals wieder friedlich vorm Eingang eines Büffelfellzeltes zu sitzen, rings um sich tollende Kinder und Hunde und arbeitende Frauen. Er hatte auch damals, vor vier Jahren am Little Bighorn, als die Freude über den Sieg die Sinne der meisten benebelte, nicht an eine Wende der Dinge geglaubt. Was bedeuteten schon dreihundert gefallene Soldaten und ein gefallener General gegen die Millionen Weiße, die das Land bewohnten und die nichts unversucht lassen würden, die Schmach der Niederlage auszulöschen und mit ihr die rebellischen Stämme?

Und dennoch trieb ihn etwas vorwärts, das er nicht zu fassen, nicht in Worte auszudrücken vermochte. Er hätte aufgeben können, ja, er hätte aufgeben müssen. An vielen Forts waren sie vorübergezogen, erst in größerer Zahl. Dann waren die Gruppen immer kleiner geworden. Jetzt waren sie nur noch zu viert.

Warum hatte er stets einen Bogen um diese Forts geschlagen, warum war er nicht hineingegangen? Aus Angst um sein Leben? Dieses Leben auf der Flucht und ständig vom Tode bedroht, lohnte es sich? Und doch: Wie mit magnetischen Kräften zog ihn etwas in die Black Hills, vielleicht die Erinnerung an die Zeit, die er und die Seinen dort glücklich verbracht hatten. Vielleicht auch ein Gefühl der Rache, das zeitweise übermächtig in ihm gewesen war, aus dem er gelebt hatte. Aber wie sollte er sich jetzt noch rächen können?

Der Weitspähende Falke stand auf, machte ein paar Schritte, um die Kälte aus den Gliedern zu vertreiben. Der mit dunklen Wolken überzogene Himmel des Tages war einer klaren Nacht gewichen, die einen vollen Mond sehen ließ, der nur für kurze Zeit von ziehenden Wolkenfetzen verdunkelt wurde.

Er ging zu den Pferden hinüber, streichelte die Kruppe seines Braunen, der im Schlaf nur mit den Ohren zuckte. Er trat an das Lager seiner Gefährten, blickte für Sekunden auf Blauhaar, die unter der Decke wie ein hingeworfenes Bündel aussah.

Werden wir jemals Kinder haben? Der Weitspähende Falke bedeckte die Augen mit der Hand. Blauhaar war wenig über zwanzig Jahre alt. Doch schon beherrschten Züge des Alterns ihr Gesicht. Zuviel hatte sie verloren, zuwenig Ruhe gehabt, die besten Jahre ihres Lebens auszukosten. Es schien wie ein Wunder, daß sie die Strapazen überstanden hatte.

Der Weitspähende Falke ging wieder auf seinen Posten. Der Anblick Blauhaars hatte seine Stimmung verdüstert. Er stellte sich vor, wie sie, Blauhaar und er, in der Reservation lebten, von der Gnade der Regierung der Bleichgesichter abhängig und einem womöglich betrügerischen weißen Reservationsleiter ausgeliefert, der die ohnehin knappen Rationen noch weiter verkürzte. Ein Leben ohne Waffen, das hieß, ein Leben, ohne sich wehren zu können. Nur der Ausbruch blieb – und damit der sichere Hungertod. Es gab Häuptlinge, die führten in solchen Reservationen ein fettes Dasein. Von der Regierung mit Geldern gespickt – Abfindungen für Ländereien, die dem ganzen Stamm gehört hatten –, war ihnen die Aufgabe zugeschoben worden, auf ihre Stammesangehörigen beruhigend zu wirken. Dem Weitspähenden Falken stieg die Galle ins Blut, wenn er an die Verräter an ihrem eigenen Volk dachte. Er würde ein solches Leben nicht führen, das hatte er sich fest vorgenommen, auch wenn man es ihm anbieten sollte, ihm, dem letzten Häuptling seiner Unterabteilung der Dakota. Lieber wollte er verhungern.

Für Sekunden nur übermannte ihn die Müdigkeit, und doch schien es ihm, als er vom peitschenden Gewehrfeuer geweckt wurde, er hätte Stunden geschlafen. Er hatte viel gesehen in seinem Traum: die Berge rings um den Shining Stone Creek, menschenleer und majestätisch unter einem hellgrauen Himmel, so wie er sie aus der Jugend kannte; den Kleinen Wolf, der mit ausgebreiteten Armen auf ihn zuging, ihn willkommen zu heißen im Lager der

Cheyennes, die sich vor den verfolgenden Truppen in unzugängliche Schluchten zurückgezogen hatten; Blauhaars Lächeln, das nun wieder ihr Gesicht beherrschte, als sie an den Zelten vorüberstreifte; der Listige Fuchs war gekommen, über seiner Schulter einen erlegten Hirsch. Und dann hatte eine rasche Folge von Schüssen den Frieden gestört und die Bilder jäh vergehen lassen. Der Weitspähende Falke taumelte hoch und trat unwillkürlich einen Schritt vom Flußufer zurück. Die Schießerei, das war die Wirklichkeit, und die Kälte. Er rannte zu seinen Begleitern. Der Listige Fuchs hatte sich schon aufgerichtet. Nur der Krieger und Blauhaar schliefen noch.

Der Weitspähende Falke gab dem Listigen Fuchs einen Wink. Der nahm sein Gewehr und folgte dem Häuptling, der durch die kahlen Uferbüsche huschte.

Jetzt hörten sie auch Schreie. Sie kamen aus der Richtung, in der Fort Robinson lag. Die klare Nachtluft trug sie über Meilen. Noch eine Viertelstunde dauerte das Schießen; Schreie waren nur noch vereinzelt aufgeklungen. Dann senkte sich Stille über die Prärie, Totenstille.

Der Weitspähende Falke spürte, wie sein Begleiter zitterte.

«Was hat das zu bedeuten?» fragte der Listige Fuchs, schwer atmend. Sie lagen am Fuß einer verdorrten Akazie, die ihre Äste gespenstisch in die helle Nacht reckte, etwa hundert Schritte von der Stelle entfernt, wo sie bei Einbruch der Dunkelheit gelagert hatten. «Ob der Kleine Wolf mit seinen Kriegern einen Angriff auf das Fort versucht hat?»

«Der Kleine Wolf ist weit», erwiderte der Weitspähende Falke, «und er ist klug. Er würde nie sein und seiner Leute Leben leichtfertig aufs Spiel setzen.»

«Warum ist denn geschossen worden?» Der Listige Fuchs hatte sich zu sitzender Stellung erhoben und lauschte vergebens in die Nacht hinaus. Alles blieb still; nur der Fluß ließ sein eintöniges leises Rauschen hören.

«Ich kann es mir nicht erklären», sagte der Weitspähende Falke. «Vielleicht werden wir es noch erfahren.»

Damit stand er auf und ging auf das kleine Lager zu, wo er Blauhaar und den jungen Krieger noch immer im Schlaf fand. Die Wache wurde gewechselt, und der Listige Fuchs bezog Posten am Fluß, während der Häuptling sich niederlegte.

Doch so müde er auch war, der Häuptling fand keinen Schlaf. Immer wieder überlegte er, was die Schießerei zu bedeuten gehabt hatte, kam aber zu keinem anderen Schluß als dem, daß Truppen mit einer Abteilung von Indianern zusammengestoßen sein mußten. Und es schienen viele am Kampf beteiligt gewesen zu sein, nach der Stärke des Gewehrfeuers und der Häufigkeit der Schreie zu urteilen.

Gegen Morgen erst schlief er ein.

Er wurde wach, als ihn eine Hand an der Schulter rüttelte. Mit einer instinktiven Bewegung griff er nach seiner Büchse, die stets in Reichweite lag, und zwang sich in Sekundenbruchteilen, die bleierne Schwere, die Glieder und Hirn gefangenhielt, abzuschütteln. Dann sah er den Listigen Fuchs über sich, und neben ihm stand ein hochgewachsener älterer Indianer, der in modernde Lumpen gehüllt war, von denen ein abscheulicher Geruch ausging, und der aus einer klaffenden Wunde am Oberschenkel heftig blutete.

«Das ist unser Bruder Starke Linkshand», sagte der Listige Fuchs. «Er braucht unsere Hilfe.»

Der Weitspähende Falke war jetzt vollends wach.

«Sei willkommen, Starke Linkshand», sagte er, während er schnell aufstand.

Der Fremde murmelte mit leiser Stimme etwas Unverständliches, ehe er mit einem Stöhnen zusammensackte. Der Schmerz verzerrte noch in der Ohnmacht sein Gesicht.

«Er muß viel Blut verloren haben», sagte der Listige Fuchs. Er beugte sich über den am Boden Liegenden. «Er scheint vom Stamm der Cheyennes zu sein, jedenfalls nach dem zu schließen, was seine zerlumpten Kleider noch erkennen lassen.»

«Hilf mir, ihn dort hinüberzutragen.» Der Weitspähende Falke deutete auf eine Vertiefung am Ufer, wo der Fluß weißen Sand angeschwemmt hatte. «Blauhaar soll sich um ihn kümmern.»

Starke Linkshand kam erst wieder zu sich, als die Wunde ausgewaschen, mit einer scharf riechenden Salbe bestrichen und mit einem Leinwandfetzen umwunden war. Blauhaar reichte ihm in einem Lederbecher Wasser.

«Wie fühlt sich mein Bruder?» fragte der Weitspähende Falke. «Es hätte nicht viel gefehlt, und er wäre zu seinen Vätern in die Ewigen Jagdgründe eingegangen.»

«Danke.» Starke Linkshand stützte sich mühsam auf die Ellenbogen hoch. Dann blickte er fragend in die Runde.

«Das ist unser Häuptling Weitspähender Falke» – der Listige Fuchs beeilte sich, die anderen vorzustellen –, «das seine Frau Blauhaar, der junge Krieger ist Dunkle Fichte. Mich nennt man Listiger Fuchs. Wir sind vom Stamm der Dakota.»

Da ging ein Lächeln über die Züge des Verwundeten.

«Ich habe schon von dir gehört, Häuptling», sagte er mit leiser Stimme. «Du warst mit Tatanka-yotanka und Tasunka-witko in der Schlacht gegen die Ratte Custer am Little Bighorn.»

«Und seitdem bin ich auf der Flucht.» Das war sachlich festgestellt, ohne die Spur von Bitternis in der Stimme. «Und wie kommst du in diese Gegend, ein Cheyenne, wie ich annehme.»

«Du hast recht», antwortete Starke Linkshand, «ich bin vom Stamm der Cheyennes. Vor Jahresfrist hat man uns in die Reservation in Oklahoma getrieben, wo man uns dem Hunger überließ. Wir sind ausgebrochen.»

«Bist du mit dem Kleinen Wolf gezogen?» fragte der Weitspähende Falke. «Kunde von eurem Unternehmen ist bis in den Norden gedrungen, bis zu den großen kanadischen Seen.»

«Zwei Monate lang sind wir gemeinsam gezogen», berichtete Starke Linkshand, «dann haben wir uns getrennt.»

«Hattet ihr Streit?» fragte Dunkle Fichte schnell, senkte aber sofort den Kopf, als er bemerkte, wie die Neugier, die einem Krieger seines Alters nicht anstand, vom Listigen Fuchs mit einem Heben der Brauen beantwortet wurde.

«Nein, wir hatten keinen Streit», sagte Starke Linkshand, trotz des Schmerzes ein wenig belustigt darüber, daß auch noch in diesen Zeiten größter Not die Riten der Beratungsfeuer lebten. «Wir haben uns getrennt, weil wir glaubten, in zwei kleineren Wanderzügen würden wir schneller und unbehelligt nach Norden kommen. Unsre Gruppe wurde in der großen Sandwüste gefangen. Dragoner überfielen uns beim Morgengrauen, machten nieder, was sich ihnen in den Weg stellte, und verschleppten den Rest nach Fort Robinson. Wir waren noch vierzig Männer, ebenso viele Frauen und zehn Kinder. Drei Monate hielten sie uns in einer stinkenden Baracke eingesperrt. Ihre Hunde wurden besser ernährt als wir. Die Kinder sind bis auf drei gestorben. Auch die Hälfte der Frauen hat die Gefangenschaft nicht überlebt.»

Starke Linkshand machte eine Pause. Der Bericht hatte den durch Blutverlust Geschwächten angestrengt.

«Sie wollen uns auf allen nur möglichen Wegen ausrotten», murmelte der Weitspähende Falke. Er hielt den Kopf gesenkt.

Dann lief ein Zittern durch seinen Körper, und er rief: «Warum habt ihr euch nicht gewehrt?»

Starke Linkshand blieb ruhig. Er sagte: «Wir wußten, daß Aufstand den sicheren Tod bedeutet, und wir haben gewartet bis zur vergangenen Nacht, bis uns nichts mehr blieb, als einen schnellen Tod zu suchen. Am Abend hatte man uns Häuptlingen, dem Springenden Hirsch und mir, einen Befehl des Weißen Vaters aus Washington vorgelesen. Wir sollten unverzüglich wieder in die Reservation gebracht werden.»

«Nach Oklahoma? In dieser Jahreszeit?» In Blauhaars Stimme schwang Entsetzen. «Dann hätten sie euch auch sofort erschießen können! Diesen Strapazen ist niemand gewachsen.»

«Genauso dachten wir», fuhr Starke Linkshand fort, «und noch zur selben Stunde faßten wir den Beschluß, einen Ausbruchsversuch zu wagen. Sie haben alle niedergeschossen.»

«Wir haben die Schüsse und die Schreie gehört», sagte der Listige Fuchs. «Ist keiner außer dir davongekommen?»

«Ein halbes Dutzend hat man wieder eingefangen», berichtete Starke Linkshand bitter. «Man wird sie morgen hängen. Stunden bin ich durch die Nacht getorkelt. Allein der Gedanke, daß ich am Tag gefunden werden könnte, wenn sie das Gelände durchstreifen, riß mich vorwärts.»

Er ließ den Kopf hängen. Kein Ton der Freude über seine Rettung war in seiner Stimme gewesen.

Auch die anderen schwiegen. Der Weitspähende Falke war der erste, der das Wort nahm.

«Uns sollen sie nicht wie das Vieh abschlachten», sagte er. «Wir wollen freie Männer bleiben. Laßt uns zum Kleinen Wolf ziehen.»

3 Zur selben Stunde, da der Weitspähende Falke mit seinen Gefährten einen Weg durch die Täler und Hügel suchte, der weitab von den Straßen lag, herrschte auf der nicht fünfzig Meilen entfernten Eisenbahnstation von Ogalalla die Geschäftigkeit, die auf jedem Umschlagplatz für Menschen und Güter in den Westen anzutreffen war. Die Union Pacifik Railroad war die Hauptschlagader, die Tag um Tag frische Kräfte aus dem Osten in die Weiten jenseits des Missouri pumpte: Abenteurer, Farmer, Prospektoren, Händler, Geschäftsleute, Soldaten. Seit mehr als zwanzig Jahren riß dieser Strom nicht ab, auch nicht, nachdem das Goldfieber durch das Schwinden der Vorräte und die Übernahme der Minen durch große geldschwere Gesellschaften gedämpft worden war. In den Städten des Ostens, in den Dörfern von Neuengland bis hinunter nach Florida und unter den Hunderttausenden Einwanderern aus Europa gab es genügend Elend, um diese Wanderung nicht abreißen zu lassen. «Eine junge Nation nimmt ihr Land in Besitz», so hatte einer der Senatoren diesen Prozeß umschrieben und war mit Beifall bedacht worden, obwohl jeder der applaudierenden Kongreßmänner genau wußte, was sich an Unrecht und Grausamkeit hinter der schönen Floskel verbarg. Aber der mittlere und ferne Westen des Kontinents war nun einmal unentbehrlich, wenn die Profite maximale Höhen erreichen sollten. Da konnte man nicht auf einige zehntausend Rothäute, Überbleibsel einer einst blühenden Rasse, Rücksicht nehmen. Wo Gold gefunden wurde, wo man Erze oder Öl vermutete, wo weite Prärien zur Viehzucht geradezu einluden, da machte sich der weiße Amerikaner breit, ohne nach Recht und Gesetz zu fragen. Denn er wußte:

eine Volksvertretung, in der kein Indianer Sitz und Stimme hatte, würde den einmal geschaffenen Zustand nachträglich sanktionieren. So setzte Amerika auf seinen Westen wie ein Pokerspieler, der gezinkte Karten in der Hand hält und also weiß, daß sein Gegner von vornherein zum Verlierer gestempelt ist.

Ogalalla City lebte von der Eisenbahn. Hier hatten sich die Fuhrunternehmer niedergelassen, die die Zuwanderer weiter ins Innere des Landes brachten; hier hatten die Landmakler ihre Büros und brachten mit horrenden Gebühren bald beträchtliche Vermögen zusammen; hier gab es ein riesiges Vergnügungsviertel – riesig jedenfalls, wenn man die Ausdehnung der Stadt in Betracht zog –, Zuflucht für alle, die sich bei Schnaps und Huren noch einmal austoben wollten, ehe sie in die Fron der Feld- und Minenarbeit gingen, oder für die, die diese Fron für ein paar Tage vergessen wollten, ehe sie mit der Union Pacifik weiter nach Westen fuhren. In den Straßen, den gepflasterten im Zentrum und den ungepflasterten an der Peripherie, traf man eine bunte Menschenmischung: schmutzige Farmer neben gut angezogenen Männern, die meist von dem Einkommen lebten, das ihre Damen einbrachten; eilige Geschäftsleute und Burschen, die den federnden Schritt der Fallensteller an sich hatten und die sich zwischen Häusern unbehaglich wie Bären im Zwinger bewegten; Indianer, die ihre Stämme verlassen hatten und schlechtbezahlte Arbeiten verrichteten oder sich aufs Betteln verlegten, und Herren mit Zylindern, denen man von weitem schon ansah, daß sie leitende Posten in einer der Gesellschaften einnahmen, die in Ogalalla City ihren Sitz hatten.

Peter Hille fühlte sich nicht wohl in dieser Stadt, und immer, wenn er kaum einen Fuß auf ihr Pflaster gesetzt hatte, wünschte er sich zurück nach Tanglewood. Nicht, daß er ängstlich gewesen wäre inmitten dieser Menschenansammlung. Der kleine Mann, wenig über fünf Fuß groß und hager wie ein Hahn, kannte keine Angst; dazu hatte er in den vier Jahren in den Black Hills zuviel an Schurkerei erlebt und besaß vielleicht auch nicht genügend Phantasie, sich wirklich schreckliche Situationen auszumalen. Er vertraute, wie er stets betonte, auf Gott, und das hieß: er vertraute auf sein Glück und seine Schießkunst, die sich mit den Jahren stetig entwickelt hatte. Nein, wenn Peter Hille Ogalalla City zuwider war, so deshalb, weil er nichts so sehr haßte, als seine mühsam verdienten Dollars für nichts und wieder nichts auszugeben. Denn so sicher er sich auch im dicksten Streit fühlte, einer Bude, in der Brandy ausgeschenkt wurde, einem Tingeltangel, in dem Mädchen mit Netzstrümpfen einen schlecht einstudierten Cancan darboten, fühlte er sich nicht gewachsen. Wenn er nach einem solchen Besuch wieder mit schwerem Kopf und leeren Taschen zu Pferd saß, auf dem Rückweg nach Tanglewood war, verwünschte er die Stadt, nannte sie «Sitz des Satans» und schwor sich, nie wieder einen Fuß in dieses Babel zu setzen. Bei dem frommen Vorsatz blieb es bis zum nächstenmal. Den Verführungen der Stadt konnte er nicht entsagen, sosehr er sich auch bemühte.

Heute aber, als er an Sam Blakes Seite auf dem Bahnsteig die jämmerlich schnaufende Lokomotive beobachtete, war auf seinem zerknitterten Gesicht kein Unmut zu sehen, auch nicht Spuren von zu reichlich genossenem Alkohol. Heute leuchteten seine blauen Augen, war sein nur noch spärlich mit Zähnen besetzter Mund zu dem behaglichsten Grinsen von der Welt verzogen, und zur Feier des Tages hatte er seine besten Hosen und sein sauberstes Hemd angezogen, dazu den Stern des Hilfssheriffs an die linke Brustseite geheftet. Kurz: Er stand in Gala und in bester Laune neben Blake, der sich nicht die Mühe genommen hatte, sein fleckiges Lederwams und sein durchgeschwitztes Hemd gegen einen würdigeren Aufzug zu tauschen.

«Ich habe diesen Friedensrichter noch gekannt, als er sich in die Hosen geschissen hat vor Angst, Snaky Joe könnte ihm ein Stück Blei zwischen die Rippen jagen», hatte er gesagt, als Hille bei der Abfahrt in Tanglewood maulend auf seine speckigen Klamotten hingewiesen hatte.

Aber ging es denn um Emerson? Der Friedensrichter konnte ihm, Peter Hille, auch gestohlen bleiben. Der war seinerzeit in das Amt lanciert worden, weil sich kein anderer finden wollte, für diesen schlecht bezahlten und verantwortungsvollen Posten zu kandidieren. Auch Peter Hille kannte ihn genau, kannte Emersons Entschlußlosigkeit und seine Furcht vor allen, die auch nur so aussahen, als besäßen sie eine Pistole oder – noch schlimmer – ein respektables Bankkonto. Emersons wegen hätte sich Hille nie und nimmer in Schale geworfen. Seine ungewohnte Sauberkeit und Nüchternheit galt Emersons Tochter Catherine, die vom Vater aus Chicago abgeholt worden war, wo sie vier Jahre bei einer kinderlosen Tante gelebt hatte und von dieser auf eine der neumodischen Schulen geschickt worden war, in der gelehrt wurde, was früher die Frauen von selbst beherrschten: Kochen, Babypflege, Kindererziehung und all der Kram, der mit «Schmücke dein Heim» zu tun hatte. Jetzt sollte Catherine zurückkommen, um zu heiraten. Eine Art Verlobung mit Pat Patterson war schon vor ihrer Abreise gefeiert worden. In drei Wochen sollte nun Hochzeit sein zwischen der Tochter des Friedensrichters und dem Sheriff. Davon sprach man in Tanglewood straßauf, straßab, seit das Gerücht von diesem Ereignis laut geworden war. Und Peter Hille stand auf dem Perron als der Mann, der die Braut in Stellvertretung des Bräutigams willkommen heißen sollte. Er begriff zwar nicht, warum Patterson nicht selber den Weg nach Ogalalla City gemacht hatte, begriff es auch nicht, als ihm bedeutet worden war, es schicke sich nicht für einen jungen Mann, seine zukünftige Frau selber von der Bahn zu holen, aber er war von vornherein stolz gewesen, daß Pat ihm das Amt übertragen hatte. Es war für ihn der bisher deutlichste Beweis seiner Freundschaft gewesen, den der junge Sheriff ihm gegeben hatte.

Hilles Trommelfelle drohten zu platzen inmitten all des Lärms, der wie eine Glocke über dem Bahnsteig lag. Zwar war die Lokomotive inzwischen zum Stillstand und zur Ruhe gebracht worden und zischte nur noch leise vor sich hin. Aber das Geschrei, mit dem die Angekommenen begrüßt und die Scheidenden verabschiedet wurden, ließ einen sein eigenes Wort nicht mehr verstehen. Hilfeheischend blickte er sich nach Sam Blake um. Aber der hatte sich bereits durch das Gewühl zum Postwagen durchgekämpft, um eine umfangreiche Warensendung in Empfang zu nehmen. So blieb Hille denn nichts übrig, als sich selber in das Gewühl zu stürzen und aus den Hunderten Gesichtern das herauszufinden, dessentwegen er die Unbequemlichkeit einer Reise nach Ogalalla diesmal auf sich genommen hatte.

Er erkannte zuerst den Vater, Mr. Emerson, der erhobenen Hauptes durch die Menge schritt, den grauen Zylinder ein wenig verwegen auf dem Kopf. Als er dann vor Emerson und Catherine stand, brachte er nicht mehr heraus als «Herzlich willkommen in der Heimat!» Und dabei hatte er sich doch auf dem Weg von Tanglewood hierher eine kleine Ansprache zurechtgelegt, in der es von freundlichen und gewählten Formulierungen nur so gewimmelt hatte. Zu allem Überfluß erhielt er nun auch noch von einem vierschrötigen Farmer einen derben Stoß in den Rücken, der ihn auch aus dem äußeren Gleichgewicht brachte.

Sein jäh aufsteigender Zorn auf den Tölpel wie auch seine Verlegenheit wurden rasch dadurch gedämpft, daß Catherine sich zu ihm hinunterbeugte und ihm einen Kuß auf die Stirn gab.

«Ich danke Ihnen, lieber Mister Hille», sagte sie dabei und lächelte ihn an, daß sich ihm das Zwerchfell zusammenzog.

«So, da wären wir», stellte Emerson fest, als ob das eine bemerkenswerte Tatsache sei. Dabei blickte er sich um wie ein Herrscher, der nach langer Abwesenheit wieder in sein Land zurückgekehrt ist. «Guten Tag, Mister Hille», fügte er hinzu. «Nett, daß Sie mich abholen. Wo steht der Wagen? Ist Blake auch hier?»

Emersons Stimme ernüchterte Hille augenblicks. Und als noch Sam Blake herzutrat und trompetend, daß mancher der Umherwimmelnden sich umblickte, rief: «Das sind ja schöne Sachen, die ich gesehen habe. Sparen Sie sich Ihre Zärtlichkeiten lieber für Tanglewood, Miss Catherine. Dem Jungen dort ist die Zeit schon viel zu lang geworden!» Da sank seine Laune so tief, daß er sich verdrossen dem Gepäck zuwandte. Emerson wollte ihn zwar daran hindern, es zum Wagen hinüberzutragen, aber er tat es auf so halbherzige Weise, daß Hille nichts blieb, als zu sagen: «Wenn unser Friedensrichter zurückkommt, sollen alle sehen, wie sehr wir ihn achten», und die Koffer zum Wagen zu schleppen.

Auf dem Bock saß David, das Halbblut, der seit einigen Jahren Kutscherdienste bei Blake tat, und pfiff sich eins. Er hörte sofort auf, als er Hille kommen sah, kletterte umständlich herunter und half, die Gepäckstücke unter der Plane zu verstauen.

«Was die jungen Damen alles mit sich herumschleppen», sagte er stöhnend, als er einen Koffer anhob. «Finden Sie nicht auch, Mister Sheriff, daß die Leute heutzutage zuviel besitzen?»

Er redete Hille immer mit «Mister Sheriff» an, sosehr dieser sich auch gegen den lächerlichen Titel wehrte.

«Halt's Maul, David», knurrte er. «Hilf lieber, den Reisekorb herzutragen.»

«Wohl die Aussteuer drin, was?» David holte tief Luft, als sei er bis zum Umfallen angestrengt. «Feine Bettlaken für den anderen Mister Sheriff und Tischtücher. Da muß er sich aber erstmal einen anständigen Tisch kaufen und ein richtiges Bett anstelle der Eierkiste, in der er jetzt schläft. Ja, ja, der Ehstand hat viel vom Wehstand!»

David liebte es, in Sprichwörtern zu philosophieren. «Sehen Sie, Mister Sheriff, Junggesellen wie wir sind doch eigentlich gut dran. Uns kann keiner vorschreiben, wann wir uns waschen, wann wir aufstehen und wann wir ins Bett müssen. Wir können uns mit dem Messer in den Zähnen rumpolken, mit dem Messer die Fingernägel saubermachen, mit dem Messer ...»

David hätte wahrscheinlich noch viel mehr Möglichkeiten der Verwendung eines einzigen Messers aufgezählt, wäre nicht in diesem Augenblick Blake herzugekommen, der gemeinsam mit dem keuchenden Emerson den großen Schließkorb trug.

«Ich möchte nur wissen, wozu ich dich bezahle!» schrie er das Halbblut an. «Faul wie die Sünde bist du und gefräßig wie eine siebenköpfige Raupe.»

David aber war Stoiker und ertrug die periodischen Ausbrüche seines Brotherrn geduldig.

«Komme ja schon», maulte er, und er faßte den Korb an der äußersten Ecke an, während die drei übrigen Männer ihn mit Ächzen auf die Plattform des Wagens stemmten.

Inzwischen hatte sich auch Catherine zu den Männern gesellt. Sie ließ immer wieder staunende, leicht verwirrte Blicke über den Perron schweifen, betrachtete die Männer und Frauen, die umherwimmelten, die Soldaten, die sich um das Ausladen ihrer Pferde kümmerten. Das steinerne Haus des Stationsvorstehers und die bunt aufgeputzten Fassaden der Saloons längs der Strecke erregten ihre besondere Aufmerksamkeit.

«Wie sehr sich das alles hier verändert hat in den wenigen Jahren», wandte sie sich an Blake. «Wenn ich noch daran denke, wie Vater und ich vor fünf Jahren hier angekommen sind! Da gab's ein paar wacklige Bretterbuden, sonst nichts.»

«Wir haben uns alle verändert, Miss Catherine», sagte Blake tiefsinnig, während er sich mit einem groben buntkarierten Taschentuch den Schweiß von der Stirn wischte. «Ihr Vater hat an Ansehen gewonnen, Sie an Schönheit, unser Pete an Würde ...»

«Und du an Vermögen!» krächzte Hille dazwischen. «Und an Leibesfülle. Wenn das so weitergeht mit deiner Ausdehnung, mußt du dir aus dem Zoo von Chicago einen Elefanten kommen lassen. In längstens zwei Jahren brichst du jedem Gaul das Kreuz.»

Blake sah den kleinen Hille lachend an. Aber zwischen dem Lachen spürte jeder, nur Peter Hille nicht, den Groll, den die Anspielung auf Reichtum und Schwergewicht geweckt hatte.

«Besser auf einem Elefanten reiten müssen, als sich vor jedem Maulwurfsloch in acht zu nehmen», erwiderte Blake. «Du rutschst mir noch mal in so ein Ding rein. Und schließlich: Mein Bauch hat mein Geld gekostet.» Und er knallte mit der Peitsche, die er auch heute nicht vom Handgelenk gelassen hatte, zwei-, dreimal, daß zufällige Passanten sich erschrocken umblickten.

«Womit soll ich denn auch meinen Bauch mästen?» fragte Hille fröhlich. «Zehn Dollar im Monat krieg ich dafür, daß ich Hilfssheriff bin. Dafür, daß ich dir bei deinen Transporten zur Hand gehe, gibst du mir den Dreck von einem Dollar am Tag. Sagen Sie, Miss Catherine, ist das nicht eine Schande, wie ein ehrlicher Mann in den Hills bezahlt wird?»

«Dafür, daß Sie am Hungertuch nagen, machen Sie aber noch einen soliden Eindruck», sagte Catherine, «und einen gutgelaunten dazu.»

«Was bleibt ihm anderes übrig?» rief Blake dazwischen. «Einen Miesepeter von Hilfssheriff können wir in Tanglewood nicht brauchen. Finstere Gesetzeshüter fördern nur das Verbrechen.» Und wieder lachte er, laut und ausgiebig, als hätte er einen Witz gemacht. Doch als er zufällig das Gesicht dem Zug zukehrte, brach das Lachen jäh ab. Seine Wangenmuskeln traten knotig hervor. «Wie kommt denn der hierher, zum Teufel?» knurrte er.

«Wer?»

«Na, unser Mister Harrington, der feine Mann.» Es wies mit dem Peitschenstiel in die Richtung des Erster-Klasse-Waggons, wo der Direktor der General Mining Incorporation in Tanglewood sich mit einem fettleibigen Mann in einem schweren Biberfellmantel unterhielt.

«Vielleicht sucht er einen lieben Cousin, der zur Armee einrückt und den er noch einmal sehen will», mutmaßte Hille.

«Quatsch kein dummes Zeug!» Blake war nicht mehr zum Scherzen aufgelegt. «Ich gäbe was drum, wenn ich wüßte, was die miteinander bekakeln. Muß was extra Geheimes sein, sonst hätte sich doch Sir Collins Harrington uns angeschlossen.»

Immer, wenn er seit der letzten Woche an die General Mining Incorporation dachte, stieg sein Blutdruck. Sie hatte ihm den größten Verlust beigebracht, seit damals, da ihm Haus und Lager von den angreifenden Dakotas in Brand gesetzt worden waren. Es nutzte nichts, daß man ihm vor Augen hielt, daß es nicht die Schuld der Incorporation sei, wenn sein Transport mit den Lohngeldern für die Minenarbeiter überfallen wurde. «Es geht um runde zehntausend Dollar!» hatte er Patterson nach dem Überfall entgegengeschrien. «Und die Gesellschaft macht mich dafür haftbar, mich, Sam Blake!

Von den beiden erschossenen Männern gar nicht erst zu reden. Ich kann an den dreckigen Geldtransporten gar nicht soviel verdienen, wie ich bei diesem einen Mal verloren habe. Sorg dafür, daß den Banditen das Handwerk gelegt wird!» Aber von den Banditen fehlte jede Spur. Der Mann, der den Überfall überlebt hatte, berichtete von einem Dutzend maskierter berittener Männer, die rücksichtslos von der Schußwaffe Gebrauch gemacht hätten, und daß alles zu schnell gegangen sei, um einen genaueren Eindruck von den Angreifern zu bekommen. Harrington hatte sich zwar besorgt erkundigt – und er erkundigte sich seitdem immer, wenn er Blake traf, sehr besorgt –, ob man denn nicht endlich Anhaltspunkte habe, aber er war hart geblieben, als es um die Rückerstattung des Geldes ging. Zähneknirschend hatte sich Blake den Sermon über Unternehmerrisiko und dann den Vorschlag anhören müssen, die Incorporation sei gern bereit, ihre Lohngelder aus Ogalalla City selber abzuholen, und er, Harrington, erbiete sich, bei der Zentrale eine gehörige Abstandssumme für den dann eintretenden Verdienstverlust zu erwirken. Aber Blake war auch hart geblieben. Er ließe sich nicht aus dem Geschäft beißen, er nicht, hatte er mit sich überschlagender Stimme verkündet, und er werde den Banditen schon das Handwerk legen. Im übrigen scheine es so, war er gegen den entsetzt protestierenden Harrington fortgefahren, als ob der Incorporation der Überall gerade zupaß gekommen sei, um ihn, Blake, aus dem Rennen zu werfen. Dann war er gegangen, und er hatte sich geschworen, in Zukunft jeden Geldtransport selber zu begleiten und Hille, den Hilfssheriff, diesen Grashüpfer, mitzunehmen. Denn er hegte die verschwommene Vorstellung, daß die Banditen sich vor einem neuerlichen Überfall hüten würden, wenn sie erführen, daß der Chef selbst auf dem Wagen saß und neben ihm ein Vertreter des Gesetzes.

All sein Groll stieg ihm nun, da er auf dem Perron des Bahnhofs von Ogalalla City stand und Harrington im Gespräch mit dem Dicken sah, bitter in die Kehle. Das war der Kerl, der aus seinem Unglück Kapital schlagen wollte. Er hätte viel darum gegeben, Ohrenzeuge des Gesprächs sein zu können.

Geheimes war es nun freilich nicht, was die beiden Männer am Zug besprachen, und doch wäre die Unterhaltung Blake sehr an die Nieren gegangen, hätte er sie belauschen können. Denn es ging tatsächlich in der Hauptsache um ihn, vielmehr um die Stellung, die Sam Blake in den Black Hills seit langem innehatte.

Nach einer etwas zu herzlichen Begrüßung von seiten Harringtons, aus der jeder sofort sein Abhängigkeitsverhältnis zu dem Mann aus der Hauptverwaltung der Incorporation in Omaha herausgehört hätte, war man sofort zur Sache gekommen.

«Sie haben mich an die Bahn bestellt», sagte Harrington. «Ich glaubte, Sie würden für ein paar Tage in Tanglewood bleiben und sich die Fortschritte des Betriebs ansehen.»

«Geht nicht, lieber Harrington, geht nicht.» Die hervortretenden Augen des Mannes hinter der starken Brille wollten schier herausquellen vor Herzlichkeit. «Ich habe nicht mal Zeit bis zum nächsten Zug. Ich werde in Laramie erwartet. Die Rockys werden für uns immer interessanter.»

«Ich verstehe», sagte Harrington bedrückt.

«Aber trotzdem: Ich wollte es mir nicht nehmen lassen, einen unserer ältesten und erfolgreichsten Mitarbeiter einmal in seinem engsten Wirkungskreis zu besuchen.» Er beschrieb mit seiner «Henry Clay» einen weiten Bogen, der nichts umfaßte als den Bahnhof voller Lärm. «Sozusagen eine halbe Inspektion an Ort und Stelle.»

«Wenn Sie unsere Aufschlüsse an Zinn und Kupfer einmal besichtigen würden ...» Harrington schöpfte Hoffnung, daß die Incorporation ihn nicht nur rüffeln wollte.

«Ich weiß, Harrington, ich weiß. Schließlich haben wir doch alle Ihren letzten Bericht gelesen. Saubere Arbeit, ich meine nicht nur die Prospektoren.»

«Danke, Mister Bryde.»

«Wirklich saubere Arbeit.» Bryde zog einige Sekunden lang an seiner Zigarre, während Harrington, in Erwartung der Fortsetzung des Gesprächs, unbehaglich von einem Fuß auf den anderen trat.

«Mit den Landkonzessionen und den Geldgeschäften von diesem ... na, wie heißt er doch noch?»

Harrington wußte sofort, was die Stunde geschlagen hatte, und antwortete eilfertig: «Blake heißt der Mann, Samuel Blake.»

«Ja, mit diesem Blake. Ist da alles in Ordnung gegangen? Die Gesellschaft legt großen Wert darauf, daß ihr niemand hier in den Black Hills ins Geschäft pfuscht, das wissen Sie doch, Harrington.»

«Gewiß, Mister Bryde.» Harrington konnte sich gerade noch davor zurückreißen, eine Verbeugung zu machen.

«Und wie steht's?» Man hörte es aus der Dringlichkeit mit der er die Frage stellte, daß Bryde eigens wegen Blake den Direktor aus Tanglewood nach Ogalalla bestellt hatte. «In Ihrem letzten Bericht schrieben Sie, daß Sie hofften, bald mit diesem ...»

«Blake, Mister Bryde.»

«... ja, mit diesem Blake ins reine zu kommen. Nun, haben Sie Fortschritte gemacht?»

«Leider noch nicht, Mister Bryde.»

«Nein?» Bryde zog das Wort drohend in die Länge. «Aber solche Unentschlossenheit kennen wir von Ihnen gar nicht. Oder wissen Sie nicht, daß der die Black Hills beherrscht, der Tanglewood und die Minen fest in der Hand hat? Fest, sage ich, Harrington, und fest heißt ohne Konkurrenz.»

«Ich weiß, Mister Bryde.» Es lag ein bißchen Trotz in der Stimme Harringtons, als er sich nun anschickte, dem Vertreter der Incorporation seinen Standpunkt zu erklären.

«Aber wir sind hier nicht im Osten. Hier geht das alles nicht so leicht. Wir müssen uns an die örtlichen Gegebenheiten anpassen.»

«Anpassen», echote Bryde, «als ob jemand mit Anpassen schon einmal etwas erreicht hätte! Haben Sie dem Mann Angebote gemacht?»

«Er lehnt alle Angebote ab.»

«Haben Sie ihm vielleicht zu wenig geboten?»

«Ich bin bis an die Grenze dessen gegangen, was die Incorporation zu zahlen gewillt war. Aber Blake ist hartnäckig geblieben. Und er ist nicht dumm. Er hat sein Unternehmen gut abgesichert. Er ist gut Freund mit dem Friedensrichter, mit dem Sheriff. Alle paar Monate gibt er ein Essen für die Offiziere von Fort Robinson. Er versteht sein Geschäft.»

«Sie etwa nicht, Harrington?»

Das Staunen in der Frage war eine Nuance zu kräftig, um echt zu klingen. Harrington zuckte zusammen. Wenn ich doch nur meinen Hund mitgenommen hätte, dachte er. Der Hund gab ihm Sicherheit, inneren Halt. Er war nahe daran, aufzubegehren, dem Herrn aus Omaha die Meinung zu sagen. Aber er tat es denn doch nicht, verlegte sich vielmehr darauf, seine bisherigen Verdienste wiederzukäuen.

«Die Gesellschaft», sagte er, «kann mir nicht vorwerfen, daß ich jemals versagt hätte.» Er fühlte, wie ihm das Blut zu Kopf stieg und wie die Hände in den Handschuhen schweißnaß wurden. «Keiner kann mir das vorwerfen. Damals ...»

«Ich weiß, Harrington, ich weiß.» Brydes Gesicht verzog sich zu einer Grimasse, die denen, die ihn kannten, andeutete, daß er lächelte. «Und gerade darum müßte es Ihnen ein leichtes sein, mit so einem kleinen Köter fertig zu werden.» Er unterbrach sich kurz, weil das erste Glockensignal die bevorstehende Weiterfahrt des Zuges ankündigte. «Sie haben sich doch da eine Bande von Nichtstuern zusammengeholt.»

«Eine Bande? Von Nichtstuern?» Harrington war wieder nahe daran, die Geduld und seine subordinate Haltung aufzugeben.

«Ich meine die Truppe, die bei der Abrechnung als Werkschutz regelmäßig auftaucht. Die tun doch nichts. Oder irre ich mich?»

«Sie sorgen dafür, daß die Ordnung unter den Arbeitern aufrechterhalten bleibt und daß die umherstreifenden Indianer nicht die Mine und das Lager überfallen», sagte Harrington trotzig. Dann fügte er, nachdem er das Schrillen des zweiten Klingelzeichens hatte verstreichen lassen, hinzu: «Sie hat sich jedenfalls bisher gut bewährt. Und außerdem habe ich mit ihr auch schon einen gewissen Vorstoß gegen die Position Blakes unternommen. Darüber konnte ich nicht gut nach Omaha berichten. Wissen Sie, was ich meine?»

«Sie sprechen in Rätseln.»

«Sie hat sich jedenfalls bewährt.»

«Dann sorgen Sie dafür, daß sie sich noch besser bewährt, und überdies ein Friedensrichter und ein Sheriff – die dürften doch kein Hindernis sein. Seien Sie freundlich zu ihnen, und laden auch Sie mal die Herren von der Armee zu einem kleinen Dinner ein. Ich glaubte, die Incorporation kann ihnen mehr bieten als dieser hergelaufene Kerl. – Aber ich muß jetzt einsteigen. Gleich geht's weiter.»

Bryde machte Anstalten, das hohe Trittbrett zu erklimmen, wandte sich aber noch einmal um, die Hand schon am Geländer. «Ich setze auf Sie, Harrington, auf einen unserer erfolgreichsten Männer, der immer ...»

Was er weiter noch sagte, verstand Harrington nicht mehr. Das dritte Glockensignal und der Dampfpfiff der Lokomotive vereinigten sich zu einem trommelfellzerreißenden Lärm. Harrington sah nur noch die massive Kehrseite Brydes, der sich mit einiger Mühe hochzog und ohne Gruß im Waggoninneren verschwand. Harrington lüftete den Hut und wartete, den Blick auf das Kupeefenster gerichtet, hinter dem er Bryde wußte, bis der Zug sich allmählich in Bewegung setzte. Dann wandte er sich auf dem Absatz um, stülpte sich den Hut aufs Haar und ging auf den Ausgang zu, wo der Kutscher mit dem Zweispänner wartete.

«Hallo, Mister Harrington!»

Emerson war ihm in den Weg getreten und begrüßte ihn freudig.

«Ach, Sie sind es.» Die Antwort klang unfreundlich. «Ich habe es eilig.»

«Darf ich Ihnen dennoch meine Tochter Catherine vorstellen?» Emerson winkte das Mädchen mit heftiger Handbewegung herbei. «Nach vier Jahren ist sie wieder in unsere Gegend zurückgekehrt.»

«Freut mich, Miss, Sie kennenzulernen.» Harrington machte eine steife Verbeugung aus der Hüfte heraus, vergaß jedoch, den Hut noch einmal abzunehmen. «Habe durch Ihren Vater schon viel von Ihnen gehört.»

«Und wissen Sie, warum sie zurückgekommen ist?»

Harrington stand der Sinn gar nicht danach, das Neueste aus der Emersonschen Familiengeschichte zu erfahren. Ihm ging es nur um eines: so schnell wie möglich seinen Wagen zu erreichen und in ihm den Ärger über das anmaßende Auftreten Brydes bei einigen Schlucken Whisky aus der Taschenflasche zu vergessen. So sagte er zerstreut: «Um Ihnen das Essen zu kochen, nehme ich an, damit Sie nicht immer den Fraß im Saloon vorgesetzt bekommen.»

Aber Emerson ließ sich nicht entmutigen. Fidel, wie er seit der Abfahrt von Chicago zu sein beschlossen hatte, rief er: «Im Gegenteil, lieber Mister Harrington, im Gegenteil! Ich werde das Mädchen bald wieder verlieren. Sie wird sich um das leibliche Wohl eines anderen sorgen.» Dann senkte er die Stimme zu einem Flüstern und verkündete: «Sie wird nämlich die Frau des Sheriffs, meine Catherine!»

«Viel Glück, viel Glück!» sagte Harrington, verbeugte sich noch einmal und eilte davon. Fast wäre er über ein Bein von Blake gestolpert, der gegen seinen Wagen gelehnt stand. Doch er bemerkte nicht einmal den Mann, dessentwegen er das unangenehme Gespräch hatte führen müssen. Er hörte auch nicht, daß er ihm hinterherrief: «Wohin so eilig?»

«Unser Herr Direktor scheint schlechte Laune zu haben», sagte Emerson verwundert.

«Unser Herr Direktor!» äffte Blake den Friedensrichter nach und spie demonstrativ aus.

«Ja, ja, die Herren haben auch ihre Sorgen, nicht nur unsereins», philosophierte David vom Bock herunter. «Kleine Herren – kleine Sorgen; große Herren – große Sorgen.»

«Wenn du nicht augenblicklich dein ungewaschenes Maul hältst, Halbblut, dann zieh ich dir eins über!» schrie Blake mit rotem Kopf, und die Hand, die die Peitsche hielt, zuckte.

Hille, der dabei war, Catherine unter die Plane zu helfen, wandte sich um und sagte: «He, Sam, was ist denn mit dir los? Du tust ja gerade so, als ob die Welt untergehen sollte.»

«Die Welt wird schon nicht untergehen», sagte Blake. «Aber ich spüre, daß in der nächsten Zeit einiges aus den Fugen geht in Tanglewood.»

Er sprang mit einem Satz auf den Bock neben David, nahm ihm die Zügel aus der Hand und schrie: «Alles fertig hinten?»

Emerson zog sich noch am Gestänge hoch, als der Wagen plötzlich einen Ruck nach vorn machte. Er wurde gegen Hille geschleudert, der den viel größeren Mann mit sicherem Griff hielt.

«Ich weiß nicht, was Blake meint», sagte Emerson, nachdem er sich auf einen Stapel Decken gesetzt hatte. «Was soll schon aus den Fugen gehen in unserem Tanglewood?»

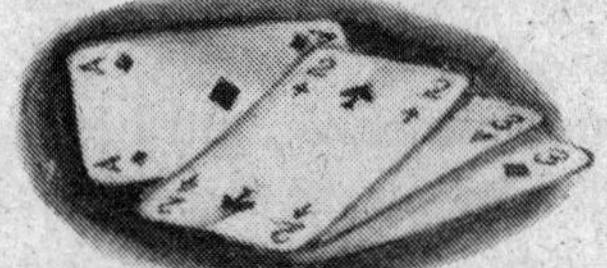

4 Catherine konnte sich nur schwer wieder an das Leben in Tanglewood gewöhnen, an die Eintönigkeit des Tagesablaufs, an die Ungehobeltheit der Bewohner. Da sie bis zum Tag der Hochzeit mit dem Vater zwei Gastzimmer im Saloon bewohnte, war sie stets dem lautesten und ungebärdigsten Treiben im Ort ausgesetzt. Denn die Theke des Saloons war von morgens bis abends an den Werktagen und erst recht sonntags bis in die Nacht hinein dicht besetzt, auch nachdem, einen Tag nach ihrer Ankunft, der Frühling mit mächtigen warmen Westwinden eingesetzt hatte und den Schnee zusehends zu grauen kleinen Flecken zusammenschmelzen ließ. Jetzt war auch die Mine wieder geöffnet, und also floß das Geld wieder reichlicher nach Tanglewood. Es schien, als erholten sich die Bewohner der Siedlung intensiv von den Unbequemlichkeiten des langen Winters. Payne, der Wirt, konnte sich jedenfalls über seinen Umsatz nicht beklagen. Eine durstige Meute umlagerte zu jeder Stunde des Tages Theke und Tische, sang lautstark, wenn sie sich in Stimmung getrunken hatte, und begann Prügeleien wegen Nichtigkeiten, die oft genug wegen eines bösen oder bös aufgefaßten Wortes ausbrachen. Besonders wenn Harringtons Schutztruppe Einzug hielt, ging es hoch her. Es war, als müßten die wüst aussehenden Burschen die in ihnen angestaute Kraft, die nicht auf Arbeit verwendet wurde, loswerden. Die Bewohner von Tanglewood sahen sie nur ungern kommen und räumten das Feld beim geringsten Anzeichen von aufkommendem Streit. Denn mit Bashans Leuten war, das wußten sie aus bitterer Erfahrung, nicht zu spaßen. Die sahen so aus, als ob ihnen die Revolver locker in den Gürteln säßen und als ob sie für den Fall, daß es galt, einen Streit ohne Lärm auszutragen, Messer in petto hätten.

Wäre nicht Patterson gewesen, in dessen Haus sie mitunter einen ganzen Tag verbrachte, Catherine hätte die Siedlung bald wieder verlassen. Dabei wagte nicht einer der wüsten Gesellen, und wenn er auch noch so sehr be-

trunken war, auch nur das Wort an sie zu richten. Es war bekannt, daß sie die Braut des Sheriffs war, und das genügte, sie vor Belästigungen zu schützen.

Oft saß sie Stunden in dem Holzhaus, in dem man das Sheriffbüro eingerichtet hatte und das sich von den meisten anderen Behausungen Tanglewoods nur dadurch unterschied, daß sein Unterbau in Bruchsteinen ausgeführt war, wodurch das Ganze einen Anschein von Solidität bekam. Zu ebener Erde befanden sich zwei Räume, ein Wohnzimmer, wenn man das Geviert von zwölf Fuß Kantenlänge, ausgestattet mit einem schweren eichenen Tisch, vier Stühlen, einem Sofa, einem schmalen Schrank und einer recht wackligen Anrichte fürs Geschirr, so nennen konnte, und das «Office». Unterm Dach befanden sich noch zwei Kammern mit schrägen Wänden; die Küche lag außerhalb des Hauses, im Hof, und bestand eigentlich nur aus einer riesigen offenen Feuerstelle und einem Backofen. Das «Office» war, auch für Catherine, der wichtigste Raum der Hütte, ganz abgesehen davon, daß es auch der größte war. Er wurde von einem soliden Stahlgitter aus zolldicken Stäben in zwei Hälften geteilt, hinter denen das Reich der Unfreiheit anfing. Ein einziges Fenster, hoch, fast unter der Decke, ließ den jeweiligen Gefangenen ein bißchen vom Himmel sehen. Ansonsten war er darauf beschränkt, seine Blicke über die spartanische Möblierung des Büros wandern zu lassen: über einen Sekretär für den Sheriff, ein Stehpult für seinen Gehilfen, einen Safe von der Firma «Merryweather International», ein paar Stühle um einen kleinen Tisch für wartende Besucher, auf dem meist einige ältere Exemplare des «Ogalalla News and World Dispatch» auslagen, und einen laut tickenden Regulator gleich neben der Tür zur Straße. Die einzige Lampe des Raumes, eine zweiflammige Petroleumleuchte, hing über Pattersons Sekretär und spendete dem Gefangenen wie seinem Wächter an den Abenden ihr trübes Licht und ihren penetranten Geruch, was manchem anheimelnd erschien.

Es war nicht nur ein Schutzbedürfnis, das Catherine oft in diese Behausung trieb. Auch das Bewußtsein, sie müsse sich allmählich an die Umgebung gewöhnen, die für den Rest ihres Lebens, wie es schien, zumindest aber doch für einige Jahre ihre Heimat werden sollte, war im Spiel. Ihr Aufenthalt in Chicago hatte sie an eine gewisse Großzügigkeit im Wohnen und an einigen Komfort, zu dem sogar ein Bad gehörte, gewöhnt, und nach ihrem ersten Besuch bei Patterson hatte sie ein leichtes Grauen darüber befallen, hinfort mit Verbrechern unter einem Dach leben zu müssen. Doch Catherine hätte nicht das resolute und nicht das verliebte Mädchen sein müssen, das sie war, würde sie vor diesem Unbehagen kapituliert haben. Schon beim zweiten Besuch zwang sie sich, sich nicht mehr als Gast zu fühlen. Sie ging in die Küche und machte sich daran, dem Bräutigam ein Essen zuzubereiten. Pat Patterson hatte bisher der Bequemlichkeit halber stets den salzigen Maisbrei mit Rindergulasch, der sich als Dauerkost für die Gäste im vergitterten Teil des «Office» eingebürgert hatte, gegessen und dieses frugale Mahl auch dann mit einigen

Schlucken schwarzen Kaffees hinuntergespült, wenn er der einzige Insasse des Sheriffbüros gewesen war. Da er also mehr an das Füllen des Magens und nicht an Mahlzeiten gewohnt war, wollte ihm das Essen, das Catherine ihm zubereitete, mehr wie für Thanksgiving oder Weihnachten passend erscheinen. Als dann auf seine erstaunte Frage, was denn all dies Gemüse an einem einfachen Werktag zu bedeuten habe, Catherine ihm antwortete, daran werde er sich in Zukunft gewöhnen müssen, wurde er fröhlich und war glücklich, nun bald sein Junggesellendasein aufgeben zu können. Und Catherine, die ihre Kochkunst mit gesegnetem Appetit beantwortet sah, wurde mit ihm fröhlich.

Mehr der Etikette angemessen, die auch in diesen halbzivilisierten Gegenden, wenigstens unter denen, die sich als Honoratioren fühlten, Platz ergriffen hatte, verliefen Pattersons Besuche bei den Emersons. Da saß man in wenig gemütlicher Hotelatmosphäre auf hochlehnigen Stühlen, vor sich ein Glas mit dem in Tanglewood bei den Damen so beliebten Apfelwein, und plauderte. Emerson, der Friedensrichter, fühlte sich mit seinem Amt gewachsen und referierte meist über Themen aus der umfangreichen juristischen Literatur, die er sich mit der Zeit zugelegt hatte und in der er eifrig las. Besonders lieb war es ihm, über die Probleme der Landnahme im Regierungsgebiet zu sprechen, über die Rechte der Indianer und die – versteht sich – größeren Rechte der Siedler. Da er vor fünf Jahren von einem Schwindler, der ihm seine sämtlichen Ersparnisse abgegaunert hatte, in die Black Hills gelockt worden war, ohne daß ihm auch nur eine Square Inch goldhaltigen oder bebaubaren Bodens abgelassen worden war, schien er an der ewigen Wiederholung dieses Themas so etwas wie späte Genugtuung zu finden. Meist schloß er seine Monologe mit dem Satz: «Gott sei Dank, daß die wüsten Zeiten nun vorbei sind und daß niemand mehr dem ehrlichen Mann sein ehrlich Erworbenes streitig machen kann.» Dabei schwang stets unüberhörbar der Hinweis mit, daß er, Emerson, gewählter Friedensrichter für Tanglewood und die umliegenden Siedlungen, Garantie für die Sicherheit sei, die nun herrschte.

Pat Patterson schenkte den Vorträgen des Friedensrichters wenig Beachtung. Er war nicht nachtragend, doch immer, wenn Emerson im Ton des befriedigten Ehrenmannes pries, wie herrlich weit man es gebracht habe, stieg vor ihm das Bild herauf, das dieser Mann in den Tagen geboten hatte, da Snaky Joe Herr über diesen Teil der Black Hills gewesen war und wie ein Despot über die Siedler geherrscht hatte: grau im Gesicht, die hagere Gestalt in sich zusammengesunken, ängstlich darauf horchend, ob das tumultartige Treiben der Bande sich in die Hütten wälzen würde. Patterson liebte die Burschen nicht, denen der Colt so locker im Halfter saß wie anderen die Zigarren in der Tasche; aber er hatte auch nichts für die übrig, die durch offen zur Schau gestellte Feigheit Banditen geradezu einluden, an ihnen Gaunereien und Verbrechen zu versuchen. Und zu dieser Gruppe von Menschen zählte er

Emerson, trotz seiner Kenntnis von Gesetzestexten und des Lobpreises von Recht und Ordnung, den dieser unausgesetzt im Mund führte. Vorsichtig ausgedrückt: Patterson stand Emerson reserviert gegenüber, und er hielt die Reserve auch dann noch aufrecht, als beschlossen war, daß er Catherine heiraten sollte.

«Wir beide», hatte Emerson einmal bei einem Beisammensein im Séparée gesagt, als er schon angetrunken vom Whisky war, und er hatte dabei die Rechte mit Nachdruck auf jene Stelle plaziert, wo das Herz ist, «wir beide werden, da wir auch bald durch familiäre Bande gebunden sind, unser Tanglewood zu einem der schönsten, der sichersten Plätze der Staaten machen.»

«Daran hat die Incorporation das allergrößte Interesse», war Harrington eingefallen und hatte sein Glas erhoben. «Auf die schöne Zukunft dieser Gegend.»

Nein, Patterson fand nicht den rechten Gefallen an seinem zukünftigen Schwiegervater, und wenn sie am Abend beisammensaßen, betrachtete er lieber Catherines schönen Nacken, wenn sie sich, wie gewöhnlich, über eine Stickerei beugte. Den Redefluß Emersons empfand er dann kaum mehr als störend über dem Gedanken, wie es wohl sein würde, wenn sie verheiratet wären. Er konnte sich's nicht so recht ausmalen; denn vor seine idealen Vorstellungen schoben sich immer wieder die Bilder der wenigen Frauen, die sich in Tanglewood mit ihren Männern niedergelassen hatten und die sich binnen kurzer Zeit dem betont rauhen und stumpfsinnigen Gehabe angeglichen hatten. Würde Catherine bald auch so nachlässig gekleidet umherlaufen wie diese und sich der Grenzersprache bedienen, die aus höchstens drei Dutzend für den täglichen Umgang benötigten Wörtern bestand? Vielleicht hatte Patterson zu viele Magazingeschichten gelesen, in denen die Frauen wie Wesen von anderen Sternen auftraten. Aus dem praktischen Umgang jedenfalls kannte er die Lady nicht, dieses anämische Geschöpf, das Klavier spielt und den Square Dance mit Anmut anführen kann. Selbst die Frauen der Offiziere vom Fort konnten da nicht beispielgebend sein, obwohl sie sich bemühten, wie Ladys gekleidet zu gehen und ebenso zu sprechen. Da waren die Damen, die in einem Nebengebäude des Saloons hausten, schon unterhaltsamer, und es stand nicht an, sie trotz ihrer mehr geschäftsmäßigen Einstellung zu den Männern für kurzweiliger zu halten. Viel Erfahrung hatte er indes auch mit ihnen nicht; dazu war das Gehalt eines Sheriffs nicht hoch genug.

So befand sich denn Patterson in einer Hochstimmung, voll von Erwartung des Kommenden, und war doch gleichzeitig nicht frei von der Furcht, er könnte Catherines Liebe enttäuschen.

Catherine hegte solche Skrupel nicht. Trotz allen Unbehagens an der Siedlung, an ihrem Schmutz und an ihrer Ödnis hatte sie keine Minute Bedenken, ob sie das Leben hier meistern könne. Ihr genügte die Vorstellung, an Pats Seite zu sein; das ließ alles andere in den Hintergrund treten. Denn sie liebte in Pat Patterson nicht nur den gutaussehenden Mann, viel weniger noch den angesehenen Sheriff. Die Jahre seit ihrer ersten Begegnung, da Patterson sich mit letzter Kraft vom Shining Stone Creek herab nach Tanglewood geschleppt hatte, halbtot vom Blutverlust durch die Wunde in der Schulter vom Feuerwechsel mit Snaky Joes Bande, diese Jahre bildeten in ihrer Erinnerung die Zeit, die sie endgültig aus der Kindheit hinausgeführt hatte. Und es war Patterson, der anfangs rauhbeinige und gewinnsüchtige, später immer beherrschter und besonnener werdende Mann, in dem sie den Typ des Siedlers erkannt hatte, der bei aller Rauheit nicht den Sinn für Fairneß verlor. Anders als ihr Vater, dem sie glückliche Kinderjahre verdankte, wirkte Pat nicht als Fremdkörper in einer Umgebung, in der von allem Anfang die rasche Tat mehr gegolten hatte als das wägende Urteil und in der Illusionen zerrannen, noch ehe sie sich recht zu bilden vermochten; dabei bequemte er sich doch nie an das, was man hierzulande unter «sense for luck» verstand, unter dem unbedingten Willen, eine günstige Gelegenheit zu ergreifen, wo immer sie sich bot. Das erregte zwar mitunter das Kopfschütteln der Leute aus Tanglewood, manchmal auch ihren Spott. Doch Catherine schätzte diesen Zug an Pat.

Eines Abends, es war drei Tage vor der Hochzeit, saßen sie in Sam Blakes Blockhaus, das dieser nach dem großen Brand wieder aufgebaut hatte, komfortabler und geräumiger als es gewesen war. Der Besuch hatte so etwas sein sollen wie die offizielle Bitte an Blake und Peter Hille, bei der bevorstehenden Zeremonie als Trauzeugen mitzuwirken. Und doch verlief er ganz und gar unförmlich. Denn abgesehen davon, daß Patterson mit den beiden Männern bereits seit geraumer Zeit darüber einig war, ihnen dies Amt zu übertragen, und daß nur der Brauch eine nochmalige, formelle Einladung erforderte, ließ die langjährige Bekanntschaft keine Gezwungenheit aufkommen, auch nicht in Gegenwart einer Frau. Patterson hatte lange genug bei Blake gearbeitet, und mit Hille verband ihn ein herzliches Verhältnis. Hinzu kam, daß Emerson dringender Geschäfte wegen abgehalten und also langweilige Würde ausgeschaltet war. David, der Kutscher, der sich aufs Kochen verstand wie kein zweiter Mann in Tanglewood, hatte ein paar Rebhühner gebraten, die mit der besten Marke aus Blakes Whiskyvorrat gewürzt wurden. Catherine trank den Schnaps verdünnt mit sehr viel Wasser, darauf hatte Patterson bestanden, aus Furcht, sie könnte gar zu bald so werden wie die anderen Frauen im Ort.

Nach dem Essen mischte Hille mit geschickten Fingern ein Spiel Karten, indem er zwei gleichgroße Haufen so gegeneinanderschnellen ließ, daß sich die Blätter ineinanderschoben. Pokerpartien gehörten in Tanglewood wie überall im Westen zu den beliebtesten Vergnügungen, denen man sich hingab, wo mindestens drei Männer versammelt waren. Patterson war zwar geniert gewesen, als Hille seine Fettfinger an der Hose abgewischt und die Karten zum Vorschein gebracht hatte, doch er war von dem kleinen Mann kurzweg mit Spott abgefertigt worden.

«Sehen Sie sich ruhig einmal an, Miss Catherine, wie Ihr Zukünftiger die Abende totzuschlagen pflegt», hatte er gerufen. «Wenn der einen Flush in der Hand hat, vergißt er sowieso Frau und Amt und alles, was sein ist. Und auf zwei Dreien reitet der ihnen sonstwohin, jedenfalls solange er noch einen Cent in der Tasche hat. Wußten Sie das nicht? Hat Ihnen der Goldjunge vielleicht sogar gesagt, er würde nie in des Teufels Gebetbuch blättern? Machen Sie sich auf was gefaßt, Miss. Hier hat sich schon mancher mit Karten ruiniert.»

«Hören Sie schon auf. Ich mache den Geber.» Den drei Männern war der Mund offengeblieben bei dieser Ankündigung Catherines. «Tante Peggy hat mir nicht nur fromme Lieder und Rezepte für Apfelkuchen beigebracht. Also, was ist?»

«Sie wollen Karten geben?» hatte Sam Blake gefragt. «Wie so'n richtiger Geber im Saloon? Für einen halben Dollar die Stunde?»

«Für die Herren hier mache ich es umsonst.»

Also spielte man, und die anfängliche Scheu wich von den Männern, so daß sie nach einer halben Stunde sich kaum mehr daran erinnerten, wer ihnen die Karten gab.

Blake verlor, je mehr er trank, und mit jedem Mal, da er den kürzeren zog, wurde seine Miene finsterer, und seine Verbissenheit steigerte sich. Als er mit zwei aufgedeckten Damen und einer im Loch gegen ein Siebener- und Achterpaar Hilles hielt und steigerte und dieser, nachdem der Pott mit gut zwanzig Dollar Inhalt geschlossen worden war, eine dritte Acht aufdeckte, schrie er in ehrlichem Zorn: «Du bist noch schlimmer als die Banditen, die meine Leute überfallen haben!»

Hille ließ sich nicht aus der Ruhe bringen.

«Da sind dir doch wohl ein paar Kröten mehr weggehopst, als durch den schwindsüchtigen Pott hier», sagte er. «An mir wirst du jedenfalls nicht arm.»

Er fing an, die Münzen zu stapeln, scheinbar gleichgültig. Doch merkte man seinem mahlenden Kiefer an, wie sehr ihn die Bemerkung Blakes verstimmt hatte.

«Entschuldige schon!» Blake lachte zwischen den Zähnen. «Spiel ist Spiel. Und ein Witzchen wird man wohl noch machen dürfen, oder nicht?»

Sie setzten das Spiel fort.

«Haben Sie übrigens viel verloren?» fragte Catherine nach einer Weile unvermittelt.

«Das sehen Sie doch!» Blake machte eine fahrige Bewegung zu Hille hin. «Soviel verdient er als Hilfssheriff nicht in drei Monaten.»

«Ich meine damals, als Ihr Transport überfallen worden ist.»

«Ach so!» Er sah kurz auf, musterte das Mädchen mit mißtrauischem Blick. «Eine Dekadenlöhnung für die Arbeiter der Incorporation. Mir reicht's jedenfalls. Und zwei Leute sind auch dabei draufgegangen. Zufrieden, Miss?»

«Laß deine Wut nicht an dem Mädchen aus!» Hille begann ernstlich böse zu werden. «Das ist Geschäftsrisiko, und im übrigen werden wir dafür sorgen, daß so was nicht mehr vorkommt, Pat und ich.»

«Pat und du! Zwei tapfere amerikanische Männer im Kampf mit Banditen! Ich sehe direkt schon die Zeitungsüberschrift.»

Bis jetzt hatte Patterson der ständig gereizter werdenden Unterhaltung schweigend zugehört. Er verstand Blake nur zu gut, verstand auch, daß seit dem Überfall seine Laune nicht die beste war. Zehntausend Dollar waren kein Pappenstiel, auch nicht für einen Mann wie Blake. Und Harrington hatte darauf bestanden, daß der Gesellschaft der Schaden innerhalb eines halben Jahres ersetzt würde. Das bedeutete einen harten Schlag. Doch daß Blake jetzt gegen ihn und Hille losging, mehr noch, daß er Catherine mit seiner schlechten Laune überschüttete, brachte Patterson aus der Ruhe.

«Haben wir dir das Geld weggenommen?» fragte er. «Haben wir nicht alles getan damals, um die Kerle aufzustöbern?»

«Aufzustöbern! Mein Geld ist zum Teufel!»

Mit Blakes Fassung war es vorbei. Er ließ sich gegen die Stuhllehne fallen und goß den Rest Whisky aus seinem Glas in sich hinein, ohne auch nur einmal den Adamsapfel zu bewegen. Wie immer seit dem Überfall, wußte er sich nicht zu beherrschen, wenn die Rede auf seinen Verlust kam.

«Haben wir nicht alles getan?» wiederholte Patterson. «Und haben wir nicht oft genug darüber gesprochen?»

«Ich spreche so lange darüber, wie's mir paßt! Mir, verstehst du?» Blake hieb sich mehrmals mit der Faust auf die Brust. «Das war mein Geld. Und der Scheißstaat – das bist du, Pat, und du, Pete – hat es nicht verstanden, mein Geld zu schützen. Die Kerle aufstöbern! Gott im Himmel! Hier muß sich jeder selbst helfen, und seit ich meine Kutsche selber nach Ogalalla fahre, haben sich die Banditen nicht mehr rangetraut. Jawohl! Selbst ist der Mann!» Er füllte das Wasserglas halb voll Whisky und stürzte das braune Getränk in sich hinein. «Oder bis du anderer Meinung, Sheriff?»

«Nun nimm mal nicht den Mund so voll. Selbst ist der Mann! Hat Pete dich seitdem nicht immer begleitet?»

«Sam, du bist betrunken», mischte sich Hille in die Auseinandersetzung. «Jedenfalls fahre ich morgen früh wieder mit dir nach Ogalalla. Entschuldige: mit dir selbst. Und jetzt sollten wir noch ein paar Runden spielen, damit ich noch mindestens einen Zehner von dir dazugewinne. Du wirst sehen, daß das meine Laune aufbessert. Ich werde ein viel fröhlicherer Reisebegleiter sein und natürlich ein viel tapferer, wenn die Bande uns wieder einmal ans Fell will.»

Obwohl Blake sich beruhigte und noch zwei Stunden lang beim Pokern mithielt und sogar kleinere Beträge gewann, wollte keine rechte Stimmung mehr in der Runde aufkommen. Lange vor Mitternacht ging man auseinander, nachdem Blake gebrummt hatte, er müsse morgen in aller Herrgottsfrühe wieder auf den Beinen sein.

«Und vergeßt nicht, rechtzeitig zurückzukommen», sagte Patterson zum Abschluß. «Am Sonntag ist die Hochzeit. Dazu brauche ich euch.»

«Sei unbesorgt!» krähte Hille, dem der Alkohol inzwischen auch zu Kopf gestiegen war. «Wenn ich mir vorgenommen habe, auf einer Hochzeit zu tanzen, dann kann mich nichts davon abhalten. Selbst ein paar lausige Banditen nicht.»

Unter lauten Komplimenten begleitete er Catherine zur Tür, ehe er sich im Hinterzimmer, wo er seine Schlafstelle hatte, aufs Bett warf, daß die Bretter in ihren Fugen krachten.

5 Am nächsten Morgen hatte Harrington eine längere Unterredung mit Bashan. Wie immer, wenn er in die Privaträume des Chefs gebeten wurde, fühlte Bashan sich unbehaglich. Er mochte nicht die Teppiche, in deren Flor der Fuß einsank, nicht die Tischchen mit den geschwungenen Beinen, auf die man keine Hand zu stützen wagte, nicht die Bilder an den Wänden, deren Farbenpracht das Auge verwirrten. Er fühlte sich unsicher in solcher Umgebung, merkte, wie seine Glieder schwer und seine Zunge steif wurden, wie sein Hals, der damals beim Überfall auf Tanglewood von einem Indianerpfeil böse getroffene Hals, dessen Nerven und Sehnen nie wieder so recht zusammengewachsen waren, sich noch mehr verzerrte und den Kopf in eine noch schiefere Lage brachte als gewöhnlich. Da half auch nicht die Begrüßung mit Handschlag, nicht die Zigarre aus der extrafeinen Kiste, die seiner durch und durch ausgeräucherten Mundhöhle ohnehin zu süß war. Sogar die große Dogge, der er unter freiem Himmel furchtlos begegnete, erschien ihm hier, inmitten all der Pracht, bösartig und gefahrverheißend, gleichsam als die Hüterin eines Schatzes, die jedem Eindringling mit einem Biß in die Kehle zu begegnen bereit war. Er beneidete Harrington, der sich in dieser Umgebung wie selbstverständlich bewegte, der sich in dem dünnbeinigen Sessel rekelte, als müßte er nicht befürchten, das kostbar aussehende Stück Möbel würde unter seiner Last zusammenbrechen, und der die Linke mit dem funkelnden Solitär tief ins Hundefell versenkte.

Harrington wußte um die Wirkung seiner Umgebung auf Bashan, und er genoß diese Wirkung, genoß sie gleichsam als Rache dafür, daß er sich dem Anführer seiner Schutztruppe gegenüber außerhalb seines Appartements stets unterlegen fühlte. Denn sooft der Direktor der General Mining Incorporation für das Gebiet der Black Hills sich auch klarmachte, daß Bashan nur ein von ihm und dem Geld der Gesellschaft abhängiges Geschöpf war, das kaltzustellen nur eines Fingerzeigs von ihm bedurft hätte, sowenig wollte es ihm gelingen, das Grauen zu unterdrücken, das er vor dem Mann und seiner Kaltblütigkeit empfand. Nur hier, sozusagen in seinen vier Wänden, war er ihm wirklich überlegen. Hier nur konnte er ihm wirklich befehlen, ohne mit Mißtrauen die Reaktion seines Befehls in den rotgeränderten wäßrigen Augen des anderen erforschen zu müssen. Darum auch hatte er Bashan nicht gestern in seinem Büro am Shining Stone Creek angesprochen, obwohl Gelegenheit dazu gewesen wäre. Die Unterredung dauerte nicht lange. Bashan, eingeschüchtert wie er war, begriff rasch, um so schnell wie möglich wieder ins Freie zu gelangen, und er begriff gründlich, was von ihm verlangt wurde. Harrington lächelte zufrieden, als Bashan auf seinen Wunsch hin die Direktiven wiederholte, stockend zwar, doch ohne Fehler. Er legte ihm wohlwollend eine Hand auf die Schulter, sagte: «Ich wußte, daß ich mich auch diesmal wieder auf Sie verlassen kann», und entließ den Bravo mit einem leichten Kopfnicken.

Bashan stapfte die Hoteltreppe hinunter, ging in die Bar und ließ sich einen großen Rye einschenken. Ehe er trank, zerdrückte er die teure Importe in einem Spucknapf und zündete sich mit Behagen eine von seinen schlechten Zigarren an.

«Ich möchte kein feiner Mann sein», sagte er zu Tom Payne, der hinter der Theke wirtschaftete, «nicht um alles in der Welt möchte ich das.»

Nach dem zweiten Korn sagte er: «Aber wenn die mich nicht hätten ...» Er ließ seine Stimme in der Schwebe.

Nach dem dritten Glas stieß er sich von der Messingstange an der Bar ab, ging breitbeinig – wegen der breiten Lederschützer an den Schienbeinen – zur Pendeltür und bestieg sein Pferd mit einiger Mühe und unter Ächzen. Sleek, den lang aufgeschossenen Mann mit dem schönen Gesicht unterm schwarzen Haar, der unter das Vordach des Saloons trat, als er das Pferd in Richtung auf den Creek in Trab setzte, sah er nicht.

Auch Sleek war zu Harrington bestellt, doch in anderer Angelegenheit. Der Direktor wußte, daß er sich auf ihn verlassen konnte wie auf Bashan, aber nicht in derselben Weise. Bashan, der bullige, eisenharte Revolverheld, dem es nicht auf ein Menschenleben ankam, solange es nicht sein eigenes war, versah gleichsam den Außendienst und die Dreckarbeit, Sleek wurde eingesetzt, wenn es um Internes ging und wenn es Diffizileres zu erledigen galt. Harrington stand in Sleeks Schuld, seit der ihm geholfen hatte, einen Konkurrenten mit guten Aussichten auf seine, Harringtons, Stelle durch einen wohlüberlegten Trick aus dem Rennen zu werfen. Der Mann lebte jetzt als kleiner Subdirektor in einem Nest in den Rockys, mit dem verglichen Tanglewood ein passables Städtchen genannt werden konnte. Bashan hätte so eine Aufgabe mit dem Colt gelöst, kurz und schmerzlos, und dabei Spuren hinterlassen, die so deutlich gewesen wären wie eine Elefantenfährte; Sleek hatte länger gebraucht, aber es durch Verleumdung und geschicktes Taktieren nicht nur dahin gebracht, daß Harringtons Rivale, der Sleek als eine seiner stärksten Stützen angesehen, gar nicht gemerkt hatte, wie er verkauft worden war. Auch die Zentrale der Incorporation in Omaha hatte so etwas wie ein Dankschreiben geschickt voller hochtönender Worte nebst einer Prämie von einhundert Dollar.

Seitdem war Harrington ihm in besonderer Weise zugetan, setzte ihn dort ein, wo Skrupellosigkeit gepaart mit Intelligenz gefordert wurde. Und diese Kombination wurde wieder einmal gebraucht.

«Es müßte doch mit dem Teufel zugehen», sagte Harrington nach einem langen Gespräch mit Sleek, «wenn wir die Krämerseele nicht kleinkriegten.»

Sleek nickte dazu, bedächtig und zuversichtlich, langte nach der Kaffeetasse und trank, den kleinen Finger der Rechten leicht abgespreizt.

«Natürlich, Mister Harrington», sagte er, so als müsse er seinem Partner Mut und Zutrauen zu sich vermitteln. «Ich kann mir Schwierigeres vorstellen.»

Doch ganz so leicht, wie Sleek sich das Unternehmen an diesem Morgen vorstellte, wurde es nicht.

Die Unterredungen, die Harrington im Prachtappartement des Saloons von Tanglewood mit seinen beiden Gehilfen hatte, fanden am Donnerstagmorgen gegen zehn Uhr statt. Um diese Zeit waren Blake, Hille, David und ein Begleiter mit Namen Flinch, der als einer der besten Kutscher weit und breit bekannt war, schon seit fünf Stunden unterwegs. Blakes schwerer Kopf hatte bereits Zeit gehabt, auszulüften; auch Hilles Müdigkeit war schon verflogen.

Die beiden ritten dem Wagen um einige Dutzend Schritt voraus und bestimmten das Tempo, dem die Zugpferde unter Flinchs geschickter Führung mühelos folgten. Man wollte möglichst in der Nacht noch in Ogalalla ankommen und nach einigen Stunden Schlaf die Geschäfte erledigen. Wenn alles nach Plan verlief, konnten sie Freitagmittag schon wieder auf dem Rückweg sein, am Abend ein Lager am Red River aufschlagen und Samstagnachmittag Tanglewood erreichen. So jedenfalls hatte Blake sich alles ausgerechnet, und Blake war als Mann bekannt, der sich nicht gern einen Strich durch seine Rechnungen machen ließ. Sonntagfrüh mußte er bei Pattersons Hochzeit sein. Das war sein Ziel, und dem hatte sich alles andere unterzuordnen.

Es schien auch so, als ob alles wie geplant ablaufen wollte. Obwohl unterwegs ein Rad brach und gegen ein anderes ausgewechselt werden mußte, obwohl die Furt im Red River wegen des Hochwassers schwer passierbar war und obwohl ein heftiger Regen die letzten beiden Stunden zur Qual werden ließ, erreichten sie die Stadt mit wenig Verspätung. Sie stiegen in dem Boarding House ab, wo Blake seit Jahren zu übernachten pflegte und wo immer ein Zimmer für ihn frei war. Am Vormittag erledigten sie ihre Geschäfte, das heißt, Hille schlenderte durch die Straßen, Flinch kümmerte sich darum, daß Pferde und Wagen in gutem Zustand waren, und Blake holte, begleitet von David, das Geld, das den Arbeitern der Incorporation möglichst noch am Samstagabend ausgezahlt werden sollte.

David, das Halbblut, den jahrelanger Aufenthalt in den Siedlungen der Weißen noch immer nicht so recht an den Wert des Geldes gewöhnt hatte, ging ein wenig scheu neben Blake her und war heilfroh, als sie das Boarding House erreicht hatten, wo er die unauffällige Segeltuchtasche in Sicherheit glaubte. Hier war auch inzwischen Hille, und Flinch meldete, daß Gefährt und Tiere in gutem Zustand seien und daß man seinetwegen gleich aufbrechen könne.

«Solche Hast ist nicht nötig», sagte Blake, und es klang zuversichtlich, gar nicht so, als sei jeder Nerv in ihm gespannt, wie stets seit dem Überfall. «Erst wollen wir mal sehen, ob die gute Mistreß Monroe noch so gut kochen kann wie früher oder ob sie es inzwischen über den Umgang mit all den Säufern, die hier herumwimmeln, verlernt hat.»

Das Essen war zwar nicht gut, aber es gab reichliche Portionen und zum Abschluß einen selbstgebrannten Maisschnaps, der einem die Kopfhaut zusammenzog. Danach ritt Blake mit seiner Mannschaft wieder davon, in der gleichen Ordnung, die auf dem Hinweg eingehalten worden war: Hille und Blake ritten vor dem Wagen her und bestimmten das Tempo.

Man ritt zügig, doch nicht zu schnell, mit Rücksicht auf die Tiere, die nicht einmal einen Tag zum Ausruhen gehabt hatten. Flinch war ein zu guter Kutscher, als daß er zugelassen hätte, die Pferde zu Schanden zu treiben.

Gegen Abend erreichten sie den Red River, krochen unter die Plane und gönnten sich ein paar Stunden Schlaf, während Hille und Blake einander bei der Wache ablösten. Es war eine dunkle Nacht; schwere Wolken verdeckten die Sterne. Frühling lag in der Luft, und bald würde die Prärie mit sattem Grün überzogen sein.

«In drei Stunden weck ich dich, Pete», sagte Blake, als er Hille ablöste. «Ich wollte, es wäre schon wieder Abend. Ein Schluck heißes Bier würde mir jetzt guttun.»

«Alles zu seiner Zeit, Sam», sagte Hille. «Am Sonntag, wenn alles hinter uns liegt, können wir saufen, daß es uns aus den Ohren kommt, und nicht nur warmes Bier!»

Als sie sich am frühen Morgen zur Weiterfahrt bereit machten, regnete es wieder. Das Sonnenlicht konnte kaum die dichte Wolkendecke durchdringen, und der River war noch höher angestiegen. Die Pferde scheuten vor der Gewalt des Wassers, das gurgelnd durch die Furt schoß, und konnten nur mit Aufbietung aller Kräfte gezähmt werden. Vom Schweiß, vom Regen und vom Flußwasser naß bis auf die Haut, erreichten sie das gegenüberliegende Ufer, wo Blake erst einmal die Schnapsflasche kreisen ließ, um die fehlende äußere Wärme durch innere zu ersetzen. Doch Zeit, ein Feuer anzuzünden, an dem die nassen Kleider getrocknet werden konnten, blieb nicht. Sie hatten noch fünfzig Meilen vor sich, und die wollten erst einmal bis zum Abend bewältigt werden.

Stunde um Stunde setzten sie ihren Weg fort. Gegen Mittag ließ der Regen zwar nach, aber die Luft war noch immer so stark mit kühlem Dunst erfüllt, daß sie die Umrisse der schwarzen Berge, die sie eigentlich schon hätten ausmachen müssen, nicht sehen konnten. Verdrossen hockten Blake und Hille auf den Pferden; Flinch fluchte und begann, was selten der Fall war, die Geduld mit den Pferden zu verlieren. Nur David blieb gelassen, und es war, als machte sich in dieser Situation sein indianisches Erbe, nie die Geduld zu verlieren, bemerkbar. Er pfiff vor sich hin, und ab und zu versorgte er den schimpfenden und knurrenden Flinch mit ein paar Sentenzen aus seiner Sprichwortkiste, was diesen aber keineswegs aufheiterte.

David war hellwach, und er war es auch, der als erster den mächtigen Baum wanken sah. Sie waren inzwischen aus der Ebene in die Vorberge gekommen, wo das Terrain allmählich zu den Black Hills anstieg. Vor sich sahen sie eine mäßig breite Schlucht, die von einigen hohen Fichten gesäumt wurde. Hinter der Schlucht, die durch zwei Hügel gebildet wurde, erstreckte sich wieder die allmählich ansteigende Ebene. Jeder Wagen, der in die Hills hinaufzog, passierte diese Lücke zwischen den beiden Hügeln, da eine solche Passage ungefähr eine Stunde Wegzeit sparte, und tief ausgefahren war der Track, den die Wagenspuren hinterlassen hatten.

Ehe David noch den Mund zu einem Schrei öffnen konnte, senkte sich eine der Fichten, die auf der linken Böschung der Schlucht wuchsen, erst allmählich, dann immer schneller werdend, und stürzte schließlich krachend quer über den Weg. Blake, der sich an dieser Stelle keines Überfalls versehen hatte, weil sie noch zu weit von der Siedlung entfernt waren, duckte sich im selben Augenblick tief auf den Hals seines Pferdes hinunter.

Da krachten auch schon Schüsse aus mindestens zehn Gewehren und ließen die Luft erzittern. Als erste fielen die beiden Führpferde des Vierspänners, dann wurde Hille das Tier unterm Leib weggeschossen, noch ehe er seine Flinte aus dem Futteral ziehen konnte. Flinch verlor die Gewalt über die Zügel, und die beiden noch lebenden Tiere bäumten sich an der Deichsel, wurden aber vom Gewicht des schweren Planwagens und der Kadaver heruntergezogen. Doch der Ruck mit dem sie den Wagen angehoben hatten, war

stark genug gewesen, David in hohem Bogen vom Bock zu schleudern. Er fiel in einen Dornenbusch, wo er betäubt liegenblieb.

Die Angreifer hatten jeden Vorteil auf ihrer Seite. Aus guter Deckung hinter großen Felsen und Bäumen schossen sie auf die vier Männer und ihre Pferde, die, da ihnen durch den gefällten Baum die Flucht nach vorn nicht möglich war, sich schutz- und kopflos in Sicherheit zu bringen trachteten.

Grinsend blickte Bashan über Kimme und Korn auf Blake, der von seinem sich aufbäumenden Rappen gefallen war und mit komisch anmutenden Sprüngen einen Felsbrocken zu erreichen suchte, aber immer wieder durch Schüsse aus der Richtung getrieben wurde. Hille stellte es geschickter an, indem er sich flach an den Boden preßte und mit schlängelnden Bewegungen auf eine Deckung zukroch. Aber auch er hätte keine Chance gehabt, wenn es nach Bashan gegangen wäre, der ihn keine Sekunde aus den Augen verlor.

Aber es ging heute nicht nach Bashans Willen. «Ich will keine Toten», hatte Harrington gesagt, «seid vorsichtiger als das letzte Mal. Tote bringen die Leute auf. Und Sie, Bashan, an den Galgen, wenn man Sie schnappt. Sie wissen, die Gesellschaft kann sich dann nicht für Sie einsetzen.»

Wenn Bashan auch nicht einsah, warum Tote die Leute aufbringen sollten, so war er doch diszipliniert genug, die Anweisungen Harringtons zu befolgen. «Keine Toten!» hatte er vor seinen Leuten wiederholt. «Der Chef will's nicht.» Und bis jetzt hatten sich alle an den Befehl gehalten, auch an die Anweisung, wie beim letztenmal das Gesicht bis zu den Augen mit Tüchern zu verdecken. Diese Vorsicht betrachtete Bashan als völlig überflüssig. Denn wer, wenn nicht er und sein Trupp, hatte Schneid genug, am hellen Tag einen solchen Überfall auszuführen. Das, glaubte er, wußten alle in Tanglewood und im Lager. Aber nein, die Herren, die in ihrem Leben noch nie einen Colt in der Hand gehalten hatten, machten sich Gedanken darüber, wie man zum Schießen angezogen sein mußte, ob man mit oder ohne Maulbinde feuern sollte. Dabei hinderten die dummen Lappen einen nur am Rauchen; und Schießen machte eigentlich nur den rechten Spaß, wenn man beim Abdrükken auf die Zigarre beißen konnte.

Aber Bashan schoß trotzdem. Die Kugel spritzte zwei Fuß vor Hille ins Erdreich und stoppte vorerst wieder einmal dessen Bewegungen. Dann hielt Bashan auf Blake und ließ ihn durch den Schuß zappeln. Allmählich fand er seine Freude daran, den Burschen da mit seiner Winchester eins aufzuspielen. Verglichen damit war das Abschießen ein stupides und kurzes Vergnügen.

Dann sah er, wie Flinch sich daranmachte, die Leinen und Riemen der Pferde zu zerschneiden. Der Kutscher hockte dabei in verhältnismäßig guter Deckung. Jeder Schuß, der von Bashans Leuten auf ihn abgegeben wurde, schlug in die Kadaver. Wenn es ihm gelang, den Wagen wieder flottzumachen und zu wenden, dann hatte er eine reelle Chance zu entfliehen.

Als Bashan diesen Gedankengang verfolgt hatte, überlief es ihn heiß, und seine gute Laune war mit einem Schlag verflogen. In dem Wagen war die Tasche mit dem Geld! Und um die ging es. Er konnte doch nicht nach Tanglewood zurückkehren und Harrington ausrichten, er hätte zwar den Leuten einen gehörigen Schrecken eingejagt aber leider sei einer mit dem Geld entwischt. Hier durfte keine Sekunde gezögert werden, und Bashan zögerte nicht. In ihm erwachte der Instinkt dessen, der nie einen Moment verstreichen ließ, um einer erkannten Gefahr entgegenzutreten. Mit einem Zeichen beorderte er zwei seiner Leute, ihm Feuerschutz zu geben, und stürzte, mehr als er lief, zu einem Felsbrocken, hinter dem er in die Position gelangte, den Kutscher deckungslos vor die Waffe zu bekommen. Als er hinter dem Felsen hockte, riß er sofort den Abzugsbügel durch und tötete Flinch mit einem Schuß in den Kopf.

Ehe Flinch vornüber sackte, hatte er den letzten Messerschnitt getan, um die Pferde zu befreien. Die spürten die Gelegenheit davonzustürmen, und mit einem markerschütternden Wiehern, in dem sich grenzenlose Angst und ebenso grenzenlose Freude, dieser Angst nun entrinnen zu können, mischten, rasten sie in die Prärie hinaus. Einem der Pferde drang ein Geschoß in die Kruppe und ließ es einen wilden Tanz aufführen, ehe eine zweite Kugel in die Flanke es niederwarf. Das andere Tier gewann endgültig das Freie.

In Blakes Kopf herrschte nur der eine verzweifelte Gedanke: Sie lassen nicht locker! Und der lähmte ihn fast. Da lag er nun, in fast deckungslosem Gelände den Kugeln von Banditen preisgegeben, die ihm jederzeit den Garaus machen konnten und die es dennoch nicht taten, weil sie offensichtlich ihren Spaß daran hatten, ihn wie einen Hasen umherzujagen.

Blake hielt das Gesicht in die Grasnarbe gepreßt, und es fehlte nicht viel, und er hätte geweint über die eigene Ohnmacht, auch über die eigene Dummheit, die ihn doch wieder zu sorglos hatte sein lassen. Warum hatte er sich überhaupt noch einmal auf einen Geldtransport eingelassen? Die Warnung durch den ersten Überfall war deutlich genug gewesen. Er hatte sie in den Wind geschlagen, hatte sich als Herr der Lage gefühlt, der nur entschlossen aufzutreten braucht, um das Gesindel ein für allemal zu vertreiben.

Dumpf und tröstlich zugleich drang ihm der Geruch der nassen Erde in die Nase. Er hob den Kopf ein Stückchen, um nach den anderen auszuschauen, nach Hille, Flinch und David. Aber er sah niemanden. War er allein noch am Leben? Als er sich vorsichtig erheben wollte, zwangen ihn zwei, drei Kugeln wieder in Deckung. Dann hörte er hinter sich ein schürfendes Geräusch, als wenn jemand an ihn heranschliche. Blake warf sich herum, brachte seinen Revolver in die Richtung, aus der er das Geräusch gehört hatte, erhielt aber im selben Augenblick einen Schlag auf den Hinterkopf, der ihn sofort in tiefe Bewußtlosigkeit warf.

Er sah nicht mehr das runde, von einem Tuch halb verdeckte Gesicht, das sich über ihn beugte, hörte nicht das befriedigte «Der hat genug!». Er merkte auch nicht, wie man den ebenfalls bewußtlosen Hille heranschleppte und wie man sie beide mit Stricken zusammenband.

Bashan blickte auf Blake und Hille hinunter, fast ein wenig versonnen. «Da liegen sie, die beiden Großmäuler», sagte er zu einem, der neben ihm stand, «und wir könnten ihnen, wenn wir wollten, die Köpfe zwischen die Beine legen. Aber wir wollen ja nicht.» Er sah den anderen für Sekunden unentwegt aus wasserblauen Augen an, und die nach rechts geneigte Kopfhaltung verlieh ihm fast einen harmlosen, bittenden Ausdruck. «Oder wollen wir doch?» Aber plötzlich ging ein Ruck durch Bashan. Mit einer weit ausholenden Armbewegung versammelte er seine Leute um sich, die über den Platz des Überfalls schwärmten. «Wo ist die Tasche?» fragte er.

Ein kleiner Mann vom Aussehen eines Mexikaners übergab sie ihm. Bashan löste den Verschluß, blickte kurz hinein. Die Augen über dem Tuch, das ihm Mund und Nase bedeckte, bekamen Glanz, und für einen Moment dachte er: Abhauen damit, weit wegreiten! Doch der Funke erlosch so schnell, wie er aufgeglommen war. Er verschloß die Segeltuchtasche und sah in die Runde.

«Wir trennen uns!» befahl er. «Fünf müssen von Norden nach Tanglewood rein, die anderen von Süden. Ihr da», er wies auf vier Leute zu seiner Linken, «kommt mit mir. Und macht kein Aufsehen, Jungs.»

Zwei Minuten später, als das Donnern der Hufe verklungen war, lag wieder tiefe Stille über den Vorbergen. Das letzte überlebende Pferd war zurückgekommen und suchte sich Nahrung am harten Wintergras.

David erwachte als erster aus der Betäubung. Erschrocken betrachtete er seine Hände, die über und über zerkratzt waren, und seine Lederjacke, die der Dornbusch, in den er gefallen war, wie mit Messern zerschnitten hatte. Als er vorsichtig seinen Kopf betastete und keinen Schmerz an ihm feststellen konnte, beruhigte er sich allmählich. Er befreite sich aus dem Gestrüpp und blickte, noch immer benommen, über die Szene, sah die Pferdekadaver und die beiden gefesselten Männer. Den toten Flinch entdeckte er erst, nachdem er zum Wagen hinübergegangen war. Lange stand er neben der Leiche seines Kameraden, ehe er sich daranmachte, Hille und Blake von ihren Fesseln zu befreien.

Doch so sehr er sich um sie mühte mit Rütteln und leichten Backenstreichen, auch mit dem Versuch, ihnen einige Tropfen Whisky zwischen die Zähne zu flößen, sie schlugen die Augen nicht auf. Wäre nicht der regelmäßige leise Atemzug gewesen, David hätte die beiden für tot gehalten.

6 Seit der Weitspähende Falke auf die Abteilung der Cheyennes gestoßen war, die der Kleine Wolf anführte, und als willkommener Gast in ihren Zelten lebte, löste sich mehr und mehr seine Verbitterung gegen sein Schicksal. Hier im Kreis von Kriegern, die es bisher verstanden hatten, sich den Nachstellungen der Weißen zu entziehen und unbehelligt durch die Black Hills zu streifen, fand er zu der Gelassenheit zurück, die seinem Alter eher anstand als das Mißtrauen und die Verschlossenheit, die durch jahrelange Flucht und Verfolgung in ihm gewachsen waren. Wenn er jetzt vor dem Zelt saß, das man ihm zugewiesen hatte, und beobachtete, wie der Abend von den Bergen herabstieg, dann kehrte ein Stück des inneren Friedens wieder, den er all die Jahre über schmerzlich entbehrt hatte, dann gelang es ihm, sich für Stunden in das Leben hineinzuträumen, das er vor mehr als fünf Jahren in diesen Bergen geführt hatte.

Blauhaar hütete sich dann, ihn zu stören, indem sie ihm etwa vom Verdruß oder den Beschwernissen des Tages erzählte. Sie setzte sich neben ihn, teilte sein Schweigen oder ging auf die laut werdenden Erinnerungen ein.

Der Weitspähende Falke sprach in solchen Stunden, als ob der Graue Bär, Blauhaars Vater, noch lebte und nicht beim Zug durch die Ebenen Kanadas vor Entkräftung gestorben wäre. Vergessen war das Zerwürfnis zwischen ihm und seinem Schwiegervater. Die Entscheidung, um die es gegangen war, das glaubte der Weitspähende Falke jetzt zu wissen, die Entscheidung, ob man durch Verhandlungen mit den Weißen oder durch entschlossenen Widerstand gegen ihr ungesetzliches Vordringen mehr erreichte, hatte nur scheinbar den Kern ihrer aller Existenz getroffen. Das Vordringen der weißen Siedler war nicht auf die eine und nicht auf die andere Art aufzuhalten gewesen. Geblieben war nur die Erinnerung an Triumphe nach gewonnenem Kampf, an das Gefühl, man habe dem Unrecht eine Niederlage beigebracht, die ungezählten Opfer einer grausamen Eroberung gerächt. Geblieben war die Erinnerung an das große Ratsfeuer, das keine zehn Meilen von hier gelodert hatte, an die Büffeljagden, an die Tänze vor Antritt der Jagd oder eines Kriegszuges. Daran dachte der Weitspähende Falke, und von alldem sprach er, zu sich selber oder zu Blauhaar oder dem Listigen Fuchs, während er vorm Zelteingang saß und rauchte oder seine Waffen reinigte oder an einem Stock herumschnitzelte. Dann war ihm die Glorie vergangener Tage näher als das graue Elend der Ungewißheit des Heute.

Tagsüber indessen stand der Weitspähende Falke ganz seinen Mann. Der Kleine Wolf schätzte ihn sehr wegen seiner Tatkraft und seiner geistigen Beweglichkeit, und er ließ ihn bei mancher Gelegenheit seine Wertschätzung spüren. Oft zog er ihn ins Gespräch, etwa wenn es darum ging, ob man den Standort wechseln oder bleiben solle. Dabei war die genaue Kenntnis der Berge, die der Weitspähende Falke besaß, von großem Nutzen. Er wußte, wo die Quellen sprangen, wo leicht an Holz fürs Feuer zu kommen war, er kannte die unzugänglichen Hochtäler, in die auch jetzt noch kaum ein Weißer kam. Stundenlang saßen die beiden Häuptlinge dann mitunter beisammen, erwogen und verwarfen diesen oder jenen Plan für den folgenden Tag, berieten des langen und breiten jede mögliche Bewegung, die die Abteilung machen sollte. Dabei geschah es nicht selten, daß auch der Kleine Wolf, ein nüchterner Mann mit klugen schwarzen Augen und bedächtigen Bewegungen, das Elend ihrer Lage vergaß und Pläne spann, die dem Häuptling eines großen Stammes angestanden hätten und nicht dem Anführer von wenig mehr als fünfzig Kriegern und etwa dreißig Frauen und Kindern, der seine ganze Überlegungskraft darauf verwenden mußte, dem verbliebenen Häuflein eine halbwegs unbehelligte Existenz zu sichern. Denn gelang es einer Armee-Einheit, die Cheyenne-Abteilung aufzuspüren, dann gab es nur noch die Entscheidung zwischen bedingungsloser Unterwerfung und bedingungslosem Kampf. Und beides bedeutete den sicheren Untergang für alle. Doch verlor auch er sich nicht gänzlich in die Träume, sondern erwies sich als ein geschickter Führer, der jedwedem Zusammenstoß mit den Weißen aus dem Weg ging. Die Erin-

nerung an eine große Vergangenheit, die noch immer in Liedern am Feuer lebte, erweckte mehr Schmerz in ihm, als Stolz und Grund zur Hoffnung.

«Unsere Väter haben vieles falsch gemacht», sagte er eines Abends zum Weitspähenden Falken, als sie wieder einmal auf vergangene Tage zu sprechen gekommen waren. «Sie waren vertrauensselig, wenn sie hätten mißtrauisch sein müssen, und mißtrauisch da, wo Vertrauen am Platz gewesen wäre. Sie haben sich untereinander bekämpft, als es galt, einig gegen die weißen Eindringlinge zu stehen. Sie glaubten, für ihren Stamm das Beste erreichen zu müssen, und hätten doch unser ganzes Volk im Auge haben sollen. Denn von den großen Seen im Norden bis hinunter nach Florida und Mexiko hatten die roten Männer nur ein und dasselbe Interesse. Unsere Väter haben es den Weißen leicht gemacht, das Land zu erobern. Sie haben sich in den Kriegen der weißen Männer untereinander für die eine oder andere Seite einspannen lassen und sind dadurch schwach geworden. Als sie sich darauf besannen, daß alle Weißen ihre Feinde waren und bekämpft werden mußten, war es bereits zu spät. Auch der große Tecumseh stand von vornherein auf verlorenem Posten, erst recht Tatanka-yotanka und Tasunka-witko. Wir haben, seit wir erwachsen geworden sind, nichts erlebt als die letzten kriegerischen Zuckungen unserer Völkerschaften. Uns ist nichts geblieben, als zu versuchen, den Rest unserer Tage in Freiheit und Würde zuzubringen.»

Das sagte der Kleine Wolf ganz sachlich, wie einer, der das Fazit aus einer verfahrenen Sache zieht und der bestrebt ist, zu retten, was sich noch retten läßt.

Einige Jahre zuvor wäre der Weitspähende Falke solcher Meinung heftig begegnet, hätte er laut und lodernd den Ruf zum Kampf dagegengesetzt. Jetzt beschränkte er sich darauf, zu schweigen und durch ein bedrücktes Kopfnikken Zustimmung zu äußern. Der Kleine Wolf hatte recht. Es galt nur noch zu überleben, nicht mehr zu triumphieren.

«Wir haben den weißen Mann nicht begriffen», fuhr der Kleine Wolf fort, «viel zu lange nicht begriffen. Wir lebten in der Gemeinschaft, fühlten uns wohl in ihr, konnten uns nicht vorstellen, wie ein Mensch außerhalb von Bindungen glücklich sein könnte. Wer die Gemeinschaft verloren hat, so dachten wir, der kann nicht existieren. Was wir nicht kannten, das war die Kraft, die den weißen Mann antrieb, die sein Gott war. Viel zu spät haben wir das kennengelernt, was sie selbst Egoismus nennen, erst, als er sich auch in unsere Stämme schlich, als Häuptlinge um des persönlichen Vorteils willen die Ländereien ihres Stammes verkauften, als einzelne sich aus allen Bindungen lösten, um in den Städten und Siedlungen der Weißen ihr Glück zu machen. Was für sie die Quelle ihrer Kraft war, war für uns die Krankheit, die unseren Tod beschleunigte. Egoismus.»

Der Kleine Wolf sprach das Wort gedämpft wie eine Beschwörung aus, so als fürchte er seine Wirkung, wenn es nur laut würde. Der Weitspähende Falke hatte noch nie einen Häuptling so reden hören. Gewiß, auch er wußte, daß der Gott der Weißen nicht der war, den sie bei jeder Gelegenheit im Mund führten und von dem sie sagten, er sei gütig und barmherzig; er kannte ihre Gier, die nach Besitz strebte, die vor keinem Verbrechen haltmachte. Aber er hatte die Gier als eine Schwäche der Weißen angesehen, hatte sich ihnen unendlich überlegen gedünkt und hoffte auch jetzt noch manchmal im geheimen darauf, daß diese Gier sie schließlich in einen mörderischen Kampf gegeneinander führen und sie untergehen lassen würde. Und nun sprach der Kleine Wolf davon, daß sie ihre Kraft wäre.

«Sie werden an ihrem Egoismus ersticken wie die Schlange an einem zu großen Kaninchen», sagte er bitter und hoffnungsfroh zugleich. «Die Gier raubt ihnen den Verstand, und ein Mensch ohne Verstand ist wie ein wildes Tier.»

«Die Gier schärft ihren Verstand», sagte der Kleine Wolf, «und macht sie unternehmungslustig. Wir haben es doch am eigenen Leib erfahren, Falke. Die Gier treibt sie über Gebirge, durch Wüsten, sie läßt sie Dampfwagen erfinden und schnellschießende Gewehre, sie läßt sie die Eingeweide der Berge durchwühlen.»

«Die Gier macht sie blind wie die Maulwürfe», sagte der Weitspähende Falke, «und blutdürstig wie die Bären.»

Wie oft wohl werden wir noch solche Gespräche führen? dachte der Kleine Wolf. Wie oft noch werden wir uns immer um dasselbe Gedanken machen und es doch nicht so recht begreifen: Wie konnte das große Unglück über unsere Völker kommen, das uns zu Flüchtlingen im eigenen Land gemacht hat?

Einige Tage nach diesem Gespräch sammelten sich die Männer der Abteilung zur Jagd. Nur wenige blieben zurück, um den Frauen und Kindern Schutz vor möglichen Angreifern zu bieten. Es war der Tag, an dem Sam Blakes Geldtransport überfallen wurde.

Nachdem man die Hochtäler verlassen und in die niedrigeren bewaldeten Regionen gekommen war, zerstreuten sich die Männer in kleinere Gruppen, die jeweils eine Fährte verfolgten. Der Weitspähende Falke bildete mit dem

Listigen Fuchs und Dunkle Fichte einen Trupp, dem sich auch Blauhaar angeschlossen hatte. Sie hatte nicht im Lager bleiben, sondern auch heute wieder an der Seite ihres Mannes sein wollen, so wie sie seit Jahren an seiner Seite gewesen war. Die vier verfolgten die Spur eines Bären, der vor nicht allzu langer Zeit durch das Gestrüpp gebrochen sein mußte. Man sah es an frisch geknickten Zweigen, an den tiefen Pfotenabdrücken, die in der feuchten Erde besonders gut auszumachen waren, und an der Losung, die noch warm war. Als die Sonne im Zenit stand, hatten sie sich dem Tier so weit genähert, daß der Wind hin und wieder sein Brummen zu ihnen hinübertrug und das Rascheln, das seine Bewegungen im Lauf verursachte. Der Weitspähende Falke wußte wohl daß die Verfolgung des Bären sie ziemlich weit von den anderen abgetrieben hatte, doch war er so stark vom Jagdfieber gepackt, daß er vorübergehend alle Vorsicht vergaß.

Die Gruppe um den Weitspähenden Falken geriet bei dieser Verfolgung immer weiter talwärts. Schließlich hatte sie den unteren Rand des Hangwaldes erreicht. Vor ihnen dehnte sich die Ebene, die auf der anderen Seite vom Oberlauf des Shining Stone Creek begrenzt wurde.

Der Weitspähende Falke verharrte. Blauhaar trat neben ihn. Beide beseelte ein Gedanke: Dort drüben, unterhalb der steilen Felswand, lag im Dunst des Regentages der Platz, an dem ihre Abteilung der Dakota regelmäßig ihr Lager aufschlug, wenn der heraufziehende Winter dem Zug durch die Prärie ein Ende setzte. Dort hatte sich auch die Tragödie abgespielt, der der größte Teil der Abteilung zum Opfer gefallen war, als Snaky Joe die Felswand hatte sprengen lassen und eine Steinlawine auf das Lager niedergegangen war. Dort drüben lagen die Gräber von Dutzenden Männern, Frauen und Kindern. Blauhaar als einziger war es gelungen, dem Steinschlag und dem anschließenden Gemetzel der blutgierigen Siedler von Tanglewood und der Bande Snaky Joes zu entkommen.

Unwillkürlich ergriff die junge Frau den Arm des Weitspähenden Falken und preßte ihr Gesicht gegen seine Schulter.

Auch der Häuptling hatte die Jagd auf den Bären vergessen und blickte starr über die mit oft übermannshohen Felsbrocken besäte kärglich mit Bäumen bestandene Ebene. Wehmut und Zorn widerstritten einander in ihm. Er trat einige Schritte über den Waldrand hinaus, so als werde er von der schwärzlich glänzenden Felswand dort drüben angezogen.

Da zerriß Hufschlag die Stille, und ungefähr ein Dutzend Reiter stoben über die Ebene, die Zügel verhängt und die Oberkörper weit über die Hälse der Pferde gebeugt, allen voran ein schwergewichtiger Bursche, der den Kopf schief hielt und so aussah, als schaue er nach den regenschweren Wolken die sich am Himmel türmten. Der Weitspähende Falke erblickte die Kavalkade, als sie in etwa hundert Schritt Entfernung hinter einem bizarr geformten Felsbrocken hervorbrach. Er hörte zwar nicht, wie der Schiefhalsige ein vor Erregung heiseres «Indianer!» hervorstieß, doch witterte er sofort Gefahr. Ohne zu überlegen, packte er Blauhaars Handgelenk und versuchte, sie zum Waldrand zurückzuziehen. Im Laufen spürte er, wie ein Schlag den Körper der Frau zusammenzucken ließ, und erst dann hörte er den Schuß, dem etwa ein halbes Dutzend weitere folgten. Er ließ Blauhaars Handgelenk los und warf sich zu Boden, riß seine Büchse an die Wange und beantwortete das Feuer auf die Reiter, die ihm bereits den Rücken zukehrten und davongaloppierten. Mit grimmiger Genugtuung sah er einen von ihnen die Arme hochwerfen und vom Pferd stürzen. Das Tier raste hinter den anderen her, während sein Reiter reglos liegenblieb, das Gesicht der Erde zugewandt.

Dem Häuptling blieb keine Zeit, sich an die Verfolgung der Reiter zu machen. Neben ihm lag Blauhaar, von einer Kugel in den Rücken getroffen. Blut strömte aus der Wunde und färbte das Gras. Er zerriß die Binde, die er um den Kopf trug, und versuchte, den Strom zu stillen. Aber vergebens. Eine Schlagader schien getroffen zu sein. Unaufhörlich rann das Leben aus der jungen Frau. Den Tränen näher als einem Gedanken an Rache, warf sich der Weitspähende Falke über Blauhaar, streichelte ihr Gesicht und redete auf sie ein, in der Hoffnung, sie würde die Augen aufschlagen und seine liebkosenden Worte beantworten. Doch nur ein letztes Zucken bewegte den Körper. Dann lag Blauhaar still und schwer in seinen Armen.

Es dauerte Minuten, ehe der Weitspähende Falke sich von dem Leichnam löste. Als er aufsah, blickte er in das von Haß und Schrecken entstellte Gesicht des Listigen Fuchses. Schwerfällig erhob er sich auf ein Knie und verharrte in dieser Stellung, eine Hand noch immer auf ihrer Stirn.

«Wir wollen ihr ein Grab bereiten», sagte er müde, als er sich erhob und ein wenig schwankend auf den Füßen stand. «Damit sie nicht ein Fraß der Geier wird.»

Er hob Blauhaar auf und trug sie in den Wald hinein. Fast wäre er kurz vor der Baumgruppe über einen Körper gestolpert. Dort lag Dunkle Fichte in seltsam verrenkter Stellung. Die Kugel schien ihn im Sprung getroffen und augenblicklich zu Boden geworfen zu haben. Erst als er Blauhaar auf eine Moosbank zu Füßen einer Akazie niedergelegt hatte, kam ihm voll zum Bewußtsein, daß der Überfall ein zweites Opfer gefordert hatte. Stumpf blickte er zu dem Listigen Fuchs hinüber, der die Leiche des jungen Mannes herbeischleppte und sie neben Blauhaar legte.

Eine Stunde gruben sie mit bloßen Händen und mit der Hilfe ihrer Streitäxte. Als die Grube genügend tief war, betteten sie die Körper hinein. Und während all der Zeit war kein Wort gewechselt worden. Nur gelegentlich hatte ein unterdrückter Seufzer des Häuptlings die Stille durchbrochen. Sie hatten schweigend und wie auf Verabredung zu graben begonnen, und sie gruben mit einer Fertigkeit und einer Ausdauer, als sei es ihre tagtägliche Beschäftigung, Tote zu bestatten.

Ehe sie Erde auf die jungen Menschen warfen, verharrte der Weitspähende Falke. Er stimmte weder die wilden Totenklagen an, mit denen die Dakota ihre Verstorbenen das erste Stück des Wegs in das Land des Großen Geistes begleiteten, noch rührte er einen Fuß zu einem der monotonen Tänze zum Gedächtnis der Toten. Reglos stand er an der Grube, starrte blicklosen Auges hinunter, so als habe er noch nicht begriffen, was der Tag gebracht hatte, und murmelte einige Worte, die der Listige Fuchs nicht verstand. Dann machte er sich mit einer Wut an die Arbeit, Erde auf die Leichen zu häufen, als gelte es, in der Nähe lauernden aasfressenden Bestien zuvorzukommen.

Völlig erschöpft hielt er inne, als das Grab eingeebnet war. Er setzte sich auf die Erde, den Rücken an den mächtigen Stamm der Akazie gelehnt, und versuchte, an Blauhaar zu denken, versuchte, Bilder aus ihrem gemeinsamen Leben heraufzubeschwören. Doch sosehr er sich auch mühte, das Gedächtnis versagte ihm den Dienst. Immer wieder war es nur Blauhaars Gesicht, wie er es im Todeskampf gesehen hatte, das vor ihm heraufstieg. Er zog die Knie an und ließ den Kopf auf sie sinken.

Wie lange er so dagesessen hatte, wußte er nicht. Die Hand des Listigen Fuchses, die sich auf seine Schulter legte, befreite ihn aus seiner Starre. Trotz des Waldesdämmerns blickte er blinzelnd zu dem Freund hoch.

«Wir müssen ins Lager des Kleinen Wolfes zurück», sagte der Listige Fuchs. «Die Sonne wird bald untergehen.»

Mechanisch erhob sich der Weitspähende Falke.

«Ja, wir müssen zurück», wiederholte er. Und er setzte hinzu, als käme es ihm erst zum Bewußtsein: «Wir müssen allein zurück, ohne Blauhaar.»

Nachdem er einige Schritte gegangen war, kam wieder die Starre über ihn. Besorgt beobachtete der Listige Fuchs, wie ein Schluchzen den Körper des Freundes erschütterte. Wild zuckten seine Schultern, und die Brust hob und senkte sich in heftigem, unregelmäßigen Rhythmus. Es war, als wollte ein lauter Schrei aus ihm hervorbrechen. Doch kein Laut kam aus seiner Kehle. Er blieb stumm vor Schmerz.

Plötzlich entspannte sich der Körper des Weitspähenden Falken, die Arme hingen schlaff herab, der Atem ging ruhig, die Schultern bewegten sich nicht mehr.

«Hast du die Männer erkannt?» fragte er, und sein Ton war gelassen, war so, als wollte er vom Listigen Fuchs etwas Nebensächliches erfahren.

«Ich kenne keinen von ihnen», antwortete dieser.

«Ich werde sie finden», sagte der Weitspähende Falke, «und wenn ich den Rest meines Lebens daransetzen müßte.»

Und entschlossen setzte er seinen Weg fort. Schweigend gingen sie eine Weile am Waldrand entlang bergauf. Die Sonne stand bereits tief im Westen, und die Bäume warfen lange Schatten auf die Hochebene. Plötzlich verharrte der Listige Fuchs.

«Dort drüben läuft ein Mann!» sagte er und deutete nach Osten, wo sich eine Gestalt unsicher über ein Geröllfeld bewegte. Von fern sah er aus wie ein aufgeregter Vogel, der mit den Flügeln schlägt und ziellos umherhüpft.

Der Weitspähende Falke und der Listige Fuchs warfen sich sofort zu Boden und brachten ihre Gewehre in Bereitschaft. Der Mann hatte sie anscheinend nicht gesehen und kam geradewegs auf sie zu. Nun erkannten sie, daß er unbewaffnet und offensichtlich kein Weißer war, obwohl er wie ein Siedler gekleidet ging. Sie verharrten in ihrer Lauerstellung, und erst als der Mann auf etwa zehn Schritt an sie herangekommen war, sprangen sie auf, die Winchesterbüchsen im Anschlag.

David wäre vor Schrecken fast zu Boden gesunken, als er die beiden Männer vor sich auftauchen sah. Ohne eine Aufforderung abzuwarten, erhob er die Hände, zum Zeichen, daß er nicht in böser Absicht komme und unbewaffnet sei.

Die Indianer näherten sich langsam und noch immer auf der Hut vor dem Halbblut. David kam ihrer Frage zuvor und rief in der Sprache der Dakota: «Ich bin David Richwell, wohne in Tanglewood. Wir sind überfallen worden.»

«Wer ist überfallen worden?» fragte der Weitspähende Falke und senkte den Büchsenlauf, der bisher auf die Brust des Mannes gerichtet gewesen war.

«Sam Blake, der Händler aus Tanglewood», antwortete David. «Ich war bei ihm und noch zwei andere. Ein Dutzend Reiter haben uns aufgelauert, keine zwei Stunden von hier.»

«Kennst du die Reiter?»

«Nein. Sie trugen Tücher vor den Gesichtern.»

«Und wohin sind sie nach dem Überfall geritten?»

«Ich weiß es nicht.» Als David merkte, daß die Indianer mehr Interesse an den Banditen zeigten als an ihm, kehrte sein Mut wieder. «Seit Stunden suche ich schon eine Spur von ihnen. Vorhin bin ich auf eine gestoßen. Sie müssen hier vorbeigekommen sein.»

«Sie sind hier vorbeigekommen», sagte der Listige Fuchs mit seltsamer Betonung. «Und wir haben sie auch gesehen. Sie haben ihre Spuren bei uns hinterlassen, blutige Spuren.»

«Führe uns dahin, wo sie euch überfallen haben», sagte der Weitspähende Falke. «Sagtest du, Sam Blake wäre dabeigewesen?»

«Ganz recht», versicherte David, «Sam Blake und Peter Hille. Dann noch einer. Aber der ist tot.»

«Laß uns aufbrechen.»

Sie überquerten schweigend die Hochebene. Nur ab und zu verharrte David, um sich der Richtung zu vergewissern. Den Hohlweg erreichten sie, als die Dämmerung bereits hereingebrochen war.

Sam Blake und Peter Hille waren noch zu sehr benommen von den Schlägen, die ihnen für Stunden das Bewußtsein geraubt hatten, als daß sie die näher kommende Gruppe eher bemerkt hätten, als bis diese zehn Schritt vor ihnen stand. Hilles Hände fuhren an die Revolverhalfter. Dann erinnerte er sich, daß die Banditen ihnen sämtliche Waffen abgenommen hatten, und er verharrte mitten in der Bewegung, die Hände zwei Zoll von den Halftern entfernt.

Blake erkannte als erster David.

«Wo treibst du dich herum?» fuhr er das Halbblut an. «Wir liegen hier und schlummern, und du machst Spaziergänge.»

Aus seinen Worten sprach die maßlose Verbitterung. Als er wieder zu sich gekommen war, hatte er als erstes, ohne sich um den noch bewußtlosen Hille zu kümmern, den Wagen inspiziert und festgestellt, daß die Tasche mit dem Geld verschwunden war. Die Entdeckung hatte ihn, obwohl er mit ihr rechnen mußte, härter getroffen als der Hieb mit dem Revolverknauf. Die Welt schien ihm mit einem Schlag verdüstert, das Leben ohne Sinn zu sein. Alles und jeder waren ihm zuwider. Sein Denken war ganz darauf konzentriert, sich vorzustellen, wie er den Verlust ersetzen konnte. Denn ersetzen mußte er ihn, darüber war er sich von der ersten Sekunde an im klaren gewesen. Er sah schon Harringtons mokantes Gesicht vor sich, hörte schon seine Stimme: «Na, Mister Blake, wie steht's denn mit unseren Lohngeldern?»

In seinem Mißmut achtete er gar nicht darauf, daß David sagte: «Ich war hinter den Banditen her, nachdem ich eure Fesseln durchgeschnitten hatte.» Er starrte auf den Weitspähende Falken und seinen Begleiter und fragte: «Wer ist denn das?»

«Kennst du mich nicht mehr, Sam Blake», erwiderte der Indianerhäuptling. «Habe ich mich so verändert?»

«Jetzt ist keine Zeit für Scherze», knurrte Blake. «Wer bist du? Was willst du hier?»

«Es sind Freunde», mischte sich David ein. «Die Banditen haben auch sie überfallen.»

«Das ist doch der Falke!» Peter Hille trat einen Schritt näher, wobei er sich die noch schmerzenden Handgelenke rieb, an denen die Fesseln gesessen hatten.

«Der Weitspähende Falke?» Für eine Sekunde schwand Blakes Mißmut über dem Staunen, den längst tot oder verschollen geglaubten Dakota-Häuptling wiederzusehen. Doch dann stellte sich sofort wieder seine schlechte Laune ein. «Was willst du denn hier? Wieder die Gegend unsicher machen, wie damals, und den Leuten das Dach überm Kopf anzünden?»

Der Weitspähende Falke antwortete nicht. Er hatte die Arme über der Brust gekreuzt und sah den Händler starr an.

«Rede nicht solchen Unsinn», mischte sich Hille wieder in das Gespräch. «Als ob du nicht mehr wüßtest, wer daran schuld war, daß das Nest in Flammen aufgegangen ist.» Er wandte sich an die Indianer. «Willkommen Falke», sagte er. Und mit einem gequälten Lächeln fügte er hinzu: «Schade, daß wir uns immer begegnen, wenn dickc Luft ist.»

«Ihr seid überfallen worden?» fragte der Weitspähende Falke, ohne sich um Hilles Freundlichkeit zu kümmern. «Wißt ihr, wer die Männer waren?»

«Natürlich nicht», sagte Blake. «Die sind nicht so dumm und lassen eine Visitenkarte zurück.» Als er Unverständnis auf dem Gesicht des Häuptlings sah, erklärte er: «Die haben uns ihre Namen nicht genannt, ehe sie uns schlafen geschickt haben. Außerdem trugen sie Tücher vorm Gesicht. Aber die Schurken werden noch an mich denken. Ich bringe sie an den Galgen, alle. Sie haben einen Menschen auf dem Gewissen: Flinch, meinen Kutscher.» Es war das erste Mal, daß er den Toten erwähnte.

«Sie haben nicht nur diesen Mann getötet», sagte der Weitspähende Falke. «Blauhaar ist tot, meine Frau, und mein junger Bruder Dunkle Fichte. Ich werde die Mörder suchen, und ich werde sie finden.»

«Hör nur, wie selbstbewußt er noch immer ist», sagte Blake zu Hille. Und er imitierte den Tonfall des Häuptlings: «Ich werde die Mörder suchen, und ich werde sie finden. Mann, so einfach ist das nun auch wieder nicht.»

«Wenn der Weitspähende Falke Rache geschworen hat, dann wird er die Rache auch üben.»

Der feierliche Ton, in dem das gesagt wurde, beeindruckte Blake gegen seinen Willen. Er vergaß den Verlust seines Geldes für Momente, trat einen Schritt näher an den Dakota heran und streckte ihm seine Rechte entgegen. «So war das nicht gemeint, Häuptling», sagte er. «Wir haben beide dasselbe Ziel, steuern wir zusammen darauf los.»

Der Weitspähende Falke hielt die Arme verschränkt vor der Brust, als er antwortete: «Ich werde sie allein finden. Wenn es nötig ist, werde ich dich wiedertreffen, Sam Blake.»

Er verneigte sich stumm und wandte sich zum Gehen. Der Listige Fuchs folgte ihm.

Kopfschüttelnd sah Blake ihnen nach.

«Immer noch verdammt stolz, der Herr», sagte er, als die Dakota in der Abenddämmerung untergetaucht waren.

«Als ob ihm noch das ganze Land hier gehörte.»

«Mir gefällt er», sagte Hille, «Der hat sich nicht unterkriegen lassen. Das ist ein Mann.»

«Ich hab schon Männer krepieren sehen», kommentierte Blake bissig, «die mehr hinter sich hatten als dieser rote Gentleman.» Damit wandte er sich ab und ging wieder zum Planwagen.

Hier hatte sich David inzwischen des toten Flinch angenommen und ihm eine Decke übers Gesicht gezogen.

«Wie sollen wir das seiner Witwe beibringen?» fragte Blake verdrossen. «Die reißt mir die Ohren ab, wenn die hört, daß ihr Alter tot ist. War ein guter Kerl, der Flinch», fügte er in wärmerem Ton hinzu. «Leg ihn unter die Plane, David. In der Nacht können wir sowieso nicht weiter, und einen Toten kann man nicht im Freien rumliegen lassen.»

«Morgen früh werden wir zur Hochzeit erwartet», sagte Hille, der hinzugetreten war. «Was sollen die nur ohne uns machen?»

«Deine Sorgen möchte ich haben, Pete», knurrte Blake. «Wenn ich schon Hochzeit höre, wird mir übel. Unser Herr Sheriff läßt es sich heut, am Polterabend, bei Bier und Schnaps wohl sein, und in seinem Distrikt plündern Banditen einen ehrlichen Mann aus.»

«Nicht so hastig, Sam», fuhr Hille ihm dazwischen. «Du tust gerade so, als ob du deine Freunde nicht mehr kennst.»

«Der beste Freund von Sam Blake ist Sam Blake», war die unwirsche Antwort. «Hier im Westen ist jeder auf sich allein angewiesen, ich meine: vor allem auf sich allein angewiesen», fügte er hinzu, als er sah, wie Hilles Gesicht sich vor Zorn rot zu färben begann. «Das weißt du doch selber, Pete. Denk doch nur an die Zeit, als die Rothäute Tanglewood angesteckt haben. Hat sich da auch nur einer um den alten Sam Blake gekümmert, der immer wieder gewarnt hat, es mit den Indianern nicht zu toll zu treiben? Ausgelacht haben sie mich, einen Indianerfreund haben sie mich genannt. Hinterher, ja, als ihr bißchen Habe runtergebrannt war zu Asche, da hat es geheißen: Ja, der Sam Blake hatte recht, hätten wir nur auf ihn gehört.»

«Und was hat das alles mit Pats Hochzeit zu tun?» fragte Hille und spuckte seinen Priem in weitem Bogen von sich. «Ach, mit dir ist heute nicht zu reden. Versteh ich ja auch. Der Kutscher ist tot, dein Geld ist hin ...»

«Mein Geld», unterbrach ihn Blake. «Jetzt, wo's weg ist, ist es mein Geld. Vorher gehörte es der Incorporation. Das ist ein Scheißspiel, beim Satan. Zwanzigtausend Dollar in ein paar Wochen zum Teufel, das ist mehr, als ein ehrlicher Mann in zehn Jahren verdienen kann.»

«In hundert Jahren, würde ich sagen, wenn du einen ganz ehrlichen Mann meinst, so einen wie mich.» Peter Hille grinste von einem Ohr zum anderen, und Blake wurde von dem Grinsen angesteckt. Er dachte im Augenblick so wenig an seinen Verlust, daß er seine Jacke aufknöpfte und die metallene Taschenflasche herauszog.

«Ein Glück, daß die Banditen uns wenigstens den Lebenswecker gelassen haben», sagte er. «Hier, nimm einen Schluck, die Nacht wird kühl.»

Sie versuchten, ein Feuer zu entfachen. Doch das Holz, das sie ringsum fanden, war nicht trocken genug. So gaben sie es wieder auf, wickelten sich in Decken und versuchten zu schlafen, nachdem sie das einzige noch verbliebene Pferd angepflockt hatten. Doch Blake und Hille lagen die ganze Nacht über wach. Die Aufregung des Tages zitterte noch zu sehr in ihnen nach. Blake überrechnete zudem wieder und wieder seinen Verlust und setzte sich schon im voraus mit den höhnischen Argumenten auseinander, die Harrington ihm entgegenschleudern würde.

Nur David schlief fest und traumlos.

7 Seit den frühen Morgenstunden schien ganz Tanglewood auf den Beinen zu sein. Zu selten erlebte man hier eine Hochzeit, als daß nicht groß und klein aus den Hütten gelockt worden wäre. Und erst die Hochzeit eines Sheriffs! Das hatte es hier noch nie gegeben, konnte es noch nicht gegeben haben, weil Pat Patterson der erste Sheriff war, den Tanglewood besaß, und der hatte noch nicht geheiratet. Und um dem Tag auch gehörigen Glanz zu geben, hatten sie sich alle herausgeputzt, so gut es eben gehen wollte. Selten zuvor waren so viele saubere Hemden über Männerbrüsten auf der Straße gesehen worden, selten auch so viele bunte Hauben der Damen, und die meisten Kinder trugen zur Feier des Tages Schuhe, worin sie sich seltsam genug ausnahmen, da sie nicht gewohnt waren, in ihnen zu gehen.

Schon am Abend zuvor hatte Emerson, der sich ganz als Vertreter des Staates fühlte, die Anweisung gegeben, über dem Büro des Friedesrichters die Stars und Stripes aufzuziehen, und so wehte jetzt eine Fahne über Tanglewood. Dieses Ereignis erregte womöglich noch größeres Aufsehen als die

Hochzeit. Josuah McGrave, der Mann, der die Poststation und das Telegrafenbüro betrieb und dreimal in der Woche unentgeltlich die Jungen und Mädchen um sich versammelte, um ihnen die Anfangsgründe des Lesens und Schreibens beizubringen, verzweifelte fast, weil seine Schützlinge einer nach dem anderen kamen und danach fragten, was das für ein bunter Lappen an der Stange sei und warum man ihn hochgezogen habe.

Über eines freilich war Emerson äußerst betrübt: Er hätte es gern gesehen, wenn ein Geistlicher, gleich welcher Konfession, die Trauung durch seine Anwesenheit verschönt und würdiger gemacht hätte. Aber der Methodistenpfarrer von Ogalalla, mit dem er deshalb im Gespräch gewesen war, hatte sich für unabkömmlich erklärt, weil er seiner Gemeinde nicht zumuten könne, ohne Sonntagsgottesdienst auszukommen, und der Armeegeistliche von Fort Robinson, ein Trinker, den seine vorgesetzte Behörde seiner alkoholischen Exzesse wegen in diese Einöde abgeschoben hatte, war nicht nach dem Geschmack Emersons. Da auch ein Wanderprediger, der sich der «Evangelist der letzten Stunde» nannte, sich nicht hatte in Tanglewood halten lassen wollen, mußte der Friedensrichter schweren Herzens aufs geistliche Dekor verzichten und sich mit einer weltlichen Zeremonie begnügen. Die fiel denn aber auch besonders feierlich aus. Abgesehen vom Hochziehen der Nationalfahne, wurde der allgemeinen Bedeutung der Sheriffhochzeit dadurch Rechnung getragen, daß eine Bande von Fiedlern, Banjospielern und Kornettbläsern, sonst mehr auf Hillibilly-Musik in den Kneipen gedrillt, den Yankee Doodle intonierte und anschließend einen Bassisten begleitete, der das schöne Lied von Amerika, der Heimat der Tapferen und der Freien, zum besten gab.

Der Trauungsakt selbst war kurz und nüchtern, wie ihn das Gesetz vorschrieb. Am meisten Zeit nahm in Anspruch, daß Emerson, als es daranging, die Gebühren von einem Dollar einzuziehen, auf eine Zehndollarnote Pattersons nicht herausgeben konnte und erst zum Post Office zum Wechseln schikken mußte, weil er sich nicht entschließen konnte, die Prozedur dadurch abzukürzen, das Geld bei nächstbester Gelegenheit zu kassieren.

Catherine, ein wenig verstört von all der Förmlichkeit und Feierlichkeit, die ihr Vater in Szene gesetzt hatte, drückte anschließend viele Hände und ließ den Reissegen stumm über sich ergehen. Sie quälte nur eines: Wo waren Hille und Blake geblieben? Patterson gab sich weniger besorgt um die beiden, und er hatte bereits am frühen Morgen geäußert, er nehme an, der Übergang über den Red River habe sich bei dem Hochwasser so schwierig gestaltet, daß sie einige Stunden verloren haben könnten. Mr. McGrave und der Hufschmied Fullham waren in aller Eile zu neuen Zeugen bestellt worden, als Blake und Hille nicht zur festgesetzten Stunde erschienen, und hatten ihre Sache, wie nicht anders zu erwarten gewesen war, gut gemacht, obwohl Fullham sich als Analphabet entpuppte, der statt seines Namens drei ehrenwerte Kreuze unter das matrimoniale Dokument setzte.

Nach dem Trauungsakt gab es einen ausgedehnten Lunch, natürlich im Saloon, und fast ganz Tanglewood – jedenfalls, was länger hier wohnte als zwei Jahre – war geladen. Im großen Schankraum herrschte drangvolle Enge, die bald den Schweiß aus den Poren trieb, und erst als die jüngeren Leute sich in den Tanzschuppen hinter dem Haus begaben, um sich die Glieder ein wenig zu lockern, konnte man freier atmen.

Mr. Harrington hatte es sich nicht nehmen lassen, dem Paar die herzlichsten Glückwünsche in seinem Namen und im Namen der Gesellschaft zu überbringen. Ein kleines Präsent für den jungen Haushalt war überreicht worden: eine Blumenetagere aus gehämmertem Kupfer. Danach überraschte er den Bräutigam mit zwei Flaschen Champagner – «Aus meinem Privatkeller», wie er augenzwinkernd sagte – und einem Kistchen teurer Zigarren, dieselben, die er zu rauchen pflegte und die dem passionierten Raucher Bashan zu süßlich schmeckten.

Die Tische waren zu einem großen Karree zusammengestellt, so daß der Eindruck einer in sich geschlossenen Gesellschaft entstand. Die Damen des Saloons hatten sich zur Feier des Tages kein Rouge auf Wangen und Lippen gelegt, um bei einem so ernst zu nehmenden Anlaß, wie es eine Heirat nun einmal war, nicht Anstoß und vielleicht sogar Gelüst zu erwecken. Von Tom Payne mit weißen Schürzen ausgestattet, beschränkten sie sich heute darauf, den Gästen Speisen und Getränke zu servieren. Ein unermüdlicher Pianist, der dem leicht verstimmten Klavier Stunde um Stunde beliebte Melodien abrang, sorgte dafür, daß die Gespräche rund um die zusammengestellten Tische nicht allzu intensiv geführt werden konnten.

Obwohl Pat Patterson dem Whisky und dem Bier reichlich zusprach und damit seine Sinne angenehm einnebelte, wurde er doch unruhig, als Blake und Hille sich gegen Mittag noch immer nicht einfanden. Seine Sorglosigkeit vom Morgen begann sich allmählich zu verlieren. Dennoch wollte er dem Gedanken, daß die beiden Opfer eines neuerlichen Überfalls geworden sein könnten, nicht recht Raum geben. Zu lange und zu intensiv hatte er sich auf diesen Tag gefreut, auf seinen Tag, als daß er ihn ohne weiteres wegen einer Vermutung, die sich bisher durch nichts bestätigte, preisgegeben hätte. Zum Teufel, Sam und Pete waren keine kleinen Jungen, und sie waren gewarnt und hatten bestimmt alle Sicherheitsvorkehrungen getroffen! Doch die Frage nach ihrem Verbleib wollte sich durch noch so geschickte Argumente, mit denen er sich selbst zu überzeugen trachtete, nicht verdrängen lassen.

Catherine sah seiner Miene die ständig wachsende Sorge an. Zweimal bereits hatte sie ihn wegen der ausbleibenden Freunde angesprochen, war aber beide Male so ungeduldig, fast barsch von ihm abgefertigt worden, daß sie sich ein drittes Mal nicht zu fragen getraute. Und so saß sie, bis in die Fingerspitzen gespannt, zwischen der Frau des Hufschmieds und der Frau eines der Angestellten der Incorporation und hörte sich deren Ratschläge darüber an, wie man einen christlichen Haushalt zu führen habe und wie man am besten auf die Männer aufpasse, die alle einen schwer zu bändigenden Hang zum Umherstreunen besäßen, besonders in einer Gegend wie dieser, wo es nicht genügend Kirchen und Geistliche gab, die auf das Verwerfliche solchen Tuns hinweisen konnten. Schließlich hielt es sie nicht länger an ihrem Platz. Sie entschuldigte sich bei ihren unermüdlichen Ratgeberinnen und trat vor die Tür des Saloons. Mechanisch blickte sie die Straße nach Süden hinunter. Nur ein paar Hunde lagen träge im Sonnenschein, der nach trüben Tagen um die Mittagszeit angenehme Wärme bot.

Plötzlich hatte sie das Gefühl, jemand stehe hinter ihr und beobachte sie. Schnell wandte sie sich um und sah, an einen Pfosten der Veranda gelehnt, Andy Sleek, der sie mit Wohlgefallen betrachtete.

Er lächelte ihr zu.

«Schönes Wetter, Miss», sagte er. «Pardon: Mrs. Patterson. Man kann sich so schwer daran gewöhnen, einen Menschen plötzlich mit anderem Namen anzureden.»

Catherine gab sein Lächeln zurück, doch ein wenig gezwungen, wie sie zu ihrer Verwunderung feststellte. Sie wußte nicht, warum es ihr widerstrebte, mit diesem Mann, der um so vieles besser aussah und viel gewandter redete als die meisten Männer in Tanglewood, ein Gespräch zu führen.

«Nun, wie fühlt man sich als frischgebackene Ehefrau?» fuhr Sleek fort, als er keine Antwort bekam.

«Gut», sagte sie. Und um ihre Abneigung durch allzu große Einsilbigkeit nicht zu deutlich werden zu lassen, fügte sie hinzu: «Es ist alles noch so neu für mich.»

Sleek lachte, und sein Lachen sollte fröhlich und unbeschwert klingen, dem Tag angemessen.

«Es muß eine große Umstellung für Sie sein, das glaube ich schon.» Er trat einen Schritt näher. «Und Frau eines Sheriffs zu sein ist ja auch nicht jedermanns Sache. Wenn man an all die Gefahren denkt, die so einen Mann umlauern ... Ich an seiner Stelle hätte mich schon längst nach ein paar Gehilfen umgesehen, bei dem großen Distrikt.»

«Aber er hat doch Mister Hille», widersprach Catherine.

Sleeks Lächeln zog sich ins Verächtliche. Er wechselte das Standbein und kam so, wie unbeabsichtigt, Catherine noch ein Stückchen näher.

«Hille ist ein guter Mann», sagte er, «wenn er auch klein ist.» Das klang wie: auch wenn er nichts taugt. «Aber er hat eben seine Bewährungsprobe noch nicht bestanden. Bin gespannt darauf, wie er sich halten würde, wenn es hier einmal hart auf hart gehen sollte. Ich jedenfalls, wenn ich Catherine Patterson wäre, würde darauf sehen, daß mein Mann Verstärkung bekommt, und wenn's auch nur einer wäre. So einer wie ich zum Beispiel.» Als er sah, wie sich auf ihrem Gesicht Verblüffung und Ablehnung malten, fügte er schnell hinzu: «Nicht, daß ich auf den Posten eines Hilfssheriffs spekulierte. Dazu ist mir meine Zeit zu schade und die Bezahlung zu schlecht. Nur der äußerste Notfall könnte mich dazu bringen, vorübergehend», er betonte das Wort, «meine Hilfe anzubieten. Aber wie gesagt: Nur im äußersten Notfall könnte ich mich dazu entschließen.»

«Und warum erzählen Sie mir das?» fragte Catherine, und das Mißtrauen schwang deutlich in ihrer Stimme und ließ sie leicht vibrieren.

«Ach, nur so, verehrte Mrs. Patterson. Man weiß ja nie, wie es kommt, und wenn es einmal ganz haarig werden sollte, ist es immer gut, wenn man weiß auf wen man sich verlassen kann. Meine ich. Vielleicht könnten Sie Ihrem Gemahl gegenüber mal eine kleine Andeutung machen, daß da einer wär, dem das Wohl der Siedlung am Herzen liegt und der sich mit Wonne eine Kugel in den Bauch jagen lassen würde, in Stellvertretung des Sheriffs. Ist das kein Angebot?»

«Und warum fragen Sie meinen Mann nicht selber? Ich habe keine Ahnung, ob er noch jemanden braucht und ob er Sie, Mister Sleek, für diesen verantwortungsvollen Posten überhaupt brauchen kann.«

Sleek starrte Catherine so intensiv an, daß sie die Augen niederschlug und gegen ihren Willen errötete. Entschlossen ging sie auf die Schwingtür des Saloons zu. Sleek machte ihr bereitwillig Platz.

«Vergessen Sie nicht, Ihren Mann zu fragen», sagte er, als sie vorüberging. Und er schickte ihr einen langen Blick nach, in dem mehr stand als interessenloses Wohlgefallen an einer schönen Frau, und blinzelte.

Eine halbe Stunde später – Catherine stand bei Patterson und hob gemeinsam mit ihm das Glas, um einem schon halb betrunkenen Siedler zuzuprosten – betrat Bashan den Raum, gefolgt von einem halben Dutzend seiner Männer. Auch er hatte sich zur Feier des Tages gewaschen, ein sauberes buntkariertes Hemd angezogen und die übliche dreck- und schweißverschmierte Lederjacke gegen eine aus grauem Manchestersamt vertauscht, die noch so neu war, daß sie steif von seinem Körper abstand. Er ging geradewegs auf Patterson zu, machte so etwas wie eine Verbeugung an die Adresse von Catherine und sagte dann: «Alles Gute, Mrs. Patterson, und auch Ihnen, Sheriff. Auf viele Kinder und auf wenig Arbeit. Und – na, das wär's für heute.»

Seine schiefe Kopfhaltung gab ihm diesmal das Aussehen von Verlegenheit angesichts all der Gäste.

«Ich danke Ihnen, Bashan», erwiderte Patterson steif. «Lassen Sie sich und Ihren Leuten etwas ausschenken.»

«Keine Ursache zu danken. Wir ziehen doch an einem Strang, Sheriff, sind beide zum Schutz der Einwohner da. Und da dachte ich mir, daß ein kleiner Glückwunsch nicht schaden könnte. Oder?»

«Schon gut. Lassen Sie sich von Payne was geben.» Patterson wandte sich einem der neben ihm stehenden Gäste zu.

Du wirst auch noch mit anständigen Leuten reden, wenn du angesprochen bist, dachte Bashan, ließ sich aber die Wut über die offensichtliche Mißachtung nicht anmerken, sondern drängte sich gleichmütig zur Theke durch. Warum auch hatte er hierherkommen müssen? Viel wohler wäre ihm gewesen, wenn er hätte im Lager bleiben können, besonders nach der Strapaze der letzten beiden Tage, die ihm jetzt noch in allen Gliedern rumorte. Aber Harrington hatte darauf bestanden, daß er im Saloon erschien. «Kann nie schaden, wenn Sie sich nach allem mit ein paar Männern sehen lassen. Und wahrscheinlich werden wir alle Stimmen brauchen», hatte Harrington gesagt. Wozu er die Stimmen brauchte, war Bashan ein Rätsel. Daß der feine Herr einem auch nie was genaues sagte!

Mürrisch trank er ein Glas Bier in einem Zug leer und blickte verdrossen auf die Menge, die sich laut beim Klaviergeklimper unterhielt.

Der «feine Herr» indes hatte sich für eine Stunde in seine Zimmer zurückgezogen und erschien nun wieder auf der Treppe: das Bild eines Gentlemans, in rotem Dinnerjackett, grauen Hosen und blanken schwarzen Zugstiefeletten. Die Dogge hatte er oben gelassen, und so kam es manchem im Schankraum vor, als fehle etwas an dem sonst so vollendeten Aufzug des Direktors. Nachdem er die Menge kurz gemustert hatte, drängte er sich zu Patterson durch, der jetzt schweigend und allein an der Theke stand, einen Arm auf die Messingstange gestützt, während Catherine schon wieder von den beiden Frauen mit Ratschlägen trakiert wurde.

«Na, Sheriff», sagte er und beorderte Payne mit einem Fingerschnipsen herbei. «Sie sehen ja nicht so aus wie einer, der den schönsten Tag seines Lebens begeht.»

Patterson sah in ein Gesicht, das vor Wohlwollen glänzte. «Schenken Sie dem Bräutigam und mir mal einen ein, Payne, von Ihrem Besten, nicht von dem Fusel, mit dem Sie sonst die Hinterwäldler hier besoffen machen.»

«Sofort, Mister Harrington.» Payne verzog sich in die Hinterstube, wo die exquisiteren Marken lagerten, und erschien im Nu mit einer Flasche «Johnnie Walker», gebrannt mit Erlaubnis Ihrer Majestät der Königin und für ein Sündengeld aus Schottland importiert.

«Blake und Hille sind noch nicht zurück», sagte Patterson nachdenklich.

«Wird am Hochwasser liegen», meinte Harrington gleichmütig, und er sah genüßlich zu, wie Payne den Korken zog und wie die ölige Flüssigkeit gluckernd durch den engen Flaschenhals schoß. «Ich möchte jetzt auch nicht unterwegs sein, selbst nicht im Dienst der Incorporation, wie Blake heute.»

«Das mit dem Hochwasser habe ich mir heute früh auch einzureden versucht», antwortete Patterson, der die Ironie in Harringtons Worten überhörte. «Aber je später es wird, desto mehr Sorgen mache ich mir. Das sind doch keine grünen Jungs, Blake und Hille und Flinch. Die machen doch so eine Tour nicht zum erstenmal, sind schon bei ganz anderem Wetter unterwegs gewesen.»

«Und was soll ihnen zugestoßen sein?» Harrington, der sein Glas zum Mund führte, hielt in der Bewegung inne und blickte Patterson gespannt an. «Denken Sie an Schlimmes?»

«Ich will es nicht hoffen.» Patterson hob sein Glas, um dem anderen zuzutrinken. «Aber es wäre ja nicht das erste Mal, daß Banditen im Spiel sind.»

«Und die sollten zweimal dasselbe wagen?» Trotz seines durch viele Verhandlungen gewonnenen diplomatischen Geschicks fiel es Harrington schwer, den Ahnungslosen zu spielen. «Für Blake wäre das natürlich ein schwerer Schlag. Er sollte zehntausend Dollar für die Incorporation abholen. Hoffen wir, daß Sie mit Ihren Befürchtungen nicht recht haben, Sheriff.»

«Hoffen wir es.»

«Und konnten Sie Blake keine Eskorte mitgeben?» fragte Harrington, während er einen Schluck von dem Scotch nahm und ihn genüßlich im Mund herumwälzte. «Sie wissen, daß jeder Bürger unseres Landes ein Recht auf Schutz durch die Organe des Staates hat.»

«Hille ist bei ihm», sagte Patterson, verärgert darüber, daß Harrington den Naiven spielte. «Mehr konnte ich nicht für ihn tun. Sie wissen, wir sind nur zu zweit, und einer muß in Tanglewood bleiben.»

«Dann sollten Sie sich bald nach Verstärkung umsehen, Patterson», sagte Harrington wie nebenbei. «Die Leute könnten es als Eigensinn von Ihrer Seite ansehen, wenn Sie alles allein machen wollen.»

«Eigensinn?» Mit einer jähen Bewegung stellte Patterson sein Glas auf die Theke. «Wie meinen Sie das, Mister Harrington?»

«Wie ich es gesagt habe», antwortete Harrington ruhig. «Der Überfall vor sechs Wochen – nun, das konnte eine einmalige Angelegenheit gewesen sein. Irgendwelche Banditen von Gott weiß woher sind durch unseren Distrikt gekommen und zufällig auf Blakes Transport gestoßen. Sein Pech, werden die Leute sagen. Aber was sollen sie denken, wenn sich das wiederholt? Dann liegt es doch auf der Hand, daß sich die Burschen hier irgendwo eingenistet haben. Ich würde die Augen offenhalten, Mister Sheriff, an Ihrer Stelle, und mich nach Verstärkung umsehen. Hätte nichts dagegen, wenn wir uns darüber verständigen, daß die Schutztruppe der Gesellschaft Ihnen hilft.»

«Das Angebot haben Sie mir schon einmal gemacht», sagte Patterson, jetzt offen unfreundlich. «und ich habe es schon einmal abgelehnt.»

«Ja, ich erinnere mich.» Je unruhiger der Sheriff wurde, desto kühler gab sich Harrington. «Und ich mache Ihnen das Angebot noch einmal, in aller Freundschaft.»

«Und ich lehne noch einmal ab.»

«Ob das klug von Ihnen ist, weiß ich nicht.»

«Jedenfalls ist es gesetzlich.» Pattersons Ton war jetzt schroff. «In diesem Land dürfen keine Privattruppen dazu verwendet werden, die öffentliche Ruhe und Sicherheit aufrechtzuerhalten. Die dürfen sich nur um den Schutz des Eigentums dessen kümmern, der sie eingestellt hat. Wenn es hart auf hart geht, können wir uns immer noch an die Armee wenden oder das Bürgeraufgebot erlassen.»

Harrington strich sich langsam ums Kinn, so als wolle er erproben, ob die Rasur in Ordnung sei. Dieser Sheriff war ein zäher Kindskopf. Es wurde Zeit, daß er verschwand, ersetzt wurde durch einen, mit dem man leichter umgehen konnte.

«Die Armee hat anderes zu tun», sagte er. «Neulich erst war ich im Fort. Da hat man mir bedeutet, daß für die nächste Zeit nur eines auf dem Programm steht: Jagd auf die übriggebliebenen Cheyennes, die sich hier in der Gegend herumtreiben sollen. Und was das Bürgeraufgebot angeht: Mann, glauben Sie wirklich, daß die Schießbudenfiguren aus Tanglewood etwas gegen eine gutorganisierte Bande ausrichten? Überlegen Sie sich's. Ich bleibe bei meinem Angebot. Und wenn Sie das nicht annehmen wollen, dann empfehle ich Ihnen, sich wenigstens noch einen Hilfssheriff zu nehmen. Ich wüßte da den geeigneten Mann für den Posten.»

Wortlos machte Patterson auf dem Absatz kehrt. Er wollte nicht ausfallend werden, und Harrington hatte ihn so sehr gereizt mit seinen besserwisserischen guten Ratschlägen, daß er kaum noch an sich halten konnte. Die Laune war ihm gründlich verdorben. Er fluchte leise vor sich hin, als er seine Frau inzwischen von vier Damen belagert sah, die alle gleichzeitig mit lauten Stimmen auf sie einredeten, so daß alle Belehrung vertan war.

So eine Hochzeit hatte er sich ganz anders vorgestellt.

Er ging in den Tanzschuppen hinüber, wo McGrave den Square Dance der jüngeren Leute dirigierte, und wurde mit großem Hallo empfangen.

«Das verheiratete Auge des Gesetzes kommt!» rief einer und brachte die kunstvolle Ordnung des Tanzes durcheinander.

«Der Sheriff lebe hoch!» schrie ein anderer, an dessen Augen man erkennen konnte, daß er schon entschieden zuviel auf das Wohl des Brautpaars getrunken hatte.

Im Nu war Patterson umringt, und für Sekunden schien es ihm, als wolle sich seine bedrückte Stimmung verflüchtigen. Doch dann dachte er wieder an

Blake und Hille und daran, wo sie jetzt sein mochten und wie es ihnen wohl ging. Lebten sie überhaupt noch? schoß es ihm durch den Kopf. Zerstreut schüttelte er Hände, ließ sich auf die Schultern klopfen, und die erste Gelegenheit, sich davonzumachen, nahm er wahr.

Zwei Stunden später war die Vermutung, dem Transport könne etwas zugestoßen sein, in ihm Gewißheit geworden. Er saß wieder zwischen Catherine und Emerson am Tisch und zeichnete zerstreut aus vergossenem Wein Figuren auf die Tischplatte, während die anderen sich an einem reichhaltigen Dinner gütlich taten. Zuvor hatte er versucht, seinem Schwiegervater die Befürchtungen, die er hegte, mitzuteilen. Doch der war so wenig gesonnen, sich den Tag, den er mehr als seinen Ehrentag ansah als den der jungen Leute, mit Unangenehmem verderben zu lassen, daß Patterson es schnell aufgegeben hatte, mit ihm ins Gespräch zu kommen. Catherine wollte er nicht dadurch beunruhigen, daß er nun auch Verdacht geschöpft hatte, obwohl er ihrer Miene ablesen konnte, daß sie besorgter war als er selbst.

Am liebsten hätte er sein Pferd gesattelt und wäre aufgebrochen, Blake und Hille zu suchen. Aber konnte er seine eigene Hochzeitsfeier verlassen, nur weil ein Verdacht ihn quälte? Mußte er nicht als Sheriff ein Vorbild an Überlegenheit und Ruhe sein? Er beschloß, bis zum Abend zu warten, ehe er auf die Suche ging. Dann würde sein Verschwinden nicht mehr so auffallen.

Noch als die Gesellschaft beim Essen saß und sich an einem Pudding nach englischem Rezept gütlich tat, wurde die Tür aufgestoßen, und herein trat Peter Hille.

Der kleine Mann war über und über mit Dreck bedeckt. Einer seiner Stiefel klaffte auf. Das Gesicht unter dem breitrandigen Hut war unter der dichten Staubschicht kaum zu erkennen.

«Fröhliche Hochzeit!» sagte er krächzend und ließ sich mit einem Erleichterungsseufzer auf den nächststehenden leeren Stuhl fallen. «Entschuldigt, wenn ich störe.»

Patterson sprang so heftig auf, daß er fast den Tisch umgeworfen hätte. «Was ist los?» schrie er, noch ehe er bei Hille angekommen war.

«Gib mir 'nen Schnaps», forderte der. «Ein Christenmensch, der fünfundzwanzig Meilen zu Fuß und ohne Pause hinter sich gebracht hat, darf doch wohl einen Schnaps verlangen.»

«Was ist los?» wiederholte Patterson dringlicher. Er stand jetzt breitbeinig vor Hille, der mit Genuß ein Glas leerte, das man ihm gereicht hatte.

«Der Teufel ist los», sagte Hille, nachdem er das Glas mit einem wohligen Grunzen abgesetzt hatte. «Frag den Chef, den großen Sam Blake. Da kommt er gerade.»

Sam Blake blieb in der Tür stehen und sah verbittert auf die Gesellschaft, die totenstill geworden war und ihm erschrockene und zugleich neugierige Gesichter zukehrte. Dann wanderte sein Blick zu Patterson.

«Pat!» sagte er, und Müdigkeit und Drohung mischten sich in seiner Stimme und ließen sie heiser klingen. «Die Black Hills wimmeln von Verbrechern, und du bist fröhlich bei deiner eigenen Hochzeit. Ein feiner Sheriff bis du!»

Patterson fühlte, wie ihm bei diesen Worten eine heiße Blutwelle in den Kopf stieg. Aber der Anblick Blakes erschreckte ihn zu sehr, als daß er seinem Zorn freien Lauf hätte lassen können. So fragte er nur, ein wenig töricht, wie es den meisten im Raum schien: «Seid ihr überfallen worden?»

«Überfallen und ausgeraubt», ergänzte Blake, und es gelang ihm, so etwas wie ein Grinsen auf sein Gesicht zu zaubern.

«Maskierte Banditen, wie beim letztenmal», sagte Hille. «Sie haben Flinch ermordet.»

Blake war ein Stück näher an die Tische herangekommen, entdeckte Harrington und rief zu ihm hinüber: «Die Lohngelder, Mister Direktor, die Lohngelder sind weg!»

Harrington erhob sich umständlich, indem er den Stuhl langsam zurückschob und sich die Serviette aus dem Kragen nestelte.

«So. Das tut mir leid für Blake, sehr leid.» In seiner Stimme war nicht ein

Funken Mitgefühl. «Wir sprechen uns noch deswegen.» Er zerknüllte die Serviette und ließ sie achtlos auf seinen Teller fallen.

Plötzlich wurde die Stille von einem vielstimmigen Chor von Fragen und Ausrufen unterbrochen. Stühle fielen mit Gepolter um. Die Männer drängten sich um die Ankömmlinge, während die Frauen, als sei eine akute Gefahr zu erwarten, sich in der hintersten Ecke neben der Theke zusammenfanden. Niemand beobachtete in dem Durcheinander, wie Bashan, der sich vor einer halben Stunde entfernt hatte, wieder das Lokal betrat, diesmal von fast seiner ganzen Truppe gefolgt. Auch Sleek, der sich während der letzten Stunde mit den jungen Leuten im Tanzschuppen vergnügt hatte, trat wie auf Verabredung ein. Einzig Payne, der Wirt, behielt einen klaren Kopf. Das Durcheinander schien ihm so bedrohlich und die Gewalttat, die in der Luft lag, so fühlbar, daß er in Eile alle Flaschen und Gläser, die auf der Theke standen, zusammenraffte und in Sicherheit brachte.

Doch niemand in der Gaststube dachte daran, einen Streit vom Zaune zu brechen, auch nicht Blake, der so wütend gesprochen hatte. Man drängte nur dicht zusammen, hörte auf das, was Blake und Hille von dem Überfall zu erzählen hatten, und sparte nicht mit lautstarkem Kommentar. Und über allem Lärm hörte man immer wieder Blakes mächtige Stimme den einen Satz wiederholen: «Wie soll das weitergehen, Sheriff?»

Patterson stand neben Hille und versuchte vergebens, sich durch Handheben Gehör zu verschaffen. Da fiel ein Schuß, der das Stimmengewirr sofort ersterben ließ.

Bashan hatte nach alter Sitte den Colt gegen die Decke gerichtet. Der Einschlag im Gebälk war deutlich zu sehen.

«Laßt den Sheriff mal was sagen!» rief er in die plötzlich eintretende Stille. «Schließlich geht ihn das vor allem an, was da passiert ist.»

Patterson war zu dankbar, daß sich nun endlich Gelegenheit für ihn bot, das Wort zu ergreifen, als daß er über die rüde Art, mit der Bashan sich Gehör verschafft hatte, wütend geworden wäre. Er stieg auf einen Stuhl, schwenkte noch einmal die Arme zum Zeichen, daß er reden wolle, und sagte dann: «Bürger! Eure Aufregung ist verständlich. Aber durch euer Geschrei erschwert ihr meine Arbeit. Ihr habt gehört, was passiert ist, und ihr wißt, daß ich in meinem Distrikt so etwas nicht dulde.»

Einer von Bashans Männern lachte, wurde aber sofort von anderen niedergezischt.

«Wie soll das weitergehen, Sheriff?» wiederholte Blake wohl nun zum zehntenmal. «Ich frage dich in allem Ernst.»

Harrington betrachtete den Mann auf dem Stuhl, der in seinem blauen Festtagsanzug mit dem Myrthensträußchen am Revers lächerlich jung und unbeholfen aussah, und konnte ein Grinsen nicht unterdrücken.

«Der Sheriff duldet so was nicht!» schrie einer, und hatte trotz der ernsten

Situation die Lacher sofort auf seiner Seite. Sogar Blake gab einige dumpfe Töne von sich, die man bei gutem Willen für ein Lachen nehmen konnte.

Hille lief krebsrot an, als er merkte, daß die Stimmung im Saal gegen Patterson umzuschlagen begann. Er erkletterte gleichfalls einen Stuhl und rief, noch immer mit krächzender Stimme: «Seid ihr denn blöd? Das ist keine Zeit für Späßchen. Wir sind überfallen worden.»

«Das haben wir schon gehört!» rief einer von denen zurück, die mit Bashan unterwegs gewesen waren und der sich nicht einmal die Mühe gemacht hatte, den Dreck der Prärie von Gesicht und Händen zu waschen. «Uns würde interessieren, wer es denn gewesen war, der euch so übel mitgespielt hat.»

«Sehr richtig!» stimmte ein anderer von Bashans Leuten zu. «Mit eurem Gejammer kommen wir nicht weiter.»

Und in wenigen Minuten verwandelte sich der Schankraum des Saloons in eine Art Hexentanzplatz, auf dem jeder nach Belieben sein Für und Wider lauthals hinausschrie.

Zufrieden ließ Harrington von seinem Whiskyglas. Jetzt war seine Stunde gekommen. Er bahnte sich einen Weg durch das Gedränge zur Treppe hin, ging zwei, drei Stufen hinauf und verschaffte sich durch einen lauten Anruf Gehör.

«Mister Patterson», sagte er dann, und sein Gesicht war frei von jeder Regung, «ich finde, die guten Leute haben recht. Sie können dem Verbrechen, das unsere friedliche Siedlung bereits zweimal gestreift hat» – er sagte «gestreift» und war stolz auf diesen treffenden bildlichen Ausdruck –, «nicht dadurch bekämpfen, daß Sie einfach behaupten, Sie duldeten so etwas nicht. Wenn wir nicht wollen, daß morgen vor unseren Häusern ...», und er wiederholte mit Nachdruck, «vor unseren Häusern die Gesetzlosigkeit ihr Unwesen treibt, dann müssen wir sofort etwas unternehmen. Ich habe dem Sheriff», wandte er sich nun an die übrigen, «angeboten, daß die Schutztruppe der Incorporation in Tanglewood hilft, für Recht und Ordnung zu sorgen, natürlich bei aller Wahrung der Vorherrschaft der gewählten Instanzen. Er hat abgelehnt. Nun gut, das ist seine Sache. Wenn er glaubt, ohne Hilfe auszukommen, dann soll er uns allein schützen. Aber schützen muß er uns.»

Bashan begriff allmählich, um was es ging. Er stieß einen seiner Leute an, und der rief: «Bravo! Wir haben ein Recht auf Schutz!»

«Da hören Sie es, Mister Sheriff», wandte sich Harrington an Patterson. Um einige Grade milder gestimmt, fuhr er fort: «So leid es mir tut, daß das alles an Ihrem Hochzeitstag passieren muß ...»

«Ist eben 'ne richtige Sheriffhochzeit!» brüllte ein angetrunkener Witzbold dazwischen, konnte aber Harrington nicht aus dem Konzept bringen.

«... daß das alles an Ihrem Hochzeitstag passieren muß, so energisch bestehe ich als Bürger von Tanglewood darauf, daß ich hier ein friedliches Leben führen kann.»

Patterson stand, seit der Direktor der Incorporation das Wort ergriffen hatte, bewegungslos, fast ein bißchen unbeholfen auf seinem Stuhl. Die ganze Szene schien ihm unwirklich. Er blickte hinunter auf ein Meer von Gesichtern, die erst ihm zugewandt gewesen waren und jetzt voller Spannung auf Harrington blickten.

Was habe ich mit diesen Leuten zu tun? fragte er sich. Die meisten von ihnen haben mir vor ein paar Stunden noch gratuliert und zugetrunken. Jetzt bin ich ihnen nicht mehr gut genug. Dabei ist keinem von ihnen auch nur ein Haar gekrümmt worden.

Verwirrt sah er wieder zu Harrington hinüber, der noch immer redete, laut und eindringlich und ohne auch nur einmal zu stocken, so als habe er sich auf alles aufs beste präpariert. «Lassen Sie es sich gesagt sein», hörte er ihn fortfahren, «Sie brauchen Hilfe, Patterson. Wenn Sie schon das Angebot der Gesellschaft ablehnen, dann nehmen Sie sich wenigstens noch einen Hilfssheriff, einen erfahrenen Mann. Ich wüßte einen.»

«Ja, einen Hilfssheriff!»

«Wer ist es?»

«Ich denke an Andrew Sleek, den Sie alle kennen», sagte Harrington, nachdem sich der Tumult gelegt hatte. «Er ist ein erfahrener Westmann, der seinen Kopf ebenso sicher gebrauchen kann wie seine Revolver. Oder ist jemand anderer Ansicht?»

Die Menge schwieg. Einige blickten sich im Saal um, ob der vorgeschlagene Sleek anwesend war. Man entdeckte ihn, wie er nachlässig neben der Tür stand, eine Schulter gegen die Wand gelehnt, scheinbar unbeteiligt.

«Fragt ihn, ob er will!» schlug jemand vor. «Da drüben ist er. Fragt ihn!»

Als Sleeks Name fiel, zuckte Catherine zusammen. Sofort fiel ihr das Gespräch vom Vormittag ein, und die Erkenntnis, daß sein Name jetzt nicht zufällig genannt wurde, ließ einen üblen Druck vom Magen her in ihr hochsteigen. Am liebsten wäre sie zu Patterson gegangen, jetzt sofort, und hätte ihm von dem Gespräch erzählt. Doch sie fürchtete, sie könnte sich blamieren, indem sie falschen Alarm schlug. Und so blieb sie bei den Frauen.

Auch Patterson hatte den Vorschlag, Sleek als zweiten Hilfssheriff einzustellen, mit äußerstem Unbehagen aufgenommen. Ausgerechnet der, dieser geschniegelte Bursche, von dem keiner genau wußte, wie er seinen Unterhalt bestritt, und von dem die seltsamsten Gerüchte im Umlauf waren.

Patterson suchte in den Gesichtern der Männer nach einem Anzeichen dafür, daß man Sleek ablehnte. Aber er sah ringsum nur Befriedigung über Harringtons Vorschlag. Der hatte den richtigen Moment abgepaßt. Jetzt, wo sich nach dem zweiten Überfall auf Blakes Gefährt Unsicherheit breitgemacht hatte, wäre den Leuten jeder als Hilfssheriff willkommen gewesen, solange sie sich von ihm versprechen konnten, daß er zur allgemeinen Sicherheit beitrug.

Patterson blieb keine Wahl. Und so sagte er: «Wenn das eure Meinung ist, die Mister Harrington da ausgesprochen hat ...»

In den hinteren Reihen, nahe der Tür, begann man zu applaudieren und «Bravo!» zu rufen.

«... dann werde ich Andrew Sleek vereidigen.»

In dem allgemeinen Beifallsgetose ging Hilles Protest unter. Vergebens schrie er: «Laß dich auf den nicht ein, Pat!»

Niemand hörte ihn, auch Patterson nicht, der vom Stuhl herabstieg und sofort von einigen Männern umringt war, die ihm lautstark und unter Schulterklopfen ihre Sympathie bekundeten.

Und dann stand auch schon Andy Sleek neben ihm, lächelte und streckte ihm eine Hand entgegen.

«Ich bin bereit, Sheriff», sagte er ganz sachlich. «Wann kriege ich das Ding da?» Er deutete auf seine linke Brustseite.

«Kommen Sie morgen früh in mein Büro», antwortete Patterson, während er Sleeks Hand flüchtig drückte. «Und ihr alle», sagte er laut, «geht jetzt nach Hause. Die Hochzeit ist zu Ende. Kümmert euch um den Toten.»

Er sah sich nach Catherine um, die am Arm des verwirrt und bekümmert dreinschauenden Emerson auf ihn zukam. Doch noch ehe er den Saloon hätte verlassen können, sprach Harrington ihn an.

«Gratuliere», sagte er mit dem gewinnendsten Lächeln. «Das nenne ich frisch und demokratisch gehandelt. Sie sind ein Mann nach meinem Geschmack. Des Volkes Stimme ist Gottes Stimme, wie die alten Römer sagten, und wohl dem, der auf sie hört.»

Neben ihm stand Bashan, und auch er versuchte sich an einem Lächeln.

«Was ich noch sagen wollte, Sheriff», begann Bashan unvermittelt, ohne den Stummel aus dem Mund zu nehmen. «Meine Leute melden mir, da sind wieder Indianer in der Gegend.» Wie unbeabsichtigt sprach er lauter, so daß mancher, der den Saloon schon verlassen wollte, wieder aufmerksam wurde und hinzudrängte. «Indianer, sag ich. Haben Sie das kapiert, Sheriff. Kann sein, daß es die Bande des Kleinen Wolfes ist, nach der die Armee schon lange sucht. Vielleicht waren sie es, die sich verkleidet und auch heute wieder Blakes Transport überfallen haben.»

«Unsinn!» rief Peter Hille und drängte nach vorn. «Wir haben die Banditen doch erkannt.»

«So?» fragte Harrington. «Haben Sie uns denn nicht berichtet, daß die Banditen maskiert gewesen wären?»

«Tun Sie was gegen die Rothäute, Sheriff!» forderte einer der Männer unter lautem Beifall der anderen.

«Sperrt sie ein!»

«Schlagt sie tot!»

«Die haben unsere Siedlung schon mal eingeäschert!»

«Meine Sache ist es, herauszufinden, wer die Banditen sind, die Blakes Transport überfallen haben», sagte Patterson ruhig. «Und ich werde sie schnappen, darauf könnt ihr euch verlassen. Und jetzt nach Hause.»

Doch Bashan ließ nicht locker. Er sagte: «Ich werde jedenfalls meine Truppe verstärken, mit Genehmigung der Direktion.» Und an Emerson gewandt, fuhr er fort: «Wenn Sie mal in der Klemme sein sollten, hier in Tanglewood, dann fragen Sie ruhig mal bei mir an, Friedensrichter.»

«Natürlich, Mister Bashan», versicherte Emerson schnell.

«Schließlich ziehen wir ja alle an ein und demselben Strang, wenn es um die Indianer geht.»

«Nur auf meine Anforderung kommen Bewaffnete in die Stadt», mischte sich Pat scharf ein. «Ich denke, das habe ich schon ein paarmal deutlich gesagt.»

«Natürlich, Sheriff, nur auf Ihre Anforderung», sagte Bashan und sah Patterson von unten herauf an.

8 Die nächsten Tage verliefen scheinbar ruhig in Tanglewood. Die Leute gingen ihrer Arbeit nach, hinter den Hütten flatterte Wäsche im Wind, die Kinder tobten wie immer laut die Straße hinauf und herunter.

Im Saloon besprach man natürlich eifrig und immer wieder die Ereignisse vom Sonntag, wobei sich bald zwei Parteien bildeten, die gegensätzlicher Meinung waren. Die einen, allen voran Bashan und seine Leute, vertraten den Standpunkt, daß es schon lange an der Zeit gewesen wäre, dem lahmen Sheriff einen Mann an die Seite zu stellen, der endlich einmal energisch durchgreifen würde, wenn es erforderlich sei. Die anderen verteidigten Patterson und sprachen offen davon, daß sie zu Sleek nicht das geringste Vertrauen hätten. Die zweite Partei war bei weitem in der Minderheit. Sie bestand eigentlich nur aus McGrave, dem Hufschmied Fullham und einigen ihrer Freunde. Am Dienstag wäre es fast zu einer Prügelei gekommen, als Bashan sich auf den schmächtigen McGrave stürzen wollte. Dieser hatte davon gesprochen, daß er in weitem Umkreis nur eine gut ausgerüstete und verwegene Truppe von Kerlen kenne, der ein Überfall zuzutrauen wäre. Ohne nähere Erläuterungen abzuwarten, wer gemeint sein könnte, spuckte Bashan seinen Zigarrenstummel auf den Boden und machte Anstalten, McGrave mit wohlgezielten Schlägen zu antworten. Nur Sleeks Dazwischentreten verhinderte eine Schlägerei, was wiederum den Männern, die seine Ernennung zum Hilfssheriff begrüßten, Auftrieb gab und sie zu einer Bemerkung veranlaßte, daß man wieder einmal sähe, wie gut der neue Mann für ein solches Amt passe.

Was aber keiner hörte, war der Disput, den Sleek im Anschluß an diese Auseinandersetzung im Séparée mit Bashan hatte.

Sleek regte sich dabei nicht auf. Äußerlich blieb er gelassen, gefährlich gelassen, so daß Bashan, der, noch immer mit hochrotem Kopf, an einem Tisch vor einem Bier saß, unruhig wurde und den Kumpan schließlich anschrie: «Sag doch schon, daß ich mich wie ein Esel benommen habe!»

«Du sagst es selber», antwortete Sleek, und in seiner Stimme schwang ein drohender Unterton, als er fortfuhr: «Was glaubst du, wird der Chef denken, wenn er davon erfährt? Bashan, sein lieber Gorilla, ist wieder einmal über die Stränge geschlagen. Mann, du bist zu dumm, um mit einer Kuh zu tanzen. Hat McGrave Namen genannt?»

«Nein», maulte Bashan. «Aber ...»

«Da gibt es kein Aber, du Dummkopf. Wenn du nicht zwei Kanonen in den Händen hast, bist du zu nichts zu gebrauchen. Am besten ist's, du läßt dich in der nächsten Zeit im Ort nicht mehr blicken.»

«Du willst mir verbieten, nach Tanglewood zu kommen, du Lackaffe!» Bashan erhob sich langsam und drohend. «Wer macht hier die Arbeit, du oder ich? Und wer hat hier wem zu befehlen?»

Sleek blieb ruhig. Solch hirnlosen Burschen fühlte er sich in jeder Hinsicht weit überlegen.

«Gut», sagte er, «wenn du's nicht anders willst, erzähle ich Harrington von dem Vorfall. Bin gespannt, was der Chef zu diesem Geniestreich sagt.»

Die Erwähnung Harringtons besänftigte Bashan sofort. Er setzte sich wieder und versuchte seine Verlegenheit dadurch zu verbergen, daß er einen kräftigen Schluck von seinem Bier nahm.

«Sieh doch ein», sagte Sleek nun versöhnlicher, «daß das hier ein zu heißes Pflaster für dich ist. Wenn wir alles hinter uns gebracht haben, kannst du in dem Nest so viel spazierengehen, wie es dir paßt, und meinetwegen auch im Saloon Löcher in die Decke schießen, soviel du magst. Vorerst müssen wir einen klaren Kopf behalten. Komm also nur, wenn du bestellt bist. Verstanden?»

Bashan knurrte etwas Unverständliches, ehe er den Rest seines Bieres austrank und den Saloon verließ.

Man wußte nicht genau, wie das Gerücht aufgekommen war, aber es lief durch Tanglewood: Bashan und seine Leute hatten den Transport überfallen! Vielleicht war nur die Unbeliebtheit Bashans schuld daran. Besonders die Siedler, die schon einige Jahre in Tanglewood zugebracht hatten, trauten diesem Mann alle Schandtaten zu. Die Zeit, da er an Snaky Joes Seite den Ort tyrannisiert hatte, war nicht vergessen, und man machte allgemein lieber einen Bogen um ihn, als ihm die Hand zu geben. Man wagte aber auch nicht, die Vermutung allzu laut werden zu lassen.

Natürlich konnte nichts bewiesen werden. Selbst die von Arbeitern aus dem Camp verbreitete Neuigkeit, das Bashan mit einigen Männern am Freitagmorgen die Baracke der Schutztruppler verlassen habe und erst am Samstagnachmittag zurückgekommen sei, war strenggenommen kein Beweis.

Und außerdem: Wer war schon an einem solchen Beweis interessiert? Wer sich mit Bashan anlegte, der konnte allzubald ein toter Mann sein. Schließlich bekam ja der Sheriff dafür sein Gehalt, daß er mit Banditen fertig wurde. Und außerdem war niemand wirklich empört darüber, wenn dem dicken Sam Blake wieder einmal zehntausend Dollar durch die Lappen gegangen waren. Der hatte ja genug, war die Meinung der meisten. Der erschossene Flinch, vor allem seine Witwe, ja, die waren zu bedauern. Aber Blake?

Harrington verfolgte das Aufkommen und die Verbreitung des Gerüchts mit äußerstem Unbehagen, und er sann auf Argumente, ihm entgegenzutreten. Zwar fürchtete er sich nicht vor den Siedlern, doch war es ihm viel lieber, wenn so eine Angelegenheit lautlos und glatt abgewickelt werden konnte.

Als er am Mittwochmorgen – so lange hatte er ihm Zeit gelassen – Blake zu sich bestellte, um mit ihm über die Rückerstattung des verlorenen Geldes zu verhandeln, war er darauf gefaßt, daß dieser ihm auch mit dem Gerücht kommen würde, Bashan sei es gewesen, der den Transport überfallen habe. Und er hatte gut daran getan, sich in dieser Beziehung zu wappnen.

Denn kaum hatte Blake sein Zimmer betreten, als er auch schon alles, was man sich in Tanglewood erzählte, heraussprudelte. Er hatte sich nicht einmal Zeit genommen, sich zu setzen. Mit großen Schritten, die Hände, von denen die Lederpeitsche herabbaumelte, auf dem Rücken, ging er über den dicken Teppich, der das Geräusch seiner schweren Schritte vollkommen dämpfte. Nur am leichten Klirren der Tassen in der Vitrine merkte man die Wucht, mit der er auftrat.

Harrington gab mit keinem Lidzucken zu erkennen, daß er einen solchen Ausbruch erwartet und auch in gewisser Weise befürchtet hatte. Gelassen saß er in einem der dünnbeinigen Sessel und kraulte wie gewöhnlich seinem Hund das Fell.

Als er glaubte, Blake habe sich nun genügend ausgetobt, richtete er sich im Sessel auf und fragte: «Und das soll Ihnen jemand abkaufen, Mister Blake?»

«Was heißt hier ‹abkaufen›!» schrie der zurück. «Die ganze Siedlung sagt es: Bashan ist der Bandit.»

«Die Siedlung! Die Siedlung!» Harrington gab sich leicht ungeduldig. «Wenn ich hier morgen das Gerücht ausstreute, Sie verkauften Ihren schlechten Schnaps mit dreihundert Prozent Aufschlag, dann haben Sie übermorgen alle aufgebrachten Säufer von Tanglewood auf dem Hals. Nein, Blake, so einfach dürfen wir es uns nicht machen. Was für einen Grund sollte Bashan haben, einen Geldtransport zu überfallen?»

«Die Katze läßt das Mausen nicht», sagte Blake, ohne zu überlegen, und er fügte hinzu: «Ich kenne den Burschen länger als Sie. Dem traue ich alles zu.»

«Aber Mann, Blake, das sind doch keine Argumente unter halbwegs vernünftigen Menschen.» Er spielte den über soviel Einfältigkeit Entsetzten. «Ja, wenn Sie mir sagen könnten: Ich habe ihn erkannt, dann würde ich Ihnen schon eher glauben. Aber so ...»

«Wie sollte ich ihn denn erkennen, wenn er sich einen Lappen vor die Fresse bindet!» Jäh flammte Wut in Blake auf. «Und wo alles so schnell gegangen ist, und ich kaum eine Nasenspitze zu sehen gekriegt habe.»

«Das ist es gerade.» Harrington war nun wieder ganz Ruhe und Überlegenheit. «Sie beschuldigen einen Mann, dem Sie nichts, aber auch gar nichts nachweisen können.»

«Nichts nachweisen? Und was ist mit den Arbeitern vom Creek, die behaupten, Bashan wäre am Freitag und am Samstag nicht im Camp gewesen?»

«Die Leute müssen sich irren.» Der Direktor der Incorporation legte die Hände dachförmig zusammen und stützte die Nase auf die Zeigefinger. «Sehen Sie, Blake, ich habe auch von dem Gerücht gehört und gleich gestern Nachforschungen anstellen lassen. Zwei Dutzend Männer sind bereit, zu beschwören, daß Bashan an diesen Tagen im Camp gewesen ist.»

«Die Kerle lügen.»

«Sie sind bereit, das zu beschwören», wiederholte Harrington. «Was soll denn ich oder was soll die Incorporation für ein Interesse haben, einen Mann zu decken, der im Verdacht steht, einen Raubüberfall und einen Mord begangen zu haben?»

«Was für ein Interesse?» Blake trat dicht an den Sessel heran, in dem Harrington saß. «Das kann ich Ihnen sagen: Die Incorporation hat alles Interesse daran, einen gewissen Sam Blake aus Tanglewood zu vertreiben, weil er ihr im Weg ist. Und eine Manier, ihn loszuwerden, ist die, ihn systematisch auszuplündern, bis er nicht mehr japsen kann.»

Harrington bemühte sich, durch Aufreißen der Augen Staunen zu zeigen. Das Widerspiel in seinen Zügen, in denen Beleidigtsein, Nichtbegreifenkönnen und Zorn miteinander kämpften, war schon eine beachtliche schauspielerische Leistung. Auch das plötzliche Aufspringen, das nach einer Sekunde des Zögerns folgte.

Heftig atmend stand er Brust an Brust mit Blake.

«Gehen Sie, Blake», sagte er heiser vor Erregung. «Ich habe Sie bisher für einen Gentleman gehalten, der in allem Unglück noch die Regeln des Anstands zu wahren weiß. Aber jetzt, nachdem Sie mir das gesagt haben, sehe ich, daß man anders mit Ihnen verfahren muß.»

Blake war erschrocken über den plötzlichen Ausbruch. Auf seinem breiten, glatten Gesicht malte sich ehrliches Erstaunen über soviel Gefühlsaufwallung des anderen, und er ging wie aufgezogen zwei Schritte rückwärts.

Harrington spürte, daß er dabei war, die Oberhand zu gewinnen, und entschlossen spielte er einen weiteren Trumpf aus.

«Mister Blake», sagte er, noch immer schwer atmend, «als ich von dem neuerlichen Überfall hörte, wollte ich es auf meine Kappe nehmen, den geraubten Geldbetrag irgendwie zu Lasten der Incorporation zu verbuchen. Es hätte mich einige Mühe gekostet, und wer weiß, vielleicht wäre ich darüber gestolpert. Aber jetzt, Mister Blake, wo Sie Ihre Unfähigkeit, Geld von einem Ort zum anderen zu transportieren, wieder unter Beweis gestellt haben und Ihre Unfähigkeit damit zu vertuschen suchen, daß Sie andere des Raubs beschuldigen, ohne den geringsten Beweis dafür zu haben, jetzt sehe ich keinen Anlaß, auch nur noch einen Finger für Sie zu rühren. Ich erwarte, daß Sie die ganze Summe bis auf den letzten Cent spätestens in zehn Tagen zurückerstattet haben.»

Damit machte er brüsk kehrt, ging zum Fenster und starrte auf die Straße hinunter, als sei es für ihn von höchstem Interesse, einem Mann zuzusehen, der sich aus Leibeskräften bemühte, einen störrischen Gaul wieder unter Kontrolle zu bekommen. Innerlich aber frohlockte er, daß dieser Idiot von einem Händler es ihm so leicht gemacht hatte. Er war sich gar nicht so sicher gewesen, ungeschoren aus der Unterhaltung hervorzugehen. Jetzt hatte er die beste Ausgangsposition erreicht, die sich denken ließ.

Er wandte sich noch einmal kurz um und legte in den Blick, den er Blake zuwarf, alles, was er an gespielter Verachtung zusammenkratzen konnte.

«Auf Wiedersehen, Blake», sagte er. «Zwischen uns ist wohl alles klar. Oder nicht?»

Blake hatte sich inzwischen aus seiner Starre gelöst. Wieder stieg die Wut in ihm hoch, doch nun die Wut über sich, weil er sich wie ein Gimpel auf einer Leimrute hatte fangen lassen. Er wollte noch einmal zu einer Antwort ansetzen. Aber dann machte er doch nur eine wegwerfende Bewegung mit der Hand, an der er die Peitsche trug, und stampfte aus dem Zimmer.

Der Donnerstag schließlich brachte den größten Triumph für Harrington, nicht in Tanglewood, sondern im Camp, oben am Shining Stone Creek. Spätestens am Donnerstagabend waren die Gerüchte um Bashans Beteiligung am Raubüberfall vergessen oder über dem, was am Mittag geschehen war, in den Hintergrund gedrängt worden. Tanglewood war sozusagen wieder fest in der Hand der Incorporation, und das Spiel konnte weitergehen.

Das Lager der Minenarbeiter war dort angelegt, wo vor fünf Jahren Patterson und Chatham das erste Gold aus dem Creek gefischt hatten. Seitdem hatte sich die Gegend stark verändert. Hier gab es keine Spur mehr von landschaftlicher Schönheit zu entdecken, auch nichts mehr von der Romantik war geblieben, die ein Heer von kleinen Diggern mit sich gebracht hatte, die von Sonnenaufgang bis zum Einbruch der Dunkelheit in dem eiskalten Bergwasser gestanden hatten, unermüdlich das Sieb und die Waschpfannen bewegend. Es war alles organisiert und grau, seit nach dem Abklingen des Goldruns Prospektoren der General Mining Incorporation in diesem Teil der Black Hills reiche Lager an Kupfer und Zinn entdeckt hatten, denen gegenüber die ohnehin nur spärlichen Goldfunde als unrentables Geschäft zu betrachten waren. Stück um Stück hatte die Incorporation die Claims ihren armen und über der Armut verbitterten Eigentümern abgekauft, und wo Widerstand geleistet worden war, hatte sie mit offener oder versteckter Gewalt nachgeholfen. Nur ein beträchtliches Stück Land, das jenseits des Creek in das Schürfgebiet der Gesellschaft wie ein spitzer Dolch hineinragte, befand sich noch in anderen Händen: in den Händen von Sam Blake, der finanziell stark genug gewesen war, die niedrigen Angebote auszuschlagen und die Drohungen zu ignorieren. Er wußte, daß die Incorporation ihren Abbau ausdehnen mußte, und wußte auch, daß der Preis für den Acre Land Jahr um Jahr stieg.

Das Erz lag hier so dicht unter der Erdoberfläche, daß man sich eine kostspielige Stollenwirtschaft ersparen und Tagebau betreiben konnte, und der Tagebau vor allem hatte das Land zu beiden Seiten des Creek, jenes wildromantische Stück Erde mit mächtigen Bäumen und wie von einer Riesenhand wahllos verstreuten Felsbrocken, verkarsten lassen. Sprengungen hatten große Löcher gerissen, und diese waren systematisch erweitert worden auf der Suche nach den kostbaren Metallen. Graue Halden wuchsen himmelan und stachen häßlich ab gegen die Silhouette der majestätischen schwarzen Berge. Keine zwei Meilen vom Creek entfernt war eine vorerst noch kleine Hüttenanlage entstanden, die notwendig mit der Steigerung der Förderung wachsen mußte.

Hier am Shining Stone Creek hatte die Industrie mit solcher Schnelligkeit Einzug gehalten, daß die Landschaft innerhalb weniger Jahre ihr Gesicht total veränderte. Nicht zuletzt die Baracken, in denen die Minenarbeiter wohnten und in deren einer die Verwaltung residierte, sorgten für ein häßliches Aussehen des Terrains, während die Zelte, in denen Neuankömmlinge hausten, bis ein neuer hölzerner Schlafstall errichtet war, sich noch wie farbenfrohe Tupfer in der grauen Welt der Arbeit und des Profits ausnahmen.

An jenem Donnerstag nun, um die Mittagszeit, gingen die Männer, nachdem sie hastig ihr Essen zu sich genommen hatten, nicht wieder an ihre Arbeit. Sie versammelten sich vor der Verwaltungsbaracke und forderten, Direktor Harrington oder einen anderen leitenden Angestellten zu sehen. Aber der Sekretär, ein schmalschultriger Einmeterneunzigmann mit flachem Brustkasten und schwindsuchtfleckigen Wangen, erklärte, die Herren seien allesamt in Tanglewood. Nur Mr. Bashan sei zu sprechen, und er wolle ihn gern herausrufen.

Bashan war auf die Szene wohl vorbereitet. Denn die Gesellschaft hatte die Lohnzahlung eingestellt und darauf hingewiesen, es sei kein Geld in der Kasse, weil der Transport von Ogalalla City Tanglewood leer erreicht habe. Man bemühe sich zwar, die Lohngelder auf anderem Weg herbeizuschaffen, aber das sei gar nicht so einfach, da Mr. Blake darauf bestehe, daß der Geldtransport sein Privileg sei. Das war am Montag gewesen. Jetzt, drei Tage später, schien die Verstimmung über die ausgesetzte Zahlung an dem Punkt, wo sie in Gewalttat umschlug. Und so hatte Bashan Vorsorge getroffen, daß die Hitze der Männer, wenn nötig, mit einigen Bleikörnern abgekühlt werden konnte. Im geheimen aber – und das war mit Harrington und Sleek abgesprochen worden – hoffte man darauf, den Zorn der Arbeiter in vorbereitete Bahnen zu lenken, daß heißt, ihn auf Blake abzuleiten, der ja, wie man wieder und wieder betonte, an allem die Schuld trug.

Als er von draußen eine Stimme hörte, die forderte, dann solle eben in drei Teufels Namen der Bulle rauskommen, stand Bashan ruhig von dem aus rohen Brettern zusammengeschlagenen Tisch in der Bereitschaftsstube auf, machte seinen Leuten ein letztes Zeichen, sich bereit zu halten, und trat vor die Tür der Baracke. Er wurde von einem mächtigen Stimmengewirr empfangen, in das sich vereinzelte Pfiffe mischten, und konnte sich nur auf die für ihn charakteristische Weise Gehör verschaffen: Er feuerte seinen Revolver dreimal in die Luft ab. Da verebbte der Lärm.

«Was wollt ihr schon wieder?» Bashan stand breitbeinig vor der Tür, die Daumen in den Gürtel gehakt, und fühlte sich sicher, weil er hinter sich, an allen Fenstern der Baracke, seine Leute mit Gewehren im Anschlag wußte. «Geht's wieder ums Geld?»

«Um was denn sonst!» Das sagte ein älterer Mann mit grauem strähnigem Haar, der schon oft im Namen der anderen gesprochen hatte und der auch jetzt wieder zwei Schritt vor der ersten Reihe der Arbeiter stand. «Wir haben es satt, uns länger vertrösten zu lassen.»

«Wer vertröstet euch denn?»

«Die Direktion.»

«Hat sie euch denn nicht gesagt, warum kein Geld da ist? Ihr tut ja gerade so, als ob ihr aus dem Mustopf kämt.»

«Wir haben gearbeitet, und es geht uns nichts an, wenn kleine Banditen den großen Banditen ihr Geld wegnehmen. Wir wollen unseren Lohn.»

Lärmende Zustimmung erhob sich.

Bashan wies die Fläche der ausgestreckten Hand vor. «Hier», schrie er über den Lärm, «versucht mir hier mal, ein Haar auszureißen, ihr Großmäuler!»

«Frechheit!»

«Wir wollen Ihnen kein Haar aus der Handfläche reißen», sagte der Sprecher, «was wir wollen, das ist unser Lohn.»

«Und wenn hier schon von Haaren die Rede ist», mischte sich eine junger, verwegen aussehender Arbeiter ein, «dann sollte man mal nachsehen, ob sie nicht in der Suppe zu finden sind.»

«In der Suppe der Incorporation!» rief ein anderer und trat drohend einige Schritte nach vorn. Im Nu stand Roy Enterprise, einer der besten Schützen der Truppe, neben Bashan, das Gewehr schußbereit in der Hüfte.

«Soll ich den Heini stillemachen?» fragte er wie nebenher und sah mit leeren rauchfarbenen Augen über die Menge hin.

Bashan schob ihn mit einer Armbewegung ein Stück zurück.

«Nehmt Vernunft an, Leute», sagte er beschwichtigend. «Wir sitzen doch alle im selben Boot. Was können wir denn dafür, daß die Indianer das Geld geraubt haben?»

«Die Indianer?»

«Hier gibt es keine Rothäute!»

«Ammenmärchen!»

«Glaubt es oder nicht, es ist mir gleich», fuhr Bashan fort, nachdem sich der Tumult wieder gelegt hatte. «Jedenfalls ist das Geld weg. Fragt Mister Blake. Der kann es euch bestätigen. Und dann fragt ihn auch gleich, ob er euch nicht den Lohn ausszahlen kann. Und bringt den für mich und meine Jungs auch gleich mit. Uns geht es nicht besser als euch.»

In diesem Augenblick rumpelte ein Wagen auf die freie Fläche zwischen Baracken und Zelten. Auf dem Bock saß Payne, der Wirt, den Harrington zum Creek hinaufgeschickt hatte. Sofort wandten sich ihm alle Köpfe zu. Er brachte die Pferde zum Stehen und sprang vom Wagen hinunter.

«Hier ist eine kleine Erfrischung, Leute», sagte er gutgelaunt. «Die Direktion hat was springen lassen.» Er wies auf einen Stapel Whiskyflaschen. «Das sollt ihr auf ihr Wohl trinken.»

Auch der Whisky war eingeplant. Er sollte die Mineurs in die Stimmung versetzen helfen, nach Tanglewood zu ziehen und Blake die Hölle heiß zu machen.

«Bedient euch, Leute!» rief Bashan. «Und denkt dran: Der Stoff kommt von der Direktion und nicht von dem alten Geizkragen Blake, der euer gutes Geld hat zum Teufel gehen lassen. Denkt bei jedem Schluck dran. Und wenn ihr dann zur Besinnung gekommen seid, dann ziehen wir alle mal vor Blakes Fuchsbau und fühlen dem Kerl ein bißchen auf den Zahn.»

Grinsend sah er zu, wie, erst zögernd, dann immer rapider, die Männer auf den Wagen zustrebten.

«Seid vorsichtig!» rief Payne ihnen lachend nach. «Und verwechselt nicht die Schnapskisten mit den Sprengstoffkisten. Da steht ‹Explosives› drauf.» Und zu Bashan sagte er: «Ich weiß nicht, was den Chef gebissen hat. Mir drei von den Himmelfahrtsdingern auf den Wagen laden zu lassen! Wenn es hier in der Gegend wirklich Indianer gibt, dann sollte man das Zeug nicht von einem einzigen Mann transportieren lassen.»

Unbehaglich rückte er den Hals im Kragen einigemal hin und her. Doch Bashan hörte nicht auf das ängstliche Geschwätz des Wirts. Er sah mit Genugtuung, wie alles nach Plan verlief. In einem günstigeren Moment hätte das Fuhrwerk gar nicht ankommen können.

Er lehnte sich gegen die Wand der Baracke.

In längstens einer halben Stunde würden die Kerle besoffen sein wie eine Truppe irischer Schutzmänner am Zahltag. Nur eine kleine Gruppe von vielleicht sechs Männern hielt sich abseits von der Sauferei, in ihrer Mitte natürlich der Alte, der bei jeder Gelegenheit die Klappe aufriß. Aber die würden dann nichts mehr ausrichten können. Wenn erst einmal der Fusel zu wirken begann, war's aus mit dem gemeinsamen Vorgehen gegen die Incorporation.

Bashan hörte nicht das Schwirren des Pfeils, so tief war er in die Betrachtung der trinkenden Männer versunken. Er spürte nur den Luftzug, als das Geschoß um Zollbreite an seiner Wange vorüberstrich und sich mit einem dumpf splitternden Geräusch in die Barackenwand bohrte. Und auch dann dauerte es noch eine Sekunde, bis er begriff, was gespielt wurde und blitzartig reagierte.

Payne blickte ziemlich dümmlich drein, als Bashan sich zu Boden fallen ließ und noch im Fallen seinen Colt zog. Dann hörte er den Schrei, mit dem Bashan seine Leute alarmierte: «Indianer!»

Durch die Tür und aus den Fenstern sprangen die Schutztruppler und eröffneten das Feuer.

«Aufhören!» schrie Bashan.

Nur noch ein Schuß knallte Sekunden nach dem Kommando. Dann war es totenstill.

Die Männer am Wagen waren beim ersten Schuß und nach Überwindung des Schreckmoments auseinandergestoben. Jetzt lagen sie alle an die Erde gepreßt und wagten nicht, die Köpfe zu heben. Auch Payne lag im Staub und blickte zu Bashan hinüber, in dessen unbewegtes Gesicht.

Zwei Minuten mochten verstrichen sein, und über dem ganzen Camp lastete noch immer Stille. Bashan hob den Kopf ein wenig und orientierte sich daran, wie der Pfeil im Holz steckte, aus welcher Richtung er gekommen sein mußte. Dann kroch er vorsichtig voran, dreißig, vierzig Schritt weit. Drei seiner Leute folgten ihm. Am Rand des Lagers, dort, wo das Tal, das der Creek sich gegraben hatte, von einer ziemlich steil ansteigenden Anhöhe begrenzt wurde, wucherte noch dichtes Gestrüpp. Dort mußte sich der Angreifer versteckt halten.

Bashan kroch bis an den Rand des Lagers vor. Er war nun auf Steinwurfnähe an das Gestrüpp herangekommen. Sich aufzurichten wäre Selbstmord gewesen. Doch er konnte auch nicht werweißwielange hier liegenbeiben und zu den Sträuchern hinüberstarren. Also schoß er seinen zweiten Colt leer. Als die neun Schüsse abgegeben waren, schoß einer der Männer, die Bashan folgten, während Bashan wieder lud. Die Kugeln fetzten durch Blätter und Zweige. Doch kein Laut, keine Bewegung verriet, ob eine von ihnen einen Menschen getroffen hatte.

In der Stille, die sich wieder über das Lager gesenkt hatte, nachdem auch der zweite und dritte Mann ihre Trommeln leergeschossen hatten, überlegte Bashan fieberhaft, wie er am besten dem Pfeilschützen beikommen könnte. Aber sein Hirn war wie vernagelt. Der Schreck lähmte sein Denkvermögen.

Wenn die Burschen sich doch nur einmal regten, dachte Bashan. Aber, wer weiß, vielleicht lagen sie schon längst nicht mehr in dem Gebüsch da drüben, vielleicht hatten sie sich schon abgesetzt.

Da zerriß ein Schuß die Stille. Bashan sah das Mündungsfeuer von links aufblitzen. Doch noch ehe er dazu kam, die Stelle mit Kugeln einzudecken, hörte er hinter sich eine Explosion. Er warf den massigen Körper herum und sah gerade noch, wie die Wagenpferde in verrücktem Galopp auf den Creek zustoben, im Schlepp das völlig zerfetzte Gefährt. Dicke Staubwolken nahmen ihm die Sicht.

Der Luftdruck hatte ihm den Hut vom Kopf gerissen. Er kümmerte sich nicht darum. In seinen Ohren schienen Pfropfen zu stecken. In Panik sprang er auf. Eine Kugel streifte seinen Wade und schickte einen kurzen heißen Schmerz durch seinen Körper. Er taumelte, fiel wieder, blieb liegen. Tränen der Wut stiegen ihm in die Augen, und als er den Kriegsschrei hörte, der weithin über das Camp hallte, war ihm für einen Augenblick so, als wollte sein Herzschlag aussetzen.

Lebten denn die Gespenster der Vergangenheit noch? Kamen sie jetzt nach fünf Jahren wieder?

«Der Falke!» flüsterte er vor sich hin. Dann schrie er es laut: «Der Falke ist wieder aufgetaucht!»

Heftig atmend lag er da. Er lag noch, als seine Leute längst in das Gestrüpp vorgedrungen waren und dort niemanden gefunden hatten. Sie halfen ihm auf die Beine, glaubten, er sei ernstlich verwundet, weil er immer wieder zusammenzusacken drohte. Dann sahen sie, daß es nur der Schock war, der ihn in seinen Fängen hielt, und sie wunderten sich über ihren Anführer, den sie bisher nur als kaltblütigen Mann gekannt hatten, der auch in den brenzligsten Situationen ein Muster an Besonnenheit geblieben war. Erst eine halbe Stunde später, nachdem er fast eine ganze Flasche Gin ausgetrunken hatte, war er halbwegs wieder der alte Bashan, jedenfalls soweit, daß er wieder fluchen konnte.

Die Explosion der Sprengstoffkisten hatte keinen großen Schaden angerichtet. Einige Männer waren von den umherwirbelnden Holz- und Glassplittern leicht verletzt, zweien schienen die Trommelfelle geplatzt zu sein. Und niemand dachte mehr daran, nach Tanglewood zu ziehen und von Blake sein Geld zu fordern. Dennoch war die Aufregung groß. Unausgesetzt redete man

von dem Überfall, versuchte, ihn in allen Einzelheiten zu rekonstruieren, und mutmaßte, wie viele Indianer an ihm beteiligt gewesen sein mochten.

Bashan schwieg zu alledem. Er ahnte, daß es nur ein Mann gewesen war, der das ganze Lager in Atem gehalten hatte. Jedenfalls hatte er nur ein einziges Mündungfeuer gesehen. Und allmählich lichtete es sich in seinem Kopf, und er begann zu begreifen, wer die Indianer waren, die sie am Freitag überfallen hatten. Diese Episode nach dem Angriff auf den Geldtransport war ihm fast aus dem Gedächtnis entschwunden. Nun kehrte sie wieder, und er sah überdeutlich, was sich ereignet hatte.

Es gab keinen Zweifel: Wenn ihm seine Sinne nicht einen Streich gespielt hatten, dann war der Weitspähende Falke wieder in den Bergen. Den Ruf kannte er. Er hatte sich seinem Gedächtnis eingeprägt, damals, als Tanglewood in Flammen aufgegangen war, und Joe Bludgeon seinen letzten Atemzug getan hatte. Sein schiefer Hals, der von einem Pfeil des Weitspähenden Falken getroffen worden war, erinnerte ihn täglich an diesen Kampf.

Und jetzt war der Dakota zurückgekehrt!

«Ich Esel!» murmelte Bashan vor sich hin, «ich blöder alter Esel muß mich mit ihm anlegen!»

Er beachtete Roy Enterprise nicht, der wissen wollte, was zu geschehen habe. In seinem Kopf ging die Frage um und um, wie er sich aus der Schlinge ziehen konnte. Er fürchtete sich nicht, in die Revolvermündung eines Mannes zu blicken. Das war in den ganzen Black Hills bekannt. Aber er hatte eine unüberwindliche Scheu davor, sich auf einen Kampf mit Indianern einzulassen. Ihr Denken war ihm fremd, auch ihre Taktik. Er begriff nicht, was sie trieb, einen einmal gefaßten Entschluß um jeden Preis in die Tat umzusetzen.

Schließlich, nachdem er nicht mit sich ins reine gekommen war, stand er schwerfällig auf und trommelte seine Leute zusammen. Das Sprechen fiel ihm schwer, und nur mit Mühe konnte er seine Anordnungen geben. Dann ritt er mit der Hälfte seiner Truppe nach Tanglewood hinunter, wobei er den ganzen Weg über jeden Strauch und jeden Felsen mißtrauisch musterte.

Harrington nahm seinen Bericht gelassen, fast heiter entgegen. «Besser hätte es gar nicht kommen können», sagte er, als Bashan geendet hatte. «Eins fügt sich zum anderen. Ich wette hundert Dollar gegen Ihren alten Hut, Bashan, daß wir beide los sind, die Indianer und diesen Blake. Und unseren verehrten Sheriff dazu, wenn er sich nicht ganz klug verhält.»

9 Die drei Männer saßen stumm um das Lagerfeuer. Der Kleine Wolf hielt den Kopf gesenkt: Starke Linkshand stocherte mit einem Ast in der Glut. So saßen sie schon seit fast einer Stunde, seit der Weitspähende Falke ins Lager zurückgekehrt war. Nur wenige Worte waren gewechselt worden, nachdem er berichtet hatte.

«Mein Bruder hat sich auf ein sehr gefährliches Unternehmen eingelassen», hatte der Kleine Wolf gesagt und nur mit Mühe seine Enttäuschung unterdrücken können.

«Ich weiß», war die Antwort des Weitspähenden Falken gewesen. «Aber ich war nie ein Feigling, und ich werde beenden, was ich heute begonnen habe. Davon kann mich niemand abhalten.»

«Ich meinte die Gefahr für die Männer, Frauen und Kinder, die sich meiner Führung anvertraut haben.»

In diesem Satz lag alle Ablehnung des tollkühnen Handstreichs, in ihm spürte man auch den Zorn des Cheyennen-Häuptlings. Der Weitspähende Falke hatte dem mit einem Hinweis auf seine Pflicht zur Rache begegnen wollen, war aber nur auf Schweigen gestoßen. Starke Linkshand, weniger enttäuscht und erzürnt als der Kleine Wolf, hatte noch einen Versuch gemacht, einen versöhnlicheren Ton ins Gespräch zu bringen, doch ohne Erfolg. So saßen nun die drei Männer in ungutem Schweigen um das Feuer, ein jeder mit seinen Gedanken beschäftigt, jeder auch von dem Wunsch beseelt, das alte herzliche Vertrauen möge sich wieder einstellen.

Der Kleine Wolf war der erste, der wieder das Wort nahm, indem er über scheinbar Nebensächliches sprach.

«Glaubt mein Bruder», fragte er, «daß wir den Sommer über in den Black Hills bleiben können? Oder sollen wir weiter nach Norden ziehen, wo die Streitmacht der Bleichgesichter noch nicht so stark ist?»

Verwundert blickte der Weitspähende Falke hoch. Er hatte Vorwürfe erwartet. Ermahnungen, von seinem Plan abzulassen, ja, es hätte ihn nicht überrascht, wenn der Cheyenne seinem Zorn freien Lauf gelassen hätte. Er selber war sich klar darüber geworden, welche Gefahr er durch den Angriff auf das Lager der Minenarbeiter heraufbeschworen hatte, und er war nun auch bereit, seinen Fehler einzusehen.

«Warum fragst du danach?» Der Weitspähende Falke legte die Pfeife beiseite, aus der er geraucht hatte. «Ist dir dieses Land zuwider geworden?»

«Ich liebe die Schwarzen Berge, als wären sie das Land meiner Väter.»

«Dann bleibe.»

Der Kleine Wolf schien nicht auf den Einwurf des Dakota zu achten. «Hier hätten wir für den Sommer zur Ruhe kommen können», fuhr er fort. «Es gibt reichlich Wild in diesen Wäldern, die Bäche sind klar. Hier haben unsere Pferde die beste Nahrung. Die Langmesser haben uns hier nicht vermutet.»

«Dann bleibe», wiederholte der Weitspähende Falke, nun schon ein wenig ungeduldiger. «Was suchst du im Norden, wo die Sommer kurz sind?»

«Sicherheit und Ruhe zum Leben», war die Antwort, die dem Weitspähenden Falken mit einemmal zum Bewußtsein brachte, daß dieses Gespräch gar nicht so nebensächlich war, wie er vermutet hatte, und daß es sich direkt auf ihn und sein Unternehmen gegen das Lager der Incorporation bezog. «Hier können wir nicht bleiben», fuhr der Kleine Wolf nach einer Pause fort, während der er die Reaktion im Gesicht des Weitspähenden Falken beobachtet hatte, «jetzt nicht mehr.»

«Die Langmesser fragen nicht danach, ob du ein Recht zu deiner Rache hast», sagte Starke Linkshand. «Sie werden dich jetzt jagen und mit dir alle, die dir Unterschlupf gewähren. Der Kleine Wolf hat an mehr zu denken als an sich. Von seiner Entscheidung hängt das Wohl und Wehe seiner Leute ab.»

Wieder herrschte eine Weile Stille rings um das ständig wechselnde Feuer, das bizarre Schatten auf die Körper und Gesichter der Männer warf. Span-

nung lastete unerträglich auf der Runde. Der Weitspähende Falke wartete darauf, daß der Kleine Wolf erklären würde, er könne ihn nicht mehr bei sich dulden. Aber der schwieg, und als das Schweigen den Dakota zu sehr bedrückte, begann er wieder zu sprechen. Er wiederholte langsam und abgewogen, so als sei es nicht seine Sache, die er da vortrug, wovon er beim Eintreffen im Lager bereits erregt gesprochen hatte.

«Der Mörder heißt Bashan», sagte er, und seine Stimme klang wie aus der Ferne kommend. «Er oder einer seiner Leute haben Blauhaar und Dunkle Fichte umgebracht. Ich habe den toten Banditen unten am Waldrand aufgesucht. Sie haben ihn liegengelassen wie ein Stück Vieh, den Geiern zum Fraß. In seiner Tasche trug er ein Papier mit dem Zeichen der Gesellschaft, die am Creek nach Metall schürft.» Wortlos hörten sich die Cheyennes seinen Bericht noch einmal an. «Ich habe mich an ihr Lager geschlichen, habe sie beobachtet. Da sah ich den Mann Bashan und erkannte ihn wieder. Er gehörte früher zu den Leuten Snaky Joes, die uns aus den Black Hills vertrieben haben. Er ist ein böser Feind aller roten Männer. Mein Pfeil hat ihn verfehlt, mein Schuß hat ihn nur am Bein getroffen. Aber ihre Kisten mit Sprengstoff sind in die Luft geflogen.» Hier zum erstenmal schlich sich ein Ton des Triumphes in die sachlich berichtende Stimme des Weitspähenden Falken. «Sie werden an mich denken, die Landräuber und Mörder!»

«Du hast dir das Todesurteil gesprochen», erwiderte der Kleine Wolf ebenso leidenschaftslos. Seine großen schwarzen Augen aber spiegelten Trauer und Sympathie für den Dakota. «Und ich glaubte, mein Bruder besäße einen kühlen Kopf und ein weiter vorausschauendes Auge.»

«Blauhaar ist tot! Ich habe das Herz meines Herzens verloren. Ich lebe nur noch für die Rache.»

Von fern tönte das Geheul eines Schakals herüber.

«Willst du nicht mit uns ziehen?» fragte der Kleine Wolf plötzlich. Man merkte es seiner Stimme an, wie schwer ihm der Entschluß fiel, dieses Angebot zu machen. Wenn er ohne den Weitspähenden Falken nordwärts zog, das wußte er, käme er wahrscheinlich unbehelligt davon. Denn der Dakota würde mit seinen Aktionen die Weißen in den Black Hills beschäftigen und so die Aufmerksamkeit von den Cheyennes ablenken. Aber er hatte den Weitspähenden Falken in der kurzen Zeit ihres Beisammenseins liebgewonnen wie einen Bruder, dem man auch große Fehler nachsieht. «Allein mußt du untergehen. Überleg es dir.»

Erstaunt blickte der Dakota-Häuptling auf.

«Ich habe eine Aufgabe zu erfüllen», sagte er. «Aber ich danke meinem Bruder für das Angebot.»

Der Kleine Wolf erhob sich. «Wir ziehen morgen weiter.»

«Wohin du deine Zelte auch führst», sagte der Weitspähende Falke, der gleichfalls aufgestanden war, «überall sind die Langmesser.»

«Wir haben uns seit zehn Monden gegen Tausende von ihnen behauptet», erwiderte der Kleine Wolf nicht ohne Stolz. «Ich werde mit meinen Leuten so lange weiterziehen, bis uns der Weiße Vater in Washington erlaubt, in unserer alten Heimat zu leben.»

Der Dakota blickte den Cheyenne mit Erstaunen an. Da war sie wieder, die Ansicht, gegen die er schon beim Grauen Bären, seinem Schwiegervater, angekämpft hatte. Man wollte nicht von dem Glauben lassen, daß es eines Tages noch zu einer Übereinkunft mit den Weißen kommen könnte. War denn nicht Vertrag um Vertrag zerrissen worden? Hatten denn nicht die einstmals blühenden Stämme der Indianer unter den Angriffen des Militärs und der Siedler so viele Menschen eingebüßt, daß sie nur noch wie die Tiere des Waldes leben konnten, ständig auf der Flucht vor jenen, die sie mitleidlos jagten? Und nun hing der Kleine Wolf immer noch dem Traum nach, irgendwo in Frieden und Freiheit mit seinen Leuten leben zu können.

«Ich weiß», fuhr der Kleine Wolf fort, als hätte er die Gedanken des anderen erraten, «du denkst, ich sei ein Träumer. Aber wenn ich ein Träumer bin, dann träume ich von einer guten Sache. Unser Land ist groß, und nur noch wenige Söhne der Prärie sind übriggeblieben. Der Weiße Vater muß einsehen, daß es wenig ist, was wir von ihm fordern, und daß es gerecht ist.»

«Und Fort Robinson hast du wohl vergessen?» wandte der Weitspähende Falke heftig ein. «Hast du deine Ohren vor dem verschlossen, was Starke Linkshand berichtet hat? So sieht ihre Antwort aus – und nicht anders.»

Der Kleine Wolf blieb gelassen. «Mein Bruder ist verbittert», sagte er, «weil ihm die weißen Diebe Blauhaar ermordet haben. Die Rache trübt seinen Blick. Auch ich, glaub mir, traure um die Toten meines Volkes. Aber ich sehe auch, daß die Rache uns ins Verderben führt. Unsere Freiheit will ich behaupten, und solange ich noch atme, werde ich Land fordern, auf dem wir unsere Zelte aufschlagen können.»

«Ja, ich bin verbittert!» brach es aus dem Weitspähenden Falken. «Ich will das Leben der Mörder und muß darum meinen Weg gehen.»

«Willst du nicht mit uns ziehen?»

Noch einmal machte der Häuptling der Cheyennes das Angebot. Doch der Weitspähende Falke beantwortete es mit einem steinernen Gesicht.

Da trat der Kleine Wolf dicht an den Weitspähenden Falken heran. «Mögest du deine Rache befriedigen und deine und meine Feinde strafen.»

Wohl eine Minute lang standen die beiden Männer einander gegenüber. Keiner sprach ein Wort. Es war alles gesagt.

«Sie wollen mich fertigmachen!» schrie Sam Blake und stampfte wild durch den Raum. «Mich, Samuel D. Blake. Ihr hättet ihn sehen sollen, den feinen Herrn, wie er mich heruntergeputzt hat. Wie mit einem Rotzjungen ist er mit mir umgesprungen.»

Patterson lehnte gegen die Gitterstäbe, die sein Büro teilten. Er sah müde aus. Er ahnte, daß sich die mit Spannung bis zum Zerreißen geladene Atmosphäre bald entladen würde, und das machte ihn unruhig. Da war Sam Blake auf der einen Seite, der die Stimmung mit seinen abwechselnd laut werdenden Klagen und unbestimmten Drohungen anheizte. Auf der anderen Seite bemühten sich Harrington und seine Leute, das allgemeine Gefühl der Unsicherheit in Tanglewood auf alle nur mögliche Weise zu schüren. Es war, als stünde in allzu großer Schwüle ein Gewitter bevor.

Blake suchte seit dem Sonntag mindestens einmal am Tag Pattersons Büro auf, aus keinem anderen Grund als dem, den Sheriff immer aufs neue anzuspornen, doch nun endlich einmal etwas gegen die Banditen zu unternehmen, die ihn an den Rand des Ruins gebracht hatten. Auch Emerson sparte nicht mit Ermahnungen. Man lebe in einem Rechtsstaat, lamentierte er, und den gelte es um jeden Preis aufrechtzuerhalten, wenn nicht alles in Chaos und Gottlosigkeit enden sollte. Die Überschätzung der eigenen Bedeutung führte ihn zu hochfliegenden Monologen über die Wichtigkeit des Friedensrichters gerade in den neuerschlossenen Gebieten und darüber, daß ein Friedensrichter zu nichts nutze sei, wenn ihn die Exekutive, repräsentiert durch den Sheriff, im Stich lasse. Handeln sei erforderlich, predigte er, schnelles Handeln, energisches Handeln. Die Demokratie, orakelte er sogar, sei in Gefahr, wenn nicht bald etwas geschähe.

Doch was sollte geschehen? Patterson war gleich am Montag zu der Stelle hinausgeritten, wo der Überfall stattgefunden hatte. Aber Hinweise darauf, wer den Überfall verübt hatte, waren ausgeblieben. Er wäre gar zu gern einmal in das Lager der Incorporation oben am Creek gegangen und hätte den Arbeitern und den Schutztrupplern auf den Zahn gefühlt. Aber er hatte keine gesetzliche Handhabe, ohne zureichenden Verdacht das Gebiet der Gesellschaft in amtlicher Eigenschaft zu betreten. Eine Unterredung mit Harrington, bei der er vorgefühlt hatte, ob sich der Direktor mit einem Verhör von einigen seiner Leute einverstanden erklären würde, war ergebnislos geblieben. Der Sheriff solle, hatte der gesagt, sich lieber um die Spur kümmern, die zu den Indianern führe, von denen ihm sein Mann Bashan berichtet hatte. Und obwohl Patterson spürte, daß der Hinweis auf die Indianer nichts war als ein großer Bluff der Incorporation, konnte er nichts gegen ihn einwenden. Hatten nicht Blake und Hille selbst davon gesprochen, daß sie auf den Weitspähenden Falken und einen Begleiter gestoßen seien? Es gab also wieder Rothäute im Revier, und allein der Umstand war, nützte man ihn geschickt aus, dazu angetan, die Unruhe unter den Siedlern zu vergrößern und so seine Arbeit durch das Aufkommen unsachlicher Betrachtungsweisen zu erschweren.

Daß Bashan es war, der diesen und den vorangegangenen Überfall ausgeführt hatte, schien ihm am wahrscheinlichsten. Aber wie sollte er das beweisen?

«Daß die Incorporation ihr Geld zurückfordert, ist kein Beweis dafür, daß sie dich ruinieren will», sagte er zu Blake, der noch immer nicht zur Ruhe gekommen war und mit dem Peitschenstiel den Sekretär bearbeitete. «Kein Gericht der Welt würde auf so eine vage Vermutung hin eine Klage entgegennehmen. Man würde dich leicht abweisen, würde sagen, du hättest auf eigenes Risiko gearbeitet und könntest nicht einen mutmaßlichen Konkurrenten dafür verantwortlich machen, daß du vor dem Bankrott stehst.»

«Halte du nur zu den Schweinen!» schrie Blake. An der Schläfe schwoll ihm eine Ader, sein Kopf war rot geworden wie eine Tomate. Er sah aus, als könne ihn jede Sekunde der Schlag treffen. «Der kleine Mann ist immer im Nachteil.»

Da hielt es Peter Hille nicht länger auf seinem Stuhl. Er sprang auf und trat dicht vor Blake hin.

«Hör mir mal genau zu, du kleiner Mann», sagte er, den Kopf in den Nakken gelegt, um Blake genau in die Augen sehen zu können. «Seit Tagen gibt es hier kein anderes Thema als deinen Zaster. Der Sheriff rennt sich die Hakken ab, um die Überfälle aufzuklären, er hört sich immer wieder dein Gewäsch an, deine Klagen, du wärst ruiniert. Sieh ihn dir doch an! Sieht so ein Mann aus, der Sonntag erst geheiratet hat und eigentlich verdient hätte, ein bißchen auszuspannen? Und sieht so ein Mann aus, dem die Geldsäcke der Incorporation imponieren können? Wenn ich nicht wüßte, Sam, daß dich der Verlust fast um den Verstand gebracht hat, ich würde dir ein Ding verpassen, an das du dein Leben lang denkst. Du mieser kleiner Krämer!»

Jetzt war die Wut auch Hille zu Kopf gestiegen. Breitbeinig stand er vor dem Fleischberg Blake, und es sah aus, als ob er sich auf ihn stürzen wollte.

«Aber meine Herren!» Friedensrichter Emerson warf die Hände empor. «Ich bitte doch um ein bißchen mehr Sachlichkeit. Die Demokratie ...»

«Komm her, Pete!» befahl Patterson, und mürrisch und schwerfällig trat Hille einige Schritte zurück, ohne Blake aus den Augen zu lassen. «Und du, Blake: Halt dich zurück in deinen dummen Beschuldigungen. Ich pfeife darauf, dein Lob einzukassieren. Aber ich bin auch nicht gesonnen, mich beleidigen zu lassen.»

Blake hatte den Kopf gesenkt. Er stand da wie ein gescholtenes Kind, die Hände zu Fäusten geballt.

«Dann helft mir doch», sagte er mit erloschener Stimme. «Helft mir doch in drei Teufels Namen.»

Verwirrt wandte sich Hille ab. Er fürchtete, der Mann würde gleich zu weinen anfangen.

«Also, meine Herren», nahm Emerson wieder das Wort, «ich schlage vor, wir unterhalten uns in Ruhe darüber, was als nächstes zu geschehen hat.»

«Ein ausgezeichneter Vorschlag», höhnte Hille. «Ohne Sachlichkeit, Mister Emerson, keine Demokratie. Stimmt's?»

Emerson ignorierte Hilles Einwurf mit der Würde dessen, der weiß, daß er mit seiner Meinung nicht nur sich, sondern das Gesetz vertritt.

«Hat der Weitspähende Falke nicht gesagt, er hätte einen von den Banditen, die seine Frau erschossen haben, gesehen?» Patterson versuchte, das Gespräch wieder in sachliche Bahnen zu lenken.

«Was gilt hier schon die Aussage eines Indianers», warf Hille ein, «und noch dazu eines Indianers, der sich in dieser Gegend nicht mehr sehen lassen darf, ohne Gefahr zu laufen, aufgehängt zu werden.»

«Hier wird keiner aufgehängt, der nicht eines schweren Verbrechens überführt ist», sagte Patterson trocken. «Dafür stehe ich ein. Für mich gibt es keinen Unterschied zwischen einem Weißen und einem Indianer.»

«Laß das nicht draußen hören, Pat», sagte Hille mit einem resignierten Lachen. «Es könnte dir bei den ehrenwerten Bürgern von Tanglewood sehr schlecht angekreidet werden.»

«Ich werde dem Gesetz in Tanglewood zur Geltung verhelfen!»

«Willst du so alt wie Methusalem werden?» Hilles Einwurf hatte einen Anflug von Ärger. Immer, wenn Patterson solche Sprüche klopfte, spürte er einen unangenehmen Geschmack auf der Zunge. «Jedenfalls wünsche ich dir ein solch gesegnetes Alter.»

«Zur Sache!» rief Emerson. Und an seinen Schwiegersohn gewandt, fuhr er fort: «Ich sehe allerdings auch nicht, wie wir mit dieser Aussage weiterkommen sollten. Der Weitspähende Falke ist dem Gesetz verfallen. Er hat vor vier Jahren einen Angriff auf Tanglewood ausgeführt und sich anschließend den zu Hilfe gekommenen Bundestruppen widersetzt. Er könnte vor keinem Gericht aussagen, ohne nicht sofort verhaftet und angeklagt zu werden.»

«Sie haben anscheinend vergessen», erwiderte Patterson, «daß die Dakota damals in Notwehr gehandelt haben. Joe Bludgeon hat, entgegen der Anweisung der Regierung, versucht, das Indianerland vor der gesetzlich anberaumten Frist an sich zu reißen. Erinnern Sie sich nicht mehr, daß das Lager der Dakota zerstört worden ist und daß Joe und seine Leute den Grauen Bären und einige andere Häuptlinge gefangengesetzt haben?»

«Was soll das Rumkramen in alten Kamellen?» Blakes Stimme hatte einen greinenden Ton angenommen. «So kommen wir kein Stückchen weiter. Ich will ja nichts als mein Geld.»

«Und ich will nichts als das Recht», konterte Patterson.

«Natürlich», gab Blake zu, «das Recht ist wichtig. Ohne das Recht kriege ich mein Geld nicht wieder.»

«Mein Geld! Mein Geld!» Hille hieb mit der Faust auf den Tisch. «Ich kann das Wort nicht mehr hören. Es sind Leute dabei umgekommen, Mister Blake, als sie Ihr Geld transportierten. Haben Sie das vergessen?»

In diesem Moment trat Catherine ins Zimmer und brachte auf einem Tablett Gläser mit Bier.

«Zur Abkühlung der erhitzten Gemüter», sagte sie und bot reihum das Getränk an. Doch alle waren so sehr in die Auseinandersetzung verbissen, daß niemand ihr dankte. «Dann, meine Herren: Wohl bekomm's!»

Jetzt wurde wenigstens Hille aufmerksam und murmelte: «Vielen Dank, Madam.» Doch Catherine hatte den Raum bereits wieder verlassen.

Das Trinken ließ eine Pause entstehen, und als ob das erfrischende Bier alle Bitternis hinweggespült hätte, wurde das Gespräch sachlicher. Man erörterte, wie es anzustellen sei, Beweise dafür beizubringen, daß Bashan und seine Leute den Überfall ausgeführt hatten.

«Man müßte die Leiche des Mannes suchen, den der Falke erschossen hat», schlug Hille vor. «Ist es einer von Bashans Leuten, dann steht so gut wie fest, daß sie auch Blakes Transport überfallen haben.»

«Für uns stünde es dann fest», gab Patterson zu bedenken, «aber ob wir mit einem solchen Beweis vor Gericht weiterkommen, ist zu bezweifeln.»

«Aber wir hätten erst einmal einen Grund», sagte Hille, «den sauberen Vogel in den Käfig da drüben zu sperren. Zur Untersuchung von ungeklärten Umständen.»

«Aber Harrington hat mir doch versichert», jammerte Blake, «daß er Männer hätte, die beschwören könnten, Bashan habe an den in Frage kommenden Tagen das Lager nicht verlassen.»

«Und Mister Harrington ist ein Ehrenmann.»

Doch noch ehe Blake dazu kam, diese Bemerkung Emersons mit einem Wutausbruch zu quittieren, betrat Sleek das Büro. Er trug eine ernste Miene zur Schau, und eine weniger aufgeregte Gesellschaft hätte sofort gemerkt, daß er sie eben nur zur Schau stellte.

«Sheriff», sagte er, «eben sind Leute vom Camp hier eingetroffen. Sie sind überfallen worden, da oben. Von Indianern.»

Die Reaktion der vier Männer war unterschiedlich. Während Hille nur das Gesicht zu einem Grinsen verzog, in dem zu lesen war: Ein neuer Trick, um uns zu verwirren, ließ Sam Blake den Unterkiefer hängen und sah töricht von einem zum anderen. Patterson blickte erwartungsvoll seinem Stellvertreter entgegen. Emerson sackte in sich zusammen, wobei er die Hände ineinanderschob, als wollte er zum Gebet ansetzen.

Der Sheriff war der erste, der das Wort nahm. «Drücken Sie sich deutlicher aus», sagte er.

«War ich nicht deutlich genug?» Sleeks Stimme steigerte sich zu einem Schreien. «Die Rotärsche sind los!«

«Mann, Sie tun ja so, als hätte man Ihnen an den Skalp gewollt», sagte Hille betont ruhig. «Nun mal schön der Reihe nach. Was ist passiert?»

«Sie haben heute mittag das Lager angegriffen», sagte Sleek hastig und atemlos, so als sei er selber dabeigewesen und mit knapper Not davongekommen. «Der Sprengstoff ist in die Luft gegangen.»

«Und woher wissen, Sie, daß es Indianer waren?» fragte Patterson und betrachtete Sleek mißtrauisch. «Es können doch auch dieselben Banditen sein, die Blakes Transporte überfallen haben.»

«Es waren dieselben Banditen, wenn Sie mich fragen», antwortete Sleek mit Nachdruck, «und es waren Indianer. Hier, das hat Bashan gegolten.» Er wies den Pfeil vor, der neben dem Anführer der Schutztruppe eingeschlagen war.

Blake trat näher und nahm ihm den Pfeil aus der Hand.

«Dakota», sagte er, nachdem er einen flüchtigen Blick auf das Geschoß geworfen hatte. «Ich kenne ihre Pfeile an der Bemalung.»

«Mein Gott!» stöhnte Emerson. «Werden wir denn hier nie Ruhe finden vor den Rothäuten?»

«Also doch Bashan!» sagte Hille mehr zu sich selbst.

Sleek reagierte um den Bruchteil einer Sekunde zu schnell auf die Bemerkung Hilles. Er fuhr herum.

«Jawohl, Bashan!» sprudelte es aus ihm heraus. «Und wir können von Glück sagen, daß er nicht getroffen worden ist und schon in der Sonne modert.»

«Wir?» Hille war ganz Erstaunen. «Was haben wir mit dem Revolverhelden zu tun?»

«Ich muß doch sehr bitten!» ließ sich Emerson vernehmen. «Hier ist ein Anschlag auf ein Menschenleben verübt worden. Und das ist eine sehr ernste Sache.»

Patterson warf seinem Schwiegervater einen Blick zu, in dem sich Erstaunen über soviel Naivität mit leichtem Ekel vor soviel stumpfsinniger Prinzipienfestigkeit mischte.

«Sie haben sicher das Lager aus Wut darüber gesprengt, daß sie kein Geld gefunden haben», versuchte Sleek den Anwesenden zu suggerieren.

«Und dann haben sie auf Bashan mit dem schiefen Hals geschossen, weil er sie ausgelacht hat», ergänzte Hille gutgelaunt. «Mann, Sleek, das können Sie einem erzählen, der sich selber in die Hutkrempe schießt.»

«Ihre Fröhlichkeit wird Ihnen noch vergehen, wenn die Rothäute Sie erst beim Wickel haben», fuhr Sleek wütend auf Hille los. «Auch Mister Harrington meint ...»

«... daß man die entschiedensten Maßnahmen gegen das rote Gesindel ergreifen müßte», ergänzte Hille. «Das meinen die Herren immer, wenn sie Dreck am Stecken haben und einen Prügelknaben brauchen.»

«Hör auf, Pete», sagte Blake, der noch immer den Pfeil in den Händen hielt. «Wir haben jetzt anderes zu tun, als uns gegenseitig mit Worten zu beschießen. Jedenfalls vielen Dank, Mister», wandte er sich an Sleek. «Wir sehen jetzt viel klarer als vorher.» Und als er Sleeks erstauntes Gesicht sah, wiederholte er: «Wirklich, viel klarer. Oder meinst du das nicht, Pat?»

«Auf jeden Fall.»

«Und was wollen Sie jetzt unternehmen?» fragte der Friedensrichter besorgt.

«Dem Gesetz zur Geltung verhelfen», erwiderte Patterson. Aber diesmal klang die Ankündigung nicht ein bißchen formelhaft.

10

Als Harrington am nächsten Tag vom Camp herunter nach Tanglewood kam, ging es schon auf Mittag. Er fuhr wie gewöhnlich in seinem zweirädrigen Einspänner, der von Bashan und dreien seiner Leute eskortiert wurde. Paarweise ritten sie neben der Kutsche her. Zu Harringtons Füßen döste die Dogge mit heraushängender Zunge.

Er hatte sich die Zerstörungen im Lager angesehen und gefunden, sie seien gar nicht so erheblich, wie nach ersten Berichten zu befürchten gewesen war. Der Luftdruck hatte einige Zelte fortgerissen, eines war von umherfliegenden brennenden Kistenbrettern in Flammen gesetzt worden, und einige Barackenfenster waren zu Bruch gegangen. Die Männer arbeiteten allesamt wieder, auch die Arbeiter, bei denen man eine Verletzung des Trommelfells vermutet hatte, waren wohlauf und mit ein paar Dollars für den Schreck entschädigt worden.

Harrington hatte allen Grund, zufrieden zu sein, nicht nur und nicht vor allem der geringen Zerstörungen wegen. Jetzt konnte er endlich den Gerüchten, die über Bashan in Umlauf waren, entgegentreten und dem ach so gesetzestreuen Sheriff auf die Sprünge helfen. Ein Indianerüberfall hatte seine Vorzüge, vorausgesetzt, er kam zur rechten Zeit und richtete nicht allzu große Verwüstungen an.

Vergnügt betrachtete er seine Fingernägel. Blake war nun schon so gut wie erledigt. Den Überfall auf den nächsten Geldtransport würde man mit Sicherheit den Indianern zuschreiben, und der nächste Überfall stand schon so gut wie fest. In Omaha, bei der Zentrale der Incorporation, würde man sehr zufrieden mit ihm sein. Wie eine schwarze Gewitterwolke ging die Erinnerung an die Szene, da er, Harrington, in Ogallala wie eine Stiefelputzer vor dem dicken Bryde gestanden hatte, durch seine Überlegungen. Ein zweitesmal könnte man mit ihm nicht mehr so reden! Genüßlich malte er sich aus, wie das nächste Zusammentreffen mit diesem Mann aussehen mochte. Er hörte schon, wie sich Bryde entschuldigte, nicht ausdrücklich zwar – das hatte man in seiner Position nicht nötig –, doch so, daß kein Zweifel blieb und natürlich erst recht kein Makel. Er, Collins P. Harrington, war der Mann des Tages und der Mann, dem die Zukunft gehörte, und da er ein frommer Christ war, der zum Gottesdienst ging, wann immer sich die Gelegenheit dazu bot, gab es für ihn keinen Zweifel daran, daß eine höhere Macht alles zu seinem Besten gelenkt hatte. Jedenfalls verhielt sich die höhere Macht nicht ablehnend gegenüber seinem Tun und Lassen.

Als sie den Wassertank, der den Ortseingang auf hohen Beinen flankierte, passiert hatten, fand er Tanglewood doch recht ansehnlich. Die grauen und braunen Hütten längs der staubigen und mit Schlaglöchern übersäten Straße, die windschiefen Dächer, die eilig zusammengeschusterten hölzernen Gehsteige, die düsteren Läden, in denen zweitklassige Waren feilgeboten wurden, und der grell bemalte Saloon, sie bildeten nun in seiner Vorstellung den Kern einer schönen, sauberen Stadt mit einer anständigen Kirche aus Stein als Mittelpunkt und einem breitbrüstigen Direktionsgebäude als zweitem sichtbaren Zeichen dafür, daß auch dieses wilde Gebiet endgültig der Zivilisation erschlossen war.

Der Einspänner hielt vor dem Saloon, und während Bashan und seine Männer ihre Pferde festbanden, betrat Harrington den Schankraum, der um diese Stunden noch schwach besetzt war. Das Orchestrion in der Ecke plärrte und ließ neben der Musik sein schnarrendes Uhrwerk hören, und eines der Mädchen, das nach anstrengender Nachtarbeit offensichtlich erst vor kurzem aus den Federn gekrochen war, wischte lustlos mit einem Lappen auf den Tischen herum. Der schale Geruch von Bier und Tabaksqualm, der nie ganz abzog, erfüllte den Raum.

«Hallo, Payne!» sagte Harrington. Er ging an die Theke, wo der Wirt sich an Flaschen und Gläsern zu schaffen machte. «Fabelhaftes Wetter heute, besonders am Creek. Habe die Landschaft da oben selten als so schön empfunden.»

Payne, der sich in seiner grenzenlosen Einfalt ausgemalt hatte, Harrington würde in garstiger Laune von seinem Ausflug in die Mine zurückkehren, war völlig verwirrt und knüllte sein Tuch in der Hand zusammen. «Haben Sie sich die Bescherung auch richtig angesehen?» fragte er vorsichtig. «Ich meine: Haben Sie mal überrechnet, was das alles kostet?»

«Habe ich, Mann, habe ich.» Er lehnte sich mit einem Ellbogen auf die Theke. «Hab schon Schlimmeres gesehen, mein lieber Payne, und Teureres.»

«Na, mir hat's gereicht!» Payne schauderte es schon beim Gedanken an den vergangenen Tag. «Ich dachte, die Welt geht unter. Und ich habe das Teufelszeug noch kurz vorher in den Händen gehabt! Ich mag gar nicht daran erinnert werden.»

Harrington lachte herzlich und ausgiebig.

«So leicht wie Schnapsausschenken ist das natürlich nicht», sagte er. «Na, wenn wir schon davon reden: Geben Sie mir mal einen. Der Staub vom Weg sitzt mir zwischen den Zähnen. Und gießen Sie gleich auch für die Männer was ein», ergänzte er und wies auf Bashan und seine Leute, die inzwischen eingetreten waren.

Er zog sich mit seinen Begleitern in das Séparée zurück, um ungestört reden zu können. Nach kaum einer Viertelstunde verließen sie den Saloon. Harrington bestieg wieder sein Gefährt, diesmal ohne den Hund, während die anderen aufsaßen. So legten sie die kaum zweihundert Meter zu Blakes Haus zurück.

«Das sieht verdammt nach offizieller Mission aus», sagte Hille, der am Fenster des Sheriffbüros stand und den Aufzug beobachtete, zu Patterson. «Als ob sie eine Kriegserklärung abgeben wollten.»

Patterson trat an seine Seite. «Wird auf was Ähnliches hinauslaufen, schätze ich. Komm, Pete, wir sehen uns das mal aus der Nähe an.»

Patterson schnallte sein Colthalfter um.

Blake stand vor der Tür, als der Sheriff in Hilles Begleitung ankam. Drei Schritt von ihm entfernt hatte sich Harrington postiert. Seine Leute umgaben ihn in einem Halbkreis. Die Gesichter aller spiegelten offene Feindschaft; selbst Harrington hatte seine gewohnte unverbindlich-freundliche Miene abgelegt und blickte entschlossen drein.

«Tut mir leid, Blake», sagte er, und es war offensichtlich, daß es ihm nicht im mindesten leid tat, als Überbringer harter Forderungen aufzutreten. «Sieht ja alles ein bißchen unhöflich aus. Aber meine Leute oben verlangen Verhandlungen mit Ihnen, energische Verhandlungen.»

«Ich wüßte nicht, was es noch zu verhandeln gibt», antwortete Blake störrisch, aber man hörte trotzdem aus seinen Worten heraus, wie wenig wohl er sich in seiner Haut fühlte angesichts der vier Burschen, die um Harrington herumstanden. «Was Sie mir zu sagen hatten, haben Sie mir neulich gesagt. Ich weiß, daß die General Mining Incorporation auf Rückerstattung der ganzen Summe innerhalb von zehn Tagen besteht. Alles andere ist Angelegenheit des Sheriffs.»

«Und ich wüßte nicht, was der Sheriff damit zu tun hat, wenn Sie der Incorporation Geld schulden», konterte Harrington. «Aber wenn er schon einmal dabei ist», er wandte sich zu Patterson, der mit Hille ein wenig abseits von der Gruppe stand, und tat, als sähe er ihn erst jetzt, «dann kann er mich doch gleich mal bei meinen Verhandlungen mit Ihnen unterstützen.»

«Nennen Sie das Verhandlungen?» Patterson wies auf die vier Bewaffneten. «Das sieht mir eher nach ganz gewöhnlicher Erpressung aus.» Zu Bashan, der in unkontrollierter Wut nach seinem Revolver greifen wollte, sagte er: «Lassen Sie die Kanone stecken. Sie sind eher ein toter Mann als ich, merken Sie sich das.» Dabei ignorierte er den lauernden Blick, den dieser ihm zuwarf.

«Wir sind alle ein bißchen gereizt», versuchte Harrington zu beschwichtigen. «Kein Wunder nach allem, was in der letzten Zeit hier vorgefallen ist.

Aber Ihnen, Sheriff», fuhr er mit gespielter Nachsicht belehrend fort, «möchte ich sagen, daß das hier eine Delegation der Arbeiter von der Mine ist, eine von mir geleitete Abordnung, die nur mich und Blake etwas angeht. Natürlich sind die Männer bewaffnet. Oder würden Sie jetzt ohne Waffen durch die Berge reiten? Jetzt nach dem heimtückischen Überfall auf das Lager am Creek?»

«Eine Delegation der Arbeiter von der Mine!» Hille brach in lautes Lachen aus. «Von den Burschen da hat noch nie einer eine Schaufel oder eine Hacke in der Hand gehabt, geschweige denn zehn Stunden hintereinander im Dreck gebuddelt.»

«Sie stehen im Dienst der Incorporation wie jeder andere Arbeiter», entgegnete Harrington scharf. «Und nun bitte ich Sie, Sheriff, sich nicht länger in meine Angelegenheiten zu mischen.» Er wandte sich wieder Blake zu. «Die Situation hat sich gewaltig verändert seit dem Überfall. Ich brauche das Geld sofort, spätestens in drei Tagen von heute an.»

«Das ist unmöglich!» Blake war bleich geworden. «Wo soll ich das Geld so schnell hernehmen. Sie wissen: zwei Überfälle in wenigen Wochen ...»

«Das ist Ihr Risiko», sagte Harrington ungerührt. «Sie wollten es so. Oder habe ich Ihnen nicht das Angebot gemacht, den Geldtransport abzugeben? Und habe ich es Ihnen nicht mehr als einmal gemacht?»

«Sie haben mir mehr als einmal den Ruin angeboten!» schrie Blake, und die Hand, in der er die Peitsche hielt, zuckte drohend, sackte dann aber schlaff herunter.

«Jedenfalls brauche ich das Geld», beharrte der Minendirektor. «Meine Leute sind wegen der Indianer sowieso nervös. Sie müssen Geld sehen, kapieren Sie das, Blake? Und zwar sofort. Sonst garantiere ich für nichts. Oder wollen Sie, daß die ganze Meute Ihnen auf den Hals kommt?»

«Das ist eine Drohung mit Gewalt!» mischte sich Patterson wieder ein. «Ich fordere Sie auf, Ihre Leute sofort aus der Stadt zu schicken. Und regeln Sie Ihren Streit mit Blake gefälligst vor dem Friedensrichter. Der ist dafür zuständig.»

«Ja, wenn Sie das so auffassen ...» Harrington sprach langsam, wie in grenzenlosem Erstaunen. «Ich weiß nicht, ob Sie Mister Blake einen Gefallen damit tun. Geschäftsleute einigen sich untereinander besser ohne die liebe Polizei. Stimmt's, Blake? Sie können ja noch mal zu mir kommen. Ich leihe Ihnen gern Geld – zum üblichen Zinsfuß. Aber warten Sie nicht zu lange. Die Arbeiter wollen Geld sehen, wie ich schon sagte. Und ich bezweifle, ob Ihnen unser Sheriff das Geraubte so schnell zurückbringen wird. Der steht ja hier rum und mischt sich in Sachen, die ihn nichts angehen, anstatt die roten Banditen zu verfolgen. Oder haben Sie inzwischen eine andere Spur gefunden?» fragte er Patterson. «Also dann, Blake», er tippte mit einem Zeigefinger an seinen Hutrand, «ich höre von Ihnen, bald!»

Umständlich bestieg Harrington seine Kutsche, als absolviere er ein Zeremoniell, während sich die Männer von der Schutztruppe auf die Pferde schwangen, um ihrem Chef bis zum Saloon das Geleit zu geben.

«Gemeiner Erpresser!» schrie Blake hinter ihnen her. Aber niemand achtete auf ihn. Und als er ins Haus ging, brummte er vor sich hin: «Das könnte dem Pack so passen! Samuel Blakes Geschäft für einen Pappenstiel zu schlucken. ‹Sie können noch mal zu mir kommen! Aber warten Sie nicht zu lange!› Scheißkerl! Der wird alt darüber!»

Krachend ließ er sich auf einen Stuhl fallen und bedeckte die Augen mit der Hand. Er achtete nicht darauf, daß auch Patterson und Hille eingetreten waren.

«Wenn Blake fällt, dann fällt das ganze dreckige Nest in ihre Hand», murmelte er.

«Bist du jetzt fertig mit dem Selbstmitleid, du armer Mensch?» fragte Hille. «Oder sollen Pat und ich dir ein bißchen beim Bedauern helfen?»

«Scher dich zum Teufel, du krummbeiniger Zwerg!» Blake nahm die Hand von den Augen und starrte Hille an.

Bei jeder anderen Gelegenheit hätte Hille eine solche Beleidigung mit

Faustschlägen und Fußtritten beantwortet. In dieser Situation aber grinste er nur und stachelte damit Blakes Rage nur noch mehr an.

«Der große Sam Blake fällt, und die Erde erbebt, wie damals, als Sodom unterging.»

«Hör jetzt auf, Pete», mischte sich Patterson ein. «Wir haben Besseres zu tun, als uns gegenseitig Beleidigungen um die Ohren zu schlagen. Das besorgen die anderen schon. Wir müssen uns unserer Haut wehren. Harringtons Auftreten war deutlich genug. Er hat uns die Fehde angesagt, uns allen. Und ich müßte den Herrn schlecht kennen, wenn er den Kampf nicht bis aufs Messer führen sollte. Es geht jetzt nicht mehr nur um Sam und um sein Geschäft.»

«Um den ist es noch nie gegangen», sagte Hille. Er konnte sich die Bemerkung nicht verkneifen, obwohl er wußte, daß sie Blake wieder aufbringen mußte. Aber zu seinem Staunen blieb Blake ruhig. Er saß auf seinem Stuhl und schaute erwartungsvoll auf den Sheriff.

«Wir müssen der Incorporation die Gelegenheit nehmen, Sam noch weiter erpressen zu können», fuhr Patterson fort. «Das geht nur, wenn wir heute noch nach Ogalalla aufbrechen, um das Geld zu holen.»

Die Bemerkung ließ Blake zusammenzucken. «Nach Ogalalla?» fragte er, als habe er Patterson nicht verstanden. «Soll ich mich diesmal wirklich abmurksen lassen? Die haben es doch wieder auf den Transport abgesehen.»

Patterson achtete nicht auf den Einwurf. Mehr im Selbstgespräch fuhr er fort: «Ich werde ein paar verläßliche Leute auftreiben, sie verpflichten und mit ihnen reiten. Ohne Fuhrwerk können wir es in drei Tagen schaffen.»

«Damit sie dir die Rippen mit Blei spicken.» Hilles Gesicht zeigte deutliche Spuren von Unbehagen über den Vorschlag seines Freundes.

«Den Sheriff anzugreifen, das werden sich die Burschen denn doch überlegen», versuchte Patterson ihn und sich selber zu beruhigen.

«Ich weiß», sagte Hille, «auf Sheriffmord steht die Todesstrafe. Die Armee könnte eingreifen und so weiter und so weiter. Aber was hast du dann noch davon? Und was haben wir davon? Eine Nachricht im ‹Ogalalla Dispatch›: ‹In Ausübung seiner Pflicht fand Patrick Patterson, der ach so beliebte Sheriff von Tanglewood, den Tod. Wir werden ihm stets ein ehrendes und treues Andenken bewahren.› Punkt. Schluß. Ein Glück, daß Catherine dann eine noch junge Witwe sein wird.»

«Ich schieße gut und schnell.»

«Und Bashan hat zwei Holzarme.»

Patterson ließ sich nicht beirren. Er fuhr fort: «Während ich nach Ogalalla reite, wirst du mit David in die Hills gehen. Ihr müßt den Falken finden. David hat von dem Gunman gesprochen, den der Dakota erschossen hat. Den müßt ihr suchen. Der Falke kann euch sagen, wo er liegt. Macht ihm klar, wie wichtig es ist, den Kerl zu finden.»

«Und was wird, wenn der Falke inzwischen Bashan abschießt?» gab Hille zu bedenken. «Dann ist der ehrenwerte Mister Harrington erst recht aus dem Schneider. Auf einen toten Bashan kann er, wenn es nötig ist, alle Schuld abwälzen. Dann hat er eben auf eigene Faust gehandelt, und die Incorporation ist entsetzt, so einen Mann in ihren Diensten gehabt zu haben. Die werden sich schon herauszureden wissen.»

«Deshalb sollst du den Falken in den Hills suchen. Mach ihm klar, was für uns alle auf dem Spiel steht. Hindere ihn daran, jetzt Rache zu nehmen.»

«Ich soll den Falken an der Rache hindern?» Hille lachte gequält. «Hast du sonst noch Wünsche? Soll ich vielleicht den Creek austrinken, was so ungefähr auf dasselbe rauskäme?»

Blake lauschte dem Gespräch mit gemischten Gefühlen. Hier wurde seine Sache verhandelt, und die beiden taten so, als sei er gar nicht anwesend. Sosehr er über Pattersons Entschluß, das Geld selber aus Ogalalla zu holen, erleichtert war, sowenig behagte ihm die Vorstellung, seine Existenz vielleicht der Tatkraft dieser beiden Männer verdanken zu müssen. Und was war, wenn der Plan mißlang, wenn die Leiche nicht gefunden wurde oder – noch schlimmer – wenn die Banditen Patterson erschossen? Dann war er, Blake, erledigt, dann würde keiner von ihm mehr ein Stück Brot annehmen. Das Großmaul, würde es dann heißen, hat andere für sich die Kastanien aus dem Feuer holen lassen. Er selber war zu feige. Und dann würde Harrington auch nicht mehr einen einzigen Cent Abstand dafür zahlen, daß er sein Geldgeschäft einstellte. Ein sang- und klangloser Abschied von Tanglewood wäre alles, was ihm blieb, ein Abschied nach zwanzig Jahren, die er hier als der ungekrönte König zugebracht hatte. Aber solche Überlegungen halfen nicht weiter. Jetzt mußte alles versucht werden, um seine Stellung zu retten.

So fragte er: «Und welche Rolle hast du mir in dem Spielchen zugedacht, Pat?» Doch sosehr er sich auch bemühte, seiner Stimme einen fröhlichen und gelassenen Tonfall zu verleihen, sein blasses Gesicht verriet die Angst, die hinter diesen Worten steckte.

«Du bleibst, wo du bist», antwortete Patterson. «Schließlich brauchen wir hier in Tanglewood auch einen Mann, auf den wir uns verlassen können, wenn es hart auf hart kommen sollte. Und ich hab im Gefühl, daß es bald härter wird, als wir es uns jetzt noch vorstellen.» Und an beide Männer gewandt, fuhr er fort: «Kein Wort von alldem zu Sleek. Ich traue ihm am hellichten Tag nicht über den Weg. Wenn er fragt, dann sind Pete und ich noch einmal zu der Stelle hinausgeritten, wo der letzte Überfall stattgefunden hat.»

«Ich weiß nicht, ob er mir traut», sagte Andrew Sleek. Er saß, die Beine übereinandergeschlagen, in einem der zerbrechlich aussehenden Sessel in Harringtons Appartement und fuhr, als habe er einen störenden Fleck entdeckt, mit dem Unterärmel seines buntkarierten Hemds eifrig über den Stern, das

Zeichen seiner Sheriffwürde. «Er steckt zu oft den Kopf mit diesem Hille zusammen. Das gefällt mir nicht.»

«Und wer weiß, was sie jetzt wieder gemeinsam mit Blake ausbrüten», ergänzte Bashan. Er stand mit dem Rücken an eine Wand gelehnt, unter einer schlechten Kopie des berühmten Gemäldes, das George Washington beim fahnenschwingenden Übergang über den Delaware vorstellen sollte. «Wenn ich die Burschen nur sehe, zuckt's mir immer in den Fingern.»

«Keine Angst, Bashan», beruhigte ihn Harrington. «Wenn mich nicht alles täuscht, können Sie sich bald einen Herzenswunsch erfüllen.» Er lächelte dem Revolverhelden unbeschwert zu, als habe er ihm Hoffnung darauf gemacht, bald ein ausgesucht schönes Pferd reiten zu können. «Und Sie Sleek, werden bald ein bißchen mehr zu tun bekommen, als im Sheriffbüro Däumchen zu drehen.» Und als er sah, daß der Hilfssheriff aufbegehren wollte, sagte er: «Die Incorporation wirft ihr Geld nicht zum Fenster hinaus.»

«Ich weiß nicht, was Sie wollten, Mister Harrington», begehrte Sleek auf. «Habe ich Sie bisher enttäuscht?»

«Ich weiß, was ich will», entgegnete Harrington gelassen, «und Sie haben mich bisher noch nicht enttäuscht. Bisher noch nicht. Ist ja schließlich auch kein Kunststück: Wer nichts tut, kann niemanden enttäuschen. Das ist philosophisches Einmaleins. Aber weil ich weiß, was ich will, werden Sie bald in Aktion treten müssen. Vielleicht heute noch.»

«Ganz wie Sie befehlen.» Sleek bemühte sich, keine Verstimmung zu zeigen und seine lässige Haltung beizubehalten.

«Ich befehle nicht, ich versuche zu überlegen.» Harrington, der als einziger ein Glas in der Hand hielt, erhob sich aus seinem Sessel und blickte auf die Straße hinunter, die leer in der Mittagssonne lag. «Die Szene, die wir eben erlebt haben, war der Auftakt zum letzten Akt, glaube ich. Beide Seiten wissen jetzt, was sie voneinander zu halten haben. Dieser Holzkopf von einem Sheriff ist aufgewacht. Hille wird ihm blind folgen. Und Blake, der Gute, ist ziemlich weich gerührt. Das Gebelfer heut hat mir ganz nach Rückzugsgefecht geklungen. Wenn wir das Geld sofort zurückfordern, bleibt ihm nichts übrig, als nach Ogalalla aufzubrechen. Er weiß, daß unsere Forderung kein Spaß ist. Den dritten Überfall wird er nicht überstehen, ist das klar?»

Er wandte sich um und fixierte Bashan, der mit eifrigem Kopfnicken Verständnis und Einverständnis ausdrückte.

«Ganz meine Meinung», sagte er dazu, und es fiel ihm nicht auf, daß die Antwort in diesem Zusammenhang ganz unpassend war.

«Ich bin nur gespannt, wen er sich diesmal als Begleitung mitnehmen wird?» Das hatte Harrington halblaut gesagt, mehr zur Selbstverständigung. «Diesmal wäre eigentlich unser Sheriff höchstpersönlich an der Reihe. Solche Burschen denken immer, ein Sheriff ist was Besonderes, der schafft Respekt.»

Bashans kurzes trockenes Lachen quittierte Harrington mit einem Grinsen.

Sleek sagte langsam, so als wollte er die Bedeutung seiner Worte unterstreichen: «Und schafft er denn nicht wirklich Respekt, unser Sheriff? Seid ihr nicht mit hängenden Schwänzen heut abgezogen, als er Blake beigesprungen ist?»

«Der Sheriff ist meine Angelegenheit!» Bashan sagte das wie einer, der einen Anspruch auf einen Gegenstand anmeldet. «Tanglewood braucht unbedingt einen neuen Sheriff. Der spielt sich nicht noch mal so auf wie heute, nicht in meiner Gegenwart jedenfalls.» Er zündete sich eine von seinen billigen Zigarren an und paffte dicke graue Wolken, denen Harrington mit allen Zeichen des Ekels auf dem Gesicht auszuweichen versuchte. «Der wird mich kennenlernen», schloß er versonnen.

«Und Sie, Sleek?» fragte Harrington. «Haben Sie alles vorbereitet? Sie wissen, wenn die Sache einmal in die Wege geleitet ist, dann darf es keine Verzögerung geben, nicht die geringste. Die Leute müssen vor vollendete Tatsachen gestellt werden. Ehe sie noch die Augen richtig aufgemacht haben, müssen sie sich in einer völlig anderen Landschaft befinden.»

«An mir soll's nicht liegen.» Sleek sprach forsch, wie einer, der sich seiner Sache unbedingt sicher ist, «Was der Sohn vom alten Sleek in die Hand nimmt, klappt. Oder haben Sie die Geschichte von damals vergessen ...»

Harrington, der noch immer am Fenster stand, ließ ein kurzes Lachen hören.

«Das geht, als wenn's verabredet worden wäre!»

Er winkte die beiden Männer zum Fenster.

«Eine tolle Truppe!» sagte Bashan, offensichtlich beeindruckt von dem, was er da unten erblickte. «Sieht aus, als wenn sie in den Krieg ziehen wollten.» Er zählte bedächtig: «Sechs, sieben, acht Mann!»

«Vergiß das Halbblut nicht», sagte Sleek.

«David zählt nicht. Beim ersten Schuß läuft der davon, wie ein Wiesel. Ich kenne die Brut. Hab schon zuviel mit ihnen zu tun gehabt.»

«Gesetzestreue Bürger der Siedlung Tanglewood beim Auszug, ein großes Unrecht zu verhüten», sagte Harrington, als lese er eine Bildunterschrift.

«Und der brave Samuel Blake ist nicht dabei», ergänzte Sleek. «Er bewacht die Petroleumkannen, die Lederhosen und den köstlichen Kautabak in seinem Laden.»

Der Zug, der sich langsam am Saloon vorüberbewegte, auf den südlichen Ausgang des Ortes zu, machte in der Tat einen kriegerischen Eindruck. An der Spitze ritten Patterson und Hille, jeder mit zwei Revolvern und einer Büchse bewaffnet, die im Gewehrfutteral am Pferdehals steckte. Ihnen folgten sechs Männer, gleichfalls schwer bewaffnet, die Patterson für das Unternehmen als Hilfssheriffs verpflichtet hatte, und den Schluß bildete David, der unbewaffnet war und ziemlich verloren aussah in dieser streitbaren Schar. Barfüßige Kinder wieselten neben den Pferden her, und Männer und Frauen kamen aus ihren Hütten und sahen dem Zug staunend nach, bis er hinter einer Biegung ihren Blicken entschwand. Was sie nicht sahen, war, daß Hille und David sich nach einer Viertelstunde Wegs absonderten und einen Pfad in die Black Hills einschlugen, während die anderen, nun in scharfem Trab, auf die Prärie zuritten.

«Jetzt sind wir endlich Herren im Haus», stellte Harrington fest. «Es ist alles so gekommen, wie ich's angenommen habe. Jetzt können wir unseren Coup starten.»

Er trat vom Fenster zurück und musterte Bashan und Sleek mit unverhohlener Befriedigung.

«Der Friedensrichter ist noch in Tanglewood», gab Sleek zu bedenken. «Wenn der uns Schwierigkeiten macht ...»

Bashan gab nur ein verächtliches Schnaufen von sich, und Harrington sagte: «Der Mann ist windelweich, wie eine ungestärkte Manschette.»

«Und schlapp wie ein gebrochener Arm», ergänzte Bashan. Offensichtlich gefiel ihm der Vergleich, denn er wiederholte ihn: «Wie ein gebrochener Arm!»

«Dann werde ich mal ins Sheriffbüro rübergehen», sagte Sleek. «Bin gespannt, was für Nachrichten der Chef für mich zurückgelassen hat. Sicherlich liegt da irgend so ein Wisch herum, auf dem steht: ‹Mußten dringend zum Erdbeerenpflücken. Sind in drei Tagen wieder da.› Der wird mir nicht auf die Nase binden, wohin er wirklich mit dem Aufgebot geritten ist. Der traut mir doch soviel übern Weg wie die Maus der Katze.»

«Feiner Vergleich das», knurrte Bashan und kratzte sich ungeniert die Sitzfläche.

«Und wann lassen Sie Ihre Sache steigen?» fragte Harrington, ungeduldig geworden über dem Gerede. «Wir sollten möglichst bald alles unter Dach und Fach bringen.»

Sleek stand schon an der Tür.

«Wenn's nach mir ginge, sofort. Aber vielleicht ist es besser, wenn sie erst mal ein gutes Stück weg sind. Ich denke, heute abend ist der richtige Zeitpunkt. Dann ist auch im Saloon genügend Betrieb.»

«Und Ihre Leute sind bereit, Bashan?» Diese Frage war nicht mehr als eine Routineangelegenheit. Denn Harrington wußte, daß auf Bashan absolut Verlaß war.

«Klar. Auf Anforderung des Sheriffs sind sie zur Stelle. Die den Krach in der Kneipe machen sollen, sind schon seit heute früh in der Stadt. Roy Enterprise wartet mit den anderen in der Nähe, keine halbe Stunde entfernt. Leider kann ich ja nicht dabeisein, wenn das großartige Schauspiel steigt.» Bashan machte ein ehrlich bekümmertes Gesicht.

Als Sleek gegangen war, holte Harrington ein zweites Glas aus der Kredenz, in der auch viel Nippes seinen Platz hatte, und stellte es vor Bashan hin.

«Dann wollen wir mal gemeinsam ein Gläschen leeren», sagte er einladend und goß bedächtig Whisky aus einer imponierend etikettierten Flasche ein. «Auf daß alles gelingt!»

Während er trank, beobachtete er aus den Augenwinkeln Bashan, der sein Glas nur zögernd zum Mund führte, so als sei er befremdet über die Ehre, im Zimmer des Direktors guten Whisky vorgesetzt zu bekommen.

«Na los, Mann», ermunterte Harrington ihn. «In der Flasche ist noch mehr.»

Ihm lag viel daran, Bashan jetzt mit Vertraulichkeit, ja mit Herzlichkeit zu begegnen. Von ihm und seinem Erfolg hing das meiste ab. Was sich hier in Tanglewood abspielen sollte, würde ein Kinderspiel sein verglichen mit dem, was Bashan zu leisten hatte. So wurde er denn fast väterlich, als er sagte: «Sie haben das Aufgebot gesehen?»

«Bin ja nicht blind.» Bashan wurde unbehaglich zumute angesichts von soviel Besorgnis. «Haben mächtig viel von sich hergemacht, wie sie so die Straße runtergeritten sind. Aber damit können sie ein paar alten Weibern imponieren oder solchen Burschen wie Blake, nicht mir.»

«Gut so!» Für einen Augenblick war Harrington geradezu geneigt, Bashan auf die Schulter zu klopfen, verkniff sich aber dann doch die allzu intime Geste, mit der er wahrscheinlich mehr Verwirrung geschaffen hätte als Ermunterung. «Lassen Sie uns das Ganze aber noch einmal durchsprechen. Es darf keine Panne geben. Alles muß wie ein Uhrwerk ablaufen.»

«Meinetwegen.» Bashan hielt Harrington noch einmal sein Glas hin. «Doppelt genäht hält besser», sagte er dabei, und es war nicht genau zu entscheiden, ob sich die Bemerkung auf den zweiten Schnaps oder auf die Besprechung dessen bezog, was schon besprochen war und was in den nächsten Stunden und Tagen zu geschehen hatte.

«Also», begann Harrington, sachlich wie ein Buchhalter, «Sie haben Ihre Leute beisammen?»

«Ein Dutzend.»

«Und wo Sie den Sheriff ... sagen wir: begrüßen wollen, ist auch klar?»

«Auch klar.»

«Die Leute, die Sleek für seine Sache braucht, stehen zur Verfügung?»

«Wie schon gesagt.»

«Bleibt das Lager am Creek.»

«Seien Sie unbesorgt. Die Burschen da oben haben so viel Angst vor den Indianern, daß sie keinen Fuß aus dem Camp setzen. Zur Vorsicht habe ich noch ein paar von meinen besten Leuten dagelassen. Die sollen sie vor den Angriffen der Rotärsche schützen.» Bashans Grinsen wurde von Harrington verständnisvoll aufgenommen.

«Und die Indianer?»

«Das sind nur ein paar rumstreunende Hunde, mehr nicht.» Jetzt, da er alles überschauen zu können glaubte, war seine panische Furcht vor dem Weitspähenden Falken so weit abgebaut, daß er wieder sachlich über ihn reden konnte. «Die machen uns nicht mehr so ein Feuerwerk.»

«Bleibt Emerson.»

«Was wird mit dem?»

«Den übernehme ich.» Harrington machte eine winzige Pause, ehe er fortfuhr. «Außerdem: Wenn er sich wider Erwarten doch als halsstarrig erweisen sollte, er hat eine Tochter, an der er sehr hängt.»

«Dann wär ja alles in Butter», sagte Bashan.

«Alles», bestätigte Harrington, «zumal uns die legale Macht in Tanglewood den Gefallen getan hat, durch Abwesenheit zu glänzen. Jetzt sind wir die legale Macht, Bashan», fügte er nicht ohne Stolz hinzu. «Macht schafft Recht, das ist eine gute alte Weisheit. Für mich sind immer noch ein Haufen Dollars und ein guter Colt die besten Voraussetzungen für Legalität. Die Dollars hab ich, wenn ich so sagen darf, den Colt haben Sie. Und wenn Sie erst mal Sheriff sind ...»

«Sheriff! Ich?» Bashan ließ vor Verblüffung den Unterkiefer hängen. Die Zigarre fiel aus dem Mundwinkel auf den Teppich, wo sie weiterglomm. «Das kann doch nicht Ihr Ernst sein, Mister Harrington!»

«Doch», versicherte Harrington und bückte sich vorsorglich nach der Zigarre. «Es war schon immer mein Grundsatz, den richtigen Mann an den richtigen Platz zu bringen, und von dem gehe ich auch in diesem Fall nicht ab.»

«Und Sleek?» fragte Bashan beunruhigt, und er zögerte, ehe er fortfuhr: «Was wird mit dem? Der sitzt doch schon im Nest, sozusagen.»

«Nicht im richtigen, lieber Bashan.» Harrington floß über vor Leutseligkeit. «Ich schätze Sleek, aber das ist kein Posten für einen Mann wie ihn. Solange etwas mit Delikatesse behandelt werden muß», Harrington hütete sich, «mit Klugheit» zu sagen, «mag er gut sein. Aber als Sheriff? Ich bitte Sie, Bashan, so ein Sheriff, das muß ein Kerl sein, der das ganze Nest untern Hut stecken kann, vor dem man Respekt hat, den keiner schief anzusehen wagt. Nein, nein, ich kenne in Tanglewood nur einen Mann, der für diesen Posten in Frage kommt.»

Jetzt wurde Bashan rot. So unverblümt hatte noch niemand sein Lob ausgesprochen. Er war es gewohnt, die schmutzige Arbeit zu tun, und dafür anständig bezahlt zu werden. Und er tat sie gut, diese Dreckarbeit. Dabei war es ihm in all den Jahren, seit er mit Snaky Joe in die Black Hills gekommen war, noch nie in den Sinn geraten, nach irgendeiner Würde, irgendeinem Amt zu streben.

Und jetzt das Angebot!

«Wenn Sie meinen, Mister Harrington ...» Mehr brachte er in diesem Augenblick nicht heraus.

«Ja, ich meine das, lieber Bashan.» Befriedigt registrierte Harrington die Reaktion Bashans. Das wußte er schon lange: Es gab kein sichereres Mittel, einen Mann ganz für sich zu gewinnen, als ihn in ein Amt hineinzuloben. Bashan würde ihm in Zukunft ergeben sein wie kein zweiter. Und ganz abgesehen davon: Wenn Bashan erst einmal den Stern trug, dann gab es für die Incorporation in Tanglewood keinerlei Komplikationen mehr, und seine Wahl durchzusetzen war ein Kinderspiel. Dazu genügten ein paar Dollars für einen feuchtfröhlichen Abend im Saloon, der für jeden offenstand, und für die vielleicht dann noch Widerspenstigen ein bißchen Nachdruck: einige zerbrochene Fensterscheiben, ein ausgekugelter Arm bei dem oder jenem, vielleicht auch eine gebrochene Nase. «Und übrigens», setzte er hinzu, «die Gesellschaft wird sich natürlich auch für die geleisteten Dienste erkenntlich zeigen und Ihnen das magere Sheriffgehalt mit ein paar Dollars aufbessern.»

«Danke, Mister Harrington.» Bashan deutete eine Verbeugung an, und Harrington wunderte sich, daß in einem solch ungehobelten Klotz Spuren von Höflichkeit zu finden waren.

«Aber das ist ja noch Zukunftsmusik. Jetzt müssen Sie erst mal Ihr Meisterstück machen, Bashan. Und ich bin gewiß, es gelingt Ihnen.»

11 Sleeks Unternehmen an diesem Donnerstagabend erwies sich als aufs beste vorbereitet. Bei Einbruch der Dunkelheit bevölkerte sich der Saloon zusehends; um sieben war er so voll, daß schon kein Stuhl mehr unbenutzt war. Eigentlich war es für einen Wochentag zu voll. Das hätte sich vor allem Payne aus Erfahrung sagen müssen. Aber er sagte es sich nicht, und also war er eingeweiht. Zwei Stunden zuvor hatte ihm Harrington einen Wink gegeben: Möglicherweise werde es am Abend hoch hergehen; aber er solle sich nicht ängstigen, die Angelegenheit sei im Sinne der Incorporation und werde von dieser überwacht. Vielleicht wäre es gut, nicht zu viele Flaschen und Gläser auf der Theke stehen zu lassen.

Trotz aller Vorwarnung gefiel Payne die Sache, die da kommen sollte, nicht, auch wenn sie von der Incorporation «überwacht» war. Und so hatte er sich vorsorglich einen kräftigen Knüppel in Reichweite gelegt, um sich seiner Haut wehren zu können, und die Hintertür unverschlossen gelassen für den Fall, daß er würde fliehen müssen.

Unruhig ließ er seine Blicke über das volle Lokal schweifen. Aber noch fiel ihm nichts besonders Verdächtiges auf. An dem großen Tisch in der Mitte saßen die Pokerer wie jeden Abend, seit der Berufsspieler aus Chicago in Tanglewood war, den auszuplündern sich ein jeder zur Ehre angerechnet hätte. Und da es bisher niemandem gelungen und dem Professionellen auch kein Falschspiel nachzuweisen war, was augenblicklich seiner Anwesenheit in der Siedlung auf für ihn schmerzliche Weise ein Ende bereitet hätte, spielte man unverdrossen weiter, Abend für Abend. Die anderen Tische waren mit den üblichen Leuten besetzt, die fast allabendlich der Ödnis ihrer Hütten entflohen, um sich in lauter, freundlicher Umgebung während einiger Stunden mit Alkoholischem auf den Schlaf vorzubereiten. Nur hin und wieder streifte Paynes Blick einige Gestalten, die er beim besten Willen nicht zu seiner Stammkundschaft zählen konnte noch mochte. Der lange Dürre mit dem stark hervortretenden Adamsapfel zum Beispiel, links vor der Tür, dem beim Messerkampf die halbe Nase wegrasiert und später stümperhaft wieder angeheftet worden war, oder der Braungebrannte am Orchestrion mit dem knallgelben Halstuch, dem man von weitem schon ansah, daß ihm die Revolver locker in den silberbeschlagenen Halftern saßen, oder der ganz in grauen Drillich gekleidete Bärtige mit der Maiskolbenpfeife im fast zahnlosen Mund – sie mußten von Bashans Truppe sein. Payne kannte sie nicht, und wie hätte er auch alle die Bravos kennen sollen, die oben am Creek vorübergehend ihren Wohnsitz genommen hatten? Da gab es ein ständiges Kommen und Gehen, da der Dienst bei der Schutztruppe für die meisten nur eine Durchgangsstation zwischen zwei zweifelhaften Abenteuern darstellte.

Den Mann aber, der da neben dem Fenster still vor einem Glas Bier saß und sich intensiv mit einem Messer in den Zähnen herumstocherte, den kannte er. Das war Frank Madison, einer der gefürchtetsten Schläger und bei bestimmten Aufgaben so etwas wie die rechte Hand von Bashan. Wo Madison auftauchte, gingen gewöhnlich die, die an seinen endlosen Angebereien und erst recht an seinen sich fast regelmäßig anschließenden Gewalttätigkeiten keinen Gefallen fanden.

Payne, kaum daß er seiner ansichtig geworden war, beorderte Kate, die erfahrenste Dame des Etablissements, mit dem Auftrag an seinen Tisch, ihn auf alle Fälle mit einer Portion Freundlichkeit vollzupumpen. Doch Madison schien heute nicht aufgelegt, einer Dame ein halbes Plauderstündchen zu gönnen. Mit einer Handbewegung wischte er sie gleichsam vom Tisch und an die Theke zurück, wo sie dem Wirt mimisch und achselzuckend ihre Verwunderung über solch unsoziales Verhalten zu verstehen gab.

Gegen acht kam Blake, diesmal allein, da er seine beiden Leibwächter zu dem Aufgebot des Sheriffs hatte abstellen müssen. Er sah müde aus, und er schien in sich zusammengeschrumpft zu sein. Sein sonst stets frischer und immer noch rosiger Teint hatte durch die Entwicklungen der letzten ereignisreichen Tage ins Graue hinübergewechselt. Sein Rücken schien noch mehr gebeugt als sonst. Schwerfällig und unbeholfen bewegte er sich, den Peitschenriemen hinter sich herschleppend, zwischen den Tischen, als er zum Séparée ging.

Er fand die Tür zu dem kleinen Raum verschlossen.

«He, Payne», rief er, während er auf die Theke zusteuerte, «mach mal die Bude auf! Oder hast du keine Lust mehr, an mir was zu verdienen?»

Payne wurde ein wenig verlegen. Harrington hatte ihm nämlich auch geraten, das Séparée abzuschließen, wohl aus der Sorge, der von ihm bevorzugte Platz möchte von den Geschehnissen des Abends in Mitleidenschaft gezogen werden.

«Geht heut nicht, Sam», sagte er unsicher. «Das Zimmer soll morgen mal wieder gestrichen werden. Hab heut morgen schon alles ausgeräumt.»

«Verdammt feiner Laden», knurrte Blake, dem gar nicht wohl war bei dem Gedanken, sich an der Theke drängeln zu müssen. Für eine Sekunde schwankte er, ob er nicht nach Haus gehen und sich frühzeitig ins Bett legen sollte. Doch dann siegten der Durst und das Unbehagen bei der Vorstellung, den ganzen Abend allein in seinen vier Wänden zubringen zu müssen. So lehnte er sich gegen die Messingstange und signalisierte mit emporgestrecktem Daumen, daß er einen Krug Bier wollte.

Schon seit Blake den Schankraum betreten hatte, war Madison unruhig. Das hatte keiner vorausgesehen, und keiner hatte es ihm gesagt, auch Harrington nicht, der wohl der Überzeugung gewesen war, daß Blake nach der Auseinandersetzung vom Mittag die Lust auf einen Besuch im Saloon vergangen sein würde. Doch Madison war kein Freund von langen Überlegungen und schwergefaßten Entschlüssen. Also stand er auf, schob zwei Männer beiseite, die sich hinter den Pokerspielern postiert hatten und ihm im Weg standen, und steuerte entschlossen auf die Theke zu. Dann stand er, Ellbogen an Ellbogen, neben Blake.

Indessen saß Sleek unterm Vordach des Sheriffbüros. Beim Schein einer Windlaterne schnitzelte er an einem Stock herum. Doch war unschwer zu erkennen, daß seine Aufmerksamkeit nicht dieser kindlichen Beschäftigung galt. Immer wieder sah er hoch und blickte unruhig die Straße hinab. Als er am südlichen Ortsausgang die Umrisse einiger Gestalten ausmachte, die den verabredeten Ruf ertönen ließen, stand er umständlich auf, warf den Stock, den er so ausdauernd und sorgfältig bearbeitet hatte, weg, klappte entschlossen das Messer zusammen und trat auf die Straße. Er war noch ungefähr hundert Schritt vom Saloon entfernt, der mit seinen erleuchteten Fenstern und dem Lärm von Stimmen das einzige belebte Gebäude in Tanglewood zu sein schien.

Blake fuhr wütend herum, als er einen Stoß gegen den Arm bekam, der ihm fast den Krug aus der Hand gerissen hätte und der ihm einen Schwall Bier ins Gesicht spritzte.

«Können Sie nicht aufpassen!» schrie er, während er sich mit dem Ärmel übers Gesicht wischte. «Sie heilloser Trottel!»

«Wie belieben, Sir?»

Madison wandte ihm langsam, so als verstünde er nicht recht, was der andere wollte, das Gesicht zu. Als Blake in seine Augen sah, erschrak er vor der Kälte und der unverhüllten Wildheit, die in ihnen stand.

«Sie haben mich angestoßen», sagte er schon wesentlich gedämpfter, wenn auch nicht kleinlaut. «Das Bier ist mir ins Gesicht gespritzt. Da, sehen Sie!»

«Ach, das tut mir aber leid», entgegnete Madison. «Verzeihung, Sir.»

Dann setzte er Blake unvermittelt die flache Hand aufs Gesicht, so daß dieser Mühe hatte, bei diesem plötzlichen Stoß das Gleichgewicht zu bewahren. In ungläubigem Staunen, den Mund geöffnet, starrte Blake auf Madison. Payne beobachtete, wie ihm die Wut in den Hals stieg und das Schlucken schwer machte.

«Du Dreckskerl!» würgte er zwischen den Zähnen hervor, als müsse er an der eigenen Wut ersticken. Und noch einmal heiserer: «Du Dreckskerl!»

Er holte zum Schlag mit der Hand aus, an der die Peitsche hing. Aber er kam nicht zum Schlagen. Jemand packte seine Arme von hinten und hielt sie wie in einer eisernen Zwinge. Gelassen rammte Madison ihm das Knie in den Bauch, so daß er mit einem tiefen Stöhnen nach vorn sackte. Der Schlag gegen die linke Halsseite hätte ihn umgeworfen, wenn er nicht von hinten gehalten worden wäre. Ein zweiter Schlag gegen das Kinn ließ alles vor seinen Augen verschwimmen. Madison schlug noch einmal, diesmal auf das linke Auge, schlug leidenschaftslos und mit der Routine dessen, der weiß, wo man treffen muß, um dem anderen möglichst viel Schmerz zuzufügen, ohne ihn gleich umzubringen.

Der Zwischenfall hatte die Umstehenden in Sekundenschnelle zurückweichen lassen, so daß sich ein leerer Halbkreis um die drei Männer an der Theke gebildet hatte. Es war nicht Brauch in Tanglewood, daß sich jemand in eine Schlägerei mischte, an der er nicht unmittelbar beteiligt war, und erst recht nicht in eine, bei der einer von Bashans Leuten die Hand im Spiel hatte. Zudem war Blake, der reiche Blake, nicht so beliebt, als daß sich so leicht einer gefunden hätte, ihn auf die Gefahr hin, das eigene Nasenbein lädiert zu bekommen, zu unterstützen. Doch heute wurde nichts aus dem Zusehen. Denn an allen vier Ecken des Schankraums brach plötzlich gewaltiger Lärm los. Stühle wurden mit dem Fuß nach hinten gestoßen, daß sie polternd umfielen. Der große Tisch, an dem die Pokergesellschaft saß, kippte, und noch ehe die Spieler zufassen konnten, klimperten die Münzen zu Boden, und die Scheine flatterten hinterdrein. Ein Bierkrug segelte gegen die große Petroleumlampe an der Decke, deren buntbemalter Porzellanschirm klirrend zerbarst und einen Scherbenregen auf die Gäste niedergehen ließ. Fausthiebe wurden ausgeteilt, Tritte, Schläge mit Stuhlbeinen.

Im Nu hatte sich die soeben noch friedliche Gesellschaft in ein Knäuel schreiender, schlagender, stöhnender, kreischender Männer verwandelt, aus dem sich Kate und die anderen Damen nur mit Mühe und auch nicht ungeschoren, wie die später einander vorgewiesenen blauen Flecke und Hautabschürfungen bewiesen, auf die Treppe zum Obergeschoß retten konnten. Ein Spaßvogel hatte das Orchestrion mit einem Cent gefüttert, so daß das schöne Lied von John Brown und seiner noch immer marschierenden Seele über dem Chaos dudelte, bis nach einigen Takten ein Tritt mit dem Absatz den Mechanismus so arg lädierte, daß die Walze zum Stillstand kam. Das geschah just in dem Augenblick, als ein Stuhl dicht an Paynes Kopf vorbeiflog und den stets blankgeputzten Trumeau, den Stolz des Saloons, ruinierte.

Und an der Tür hatten sich inzwischen zwei Männer postiert, die jeden, der das Freie zu gewinnen suchte, mit gezielten Fausthieben in das Gewühl zurücktrieben. Es war erstaunlich, wie wenig mehr als ein halbes Dutzend professioneller Rowdys mit destruktivem Sachverstand binnen weniger Minuten ein einstmals glänzendes und in Grenzen auch gepflegtes Etablissement in einen garstig anzusehenden Trümmerhaufen verwandeln konnten.

Blake war inzwischen zu Boden gesunken, als sein Hintermann ihn losgelassen hatte, um sich an der allgemeinen Keilerei zu beteiligen, und ein schwerer Hieb aufs Ohr hatte ihm für Sekunden die Besinnung geraubt. Dann rappelte er sich mühsam wieder hoch, stürzte mehr, als er lief, mit gesenktem Kopf durch das Menschenknäuel, wild Schläge austeilend und Schläge einsteckend, auf die Schwingtür zu. Der eine der beiden Posten versah sich nicht der Wucht, mit der der massige Blake gegen ihn fiel. Er stürzte, da Blake sich in sein Hemd gekrallt hatte, hinterrücks auf die Veranda, wo er hilflos wie ein Käfer auf dem Rücken liegenblieb, den schweren Angreifer auf der Brust.

Am Fuß der Veranda stand inzwischen Sleek, hatte die Hände an den Colts und schaute mit kaum verhohlenem Lächeln auf die wüste Szene.

«Sheriff!» keuchte Blake zu ihm empor. «Sheriff, helfen Sie! Um Gottes willen!»

«Was ist denn los?» fragte Sleek, als käme er gerade von weit her und könne sich das Durcheinander und den Lärm ganz und gar nicht erklären. Dann half er Blake auf die Füße und sagte: «Mann, wie sehen Sie denn aus!»

«Los doch, Sheriff!» drängte Blake. «Da drinnen ist die Hölle los.»

«Das werden wir gleich haben», beruhigte ihn Sleek, sprang auf die Veranda, zog seine Revolver und gab zwei Schüsse ab. Dabei schrie er in den Saloon hincin: «Aufhören, Leute! Auseinander! Im Namen des Gesetzes!»

Doch die Kämpfenden scherten sich nicht um die Stimme des Gesetzes. Sie konnten sich auch nicht um sie scheren. Denn einmal war der Lärm zu groß, und dann wurden sie auch durch die nicht erlahmende Aktivität der sachverständigen Schläger aus Bashans Garde immer wieder in den Kampftrubel hineingerissen. Mittlerweile hatte jeder des halben Dutzends mindestens ein

Stuhlbein in den Händen, das er auf Schultern und Arme niedersausen ließ, nicht auf die Köpfe, da die dann zu erwartende Ohnmacht der Getroffenen dem turbulenten Spiel vielleicht ein vorzeitiges Ende bereitet hätte, das heißt ein Ende, ehe der letzte Teil, der eigentliche Coup, steigen konnte. Alles war genaustens durchdacht.

Auch Sleek, der einen Schritt in den Schankraum hineingetan hatte, um noch einmal sein «Aufhören, Leute! Auseinander! Im Namen des Gesetzes!» ertönen zu lassen, bekam ein solches Stuhlbein an die Brust. Für einen Augenblick vergaß er seinen Part in der Aufführung und hätte fast zurückgeschlagen. Doch dann fand er, es stehe einem hilflosen Sheriff recht gut an, wenn auch er attackiert worden war. Und so lief er denn laut schreiend auf die Straße zurück, wo sich neben all den Bewohnern Tanglewoods, die der Lärm aus den Häusern gelockt hatte, just in diesem Moment zehn Reiter von der Schutztruppe der General Mining Incorporation eingefunden hatten. Roy Enterprise führte die Mannschaft an, und er war auch der erste, der absaß und sich gewichtigen Schritts, wie einer, der um seine Bedeutung weiß, dem Saloon näherte.

«Mister Enterprise!» keuchte Sleek, noch während er auf ihn zustürzte, wobei er seinen Hut verlor. «Mister Enterprise! Helfen Sie mir. Ich allein kann gegen die Meute nichts ausrichten. Die Burschen sind wie toll.»

«Was gibt's?» fragte Enterprise und bewegte sich noch eine Nuance langsamer auf die Tür des Saloons zu. «Wohl 'ne kleine Familienfeierlichkeit.»

«Machen Sie sich nicht über mich lustig», jammerte Sleek, nun ganz das Bild eines gebrochenen Mannes, der an einer Aufgabe zum Wohl der Allgemeinheit scheitert, die ihm gestellt worden ist. «Es ist höchste Zeit, daß etwas geschieht. Sonst garantiere ich für nichts.»

«Da kann ich nicht eingreifen», sagte Enterprise, nachdem er einen flüchtigen Blick in den Schankraum geworfen hatte. «Ich kann mich doch nicht in eine Prügelei mischen. Schließlich heißt es dann wieder ...»

«Quatsch, Mann!» Das schrie Sleek mehr in die Menge auf der Straße, die sich immer dichter herzudrängte, als daß er es an den adressierte, dem er sich hilfesuchend zuwandte.«Ich bin hier der Sheriff. Ich verpflichte Sie und Ihre Leute als Aufgebot. Ruhe und Ordnung sind in Gefahr! Patterson und Hille sind nicht in Tanglewood. Ich stehe ganz allein und kann nichts ausrichten. Machen Sie schon! So helfen Sie doch!»

Jetzt kam Bewegung in den bis dahin so trägen Enterprise. Er pfiff auf den Fingern, und in Windeseile sprangen seine Leute von den Pferden, banden sie an Verandapfosten fest und stürzten auf die Tür zu.

In Blake, der den knappen Dialog zwischen Sleek und Enterprise mit ständig steigendem Unbehagen verfolgt hatte, stieg ein schlimmer Verdacht auf, als er die bewaffneten Banditen mit gezogenen Colts in den Saloon stürmen sah.

«Ich Esel!» sagt er halblaut.

Er packte Sleek mit festem Griff an der Schulter und riß ihn herum.

«Was soll die Komödie?»

Sleek tat erstaunt, schüttelte den Kopf, als begreife er nicht, was der aufgebrachte Mann von ihm wollte.

«Ich weiß nicht, ob das eine Komödie ist, Mister Blake», sagte er langsam. «Ich habe jedenfalls schon mehr gelacht. Und Sie, nehme ich an, auch.»

«Was für ein schäbiges Stück hier gespielt wird, will ich wissen!» schrie Blake und beutelte Sleek, daß dessen Kopf wie der einer Lumpenpuppe hin und her flog. «Ich bin nicht von gestern! Mich können Sie nicht für dumm verkaufen!»

Das Auftreten Blakes hatte bei einzelnen aus der Menge, die beim Auftauchen der bewaffneten Reiter eingeschüchtert worden war, Beifall ausgelöst.

«Jawohl! Eine Komödie ist das», nahm einer Blakes Stichwort auf, «eine schändliche Komödie!»

«Abgekartetes Spiel!» rief ein ganz Verwegener, der entweder von allzu großer Gerechtigkeitsliebe besessen war oder das reale Kräfteverhältnis, das sich mit dem Eintreffen von Enterprise und seinen Männern endgültig zugunsten der Banditen gewendet hatte, nicht richtig einzuschätzen vermochte.

Josuah McGrave, den der Lärm aus dem Telegrafenbüro gerissen hatte, drängte sich ungeachtet der Püffe, die er einstecken mußte, durch die Umstehenden.

«Wissen Sie auch, was Sie da tun?» wandte er sich aufgeregt an Sleek. «Sie können doch diese Kerle nicht ...»

«Ich kann!» konterte Sleek, ohne ihm das Gesicht zuwenden zu können, weil er vollauf damit beschäftigt war, sich den immer wütender zudringenden Blake vom Leib zu halten. «Und ich werde Ihnen zeigen, was ich noch alles kann. He, Mister Enterprise!» rief er in den Saloon hinein, in dem der Lärm allmählich begann, «man greift mich an. Der Sheriff ist in Gefahr!»

Auf dieses Stichwort hin erschien Roy Enterprise in der Tür, stieß gegen die Flügel, daß sie krachend gegen die hölzerne Hauswand schlugen.

«Was gibt's hier?» fragte er und ließ seinen Colt um den Zeigefinger kreisen.

«Blake greift mich an!» zeterte Sleek. «Er greift den Hüter der Ordnung an!»

«Hauen Sie ab, Blake!» In Enterprises Gesicht bewegte sich kein Muskel, auch nicht, als er diese Ungeheuerlichkeit zum besten gab: «Wir sind jetzt das Gesetz in Tanglewood. Also: Hauen Sie ab, ehe ich ungemütlich werde.» Und an die Menge gewandt, sagte er: «Verpißt euch. Zusammenrottungen werden nicht geduldet. In zwei Minuten will ich keinen mehr hier sehen.»

«Ich rufe den Friedensrichter!» schrie McGrave, er fuchtelte wild mit den Armen, und vor Aufregung schnappte seine Stimme über.

Das war als Drohung gedacht gewesen. Doch Enterprise lachte nur. «Den holen wir uns selber», sagte er schlicht. «Und jetzt: in eure Hütten!»

Und um seiner Aufforderung Gewicht zu geben, schoß er zweimal dicht über die Köpfe der Leute hinweg, die im Sturmschritt auseinanderstoben und ebenso schnell in den Hütten verschwanden, wie sie aus ihnen herausgekommen waren.

Blake lief heftig keuchend auf das Büro des Sheriffs zu, wo er Emerson und Catherine wußte. Er mußte mehrere Male mit aller Kraft gegen die Tür donnern, ehe der Friedensrichter sie einen Spalt öffnete.

«Was ist los?» fragte er, und er konnte das Beben in seiner Stimme kaum unterdrücken.

«Die Bande ist los!» schrie Blake und warf sich gegen die Tür, so daß Emerson ihm den Weg freigeben mußte. «Sleek hat nach einer Schlägerei im Saloon die Bande vom Camp zu Hilfe gerufen. Sie haben die Siedlung besetzt.»

«Sleek vertritt den Sheriff», wandte Emerson ein, indem er vor dem hereinstürmenden Blake zurückwich. «Ich kann da nichts machen, gar nichts.»

Catherine stand in der Tür zur Wohnstube und sah Blake bleich und ängstlich entgegen. «Ist es schlimm da draußen?» fragte sie und fuhr sich mit der Hand durchs Haar.

«Schlimm ist kein Ausdruck. Tanglewood ist Räubern in die Hände gefallen.»

«Na, na!» beschwichtigte ihn Emerson. «Ganz so übel wird es denn wohl doch nicht sein. Weiß Mister Harrington überhaupt von der Angelegenheit?»

«Und ob der davon weiß.» Blake drohte angesichts von soviel – echter oder gespielter – Naivität die Fassung vollends zu verlieren. «Seine Leute haben im Saloon aus heiterem Himmel eine Prügelei angezettelt. Sein Sheriff hat um Hilfe geschrien. Und wieder waren seine Leute zur Stelle, um dem armen bedrängten Sheriff beizustehen. Ganz zufällig. Und ganz zufällig waren sie bis an die Zähne bewaffnet.»

«Sie bluten ja, Mister Blake», sagte Catherine erschrocken. Jetzt erst hatte sie bei ihm eine klaffende Wunde über der linken Braue entdeckt. Sie ging zurück in die Wohnstube, um Verbandzeug zu holen.

Als sie das Sheriffbüro wieder betrat, war es voller schwerbewaffneter Männer, Enterprise und zwei seiner Leute hatten den ängstlichen Emerson und Blake, dem vor Wut Speichel von den Mundwinkeln troff, in eine Ecke gedrängt und bedrohten sie mit gezogenen Pistolen. Sleek kramte in Pattersons Sekretär herum. Er suchte die Schlüssel zur Arrestzelle, fand sie aber nicht und wurde darüber ärgerlich.

«Das können Sie doch nicht tun!» zeterte Emerson. «Ich vertrete die Regierung in diesem Bezirk! Ich bin der Friedensrichter von Tanglewood.»

«Das wissen wir, Mister», entgegnete Enterprise gleichmütig und schob seinen Colt zwei Zoll näher an Emersons geblümte Weste heran. «Wenn wir das nicht wüßten, lieber Herr, dann ständen wir ja hier nicht vor Ihnen.»

«Außerdem geschieht das alles nur zu Ihrer Sicherheit», sagte Sleek, der noch immer nach den Schlüsseln suchte, über die Schulter. «Falls Sie es noch nicht wissen sollten, Mister Friedensrichter: Draußen herrscht Aufruhr, und die Exekutive muß besondere Sicherheitsmaßnahmen ergreifen.»

«Aufruhr, den ihr angezettelt habt», knurrte Blake. Trotz der drohend auf ihn gerichteten Revolver konnte er nicht an sich halten. Er stampfte mit dem Fuß auf, und es machte den Eindruck, als wollte er sich auf den nächstbesten Banditen stürzen.

«Sie sind aufgefordert worden, nach Hause zu gehen.» Sleek schob einen der Revolvermänner beiseite und trat dicht an Blake heran. «Was hatten Sie überhaupt im Büro des Sheriffs zu suchen? In meinem Büro?»

«In Ihrem Büro?»

«Sie wissen, daß ich Sie verhaften könnte wegen Einbruchs in einen Amtsraum.»

«Aber ich habe ihm doch die Tür aufgemacht», wagte Emerson einzuwenden. «Ich war hier bei meiner Tochter. Wir haben gegessen und uns den ganzen Abend über friedlich ...»

«Hier hat auch der Friedensrichter ohne meine Erlaubnis nichts zu suchen», fuhr Sleek Emerson an, so daß dieser den Kopf mit einem sichtbaren Ruck in den Kragen zog und sich fahrig mit einem Taschentuch die plötzlich ausbrechenden Schweißperlen von der Stirn wischte.

«Mister Blake ist verletzt», mischte sich Catherine in das Gespräch. «Ich hoffe, Sie haben nichts dagegen, wenn ich ihn verbinde.» Und ohne Sleeks mißtrauische Blicke zu beachten, machte sie sich daran, Blakes Wunde sachverständig mit Branntwein auszuwaschen und eine Binde anzulegen.

Im selben Moment wurde die Tür geöffnet, und Harrington trat ins Zimmer. Man sah, daß er sich auf diesen Auftritt vorbereitet hatte. Ein strahlendes Lächeln lag auf seinem Gesicht, daß sofort ernster Besorgtheit Platz machte, nachdem er einige Sekunden lang die bedrückte, teils feindselige Stimmung im Raum hatte auf sich wirken lassen. Er hob die Brauen, musterte erst die Gruppe, die in der Ecke stand, dann die anderen, zuletzt Enterprise, der sich inzwischen ungeniert auf den Sekretär gesetzt hatte und seine erstaunlich langen Beine baumeln ließ.

«Das war ja ein Krach!» sagte er unbefangen. «Ich glaubte, das ganze Haus würde einstürzen. Aber nun ist es ja gottlob vorüber.» Er setzte sich auf einen Stuhl, wobei er vorsichtig die Hosenbeine anhob, um nicht die wie immer messerscharfe Bügelfalte zu ruinieren. «Wie ich von Mister Payne im Saloon gehört habe, Sheriff, haben unsere Leute Ihnen gute Dienste geleistet.»

«Ohne sie wär der ganze Ort in Aufruhr», antwortete Sleek und versuchte einen Seufzer der Erleichterung.

«Ich sag ja: Freunde erweisen sich immer erst, wenn Not am Mann ist.» Harrington ließ das Sprüchlein auf der Zunge zergehen. «Ich danke Ihnen, Mister Enterprise, Ihnen und Ihren Leuten, auch im Namen der Incorporation, daß Sie so rasch und durchgreifend für Ordnung gesorgt haben. – Aber was sehe ich denn: Der Friedensrichter muß stehen?» Er sprang von seinem Stuhl auf. «Setzen Sie sich doch, mein lieber Mister Emerson.» Er machte eine einladende Handbewegung und deutete eine leichte Verbeugung an.

Emerson war glücklich, in diesem Wirbel von Rohheit und Unhöflichkeit, der so unvermutet über ihn hereingebrochen war, eine mitfühlende, ja eine zuvorkommende Menschenseele gefunden zu haben. Eilfertig schlängelte er sich an dem einen der Banditen vorbei, der noch nicht so recht begriffen hatte, um was es ging, und der noch immer breitbeinig die Ecke abschirmte.

«Danke, Mister Harrington», sagte er, als er sich gesetzt hatte. «Danke vielmals.»

«Geht wohl alles noch ein bißchen drunter und drüber», mutmaßte Harrington. «Ist ja auch kein Wunder nach all der Aufregung. – Und Sie sind verwundet worden, Blake?» Kopfschüttelnd betrachtete er Blakes von Schlägen verquollenes und zerschrammtes Gesicht. «Diese Hinterwäldler sind ein rohes Volk.»

«Besonders, wenn sie dafür bezahlt werden, roh zu sein», bellte Blake ihm entgegen und versuchte, sich aus seiner entwürdigenden Lage zu befreien. Doch sofort hielt Enterprise ihm eine schwere Hand entgegen.

«Lassen Sie den Mann, Enterprise», sagte Harrington nachsichtig. «Wozu überhaupt dieses ganze kriegerische Gehabe, Sleek? Ist das denn nötig?»

Der Angesprochene trumpfte auf: «Ich bin der Sheriff. Hier hab ich zu bestimmen, und wenn Ihnen das nicht paßt, Mister Harrington, da drüben ist die Tür.»

«Schon gut, schon gut!» Harrington hob wie in Abwehr beide Hände. Dieses Zwischenspiel klang so echt, daß Emerson ein gerauntes «So ein Flegel!» nicht unterdrücken konnte und tadelnd den Kopf schüttelte.

«Aber wenn Sie's genau wissen wollen», fuhr Sleek fort, «ich habe den Friedensrichter und seine Tochter zu schützen. Wer weiß, ob die Unruhe nicht wieder aufflammt. Und von den Schlägern ist nicht einer gefaßt worden. Was Blake hier will, weiß ich nicht. Vielleicht wieder mal die Luft mit seinen Verleumdungen verpesten. Ich jedenfalls habe ihn nicht gerufen, und ich bin froh, wenn er das Büro so bald wie möglich wieder verläßt. Übrigens, Blake: Ich habe gehört, von Augenzeugen, daß die Schlägerei von Ihnen ausgegangen ist.»

«Ich bin von einem Banditen angegriffen worden», verteidigte sich Blake, «grundlos.»

Harrington schnalzte mit der Zunge, wie in Mitgefühl und Besorgnis.

«Ihnen scheint aber auch jeder hier in Tanglewood Böses antun zu wollen», sagte er.

Das Gelächter der Banditen ließ den Raum erdröhnen, und Blake schoß wie gejagt zur Tür hinaus auf die Straße, die bis auf einige bewaffnete Patrouillen verödet war. Das letzte, was er hörte, war Harringtons Zuruf: «Wenn Sie ein Anliegen haben sollten, meine Tür steht noch immer für Sie offen.»

Catherine wollte Blake ins Freie folgen. Doch Sleek vertrat ihr den Weg.

«Ich würde jetzt lieber nicht rausgehen», sagte er freundlich. «Da draußen könnte noch ein böser Wolf rumstreunen, der Appetit auf so ein saftiges Rotkäppchen wie Sie hat. Bleiben Sie schön hier. Bei uns sind Sie besser aufgehoben als da draußen in der finsteren Nacht. Oder was soll ich Ihrem lieben Mann sagen, wenn er zurückkommt, und Sie sind nicht mehr da? Den kleinen Freundschaftsdienst, Sie zu schützen, tu ich ihm gern.»

Catherine versuchte mit all ihren Kräften, Sleek zur Seite zu drängen. Doch der wich nicht.

«Tu, was der Sheriff verlangt, mein Kind», sagte Emerson mahnend und besorgt.

«Gehen Sie jetzt ins Zimmer», befahl Sleek barsch. «Da sind Sie sicher vor

Überraschungen. Die Tür ist bewacht», rief er ihr hinterdrein, als sie das Büro verließ, «und vorm Fenster steht auch einer. Gute Träume wünsche ich.»

«Ich hoffe», sagte Emerson, nachdem wieder Ruhe eingekehrt war, «all dies ist nur vorübergehend, Sleek. Die Verfassung bestimmt nämlich, daß innerhalb von drei Tagen ...»

«Keine Angst, Mister Friedensrichter, das sind alles nur vorübergehende Maßnahmen», sagte Sleek.

«Und schließlich geschieht es alles zum Schutz der Ehrenmänner von Tanglewood», gab Harrington zu bedenken.

12 Der Kassierer prüfte nun schon zum drittenmal die Vollmacht, die ihm Patterson über den Tresen reichte, hielt sie sogar gegen das Licht, als ob es ein Geldschein wäre, dessen Wasserzeichen es zu erkennen galt. Dann blickte er prüfend über den Rand seiner Brille Patterson an und sagte: «Sie müssen verstehen, Sheriff, zehntausend Dollar sind kein Dreck. Und so eine Vollmacht kann gefälscht sein. Und das da ist übrigens auch leicht nachzumachen», schloß er und deutete auf den Stern.

Dann ließ er das Schalterfenster herunter und schlurfte, Unverständliches vor sich hin murmelnd, davon, offensichtlich um den Direktor um Rat zu fragen.

Ungeduldig schob Patterson den verschwitzten Hut ins Genick. Da waren sie nun, um auch nicht eine Stunde zu verlieren, den ganzen gestrigen Tag über in scharfem Tempo geritten, hatten sogar auf einer Farm unterwegs die Pferde gewechselt und sich nur vier, fünf Stunden Schlaf in der Nacht gegönnt. Und jetzt stand er hier herum und wurde von einem mißtrauischen Bankangestellten, der Vollmacht und Stern anzweifelte, aufgehalten.

Er stützte sich schwer mit dem Unterarm auf den Tresen und starrte mit stumpfen Augen vor sich hin. Wenn er sich jetzt setzte, würde er sofort einschlafen, das wußte er genau. Dabei schmerzten die Schenkel höllisch, so daß er andauernd das Standbein wechseln mußte. Im Kopf hämmerte noch immer der Hufschlag der Pferde.

Der Kassierer kam erst nach zehn Minuten zurück und schob das Schalterfenster wieder hoch.

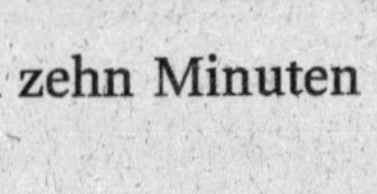

«Geht in Ordnung», sagte er interesselos. «Der Schrieb ist anerkannt worden.»

Dann machte er sich am Tresor zu schaffen, klirrte mit Schlüsseln und zog ächzend die schwere Tür auf.

«Scheint ja viel Geld zu brauchen, unser Mister Blake», brummte er dabei vor sich hin. «War doch neulich erst hier. Ist er in Chicago beim Pferderennen gewesen, oder hat er sich 'ne leckere Freundin zugelegt?»

«Nein, er hat andere Liebhaber für sein Geld gefunden.» Patterson stand der Sinn durchaus nicht nach einer läppischen Unterhaltung wie dieser.

«Soso, andere Liebhaber ...» Der Mann hinterm Schalter kicherte vor sich hin, während er sich daranmachte, die zehn Bündel zu je hundert Zehndollarscheinen abzuzählen. Er zählte bedächtig und aufmerksam, wie er es gewohnt war, und begann, als er ein Bündel bis zur Hälfte schon durchgeblättert und sich dabei offensichtlich verrechnet hatte, noch einmal von vorn.

«So, mein Freund», sagte er schließlich, «jetzt zählen Sie erst mal nach, und dann quittieren Sie mir den Empfang. Muß alles seine Ordnung haben.»

Verdrossen machte sich Patterson an das Geschäft, blickte tausendmal auf dasselbe Bild, das da unter ihm vorbeiglitt, ohne es zu erkennen. Die Finger begannen von der ungewohnten Arbeit zu schmerzen. Es flimmerte ihm vor den Augen.

Noch mal tu ich es nicht für Blake ... achthundertvierzig, achthundertfünfzig, achthundertsechzig ... dachte er dabei, das ist nichts für mich ... achthundertsiebzig, achthundertachtzig, Scheiße, neunhundert ... Und nicht einmal überm Zählen kam ihm der Gedanke, daß es doch eigentlich furchtbar viel Geld sei, das er da durch die Finger gleiten ließ. Solch eine Summe hatte er sein Lebtag noch nicht beisammen gesehen, und so hatte er wenig Beziehung zu dem Wert, den sie darstellte. Ja, wenn es zwanzig Dollar gewesen wären, harte, blanke Dollarstücke, die einem schwer in der Tasche hingen nach einem glücklichen Pokerabend ... Als er fertig war, verstaute er die Scheine in einem grauen leinenen Säckchen.

«Dann wünsche ich Ihnen viel Glück auf den Weg», sagte der Kassierer.

«Danke, das kann ich brauchen.» Insgeheim ärgerte er sich, dem Mann ein gutes Wort gegeben zu haben.

«Adieu!»

Vor der Tür warteten seine Begleiter. Sie hatten sich auf die Erde gehockt und die breitrandigen Hüte ins Gesicht geschoben. So war nicht zu entscheiden, ob sie schliefen oder wachten.

«Los, Jungs, die Tour kann weitergehen», rief Patterson ihnen ermunternd zu, obwohl ihm weiß Gott nicht nach Aufsitzen und Reiten zumute war.

Im «Golden Ogalalla Inn», einer Blockhütte, die vom Geruch nach ranzigem Fett durchzogen war, aßen sie Hammel mit Bohnen, tranken danach ein paar Biere, erhoben sich schwergesäßig und steifbeinig, versorgten sich in einem

Drugstore mit Kautabak und einem Imbiß für unterwegs und kletterten auf die Pferde. Am späten Vormittag ritten sie aus der Stadt, die an der Peripherie mit Bretterbuden übersät war. Bis zum Abend machten sie keine Rast. Erst als die Sonne schon ziemlich tief stand und sie blendete, gönnten sie den schweißnassen Tieren und sich eine Pause. Erschöpft setzten sie sich unter einer Gruppe von Bäumen nieder. Zwei der Männer schliefen sofort ein, die anderen dösten vor sich hin.

Patterson befand sich in einem Stadium der Müdigkeit, da der dringend benötigte und sehnlich herbeigewünschte Schlaf nicht mehr kommen will. Mit schwerem Kopf und schweren Gliedern, den Rücken gegen einen rissigen Ahornstamm gelehnt, versuchte er, ihre Lage zu überdenken. Dabei schwankte er zwischen der Hoffnung, ungeschoren Tanglewood zu erreichen, und der fast zur Gewißheit gewordenen Befürchtung, einen Überfall abwehren zu müssen. Denn welchen anderen Zweck hätte Harrington mit der Forderung, das Geld innerhalb von drei Tagen in den Händen zu haben, verfolgen sollen als den, zum letzten, vernichtenden Schlag gegen Blake auszuholen. Zwar war in Patterson noch die Vorstellung wach, daß Bashan sich davor hüten würde, den Sheriff anzugreifen, jedoch erwies sie sich nicht als stark genug, ihm Sicherheit zu geben.

Auf dem Weg nach Ogalalla hatte er sich wieder und wieder gefragt, warum er sich überhaupt in dieses Unternehmen eingelassen hatte. Und er war zu keiner klaren Antwort gekommen. Und auch jetzt wieder, wenige Stunden vor dem wahrscheinlichen Kampf mit den Banditen der Incorporation, plagte er sich mit dieser Frage herum. War es Abenteuerlust? War es der überstarke Wille, dem Recht zum Sieg zu verhelfen? Wollte er einfach erproben, was ein einzelner gegen eine gutorganisierte Gesellschaft, die alle Machtmittel in ihren Händen hielt, auszurichten vermochte? Während der turbulenten letzten Tage hatte er viel von der Sicherheit – oder sollte er sagen: von den Illusionen? – eingebüßt, mit der er früher seine Stellung zu betrachten pflegte. Es dämmerte in ihm eine Ahnung davon, daß er, ein gewählter Vertreter des Gesetzes, wohl Ruhe und Ordnung in einem landläufigen Sinn aufrechterhalten konnte. Das hieß: Viehdieben und Schlägern, auch Totschlägern gegenüber vertrat er das Gesetz. Und er vertrat es gut, wie die Jahre, seit er Sheriff war, bewiesen. Hier nun, mit zehntausend Dollar in der Satteltasche und mit der Gewißheit vor sich, bald einen Angriff abwehren zu müssen, glaubte er zum erstenmal, an die Grenzen seiner Macht gestoßen zu sein. Denn der Totschlag, der jetzt auf ihn zukam, war organisiert und gut kaschiert. Es stand mehr auf dem Spiel als gewöhnlicher Mord, als landläufiger Diebstahl; die wirtschaftlichen Interessen einer Gruppe von Finanziers mußten durchgesetzt werden, und dazu waren alle Mittel, auch die kriminellen, aufgeboten. Und weil Patterson hier das Gefühl hatte, an seine Grenzen gestoßen zu sein, hatte er den Weg nach Ogalalla gewagt.

Er wußte, er setzte alles aufs Spiel, nicht nur das Leben. Er ahnte, daß er, wenn er wieder nach Tanglewood zurückkehren sollte, nicht mehr in der naiven Sicherheit leben und sein Amt ausüben würde wie bisher. Das vielleicht mehr als die wirkliche Gefahr für sein Leben hatte Unruhe in ihm aufkommen lassen.

Schließlich nickte er doch ein. Wie lange er in einem unruhigen Schlaf dagesessen hatte, wußte er nicht zu sagen. Jedenfalls wurde er wach, als er eine Berührung an der Schulter spürte. Er schlug die Augen auf und sah vor sich das bärtige Gesicht Frank Gardeners, eines der Männer, den Blake sich zu seinem persönlichen Schutz engagiert hatte.

«Sollten wir nicht noch ein paar Meilen zu machen versuchen?» fragte Gardener. «Ich kenne da einen idealen Lagerplatz, der auch leicht zu sichern ist. Dort können wir die Nacht verbringen.»

«Meinetwegen.» Patterson reckte sich und stand schwerfällig auf.

Die Eintönigkeit der Prärie, durch die farbendämpfende Dämmerung noch gesteigert, hielt die Männer bald wieder in ihrem Bann. Da man jetzt mit gedrosseltem Tempo ritt, um die abgekämpften Tiere zu schonen, konnten die Reiter es sich erlauben, in eine Art Halbschlaf zu verfallen.

«Manchmal frage ich mich, ob sich das wirklich alles lohnt», sagte Gardener, der neben Patterson ritt, und sah ihn erwartungsvoll an. Er war gespannt auf die Antwort.

«Ob sich was lohnt?» Pattersons Stimme war belegt und kam wie von weit her.

«Für Blake das Geld sicher nach Tanglewood zu bringen, meine ich».

«Wir müssen Gesetz und Ordnung wahren, darum reiten wir», sagte Patterson ohne rechte Überzeugung. Er fühlte sich nicht in der Stimmung, ein Gespräch über den Sinn ihres Unternehmens zu führen. Er war ja mit sich selber in so vielem nicht einig. Wie sollte er da einem anderen Rede und Antwort stehen können.

Aber Gardener war hartnäckig. Sei es, daß ihn die Frage wirklich beschäftigte, sei es, daß er durch eine Unterhaltung die Stumpfheit von sich tun zu können glaubte, die einen auf so einem Ritt überkam, jedenfalls ließ er sich durch Pattersons lakonische Antwort nicht zum Schweigen bringen.

«Machen Sie es sich nicht ein bißchen zu einfach, Sheriff?» Als Patterson vom Hals seines Pferdes hochblickte, glaubte er, ein nachsichtiges Lächeln im Gesicht des anderen zu entdecken. «Ich meine, das mit dem Gesetz und Recht ist schön und gut. Man hört es in diesem Land oft, fast schon zu oft. Es heißt ja, daß man immer von dem am liebsten und am meisten spricht, was man nicht hat. Aber was steckt denn wirklich hinter dem frommen Spruch? Ich hab mal einen Sheriff gekannt, unten in Nevada war das, der hat sich selber eine Bande zusammengestoppelt und Postkutschen reihenweis überfallen. Natürlich sind die Räubereien nie rausgekommen, weil er ja selber Gesetz und Recht vertrat. Und als das Ganze dann durch einen dummen Zufall aufgeflogen ist, da haben sie ihn aufgehängt.»

«Was soll das?» fragte Patterson und musterte den Mann neben sich mißtrauisch.

«Ich weiß auch nicht recht, was es soll», sagte Gardener versonnen. «Mir gehen nur seit Jahren nicht die Worte aus dem Sinn, die er vor Gericht gesprochen hat. ‹Ich hab nur auf meine Weise das getan›, hat er gesagt, ‹wofür ich höchstes Lob geerntet hätte, wenn ich legal vorgegangen wäre.› Verstehen Sie, was ich meine, Sheriff. Der Mann hat doch an etwas gerüttelt, was unsereins als selbstverständlich hinnimmt.»

«Ich verstehe es schon. Aber das ist doch kein Grund, Banditen laufenzulassen.»

«Ich meine Recht und Ordnung, Sheriff», sagte Gardener drängend. «Wer hat das Recht gemacht, und für wen hat er es gemacht? Und die Ordnung: Für wen ist die gemacht worden? Es ist schon eine Schweinerei, wenn man einem Mann so viel Geld wegnimmt. Aber wie kommt er an so viel Geld?»

«Blake ist mein Freund», entgegnete Patterson, und es lag mehr Ablehnung in seiner Stimme, als er beabsichtigt hatte. Der Mann mit seiner Fragerei ging ihm auf die Nerven. Aber andererseits sprach er aus, was ihn, Patterson, seit Tagen auch bewegte. Da wollte einer, der ungeheuer viel Geld besaß, einen anderen, der nicht soviel, aber immerhin noch genug besaß, um mitreden zu können, wenn es darum ging, mitzubestimmen, was zu geschehen hatte, aus dem Geschäft vertreiben. Wenn so eine Angelegenheit ohne Revolverschüsse und ohne Tote abging, brauchte er als Sheriff gar nicht in Aktion zu treten. Hier waren es nur die Methoden, die als kriminell angesehen und verfolgt wurden, nicht die Sache. Die war recht und in Ordnung, war ganz dem Gesetz entsprechend. Auch Blake hatte sein Vermögen gesetzlich erworben, mit mehr Müheaufwand zwar, weil er jahrelang als Händler die Indianerlager abgeklappert hatte, aber doch nicht auf grundsätzlich andere Art als die Leute von der Incorporation. Was er, der gewählte Sheriff von Tanglewood zu überwachen hatte, war nichts anderes als das: Aller Erwerb, alles Geschäft mußten in den vom Gesetz vorgezeichneten Grenzen abgewickelt werden. Mehr blieb ihm nicht.

«Ich weiß nicht, wie das mit so einer Freundschaft ist.» Patterson war viel zu sehr mit sich selbst beschäftigt, als daß er Gardeners Worte aufgenommen hätte. Er nahm sie nur als Geräusch wahr. «Man hat mir gesagt, daß Sie früher auch mal bei ihm für einen Apfel und ein Ei gearbeitet hätten. Kann es denn da wirklich Freundschaft geben?»

Patterson blickte den neben ihm Reitenden verständnislos an.

«Ich meine», wiederholte Gardener geduldig, «so weit kann es doch nicht mit Ihrer Freundschaft zu Blake her sein. Da haben Sie zehntausend Dollar in der Satteltasche, und für die setzen Sie Ihr Leben und unser Leben aufs Spiel.

Damit ein anderer nicht ruiniert wird. Ja, wenn es dem guten Blake wirklich an den Kragen gehen würde ...»

«Es geht ihm an den Kragen», unterbrach Patterson, jetzt schon gereizt.

«Sie verstehen mich nicht. Es geht ihm an die Dollars, nicht ans Leben. Mann, Sheriff, Sie sind doch kein Kind mehr.» Gardeners Stimme wurde zudringlicher, und er lehnte sich weit nach links, so daß er mit einem Bein fast im Steigbügel stand. «Was Sie Ihrem Freund – sagen wir's mal so – erhalten sollen, ist die Möglichkeit, mehr Geld zu machen, weiter nichts.»

«Hören Sie auf!» Patterson schrie es Gardener ins Gesicht. «Haben Sie denn gar keinen Sinn dafür, daß es auf der Welt mehr gibt als nur Geld.»

«Ich schon», entgegnete der andere ungerührt. «Aber ob die mehr Sinn für das andere haben, die Geld scheffeln, das weiß ich nicht so recht.»

«Warum sind Sie denn überhaupt mitgeritten?» Patterson empfand Gardeners Hartnäckigkeit nun wirklich als nervtötend.

«Erst mal, weil ich bei Blake mein Brot verdiene. Zwanzig Dollar im Monat kriege ich dafür, daß ich aufpasse, daß ihm keiner ein Loch in die Brieftasche schießt. Und dann habe ich auch wirklich was dagegen, wenn Banditen einen am hellen Tag überfallen und ausplündern.»

«Ich werde aus Ihrem Gerede nicht klug», sagte Patterson ärgerlich, weil Gardener mit nackten Worten eine Stellung umschrieb, die im Grund auch die seine war. Der Mann da klopfte keine Sprüche von Recht und Ordnung, verschanzte sich nicht hinter einem Begriff wie «gesetzlicher Auftrag» ... Pattersons Hirn war wie gelähmt, und die Müdigkeit überfiel ihn mit Macht. Seine Gedanken jagten einander im Kreis, kamen nicht von der Stelle. «Ich werde nicht klug aus dem, was Sie da so vor sich hin quatschen.»

«Das geht mir manchmal selber so», erwiderte Gardener nachdenklich. «Wenn ich so ins Grübeln komme, dann verstehe ich mich oft selber nicht mehr. Ich meine nur, es lohnt sich doch, immer mal wieder darüber nachzudenken, was wir in unserem Leben so treiben. An den Schulen gibt's Leute, die tun nichts anderes. Die nennt man Philosophen. – Na, jedenfalls wünsche ich Ihnen, daß Sie mal nicht enttäuscht werden, von Ihrem Freund, meine ich, und von Ihrem Beruf. Nichts für ungut, Sheriff, bald können wir unsere armen Knochen ein bißchen ausstrecken. Ich freue mich schon drauf.»

Er setzte sich wieder aufrecht in den Sattel und starrte vor sich hin in die immer dichter werdende Dämmerung, die Bäume und Himmel verschlang.

Patterson aber dachte: Sam, der wird mich sicher nicht enttäuschen, der nicht. Wir haben schon so viel gemeinsam durchgemacht. So was bindet.

Nachdem sie sich von Patterson und den übrigen getrennt hatten, waren Hille und David tiefer ins Massiv der Black Hills hineingeritten. Zwei, drei Stunden lang hatten sie kaum ein Wort gewechselt. Ihr ganzes Denken war darauf konzentriert gewesen, den Weitspähenden Falken zu finden, und das so schnell wie möglich, ehe der Dakota-Häuptling seinen privaten Rachezug gegen Bashan und die Incorporation fortsetzte und zum Abschluß brachte. Wo aber sollten sie ihn finden? David hatte vorgeschlagen, zuerst einmal das Hochplateau am Oberlauf des Shining Stone Creek aufzusuchen. Er kannte die Gewohnheit der Indianer, von Zeit zu Zeit den Gräbern von Angehörigen und Stammesgenossen einen Besuch abzustatten und in deren Nähe die Zelte aufzuschlagen, aus eigener Erfahrung. Selbst er legte noch Jahr für Jahr eine Strecke von zweihundert Meilen zurück, um am Begräbnisplatz seiner Eltern und einiger seiner Brüder einige Tage verweilen zu können. Um wieviel sicherer also war es, daß ein Indianer, der sich nie in die Siedlungen der Weißen bequemt hatte und von dem Willen erfüllt war, seine freie Existenz weiterzuführen, dorthin zurückkehrte, wo er die Gräber seiner Angehörigen wußte.

Doch ihre Suche dort oben war vergebens. Mehrere Stunden lang durchstöberten sie jeden Fleck in der Nähe des Hochplateaus. Bei dieser Suche fluchte Hille zum erstenmal, seit sie aus Tanglewood aufgebrochen waren, ausgiebig, und er war auch nicht mit noch so schönen Sprichwörtern, die David ebenso ausgiebig zum Trost anbot, zu beruhigen. Die Zeit drängte. Er hatte mit Patterson ausgemacht, welche Route dieser mit seinen Begleitern einschlagen sollte, und daß er und David, nachdem sie den Falken aufgefunden und sich mit dessen Hilfe der Identität der Leiche vergewissert haben würden, an einem bestimmten Punkt zu ihnen stoßen wollten. Aber wenn sie die Stunden mit der Suche nach dem Indianer vergeudeten, geriet der Plan in Gefahr.

Davids Gleichmut indes war nicht so leicht zu erschüttern. Geduldig lenkte er sein Pferd immer wieder aufs neue auf einen Platz zu, an dem der Weitspähende Falke lagern konnte, und wenn sich seine Vermutung wieder einmal als verfehlt erwiesen hatte, machte er sich ruhig daran, den nächsten Punkt anzuvisieren, an dem sie vielleicht den Dakota-Häuptling finden könnten.

Sie suchten bis zum Abend des Donnerstags. Die einbrechende Dunkelheit zwang sie, sich am Fuß eines überhängenden Felsens zu lagern. David schlug vor, ein Feuer anzuzünden, da der Lichtschein vielleicht den Weitspähenden Falken anlocken würde. Schweigend aßen sie kaltes Rindfleisch, tranken von dem hier oben noch klaren Wasser des Creek und starrten in die Flammen. An Schlaf mochte keiner denken. Nach einer Weile begann David zu singen, eines jener schwermütigen Lieder, die einst an den Feuern in der Prärie erklungen waren und deren eintönige Melodien Hille an Wiegenlieder aus seiner Heimat erinnerten.

Peter Hille war nicht oft mit Indianern zusammengetroffen, und ihre Art zu leben und zu denken war ihm ziemlich fremd geblieben. Doch teilte er nicht das Vorurteil der meisten Siedler und hatte sich immer wieder gegen deren dumme Thesen und gefährliche Vorurteile gestellt, auch gegen ihren stets aufs neue durch Furcht genährten Haß. Er, der Einwanderer, der auf diesem

Kontinent alles andere erfahren hatte als Freundlichkeit und dem die oft gepriesene und in der Alten Welt geradezu enthusiastisch gelobte Freiheit des Menschen vor dem Übergriff von Autoritäten sehr bald als ein Schlagwort aufgegangen war, das mit der Wirklichkeit nicht übereinstimmte, er fühlte sich mit dem Schicksal der Ureinwohner so eng verbunden, daß er, wann immer es anging, ihre Partei ergriff. Es wollte ihm nicht in den Kopf, daß eine Nation, die als erste in der Welt radikal mit Vorrechten Schluß gemacht hatte, die in Europa noch gang und gäbe waren, Gruppen der Bevölkerung unterdrückte. Der Krieg gegen die sklavenhaltenden Südstaaten hatte ihn begeistert, und er war einer der Gründe gewesen, die den letzten Anstoß zu seiner Auswanderung aus dem Dorf am Rhein gegeben hatte, wo für ihn, den dritten Sohn eines kleinen Bauern, keine Möglichkeit gegeben war, einem Knechtsleben zu entfliehen. Jetzt, fünfzehn Jahre nach diesem Entschluß, war er gründlich enttäuscht, wenn er sich auch nicht einzugestehen wagte, daß sein Schritt sich als ein Fehler erwiesen haben könnte. Doch in Stunden wie dieser, die fernab lag von den Geschäftigkeiten des Alltags, von den kleinen Vergnügungen und dem kleinen Ärger, befand er sich am Rand dieser Erkenntnis, die ihm aber dann wieder so unerträglich schien, daß er sie mit Macht von sich zu schieben suchte. In solchen Stunden kam ihm und verwarf er zugleich die Einsicht, daß er es nicht mehr zu Wohlstand bringen würde. Dann sagte er sich: Nein, Peter Hille, du bist kein Versager, du darfst keiner sein. Vielleicht war er nur hier, im amerikanischen Mittelwesten, wo die Interessen der mächtig sich ausdehnenden Industrie und der Landwirtschaft noch mit den Mitteln der Ausrottung und des offenen Raubes arbeiteten, fehl am Platz. Manchmal stellte er sich vor, in irgendeine Stadt des Ostens zu gehen und sich dort in das Heer der Arbeiter einzureihen, selbst auf die Gefahr hin, die materielle Unsicherheit in Kauf nehmen zu müssen. Doch dann sagte er sich stets, daß er mit seinen fast fünfzig Jahren doch zu alt für eine solche Umstellung sei. Also blieb er und versuchte immer wieder, soviel wie möglich von dem zu bewahren und Tat werden zu lassen, was ihm einmal als das erstrebenswerte Ideal erschienen war. Und dazu gehörte, daß er dafür eintrat, den Indianern ein menschenwürdiges Leben zuzugestehen. Der Posten des Hilfssheriffs, den er auf Drängen seines Freundes Pat angenommen hatte, schien ihm bisher die beste Möglichkeit zu bieten, Ideal und Realität miteinander zu versöhnen.

«Was singst du da?» fragte er David, sich aus seinen deprimierenden Gedanken reißend.

«Nur ein kleines Lied. Die Sonne ist untergegangen, der Wind hat sich schlafen gelegt. Der Himmel der Prärie wacht über unseren Zelten. Die Büffel grasen.»

«Warum bist du überhaupt in die Siedlungen gekommen?» Seit Jahren kannte er David, aber eine solche Frage war ihm bisher nie in den Sinn gekommen. Vielleicht war es nur, weil er David zu gut kannte, diesen lustigen Burschen, dem keiner gram sein konnte; vielleicht hatte er sich an seine Späße gewöhnt, an das immerwährende Sprichwortraspeln, wie all die anderen, die ihm die Schultern klopften und ihm ein Bier spendierten.

«Ich wollte leben», antwortete David, und er starrte vor sich hin.

«Leben», wiederholte Hille, von der Antwort beeindruckt. «Wir wollen alle leben. David, und wir könnten alle leben, Weiße und Rote ...»

«Wir Indianer nicht. Wir sind nur im Weg. Unser Land hat die weißen Diebe gereizt.» Aus Davids Stimme war der fröhlich-naive Unterton verschwunden, der ihn im Saloon von Tanglewood zu einem beliebten Gast gemacht hatte, zu einem Wesen, das die Säufer als einen «guten Indianer» bezeichneten. «Sie wissen ja: Nur ein toter Indianer ist ein guter Indianer.»

«Quatsch!» brummte Hille. Jedesmal, wenn dieser Spruch laut wurde, stieg ihm die Galle ins Blut. «Hast du von mir schon mal solchen Nonsens gehört?»

«Von Ihnen nicht. Auch von Mister Patterson nicht.»

«Und von Blake?» forschte Hille. «Du hast es doch immer gut bei Blake gehabt.»

«Bei Mister Blake bin ich ein Pferd. Arbeite ich, bekomme ich zu essen und werde gepflegt. Er spricht sogar mit mir. Wenn ich nicht arbeite ...»

«Das geht uns allen so», fiel Hille unwirsch ein. Die Gleichgültigkeit, mit der David das gesagt hatte, reizte ihn, ließ ihn ungerecht gegen ihn werden. «Warum, zum Teufel, tust du denn nichts ...» Er besann sich und sagte dann: «Warum tun wir denn nichts, daß wir zu uns selber kommen?»

David schwieg. Er hatte die Knie gegen das Kinn gezogen und hielt die Augen geschlossen.

«Sag doch was!»

«Ich wollte leben», sagte David noch einmal, nachdenklicher. «Meine vier Brüder sind tot, verhungert, erschossen. Ich bin aus den Zelten geflohen, weil ich nicht auch verhungern wollte. Mister Blake hat mir Arbeit gegeben. Seit drei Jahren geht's mir so gut wie nie. Ich habe zu essen. Morgens und abends. Ich will nicht mehr umherziehen.»

Hille fiel eine Antwort schwer. Konnte er überhaupt antworten? War nicht der Mann neben ihm am Feuer in Wirklichkeit meilenweit von ihm entfernt?

So sagte er nur: «Ich verstehe dich», und stand auf. «Wenn wir nur den Falken finden!» fügte er sachlich hinzu. «Vielleicht sollten wir jetzt schlafen.»

Doch sie kamen nicht zum Schlafen. Kaum hatten sie sich ausgestreckt und die Decken über sich gebreitet, lösten sich zwei Männer, Schatten gleich, von der Felswand und bewegten sich lautlos auf das nun nur noch glimmende Feuer zu. Für einen Moment sah Hille, wie eine der Gestalten zum Sprung auf ihn ansetzte. Aber es war bereits zu spät, sich zur Wehr zu setzen. Ein Mann flog auf ihn zu, prallte gegen ihn und preßte ihn schmerzhaft zu Boden. Er konnte kein Glied mehr rühren.

«Nicht bewegen!» zischte eine kehlige Stimme in sein Ohr. Gleichzeitig spürte er ein Messer an der Kehle.

Willenlos ließ er es geschehen, daß er emporgerissen und seine Hände auf dem Rücken zusammengebunden wurden.

«Wir sind Freunde», sagte er. «Wir suchen den Häuptling Weitspähender Falke.»

Doch er bekam keine Antwort. Erst als David, der gleichzeitig überwältigt worden war, in der Sprache der Dakota etwas sagte, hörte er die Stimme des einen der Angreifer.

«Ich soll Ihnen sagen», übersetzte David, «er wär der Weitspähende Falke. Er und der Listige Fuchs haben unser Feuer gesehen. Ich habe ihm erklärt, wir suchen ihn.»

«Gott sei Dank!» Hille fühlte sich trotz der Fesseln und dem Schmerz in der Brust, der von dem Anprall herrührte, erleichtert.

«He, Häuptling», wandte er sich an den Weitspähenden Falken, «sehr freundlich hast du uns ja nicht empfangen. Wir haben mit dir zu reden.»

Im schwachen Licht, das von der Glut ausging, erkannte er, wie der größere der beiden Männer auf ihn zutrat.

«Was sucht ihr?» fragte der Weitspähende Falke.

«Dich, Häuptling. Ich habe es dir schon einmal gesagt. Wir sind verdammt froh, daß wir dich gefunden haben.»

«Ich habe mit den Bleichgesichtern nichts im Sinn.» Das klang eher bestimmt als störrisch, und Hille wußte sofort, daß es unter Umständen schwer sein würde, den Dakota-Häuptling für ihr Vorhaben zu gewinnen.

«Wir haben eine Bitte an dich, Häuptling», begann er darum so unverfänglich und höflich wie möglich. «Aber findest du nicht auch, daß du uns losbinden solltest, ehe wir reden. Und daß wir uns setzen? Im Sitzen redet sich's leichter.»

Nach einigen Sekunden des Zögerns löste der Weitspähende Falke Hilles Stricke. Hille beugte sich zum Feuer nieder, warf Reisig in die Glut, und bald loderte wieder eine Flamme empor. Jetzt erst sah er das Gesicht des Häuptlings, und er erschrak. Im flackernden Licht erblickte er einen Mann, der bis auf die Knochen abgemagert war, das Haar hing ihm strähnig und verfilzt auf die Schultern nieder, sein Blick war wie der eines Fiebernden, glänzend und unstet, seine Mundwinkel zuckten krampfhaft, so als unterdrücke er mit Mühe einen Gefühlsausbruch. Dennoch hatte er nichts von seiner würdevollen Haltung eingebüßt. Er hielt sich noch immer gerade und zwang sich zu genau abgemessenen Bewegungen.

«Ich grüße dich, Weitspähender Falke», sagte Hille ein wenig beklommen.

Der Häuptling schwieg, deutete aber durch ein leichtes Neigen des Kopfes an, daß er gewillt war, auf das zu hören, was der andere vorzubringen hatte. Er setzte sich, schlug die Beine übereinander, und Hille folgte seinem Beispiel, nachdem er David angewiesen hatte, die Umgebung nach Reisig abzusuchen. Der Listige Fuchs blieb, an die Felswand gelehnt, stehen.

«Wir suchen nach dem Banditen, den du erschossen hast», sagte Hille. «Wir müssen wissen, wer er ist.»

Für einen Augenblick verzerrte Haß die Züge des Weitspähenden Falken, aber er antwortete ruhig: «Der Mann war einer von denen, die Blauhaar, das Mädchen aus dem Zelt des Grauen Bären, ermordet haben. Er hatte den Tod verdient.»

«Gewiß, gewiß», beeilte sich Hille zu versichern, da er spürte, wie das Gespräch möglicherweise in falsche Bahnen gelenkt werden könnte. «Er war ein Bandit, das habe ich schon gesagt. Aber wir müssen ihn unbedingt finden, damit wir wissen, ob er zu Bashans Bande gehört hat.»

«Bashan ist ein Feind der roten Männer.» Wieder hatte der Weitspähende Falke mit der Antwort gezögert, um seiner Gefühle Herr zu werden. «Und er ist mein Feind.»

Das klang endgültig und so, als habe der Dakota ein Eigentumsrecht an dem Mann. Hille sagte schnell: «Er ist auch unser Feind. Auch nach unseren Gesetzen ist er ein Verbrecher und hat den Tod verdient, wenn wir beweisen können, daß er die Überfälle auf Sam Blakes Transporte ausgeführt hat.»

«Nach den Gesetzen der Weißen?» Offenbar bestimmte Argwohn den Satz. «Eure Gesetze sind nicht unsere Gesetze. Sie haben uns zu streunenden Hunden gemacht. Geh zurück in die Siedlung, kleiner Mann, und sage, der Weitspähende Falke ist ein Krieger der Dakota, und der Bandit ist seiner Rache verfallen.»

Obwohl es Hille wurmte, daß er vom Weitspähenden Falken als «kleiner Mann» angesprochen worden war, hütete er sich, Verstimmung zu zeigen. Er wußte, daß das Gespräch jetzt an seinem entscheidenden Punkt angelangt war. Ein falsches Wort, eine unbedachte Formulierung konnten den Häuptling veranlassen, sich zu erheben und davonzugehen. So sagte er nur: «Hilf uns, Weitspähender Falke.»

Der Dakota-Häuptling konnte seine Verwunderung nicht unterdrücken. Eine jähe Handbewegung verriet, wie wenig er damit gerechnet hatte, daß ein Weißer ihn so unverhohlen um Beistand bitten würde. Auch der Listige Fuchs hatte sich unwillkürlich von dem Felsen gelöst, gegen den er gelehnt stand, und einen Schritt auf das Feuer zu getan. Er wechselte einen Blick mit dem Häuptling. Der sagte: «Sprich, kleiner Mann.»

Und Hille sprach. Er bot seine ganze Beredsamkeit auf, um dem Weitspähenden Falken vor Augen zu führen, was es bedeutete, wenn er sich seiner Bitte verschloß. Er malte aus, daß nach dem Überfall auf das Camp der Minengesellschaft alle Handhabe geboten worden sei, die Überfälle auf die Geldtransporte den Indianern in die Schuhe zu schieben. Er beschwor ihn, sie zu der Stelle zu führen, wo der tote Bandit lag. Denn nur so könnten sie bewei-

sen, daß Bashans Truppe die Raubzüge ausgeführt hatte. Es wurde ihm sehr schwer, den Häuptling von der Meinung abzubringen, seine Rache an Bashan sei nur seine Angelegenheit. «Wir alle, alle, die wir guten Willens sind, in diesem Gebiet ein friedliches und gesetzmäßiges Leben einzurichten», sagte er, «haben ein Interesse daran, daß solche Praktiken in Zukunft verhindert werden.» Und als er merkte, daß der andere, wohl auch aus Verständigungsschwierigkeiten, keine Reaktion auf diesen dringlichen Appell zeigte, wiederholte er ihn in der bilderreichen Sprache der Indianer. «Oder willst du», schloß er, «daß es im ganzen Land heißt, die Dakota sind Mörder und Diebe, vor denen niemand sicher ist?»

«Jeder weiß, daß das eine Lüge ist», erwiderte der Weitspähende Falke selbstbewußt. «Wir haben niemandem etwas weggenommen, wir sind bestohlen worden und verfolgt. Wir sind nur noch wenige und haben nichts anderes im Sinn, als friedlich in unseren Bergen zu leben.»

«Wenn dir dein Leben in Frieden lieb ist, dann hilf uns, Bashan zu überführen.»

«Ich weiß, was du willst, kleiner Mann.» Der Weitspähende Falke winkte seinen Gefährten zu sich heran. Der beugte sich zu ihm nieder, und die beiden führten ein hastig geflüstertes Gespräch, dem Hille hilflos und darum mit Mißtrauen folgte. David, der zurückgekommen war und das Feuer mit Reisig unterhielt, verstand das eine und andere Wort von dem, was die beiden Männer austauschten, und obwohl er schon seit Jahren in den Siedlungen der Weißen wohnte, begriff er doch, wie schwer es ihnen wurde, das Angebot Hilles zu akzeptieren. Der Weitspähende Falke, das war offenbar, hatte stärkere Bedenken gegen ein Zusammengehen mit den Weißen als der Listige Fuchs, vielleicht, weil er schon allzuoft die Perfidie zu spüren bekommen hatte, mit der die Eindringlinge gekommen waren, die Black Hills in Besitz zu nehmen. Er war daran gewöhnt worden, im weißen Mann den Feind zu sehen, in jedem weißen Mann. Und zudem wog sein Rachemotiv zu schwer. Schließlich aber, als Hille schon fast die Hoffnung aufgegeben hatte, zu einem Übereinkommen zu gelangen, wandte sich ihm der Häuptling wieder zu. In seiner Stimme lag all die Feierlichkeit, mit der einst die Ergebnisse der Beratungen der Ältesten des Stammes verkündet worden sein mochten. «Mein Bruder und ich haben beschlossen, euch zu helfen. Bashan ist unser aller Feind.»

Hille stieß einen Seufzer der Erleichterung aus. Er sprang auf und hielt dem Weitspähenden Falken die Hand hin. Doch der fügte, ohne diese Geste der Freundschaft zu beachten, nur hinzu: «Meine Rache ist erst dann erfüllt, wenn ich den Mörder von Blauhaar tot zu meinen Füßen sehe.»

Damit erhob auch er sich. Er gab dem Listigen Fuchs einen Wink. «Wenn die Sonne aufgegangen ist, werden wir euch holen», sagte er, ehe er mit seinem Gefährten aus dem Lichtschein des Feuers verschwand, lautlos wie er gekommen war.

Die Nebel hingen noch an den Felswänden, als die Dakota sich wieder einstellten. Während Hille und David in aller Hast einige Maisfladen in sich hineinstopften und die Pferde sattelten, standen sie stumm und mit gekreuzten Armen und blicken über das Hochplateau. Es schien Hille, als nähmen sie endgültig Abschied von dieser Landschaft, in der sie einmal glücklich gewesen waren.

Man ritt in scharfem Trab, bis man den Waldrand erreicht hatte, an dem keine Woche zuvor Blauhaar und der junge Krieger ihr Leben hatten lassen müssen. Hier zügelte der Weitspähende Falke sein Pferd und wies mit ausgestrecktem Arm auf eine Gruppe von Felsen.

«Dort drüben, bei den Felsen», sagte er zu Hille, «traf ihn meine Kugel.»

Hille und David dirigierten ihre Pferde zu der Stelle. Sie sprangen aus dem Sattel und suchten den Boden ab. David war es, der die Leiche entdeckte. Da lag ein Toter auf dem Gesicht. Sein Hemd war zwischen den Schulterblättern blutdurchtränkt.

Als Hille seinen Widerstand vor dem Gestank, der von der Leiche ausging, überwunden und sie auf den Rücken gedreht hatte, sah er in ein Gesicht, dessen weitgeöffnete Augen noch immer von schrecklicher Überraschung beherrscht wurden. Das Gesicht war von einem roten Halstuch bedeckt.

Hille riß das Halstuch weg.

«Arch Grower», sagte er, indem er sich aufrichtete. Dann sagte er, als ob er zu der Leiche spräche: «Dein Kumpel Bashan hat es nicht einmal für nötig gehalten, dich unter die Erde zu bringen. Der fühlt sich so sicher, daß er glaubt, er kann dich hier liegenlassen, einfach so.»

Hille trat in den Steigbügel. Plötzlich war eine große Unruhe in ihm. Noch ehe er im Sattel saß, rief er zu den beiden Indianern hinüber: «Schnell, wir müssen dem Sheriff entgegenreiten!»

13 Aus der Gaststube drang gedämpft Orchestrionmusik herauf und gab der Szene fast so etwas wie einen heiteren Anstrich. Dennoch blickten die drei Männer ernst, und nur in Harringtons Augen spielte etwas wie schwer zu unterdrückender Triumph: Blake war nun doch gekommen, und er hatte den Friedensrichter gleich mitgebracht, wahrscheinlich weil er einen offiziellen Zeugen für das Gespräch haben wollte. Harrington war Emersons Anwesenheit lieb. Deutete sie doch darauf hin, daß Blake Ernsthaftes im Sinn hatte, nicht wieder irgendeine der Schimpfereien, in denen er sich gewöhnlich erging.

Fast freundlich, streichelnd glitten seine Blicke über den schwergewichtigen Mann in der abgestoßenen und fleckigen Lederjacke, der, den ganzen Kopf verbunden und verpflastert, einen seltsam energielosen Eindruck machte. So sah einer aus, der aufgeben wollte, auch wenn er schwer stampfend durchs Zimmer ging. Harrington kannte Männer in solchem Stadium, «in der Stunde der Wahrheit», wie er zu sagen pflegte. Dutzendweis hatte er sie so vor sich gesehen, kleinere und größere Konkurrenten oder doch Leute, die sich leichtsinnigerweise die Kraft zur Konkurrenz zugetraut hatten, die störrisch gewesen waren, bis eben zu diesem letzten Augenblick, da sie einsehen mußten, daß es kein Widersetzen, kein Sträuben mehr gab. Und Harrington genoß die Situation immer wieder, und er genoß sie um so mehr, je heftiger das Opfer noch zappelte.

«Sie haben also Ihre Lage genau durchdacht», sagte er betont freundlich und zog an seiner Zigarre.

«Gar nichts habe ich durchdacht!» Sam Blake blieb abrupt stehen und streckte die Hände von sich, als wollte er sich auch körperlich vor einer solchen Feststellung schützen. «Ich dachte nur, daß es vielleicht doch besser wäre, wenn wir in Ruhe noch einmal über alles sprächen.»

«Das ist lobenswert, Mister Blake.» Harrington sprach wie ein Schulmeister, der einem nicht gerade sanft geratenen Zögling guten Willen bestätigt.

«Schließlich sind wir doch erwachsene Leute und Ehrenmänner dazu», ergänzte Emerson, der in einem der dünnbeinigen Sessel saß und eine von Harringtons Importen mit allen Zeichen größten Wohlbehagens rauchte. «Ich habe es ohnehin nie so recht verstanden, wenn zwei Männer von einiger ...»

«Salbadern Sie nicht soviel, Emerson», fuhr ihm Blake grob in die Parade. Er beachtete nicht das angedeutete Hochzucken des Friedensrichters, das Protest darstellen sollte und doch eher Erschrecken verriet, sondern wandte sich wieder an Harrington, der leicht lächelnd den Zwist der beiden registriert hatte. «Es ist nämlich nicht üblich, von Ehrenmännern zu sprechen, wenn Erpressung im Spiel ist. Habe ich recht, Harrington?»

Der Angesprochene ließ das Lächeln nicht verwelken. So hatte er sich den Beginn des Rückzugsgefechts vorgestellt, genau so. Abstrampeln lassen, dachte er. Je heftiger er strampelt, desto besser ist es. So wird er eher müde, und dann bin ich dran.

«Oder kennen Sie ein anderes Wort dafür, wenn man einem ehrlichen Geschäftsmann langsam und systematisch die Gurgel zudrückt?» fragte er.

«Ich finde», erwiderte Harrington sachlich und ohne Hast, «Sie führen eine kühne Sprache, jedenfalls eine, die ganz und gar nicht zu Ihrer Lage paßt.»

«Zu meiner Lage!» Blake lief rot an. «Ich will Ihnen mal was sagen ...»

«Bitte!» Der Direktor der General Mining Incorporation bewahrte die Ruhe.

«Sie haben Forderungen an mich, hohe Forderungen.» Blake war verwirrt, daß der andere nicht auf seinen Ton einging. «Ich weiß, ich sitze am kürzeren Hebel. Aber ich bin noch nicht am Ende. Patterson holt für mich Geld in der Stadt. Morgen wird er hier sein.»

«Hoffentlich macht die Indianerbande ihm nicht einen Strich durch die Rechnung, und Ihnen dazu.» Harrington drehte sich zu dem Friedensrichter um. «Was meinen Sie dazu, Mister Emerson! Sollte man nicht endlich einmal bei der Armee vorstellig werden, damit Truppen dem Pack auf den Leib rükken? Die allgemeine Sicherheit ist nämlich gefährdet.»

«Die allgemeine Sicherheit ist gefährdet», echote Emerson zwischen zwei Zügen aus der guten Zigarre. «Man sollte unbedingt etwas unternehmen. Und bald.»

«Lassen Sie sich doch von diesem Scharlatan nicht einwickeln!» Blake nahm wieder seine Wanderung durch das Zimmer auf. «Indianerbande! Daß ich nicht lache. Seit wann ist denn Ihr Gorilla Bashan unter die Rothäute gegangen?»

«Unter die Rothäute nicht, Blake», dozierte Harrington. «Aber ich will Ihnen mal was verraten, schon weil es Sie besonders betrifft: Ich habe meinen

Gorilla mit ein paar schießkundigen Burschen Ihrem Sheriff entgegengeschickt. Damit er eine ordentliche Verstärkung gegen die Rothäute hat. Wie finden Sie das?»

Blake erbleichte, und Emerson ließ vor Schreck die Zigarre sinken, fing aber sogleich sein Mißtrauen in einem blöden Grinsen auf.

«Sie haben Bashan auf Pattersons Spur gehetzt?» fragte Blake fast außer Atem.

«Man kann es auch so nennen, wenn man will. Ich wollte, ich wäre schon früher auf den guten Einfall gekommen, dann wären einige Leute noch am Leben, und Sie, Blake, hätten nicht zweimal zehntausend Dollar eingebüßt.»

«Ich möchte mal wissen, ob in dem Tresor da», Blake stieß wütend mit der Schuhspitze gegen den Geldschrank, «nicht zweimal zehntausend Dollar sauber gebündelt liegen.»

«Das ist leider Geschäftsgeheimnis», entgegnete Harrington lächelnd. «Aber ich kann Ihnen versichern, daß der Tresor keinen Cent Bargeld enthält. Sie wissen doch: Wir konnten nicht einmal unsere Arbeiter entlohnen. Er machte eine Pause und sah dem hilflos wütenden Blake in die Augen. «Darf ich den Herren einen Drink anbieten, ehe wir zur Sache kommen? Denn ich nehme nicht an, Blake, daß Sie mich nur deshalb aufgesucht haben, um mir wieder mal Ihre unnützen Theorien vorzutragen. Wie wär's mit Whisky oder Kognak?»

Er ging zu einem geräumigen Wandschränkchen und wählte aus der Flaschensammlung bedächtig eine, die das weltbekannte Etikett der Firma Hennessy trug. Auch beim Entkorken und Eingießen ließ er sich Zeit, indes Blake mit hängenden Armen dastand. Man sah ihm an, wie in seinem Kopf alles durcheinanderwirbelte.

«Zum Wohl denn, die Herren», sagte Harrington und ließ einen Schluck nach Art der Kenner langsam im Mund herumgehen. Blake ignorierte das angebotene Glas. Emerson trank mit geschlossenen Augen und murmelte Entzücken.

«Nun?» fragte Harrington. Er lehnte sich abwartend im Sessel zurück, die Hand wärmend um das Glas gelegt.

«Na ja ...» Man merkte, wie es Blake schwerfiel, zu formulieren, was er sagen wollte. Mehrmals bewegte er lautlos den Mund, als kaue er an einem besonders zähen Bissen, ehe er zu sprechen begann, stockend und sich immer wieder mit längeren Pausen unterbrechend. Harrington war dabei ganz nachsichtiger Zuhörer, der die Unsicherheit des anderen nicht noch durch Drängen und Zwischenfragen erhöhen mochte. Dazu genoß er denn auch zu sehr das Eingeständnis des Ruins, das da über Blakes Lippen kam. «Selbst wenn der Sheriff den Geldtransport durchbringen sollte, die beiden Überfälle haben mich sehr, wie soll ich sagen, sehr zur Ader gelassen. Für einen Mann wie mich bedeuten zwanzigtausend Dollar viel Geld, bedeuten sie eigentlich alles.

Ich bin nämlich gar nicht so reich, wie die Leute in Tanglewood immer von mir behaupten. Kurz und gut: Sie haben mich so weit, Harrington, daß ich Sie um Verhandlungen bitten muß. Aber denken Sie nur nicht, ich weiß nicht, wem ich es zu verdanken habe, daß ich jetzt so vor Ihnen stehe!» An dieser Stelle hatte Blake seine Beredsamkeit wiedergewonnen. Er atmete tief, wie ein Schwimmer, der zu lange unter Wasser gewesen ist, und ließ seinen Schimpfereien freien Lauf. «Systematisch haben Sie mich kaputtgemacht.»

«Wollen wir es gut sein lassen, Blake», sagte Harrington sachlich und winkte mit der Hand ab. Alle Verachtung für einen Bankrotteur lag in der Geste. «Was Sie vorher gesagt haben, war wichtiger, und ich übersetze es mir so, daß Sie am Ende sind. Kann doch jedem passieren», fuhr er begütigend fort, «und in ein paar Wochen will keiner mehr wissen, wie das alles gekommen ist. Sie am allerwenigsten, Blake. Wichtig ist nur, daß man so etwas rechtzeitig einsieht und sich dann an die richtigen Leute wendet. Und die richtigen Leute sind wir, die General Mining Incorporation. Bei der liegt die Zukunft, der Fortschritt dieses reichen und blühenden Landes.»

Die Woge der Worte schlug über Blake zusammen und machte ihn für einen Augenblick benommen. Ohne zu wissen, was er tat, griff er nun doch nach dem Glas und stürzte den Kognak hinunter. Er hörte auch nicht, wie Emerson sanft sagte: «Seien Sie froh, daß Sie es hinter sich haben.»

Er wußte, er hatte sich den Banditen auf Gedeih und Verderb ausgeliefert, hatte vor ihnen die Segel gestrichen, und er fühlte sich hundeelend, jetzt erst recht, da er mit Sicherheit wußte, daß Patterson sich in großer Gefahr befand, und dieser Harrington ihm mit gezuckerten Worten sein Los versüßen wollte, in Wirklichkeit aber die Niederlage nur noch spürbarer machte.

«Kopf hoch, Mister Blake», sagte Harrington, und diese Aufforderung war nicht nur bildlich gemeint, denn Blake stand mit gesenktem Kopf da. «Sie werden sehen, daß sich die Incorporation als kulante Verhandlungspartnerin erweisen wird. Glauben Sie mir das. Vorausgesetzt natürlich, daß Sie Geldtransport und Land in die Verhandlungen einbringen.»

Was würde Patterson sagen, wenn er von seinem Schritt erfuhr? Hätte er nicht wenigstens seine Rückkehr abwarten sollen? Schließlich riskierte der für ihn sein Leben. Und wie sollte er Hille entgegentreten? Er wagte nicht, sich die Stunde des Wiedersehens vorzustellen. Und im hintersten Winkel seines Hirns begann sich so etwas wie der Wunsch zu regen, Bashan möchte erfolgreich sein. Dann bliebe ihm wenigstens die Stunde der Schande erspart.

Aber was war ihm denn anderes übriggeblieben? Die ganze Nacht über hatte er sich mit Gedanken herumgeschlagen, wie er zu Rande kommen sollte und ob der Weg zu Harrington nicht doch der einzige Ausweg blieb, jetzt und in absehbarer Zukunft. Pat und Hille hatten solche Skrupel nicht. Denen kam es darauf an, die Verbrecher ausfindig zu machen, das war sozusagen ihres Amtes. Er, Blake, mußte überleben und so gut wie möglich überleben. Und wenn man das einmal eingesehen hatte, durfte man sich keine Illusionen mehr machen, und da mußte man, wenn es hart auf hart kam, auch mal die Anständigkeit hintenansetzten. Viel zu lange, zu dem Resultat war er gekommen, hatte er sich und seine Stellung in Tanglewood überschätzt, und viel zu lange war ihm die Freundschaft mit sogenannten anständigen Männern wichtiger gewesen als die Freundschaft mit mächtigen und einflußreichen Männern. Vor zwei, drei Jahren noch wäre mit Harrington ein weitaus besseres Übereinkommen zu treffen, vielleicht sogar eine Art Partnerschaft zu erreichen gewesen. Jetzt stand er als ruinierter Mann vor ihm und konnte nur hoffen, daß der andere nicht allzu hart mit ihm umging. Ein Sprichwort kam ihm in den Sinn: Man muß mit den Wölfen heulen. Jetzt heulte er mit ihnen, heulte kräftig, ohne auch nur noch einen alten Hut dafür zu geben, ob er die Freundschaft der Männer verlor, auf die er den meisten Wert gelegt hatte.

Als hätte er Blakes Gedanken erraten, sagte Harrington: «Und machen Sie sich keine Sorgen darüber, was die anderen dazu meinen. Ich habe mich mein Leben lang nicht um die anderen, die Erfolglosen und Verlorenen, geschert und bin gut dabei gefahren. Jetzt wagt niemand mehr, mich auch nur scheel anzusehen, wenigstens in der Öffentlichkeit nicht. Ihre Freunde werden zwar in Zukunft einen Bogen um Sie machen, wenn sie das noch können, aber das sollte Sie nicht stören. Wer sind die denn schon? Ein übereifriger Sheriff, der, wenn mich nicht alles täuscht, seinen Übereifer eines Tages teuer wird bezahlen müssen ...»

Hier protestierte Emerson schwach, sprach von Gesetzestreue und davon, daß Patterson mit seiner Prinzipienfestigkeit für diesen unruhig gewordenen Ort der beste Sheriff sei. Aber Harrington tat den Einwand mit der Bemerkung ab, daß man jetzt, nachdem Patterson außerhalb von Tanglewood sei, und Sleek mit Hilfe der Miliz vom Camp regierte, erst so recht ermessen könne, wie wenig eigentlich sein Fehlen auffalle. «Oder geht es jetzt hier etwa drunter und drüber?» fragte er anschließend.

Das wieder weckte in Emerson den Mann, der auf Gesetz und Verfassung den größten Wert legte. «Wenn mein Schwiegersohn wieder hier ist, werden wir noch zu entscheiden haben, ob gestern alles legal zugegangen ist. Ich möchte mich da noch jeglicher Stellungnahme enthalten», fügte er weise hinzu und nahm Zuflucht zu einem zweiten Schluck Kognak.

Darauf antwortete Harrington mit keinem Wort. Tanglewood war in seiner Hand; Patterson würde nie wieder ins Sheriffbüro einziehen, so oder so nicht. Der alte Faselhans, der da drohte, die Legalität der Machtübernahme in Tanglewood durch ihn, Harrington, untersuchen zu lassen, täte besser daran, sich schnell nach einem anderen Platz in den großen Vereinigten Staaten umzusehen, wo es sich für einen Mann ohne Beruf und Tüchtigkeit leben ließ. Hier würde ihm der Boden bald zu heiß werden.

«Alles, was ich Ihnen sagen wollte», wandte er sich wieder an Blake, «war das: Lassen Sie sich Ihren Entschluß nicht leid tun wegen einiger Leute, die vielleicht die ehrlichen Gesichter empört verziehen. Heute, Blake, hatten Sie Ihren ehrlichen Tag, als Sie mit der Lüge sich selbst gegenüber, Sie könnten in diesem Nest den großen Mann spielen, radikal Schluß gemacht haben. Und dazu möchte ich Ihnen von ganzem Herzen gratulieren.»

Soviel Wohlwollen ließ Blake erschrecken und hätte ihn fast wieder in seine alte, vom Wüten bestimmte Haltung hineingetrieben. Aber er fürchtete, er könnte sich vollends lächerlich machen und jeden Kredit verspielen, was sich dann wieder nachteilig auf die Verhandlungen auswirken mußte. Man muß mit den Wölfen heulen. Doch diese Weisheit war ihm jetzt keine Stütze, sie erfüllte ihn vielmehr mit einer Traurigkeit, deren Ursprung er sich nicht zu erklären vermochte.

Während Blake im Saloon seine Kapitulation besiegelte, feierte man auf der anderen Seite der Straße von Tanglewood keine hundertfünfzig Schritte entfernt, noch immer den Sieg vom Vortag. Seit dem gestrigen Abend wimmelte das Büro des Sheriffs von Männern, die sich meist lautstark als die Herren der Siedlung gebärdeten. Sie hatten die Manieren des Camps mit nach Tanglewood gebracht, und da es für sie nichts zu tun gab, als die ohnehin verschreckten Einwohner durch Zurschaustellung von Waffen noch mehr einzuschüchtern, ließen sie ihrem Bedürfnis nach freiem, fröhlichem Leben die Zügel. Hinterm Sheriffbüro, dort, wo die Küche und ein Abstellschuppen lagen, hatten sie eine regelrechte Schießbahn aufgemacht und übten sich im Treffen von leeren Blechbüchsen und Flaschen. Im Amtsraum wurde Karten gespielt – Poker, Seven Up, Rubicon Baisic und andere Zeittotschläger waren an der Tagesordnung – und eifrig dem Alkohol zugesprochen, und wenn auch Sleek darauf achtete, daß das Trinken nicht zum Exzeß gedieh, so hatte er doch zuwenig Autorität unter diesen wüsten Burschen, um so etwas wie Disziplin einführen zu können. Er wünschte sich sehnlich Bashan herbei, der mit den Schutztrupplern umzugehen verstand.

Catherine wurde noch immer wie eine Gefangene behandelt. Denn so nachgiebig sich auch Emerson in allem gezeigt hatte, Harrington befürchtete, der Friedensrichter könnte seinem Gerede von der Legalität, die unter allen Umständen gewahrt werden müsse, doch die Tat folgen lassen und die Armee alarmieren. Und das konnte Folgen haben, die noch gar nicht so recht abzuschätzen waren. Also war es nötig, ein Pfand in der Hand zu behalten. Zwar hatte er Emerson gegenüber nicht offen von einer Gefangensetzung seiner Tochter gesprochen; doch ließ er dadurch, daß er Catherine unter strenger Bewachung hielt, keinen Zweifel daran, daß er gegebenfalls vor Gewaltanwendung nicht zurückschrecken würde.

Die junge Frau spürte, wie wohl es den Banditen tun würde, wenn sie sich schwach zeigte, etwa um milde Behandlung bäte oder gar weinte. So verkniff sie sich jede Klage, obschon ihr zum Heulen zumute war. In der Nacht, als der Lärm im Büro und die eigenen Gedanken sie nicht hatten schlafen lassen, war ihr freilich das Elend in die Kehle gestiegen und hatte ihr das Atmen schwer gemacht. Sie hatte den Entschluß verwünscht, in diese unzivilisierte Gegend zurückzukommen, anstatt lieber bei der Tante in Chicago zu bleiben. Doch dann war sie sich bewußt geworden, wie schäbig sie damit gegen Pat handelte, und sie hatte sich geschämt.

Seit dem Morgen nun zeigte sie den Männern, wenn sie im Büro etwas zu tun hatte, ein gleichmütiges Gesicht, in dem aber gleichwohl auch die Verachtung für ihr Treiben zu lesen war. Besonders Sleek, der sich immer wieder um ein freundliches Wort von ihr bemühte und alles tat, um in ihren Augen nicht mit den anderen auf eine Stufe gestellt zu werden, ließ sie kalt abfahren. Als er einmal unter irgendeinem Vorwand zu ihr ins Zimmer kam und seine Blicke wohlgefällig – mit zuviel Wohlgefallen, wie ihr schien – auf ihr ruhen ließ, sagte sie mit Bestimmtheit: «Wenn Sie sich nicht augenblicklich zu Ihren Helden scheren, schreie ich, daß man es in ganz Tanglewood hört, Sie schäbiges Abziehbild von einem Mann.» Auf Sleeks Gesicht, dem glatten, immer ausdruckslosen, spiegelte sich in diesem Augenblick die ganze Skala seiner Empfindungen von der Wut, so abgefertigt worden zu sein, bis zu der Furcht, Catherine könnte ihre Drohung wahr machen, und er würde dann als der Feigling dastehen, der die Abwesenheit Pattersons ausnutzte, um sich seiner Frau zu nähern.

Nach dem Mittagessen, als sich die Männer faul in den Stühlen rekelten und noch keine Lust verspürten, ihre endlosen Kartenpartien wieder aufzunehmen, andererseits aber aus Mangel an Getränken keine rechte Stimmung aufkommen wollte, verließ Catherine wieder ihr Zimmer und betrat das Büro unter dem Vorwand, in Pats Sekretär etwas suchen zu müssen. Wie stets, wenn sie sich zeigte, wurde sie mit Hallo empfangen.

«Ah, unsere schöne Wirtin!»

«Madam persönlich!»

«Die einzige Augenweide in diesem Drecksnest!»

Und wie immer kümmerte sie sich nicht um die Zurufe. Sie ging zu dem Schreibtisch, öffnete die Schubladen, und innerhalb von Sekunden hatten die Banditen ihre Anwesenheit völlig vergessen und setzten ihren trägen Verdauungsdialog fort, der sich ums Übliche drehte: um volle Flaschen und um Frauen.

Hufschlag auf der Straße ließ zwei von ihnen ans Fenster gehen und hinausblicken.

«Wieder nichts», maulte der eine. «Wie lange sollen wir denn noch hier herumsitzen?»

«Gefällt's dir etwa hier nicht?» wollte Sleek wissen. «So faule Tage wirst du dein Leben lang nicht wieder genießen. Also sei friedlich.»

«Doch, doch. Gefallen tut's mir schon. Aber die ewige Warterei macht einen mürbe. Die müßten das doch längst erledigt haben. Wenn ich dabei wär ...»

«Mein ich auch», pflichtete ein anderer ihm bei. «So'n Sheriff ist doch auch bloß ein Mensch mit 'nem Kopf, der kein Blei verträgt.»

«Halt's Maul!» Sleek fuhr wütend auf den Sprecher los und warf dabei einen vielsagenden Blick auf Catherine, die noch immer am Sekretär stand. Und dann gedämpfter: «Du redest zuviel, Jim. Ich warne dich.»

Doch Catherine hatte das unbedachte Wort des Mannes bereits gehört. Es traf sie wie ein Keulenschlag.

Pat sollte nicht nur aus dem Amt gedrängt werden, man wollte ihn auch umbringen!

Ihr schwindelte, und sie mußte sich stützen, um nicht zusammenzusinken. Nur ein Gedanke hämmerte in ihrem Hirn: Ich muß hier raus! Und dieser Gedanke machte sie erfinderisch. Nachdem sie sich von dem Schrecken erholt hatte, sammelte sie alle Kraft, zauberte ein Lächeln auf ihr Gesicht und wandte sich langsam den Männern zu.

«Na, die Herren, wir wär's mit einem Gläschen?» fragte sie und wies auf die leeren Flaschen auf dem Tisch. Daß ihre Bewegung dabei etwas eckig geriet, fiel keinem auf. Zu groß war das allgemeine Erstaunen darüber, daß sie überhaupt das Wort an sie gerichtet hatte.

«Unsere Schönheit erwärmt sich für uns!»

«Der reizende Stern von Tanglewood bescheint uns mit seinem milden Licht!»

«Madam, ich bin erstaunt», sagte Sleek nur, und daß er die Wahrheit damit sprach, stand ihm ins Gesicht geschrieben.

«Wer Freundlichkeit empfangen will, muß Freundlichkeit geben», entgegnete sie. «Also, wie ist's? Soll ich Ihren Leuten im Saloon Nachschub holen?»

Jetzt wurde Sleek mißtrauisch. «Aha, darauf läuft das Ganze raus!»

«Ich weiß nicht was Sie meinen.» Catherine suchte so unbefangen wie möglich zu erscheinen, und doch war ihr, als verriete sie sich mit jedem ihrer Worte. «Kann man denn nicht mal freundlich sein? Warum soll ich mich denn störrisch zeigen? Ich bin in Ihrer Hand, das weiß ich, so lange, bis mein Mann zurückkommt. Also werde ich mich fügen. Wie Sie sich dann mit ihm einigen, das ist Ihre Sache.»

«Das wird leicht sein», sagte einer der Männer.

«Es besteht die Anordnung», hielt Sleek ihr entgegen, «Sie zum Besten Ihrer eigenen Sicherheit nicht einen Schritt weit aus dem Haus zu lassen.»

«Soll sie doch zum Saloon rübergehen», forderte einer ungeduldig.

«Die kann uns sowieso nicht weglaufen», meinte ein anderer und legte seinen Colt auf den Tisch.

«Warum sollte ich denn weglaufen wollen!» Catherine tat erstaunt. «Und wohin sollte ich denn auch laufen?»

«Na, eben. Wohin sollte sie schon laufen.» Der Mann, der das sagte, hielt eine leere Flasche mit der Öffnung nach unten. «Leer wie der Kopf von 'nem Prediger.» Er nahm eine andere. «Und die hier auch.»

«Sei kein Frosch, Andy. Laß sie uns bedienen, wenn es ihr Spaß macht. Wir werden nicht mehr oft Gelegenheit haben, von einer Sheriffdame bedient zu werden.»

Sleek schwankte. Wenn er den Burschen nicht nachgab, würde es heißen, er fürchte sich vor einer Schürze. Und das Gelächter, das wußte er, würde groß und nicht so bald wieder aus der Welt zu bringen sein. So machte er denn zögernd und widerwillig Platz. «Gehen Sie schon», sagte er. «Aber nur bis zum Saloon. Da melden Sie sich bei Overstreet. Der ist da auf Posten.»

Catherine griff nach einem Korb und schob sich an Sleek vorbei, der die Tür halb ausfüllte und ihr kaum Gelegenheit ließ, ohne ihn zu berühren auf die Straße zu treten.

Mit einem unguten Gefühl schaute er hinter ihr her, wie sie langsam die Straße hinunterging, als koste sie ihre Freiheit aus.

Die Straße war wie leergefegt. Es schien, als hätten die Terroristen eine Ausgangssperre über Tanglewood verhängt. Doch das war nicht nötig gewesen: Die Einwohner mieden von selbst die Öffentlichkeit in einer zugespitzen Situation wie dieser, warteten geduldig und ängstlich darauf, daß der Kampf um die Macht bald entschieden sein würde und das, was man hierzulande ein normales Leben nannte, wieder Einzug hielte.

Während Catherine noch verzweifelt überlegte, wie sie es anstellen sollte, der Siedlung zu entfliehen und Pat womöglich noch vor seinem Zusammenstoß mit den Banditen zu erreichen und zu warnen, fiel ihr Blick auf Harringtons Einspänner, der vor dem Saloon abgestellt war. Ein Brauner stand im Geschirr und ließ träge den Kopf hängen.

Hier bot sich die Gelegenheit!

Aber auf der Veranda saß der Posten, ein junger Mann mit fuchsrotem Haar, den sie alle «den Iren» nannten, obwohl er immer aufs neue beteuerte, er sei rein englischer Abstammung. Er hatte sich in einen Schaukelstuhl geflätzt und hielt die Flinte quer über den Knien. Als er Catherine auf sich zukommen sah, richtete er sich auf und sah ihr erwartungsvoll entgegen.

Für Catherine wurde der Weg unter den Blicken des Mannes lang, sehr lang. Als sie bis auf zwanzig Schritt an ihn herangekommen war, sah sie, wie er schwer schluckte und sich die Lippen leckte. Sie beantwortete dieses Zeichen von phantasiegewürzter Vorfreude mit ihrem strahlendsten Lächeln und wiegte sich ein wenig zu betont in den Hüften. Diesen Gang, hatte sie gelesen, nähmen die Männer als Omen dafür, daß Damen sich zu manchem bereit finden würden. Dabei waren ihre Nerven bis aufs äußerste gespannt.

Dann stand sie vor Overstreet am Fuß der Veranda. Sie hätte seine Sommersprossen zählen können und die fehlenden Zähne in seinem Mund. Das

Lächeln lag ihr wie eine hautenge Maske auf dem Gesicht. Sie räusperte sich und sagte: «Würden Sie mir bitte einen Gefallen tun, Mister ...»

«Mit dem größten Vergnügen, Madam!» Overstreet sprang auf die Füße und hätte vor Überraschung und Übereifer fast sein Gewehr fallen lassen. «Für eine schöne Frau tu ich alles», sagte er, und er legte soviel Emphase in die abgedroschene Wendung, daß sie beinahe wieder ehrlich klang.

«Dann rufen Sie doch bitte Tom Payne heraus, den Wirt», sagte Catherine.

«Klar, Madam, mach ich.» Er hatte schon den Rücken gekehrt und war im Begriff, den Saloon zu betreten. «Für Sie tu ich das verdammt gern», fügte er im Hineingehen hinzu.

Catherine wußte später nicht mehr, woher sie plötzlich den Mut und die Gewandtheit genommen hatte, Harringtons Gefährt trotz des langen, hinderlichen Kleides mit einem Satz zu entern, die Zügel zu ergreifen und das erschrockene Tier mit einem lauten Anruf auf Trab zu bringen. Als der vertrauensselige und allzusehr von ihrem Charme bestrickte Overstreet mit Payne auf die Veranda zurückkam, hatte sie den südlichen Ortsausgang schon fast erreicht. Overstreet reagierte auf Banditenart, indem er das Gewehr an die Wange riß, und er hätte auch geschossen, wenn ihm nicht Payne den Lauf heruntergeschlagen hätte.

«Aber wer wird denn auf eine Dame schießen?» fragte Payne dabei und legte Empörung in seine Worte.

«Verfluchtes Biest! Mich so an der Nase herumzuführen!» Overstreet schäumte vor Wut.

«Und dazu noch auf die Frau unseres sehr verehrten Sheriffs», ergänzte Payne.

«Unseres Sheriffs? Ach so! Na, Witwen soll man schonen. Das ist Christenpflicht.»

Und Overstreet warf sich wieder in den Schaukelstuhl.

14 Gegen drei Uhr nachmittags hatten sie sich Bashan und seinen Leuten bis auf Sichtweite genähert. Der Weitspähende Falke hatte sie zuerst gesehen, als sie, klein wie die Däumlinge auf Zwergpferden, unten im Tal ritten, wo einige mächtige Felsbrocken den Übergang der Prärie ins Gebirge andeuteten. Sie folgten ihnen, wobei es dem Dakota-Häuptling schwerfiel, Hilles Eifer zu zügeln.

«Wenn wir uns nicht beeilen», sagte der Hilfssheriff ein ums andere Mal, «dann kommen wir zu spät und können nicht mehr eingreifen.»

«Wir behalten sie im Auge», beschwichtigte ihn der Weitspähende Falke.

Und in der Tat war Eile nicht vonnöten, zumal jetzt nicht, da sie die anderen im Blick hatten und im Blick behalten konnten. Pattersons Trupp würde kaum vor dem kommenden Morgen auftauchen. Man hatte also noch den

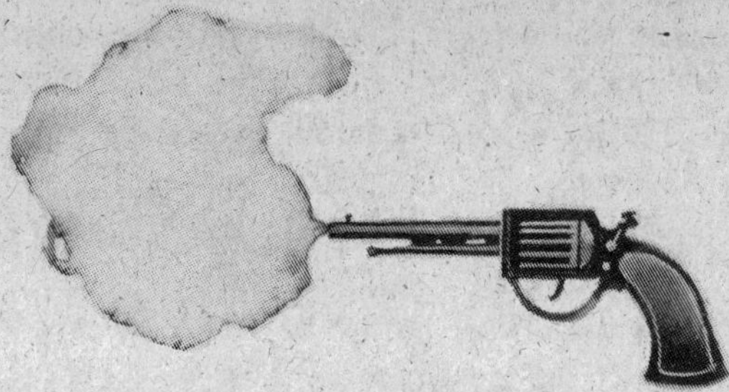

Nachmittag und die Nacht vor sich. Dennoch gelang es Hille nicht, seine Unruhe zu dämpfen. Stets ritt er den anderen einige Schritte voran und rutschte unruhig im Sattel hin und her, weil er sich durch Vor- oder Seitwärtsbeugen alle paar Sekunden vergewisserte, ob die Banditen noch zu sehen wären.

Der Weitspähende Falke betrachtete das seltsame Gebaren dieses kleinen Mannes mit Erstaunen, in das sich ein wenig Geringschätzung mischte. Für ihn war Ungeduld eine Eigenschaft, der sich ein Mann vor allem zu verschließen hatte. Ungeduld, das war etwas, dem sich Frauen und Kinder hingeben durften. Und so ritt der Häuptling hinter dem Listigen Fuchs und ließ, ohne daß er sich im Sattel bewegt hätte, den Zug der anderen nicht aus den Augen.

Da sie sich jetzt auf vollkommen flachem und baumlosem Gelände bewegten und mit keiner Verfolgung rechneten, ritten sie unbekümmert um Sicherung. Der kritische Punkt für die Verfolger würde erst dann eintreten, wenn sie selber in den tiefer gelegenen Waldgürtel eintauchten und die Banditen für einige Zeit aus dem Blick verlieren würden. Doch für diesen Fall hatte der Weitspähende Falke Vorsorge getroffen. An einer nicht allzu steil abfallenden Stelle des Felsens stieg der Listige Fuchs vom Pferd und glitt den Hang hinunter, während die anderen weiterhin die Reitroute zu Tal beibehielten.

Am frühen Abend hatten der Weitspähende Falke, Hille und David die Stelle erreicht, wo Bashan und seine Leute gewesen waren, als sie sie zum erstenmal gesichtet hatten. Eine halbe Stunde später tauchte auch der Listige Fuchs auf. Er berichtete, die Banditen hätten, keine fünf Meilen von hier, bereits vor geraumer Zeit ihr Lager in einer flachen Mulde aufgeschlagen. Es war also offensichtlich, daß sie Patterson dort oder in der Nähe erwarteten.

Sie zogen noch eine halbe Stunde durch die Dämmerung und die einbrechende Dunkelheit, bis der Listige Fuchs das Zeichen zum Lagern gab. Nach einer kurzen, im Flüsterton geführten Beratung machten sich die beiden Indianer auf den Weg, den Rastplatz der Banditen zu erkunden.

Sie schritten zügig aus. Nachdem sie etwa zehn Minuten gegangen waren, vermieden sie jedes Geräusch. Nach einer weiteren halben Meile hörten sie das Schnauben von Pferden und Menschenstimmen, die vom Wind herangetragen wurden. Jetzt ließen sich die beiden Indianer auf Hände und Füße nieder und krochen, eng an den Boden gepreßt, langsam auf die Stelle zu, von der die Geräusche ausgingen. Dabei fühlten sie, daß das Gelände anstieg.

Nach abermals einer Viertelstunde befanden sie sich am Rand einer flachen, fast kreisrunden und von Büschen umstandenen Mulde von vielleicht zweihundert Schritt Durchmesser, auf deren Grund Bashan und seine Männer um ein kleines Feuer lagerten. Sie schienen sicher zu sein, aus der Richtung der Black Hills keinen unliebsamen Besuch zu bekommen. Denn nur am jenseitigen Rand der Mulde waren zwei Posten aufgestellt. Um das Feuer saßen zehn Leute.

Als der Weitspähende Falke Bashan sah, der im Kreis seiner Mannschaft das große Wort führte, zogen sich seine Augen zu Schlitzen zusammen, und sein Körper wurde starr. Der Listige Fuchs, der die Erregung seines Freundes spürte, legte ihm beruhigend eine Hand auf die Schulter, konnte aber die Spannung, die diesen beherrschte, nicht lösen.

Unten wurde gelacht, und eine Flasche machte die Runde. Einer der Männer ging zur Seite und schlug sein Wasser ab, zwei andere lagen, in Pferdedecken gewickelt, auf dem Rücken und schienen bereits zu schlafen. Wahrscheinlich waren sie dazu beordert, als erste die Posten abzulösen. Sicherheit und Ruhe bestimmten das Bild; nichts deutete darauf hin, daß die Männer am kommenden Tag einen Überfall ausführen wollten, und wären nicht die Gewehre und Colts gewesen, man hätte sie für Viehhirten halten können, die sich nahe ihrer Herde gelagert hatten.

Der Weitspähende Falke nahm begierig jede Einzelheit, die er sah und hörte, in sich auf, so als wollte er sich Gesichter, Bewegungen und Stimmen unauslöschlich einprägen.

Erst zwei Stunden später trafen die Indianer wieder bei Hille und David ein. Hätte Hille auch nur eine Viertelstunde länger warten müssen, er wäre auf die Suche nach ihnen gegangen. Man konnte ihm die Erleichterung vom Gesicht ablesen, als der Weitspähende Falke und der Listige Fuchs wieder aus der Dunkelheit auftauchten. Zum Überlaufen mit Fragen voll, sprudelte er sofort einen Wortschwall auf die Indianer los.

«Wo sind sie?» wollte er wissen. «Wieviel sind es? Was tun sie? Wie packen wir sie am besten?»

Doch der Weitspähende Falke ließ sich nicht zu einer umständlichen Schilderung des Erlebten verleiten. Er beschied den Neugierigen mit wenigen Worten und mit der Aussicht, noch vor Tagesanbruch an das Lager herangeführt zu werden. David, das wurde beschlossen, sollte mit den Pferden zurückbleiben und erst bei Beginn des Gefechts mit den Tieren nachrücken.

Hille hing noch schlaftrunken halb in einem wüsten Traum, als der Weitspähende Falke ihm auf die Beine half, und da ringsum noch die tiefe Finsternis herrschte, die der Dämmerung vorangeht, wurde er nicht sogleich völlig wach und taumelte das erste Stück des Wegs hinter den Indianern her. Diese schienen sich nicht sonderlich um ihn zu kümmern, sondern schritten eilig aus. Nur einmal, als Hille stolperte und fast gefallen wäre, wandte der Listige Fuchs ihm das Gesicht zu und legte warnend einen Finger an die Lippen. Wieder wurde der letzte Teil des Weges kriechend zurückgelegt, was Hille besonders schwerfiel. Er blieb bald ein gutes Stück hinter den anderen zurück und erreichte sie erst wieder am Rand der Mulde.

Schweigend wies der Weitspähende Falke nach vorn, doch Hille vermochte mit bestem Willen nichts zu entdecken. Denn das Feuer war vollends erloschen, und die erste Helle noch nicht am Himmel erschienen. Als er flüsternd fragen wollte, mahnte der Listige Fuchs mit der gleichen Vorsichtsgebärde, und so schwieg denn Hille und horchte auf den eigenen Atem und auf das harte Pochen in den Schläfen.

Wenn ich das hinter mich gebracht habe, lasse ich mich auf nichts dergleichen mehr ein, dachte er. In meinem Alter sollte man sich nach etwas Ruhigerem umsehen. Vielleicht auch endlich mal nach einer Frau. Und er grinste, weil er sich so ganz und gar nicht vorzustellen vermochte, wie die Frau aussehen und beschaffen sein müßte, die ihn zum Manne nahm.

Die Zeit bis zum Anbruch des Tages schien sich ins unendliche zu dehnen. Als die erste Dämmerung im Osten die Silhouetten der Posten am jenseitigen Rand der Mulde nachzeichnete, ergriff wieder die schwer zu bezähmende Unruhe Besitz von Peter Hille. Um seiner Vorstellungskraft ein wenig Ablenkung zu verschaffen, begann er zu mutmaßen, wer die beiden Figuren dort drüben sein könnten. Da er nur mit Mühe den Körperbau der Männer ausmachen, ihre Gesichter aber nicht erkennen konnte, gab er das Spiel auf und faßte sich, so gut es gehen wollte, in Geduld. Ab und zu schielte er zu seinen beiden Gefährten hinüber, die stocksteif und ohne sichtbare Atemzüge neben ihm lagen.

Der Tag zog völlig herauf, und dennoch belebte sich das Lager unten in der Mulde kaum. Zwar setzte sich der eine oder andere auf, kratzte sich, gähnte und reckte die Glieder. Aber sonderliche Eile schien niemand zu haben. Nur Bashan, den Hille sofort an der massigen Gestalt und der schiefen Kopfhaltung erkannte, ging zu den Wachposten hinüber und erkundigte sich offensichtlich nach deren Beobachtungen. Nach knapp zwei Minuten trollte er sich wieder zu den anderen, besprach sich gestenreich mit ihnen und begann, sich in Ruhe zu einem Frühstück niederzusetzen. Zwei seiner Leute kümmerten sich derweil um die Pferde. Sie banden die Tiere los, die nach Grenzerart an den beiden Vorderfüßen gefesselt gewesen waren, und sofort setzten diese sich in ruhigen Schritt und suchten den kargen Prärieboden nach saftigen Grasbüscheln ab.

Nun wurde immer wahrscheinlicher, daß die Bande nicht im Sinne hatte, Patterson weiter entgegenzureiten. Sie hatten, wenn sie aus der ziemlich sicheren Stellung in der Mulde, die genau auf dem kürzesten Weg zwischen Ogalalla und Tanglewood lag, angriffen, den vollen Überraschungseffekt für sich. Denn in dieser tellerebenen Landschaft bot auch die kleinste Senke ideale Deckungsmöglichkeiten, wenn man sie richtig auszunutzen verstand.

So ideal nun auch die Stellung der Banditen war, sie mußte zu einer Art Falle werden, wenn ein Angriff von zwei Seiten erfolgte. Denn dann würden die im Rücken postierten Schützen völlig freie Sicht auf ihre Gegner und den zusätzlichen Vorteil haben, durch Büsche gedeckt zu sein.

Ein Grinsen lief über Hilles Gesicht, als er die Lage genau durchdachte. Er stieß den Weitspähenden Falken an und machte ihm durch Zeichen und Gesten klar, wie er sich den Verlauf des bevorstehenden Kampfes dachte, und so wirr er auch mit den Händen in der Luft herumfuchtelte, der Indianer verstand ihn auf Anhieb; er hatte zuvor schon dieselben Überlegungen angestellt. Dabei sah Hille zum erstenmal so etwas wie ein Lächeln auf dem Gesicht des Häuptlings, das jedoch in Sekundenschnelle wieder erlosch und einem Zug äußerster Konzentration Platz machte.

Plötzlich kam Bewegung in die Banditen. Einer der Wachposten stieß signalisierend einen Arm in die Luft. Sofort war unten in der Mulde alles auf den Beinen. Acht Männer, unter ihnen Bashan, stürzten die leicht ansteigende Böschung hinan, zwei eilten zu den Pferden, um sie zusammenzutreiben. Dann wurde es wieder still in der Mulde. Nur hin und wieder schnaubte eines der Tiere und wurde von einem der Pferdehalter sofort durch Streicheln und Tätscheln beruhigt.

Man wartete offenbar, bis die Leute um Patterson auf Schußweite herangekommen waren.

Die Spannung der beiden Indianer und Hilles stieg ins Unermeßliche. So vortrefflich ihre Stellung auch war, sie hatte den Nachteil, daß sie das Nahen Pattersons nicht erkennen konnten. So mußten sie sich ganz auf die Bewegung der Banditen konzentrieren und an ihnen abzulesen versuchen, wann diese zum Angriff ansetzten.

Der Weitspähende Falke hatte seinen Begleitern durch Augenzeichen ihre Ziele zugewiesen und sich selber zunächst das Pferderudel und die beiden Halter ausgesucht. So lagen sie, die Gewehre im Anschlag, und warteten.

Hille war der erste, der schoß. Er glaubte, jenseits der Mulde Pferdegetrappel gehört und gesehen zu haben, wie Bashan mit einem Handzeichen das Feuer freigab. Später war nicht mehr zu entscheiden, ob Hille voreilig gehandelt hatte und ob man mit dem Angriff aus dem Hinterhalt nicht doch besser einige Sekunden lang gezögert hätte. Fest stand nur, daß ihn die Sorge um den Freund und seine Begleiter getrieben hatte. Vielleicht war auch ein Versagen der Nerven im Spiel.

Die Schüsse, die von Hille abgegeben wurden und in die auch sofort der Weitspähende Falke und der Listige Fuchs einfielen, hinterließen bei den Banditen eine verheerende Wirkung. Ehe sie sich recht besonnen hatten, aus welcher Richtung sie angegriffen wurden, waren bereits zwei Männer getroffen zusammengesunken. Die Verwirrung wurde noch dadurch gesteigert, daß durch das Feuer, das der Weitspähende Falke auf die Pferde und ihre Halter abgab, die Tiere in Panik stürzten. Laut wiehernd rasten sie mit aufgestellten Schwänzen im Kreis herum und durcheinander und behinderten die eigenen Reiter, die sich vor ihren Hufen in acht nehmen mußten. Und über allem Tumult erhob sich gellend der Kriegsruf der Dakota, der Bashan ins Mark fuhr und ihn für Sekunden lähmte. Er war für Augenblicke unfähig, einen richtigen Entschluß zu fassen.

Dann erfolgte auch schon der frontale Angriff der Männer um Patterson, die inzwischen nahe genug herangekommen waren. So in die Zange genommen, verloren die Banditen völlig den Kopf und suchten ihr Heil in der Flucht. Einigen gelang es, umhergaloppierende Pferde einzufangen. Aber alle bis auf zwei sanken getroffen von den Tieren.

Der Weitspähende Falke, dessen Hengst inzwischen von David herangeführt worden war, machte sich an die Verfolgung der beiden Reiter. Nach kurzer Jagd war er auf Schußweite an den hinteren der Flüchtenden herangekommen. Er riß das Gewehr an die Wange und dirigierte das dahinsausende Tier nur mit dem Druck seiner Schenkel. Der erste Schuß verfehlte sein Ziel, der zweite traf den Banditen. Der riß die Arme hoch und sank seitlich vom Pferd, das in großen Sprüngen weiterhetzte und den Reiter, dessen Fuß sich nicht aus dem Steigbügel gelöst hatte, eine Strecke weit mitschleifte.

Der zweite Flüchtende hatte einen zu großen Vorsprung. Tief auf den Hals seines Pferdes gebückt, dessen Weichen er unaufhörlich mit den Sporen bearbeitete, raste er über die Prärie. Der Weitspähende Falke sandte ihm eine Kugel nach. Dann war sein Magazin leer. Er zügelte den Hengst und lenkte ihn zu den anderen zurück.

Die hatten sich in der Mulde gesammelt, wo zehn der Banditen tot lagen. Hille bemühte sich um zwei überlebende Pferde, die auch jetzt noch, nachdem die Schießerei ein Ende gefunden hatte, aufs äußerste gereizt waren und keinen Menschen an sich heranlassen wollten. Allen Männern stand der überstandene Schreck deutlich im Gesicht, obwohl sie keine Verluste gehabt hatten.

In Pattersons Stimme zitterte noch die Erregung nach, als er dem Weitspähenden Falken die Hand drückte und sagte: «Ich danke dir, Häuptling. Ohne eure Hilfe lägen wir jetzt tot in der Prärie wie die da.»

Der Dakota stieg vom Pferd. Er warf einen kurzen Blick auf die Leichen.

«Ist der Mann mit dem schiefen Hals dabei?» fragte er.

«Wir haben ihn nicht gefunden. Er ist vermutlich entkommen», sagte Patterson.

Um den Mund des Weitspähenden Falken grub sich ein bitterer Zug. Es war, als könne er sich seines Erfolges nicht freuen.

«Entkommen», wiederholte er nur.

«Aber er wird dem Strick nicht entkommen», sagte Patterson, «das schwöre ich dir.»

Der Dakota wandte sich ab und machte sich am Sattelzeug seines Pferdes zu schaffen. Der Listige Fuchs trat zu ihm und blieb einen halben Schritt hinter ihm stehen. Der Häuptling sagte kein einziges Wort, doch wurde auch aus seiner Haltung deutlich, daß auf ihm grenzenlose Enttäuschung lastete.

Nach einer Weile kehrte der Häuptling Patterson wieder das Gesicht zu.

«Ich werde mit euch in die Siedlung der Weißen reiten», sagte er. «Ich muß meine Rache vollenden.»

Patterson erschrak vor dem Ausdruck in den Zügen des Indianers, die von wilder Entschlossenheit geprägt wurden. Für eine Sekunde stieg eine Welle der Furcht in dem Sheriff hoch; doch dann sagte er: «Ich hatte dich sowieso bitten wollen, mit uns nach Tanglewood zu ziehen. Wir brauchen dich als Freund und als Zeugen vor dem Friedensrichter.»

«Als Zeugen?» der Dakota lächelte verächtlich. «Wer wird einen Indianer als Zeugen anerkennen?»

«Wir!» rief Hille dazwischen. «Und verdammt will ich sein, wenn einer ungestraft auch nur ein schiefes Maul über dich ziehen kann. Ohne deine Hilfe hätten wir die Banditen nie gestellt. Und – Pat hat es schon gesagt – du bist unser Freund.»

«Ich höre die Worte des kleinen Mannes gern», sagte der Weitspähende

Falke. «Ich weiß, sie sind ehrlich gemeint. Er spricht nicht mit zwei Zungen. Aber wenn ihr mich und meinen Bruder vor den weißen Friedensrichter bringt, wird jeder sagen, ihr seid Freunde der Indianer, und keiner wird mehr euren Worten Glauben schenken. Nein, ich ziehe mit euch nach Tanglewood, um Rache zu nehmen für Blauhaars Tod und all die Toten der Dakota.»

Resigniert ließ Hille die Luft durch die Zahnlücken streichen und hob die Schultern. Dann sagte er: «Jedenfalls zieh mit uns. Außerdem habe ich das bestimmte Gefühl, als ob in Tanglewood ein heißer Tanz auf uns wartet, bei dem wir jeden guten Schützen brauchen werden.»

Inzwischen hatten sich die übrigen Männer schon darangemacht, die Habseligkeiten der Toten einzusammeln. Die Leichen sowie das Zaum- und Sattelzeug ihrer Pferde sollten liegenbleiben, hatte Patterson bestimmt. Man würde sie später auf Wagen nach Tanglewood holen. Nachdem alles in den Satteltaschen verpackt war, schlugen sie den Weg zur Siedlung ein.

Sie waren noch keine halbe Meile weit geritten, als am Horizont ein Punkt sichtbar wurde, der sich schnell vergrößerte. Die Männer zügelten die Pferde und griffen nach ihren Waffen.

Der Weitspähende Falke entdeckte zuerst, daß es ein Gefährt war, das ihnen da entgegenkam.

«Eine Frau!» sagte er ungläubig zu Patterson. «Auf dem Bock sitzt eine Frau.»

Sekunden später erkannte auch der Sheriff, daß es eine Frau war, die die Zügel führte. Von einer plötzlichen Ahnung getrieben, hieb er seinem Pferd die Sporen in die Weichen, so daß das Tier einen wilden Satz nach vorn machte. Er preschte dem Wagen entgegen, und noch ehe er ihn erreicht hatte, hörte er Catherines Stimme.

«Pat! Pat!» schrie sie. «Ich bin es!»

Er zügelte sein Pferd und sprang aus dem Sattel. Catherine brachte den Wagen zum Stehen. Doch sie war unfähig, auch nur ein Glied zu rühren. Mit einem Schlag schien alle Energie verbraucht, die sie seit Stunden vorwärts getrieben, die sie die Nacht über trotz der Angst vor Tieren im Wagen wach gehalten hatte, indes das ausgeschirrte Pferd stehend schlief, und die, kaum daß das erste Licht den Himmel im Osten erhellt hatte, die Kraft gewesen war, die sie vorantrieb. Mit hängenden Armen saß sie da. Die Zügel waren ihren Händen entglitten. Und als Patterson ihr seine Arme entgegenstreckte, ließ sie sich seitwärts fallen.

«Du lebst! Gott sei Dank!» flüsterte sie, während sie sich fest an ihn klammerte, so als habe sie Furcht, ihn zu verlieren oder ohnmächtig umzusinken.

Patterson hatte die unverhoffte Begegnung zunächst die Sprache verschlagen. Er streichelte und küßte ihr wirres Haar. Es dauerte eine Weile, bis er Worte fand. Dann aber brach es aus ihm heraus, all die Angst und Ungewißheit der letzten Stunden und alle Erleichterung darüber, daß er seine Frau nun doch wohlbehalten in den Armen hielt. Frage um Frage stieß er hervor, wartete kaum die Antwort ab, und zwischendurch fluchte und lachte er in einem. Die anderen hatten längst das Paar erreicht und umstanden es in einem Halbkreis.

Hille war der erste, der das Wort nahm.

«Nun laß deine Frau doch mal in Ruhe berichten», sagte er halb scherzend, halb ärgerlich, weil Patterson die Verwirrung immer größer zu machen drohte. «Ach, Catherine, dieser Mann hat schwache Nerven.»

Allmählich entstand vor den Zuhörern ein klares Bild von dem, was sich in Tanglewood ereignet hatte, nachdem sie fortgeritten waren. Es schien schlimmer um die Siedlung zu stehen, als sie es sich vorgestellt hatten. Das machte sie unruhig. Nur der Weitspähende Falke und sein Gefährte standen mit übereinandergeschlagenen Armen neben ihren Pferden und hörten steinernden Gesichts dem zu, was da berichtet wurde. Für den Dakota-Häuptling war alles nur eine Bestätigung dafür, wie wenig Aussicht der Sheriff und seine Männer hatten, das Geschehen in Tanglewood wieder in die Hand zu bekommen. Nur einmal horchte er auf und zeigte Zeichen der Anteilnahme. Das war, als Catherine berichtete, wie sie keine Stunde zuvor einem wild dahinjagenden Reiter begegnet sei, den sie als Bashan erkannt und der, kaum daß er ihrer ansichtig geworden sei, einige Schüsse auf sie abgegeben habe, die aber ihr Ziel verfehlt hatten. Offensichtlich war er so in Eile gewesen, daß er nicht gewagt hatte, vom Pferd zu steigen.

Bashan war also auf dem Weg nach Tanglewood!

Noch nie im Leben hatte Bashan einen solchen Gewaltritt hinter sich gebracht. Als nach der Wegbiegung der südliche Eingang nach Tanglewood sichtbar wurde, hätte er vor Freude am liebsten laut aufgejubelt. Er zügelte das Pferd und legte das letzte Stück des Weges in verhaltenem Tempo zurück. Es sollte nicht so aussehen, als sei er auf der Flucht und käme als Geschlagener zurück, ein Gespött für seine Kumpane. Mit einem großen roten Tuch, daß ihm beim Angriff auf Patterson als Maske hatte dienen sollen, wischte er sich den Schweiß von Stirn und Wangen. Dabei ächzte er leise.

Jetzt, da die Gefahr vorüber war, spürte er alle Knochen. Unterwegs hatte die Angst ihn vorangepeitscht, sein ganzes Denken bestimmt, jede Bewegung dirigiert. Im Angesicht der Hütten von Tanglewood war nichts geblieben als Müdigkeit. Langsam erst machte sich eine neue Furcht in ihm breit: die Furcht, Harrington gegenübertreten zu müssen. Was sollte er ihm sagen, wie konnte er ihm das ganz unerwartete Fehlschlagen der Aktion erklären? Er sah sich im Geist schon auf dem dicken Teppich stehen, vor sich den in einen Sessel gerekelten Direktor, der seine grauen Augen kalt auf ihn richtete. Und er formulierte, während er am Wasserreservoir vorüberritt, bereits die Antworten auf mögliche Fragen und die Entschuldigungen gegen wahrscheinliche Anwürfe. Insgeheim wünschte er sich dabei, Harrington möchte aus der Haut fahren und zu toben anfangen. Dann würde im wohler sein, weil er mit gleicher Münze würde heimzahlen können. Aber er wußte auch: Harrington war durch einen Mann wie ihn nicht aus der gefährlichen Ruhe zu bringen, er würde vermutlich nicht einmal lachen, wenn er, Bashan, berichtete, ihm sei unterwegs die Frau des Sheriffs begegnet und er habe sie mit einigen Schüssen so erschreckt, daß sie fast vom Bock des Wagens gefallen sei.

Er wußte, Harrington würde fragen: «Wo ist das Geld?» und «Lebt Patterson noch?»

Er hatte sich nicht getäuscht. Gestärkt von einigen Schnäpsen, war er in Harringtons Zimmer hinaufgegangen mit genau den Fragen empfangen worden, die er befürchtet hatte. Und Harrington setzte auch genau die Miene auf, die Bashan sich ausgemalt hatte: kalt, unnahbar und scheinbar unbeteiligt.

«Tut mir leid, Chef», sagte Bashan, «die Sache ist schiefgegangen.» Er spürte einen schweren Druck auf dem Magen und ein Würgen in der Kehle. «Wir hätten sie gehabt, Mister Harrington. Unsere Stellung war ausgezeichnet.»

«Und warum habt ihr sie nicht gekriegt?» fragte Harrington mit gefährlicher Gelassenheit.

«Dieser krummbeinige Zwerg von einem Hilfssheriff ist uns in die Quere gekommen. Er hatte die Indianer mobilisiert. Sie sind uns in den Rücken gefallen.»

«Indianer?» Zum erstenmal war so etwas wie Interesse in der Stimme Harringtons zu spüren.

«Jawohl!» bestätigte Bashan eifrig. Er war froh, daß sich sein Chef endlich aus der Starre löste. «Der Falke war dabei, ich hab ihn erkannt. An seinem Kriegsruf. Der Bursche hat damals den Trupp angeführt, von dem Tanglewood eingeäschert worden ist. Und er hat mir das da beigebracht.» Er wies auf die Narbe am Hals. «Er war es auch, der unser Lager oben am Creek angegriffen hat. Und dann ...»

«Ich weiß, Bashan», dämpfte Harrington den Übereifer des Banditen. Und fast versonnen fuhr er fort: «Der hatte also wieder seine Finger in der Sache. Sehr interessant.»

«Finde ich auch, Chef.»

«Und was ist mit Ihren Männern?» wollte Harrington nun wieder ganz sachlich wissen.

«Die hat es vermutlich erwischt», antwortete Bashan ohne die geringste Spur von Gefühl.

«Was heißt hier ‹vermutlich›? Wissen Sie das nicht genau?»

Harrington fuhr halb aus seinem Sessel hoch.

«Wenn ich es genau wüßte, wär ich vermutlich nicht hier, Mister Harrington.»

Harrington lachte über die Schlagfertigkeit seines Gorillas. «Ist ja im Augenblick auch nicht so wichtig», sagte er dann. «Die Hauptsache bleibt, daß der Sheriff mit den Indianern gemeinsame Sache gemacht hat. Und das wird ihm den Hals brechen.» Als er merkte, daß Bashan erleichtert aufatmete, fuhr er, einige Grade schärfer werdend, fort: «Freuen Sie sich nicht zu früh, Bashan. Sie haben völlig versagt, das wissen Sie hoffentlich. So versagt wie Ihr Freund Sleek, der das Weibsstück hat laufenlassen. Immer bin ich es, der sich was einfallen lassen muß. Sie und Sleek haben viel gutzumachen, und ich zähle darauf, daß Sie sich jetzt endlich bewähren.»

15

Tanglewood glich einer ausgestorbenen Siedlung, als sich der Zug der Reiter langsam über die Straße bewegte. Fenster und Türen waren geschlossen, keiner war zu sehen. Nur hier und dort tauchte hinter den Scheiben ein Gesicht auf, die Züge hart vor Spannung und in den Augen das Flakkern von Furcht. Die Schutztruppler hatten ganze Arbeit geleistet, als sie von Hütte zu Hütte gegangen waren und verkündet hatten, daß jeder Gefahr laufe, erschossen zu werden, der sich auf der Straße zeige. Die Sicherheit der Siedlung sei gefährdet, der Sheriff habe sich mit Indianern verbündet, um seine Herrschaft über Tanglewood zu behaupten. Wenn die Einwohnerschaft benötigt werden sollte, werde man sie rufen. Bis dahin sei absolute Ruhe geboten. Die Miliz der General Mining Incorporation werde inzwischen dafür sorgen, daß Patterson und seinem Gesindel ein gebührender Empfang bereitet werde. Zwar war mancher ungläubig geblieben gegenüber dieser ungeheuerlichen Nachricht; doch keiner hatte zu widersprechen, noch weniger sich zu widersetzen gewagt.

Patterson ritt voran. Sein Gesicht war kalkweiß, und auf der Stirn perlte ihm kalter Schweiß. Trotz des verhältnismäßig kühlen Spätnachmittags klebte ihm das Hemd am Leib. Er starrte geradeaus. Im Nacken spürte er die Blicke der Gefährten, die zu beiden Seiten des Einspänners ritten, in dem Catherine saß. Er wußte, die Situation konnte nur gemeistert werden, wenn er äußerste Ruhe bewahrte, sich nicht provozieren ließ und auftrat, wie es dem Sheriff von Tanglewood zukam: sicher und unerschrocken. Er hatte es mit Gegnern zu tun, denen es auf ein paar Morde mehr nicht ankam und die schlau genug waren, sich nicht dadurch zu kompromittieren, diese Morde unter den Augen der Öffentlichkeit zu begehen. Man würde einen Fall von Notwehr zu konstruieren versuchen. Darum hatte er seinen Begleitern eingeschärft, bei aller Wachsamkeit äußerste Ruhe zu bewahren und nicht zu schießen, solange nicht unmittelbare Gefahr für das Leben bestand.

Vor dem Saloon machten sie halt. Catherine, das war abgesprochen, stieg vom Bock. Patterson band das Wagenpferd an der Veranda fest, schwang sich wieder in den Sattel und ließ seine Frau vor sich aufsitzen. Während dieses Vorganges hatte sich im und um den Saloon nichts gerührt. Der sonst belebteste Platz der Siedlung war verödet. Hinterm Haus jaulte ein Hund in die unnatürliche Stille und machte sie um so deutlicher.

Langsam setzte sich der Zug der Reiter wieder in Bewegung. Der dumpfe Hufschlag im Staub, das Klirren von Metall und das Knirschen des Lederzeugs waren überlaut zu hören.

Patterson wußte, daß die Entscheidung im Sheriffbüro fallen würde. So konzentrierte er sich ganz auf die Begegnung mit den Banditen, die ihn dort empfangen würden. Die beiden Dakota hatte er eine halbe Meile vor Tanglewood auf einen Seitenpfad dirigiert. Sie sollten sich dem Büro von der Hinterfront nähern und im Schutz des dort bis dicht an die Siedlung heran wachsenden Waldes auf das Eintreffen der übrigen warten.

Als sie am Telegrafenbüro vorüberritten, zerriß das Klirren einer Fensterscheibe die Stille.

McGraves Stimme rief: «Sheriff! Sheriff! Seien Sie vorsichtig!» Dann ging sie in ein Gurgeln über, als wenn sich Hände schwer auf Mund und Hals preßten. Für den Bruchteil einer Sekunde glaubte Patterson die schreckgeweiteten Augen McGraves zu sehen und dahinter ein wutverzerrtes Gesicht. Es hätte dieser gutgemeinten Warnung nicht bedurft. Patterson war vorsichtig bis zum äußersten. Er spürte sein Blut in den Fingerspitzen pulsieren.

Wie leicht es doch ist, die Siedler zum Schweigen und zur Untätigkeit zu bringen, dachte er flüchtig. Im Saloon gebärden sie sich alle als harte und unerschrockene Westmänner, denen keiner etwas zu befehlen hat.

Dann hatten sie das Haus des Sheriffs erreicht. Patterson stieg als erster vom Pferd, schnallte die Satteltasche mit dem Geld ab und betrat die Veranda. Catherine blieb im Sattel sitzen.

Auch auf der Veranda herrschte Totenstille. Auf ein Zeichen folgten die anderen. Sie zogen die Revolver.

Patterson betrat als erster das Büro. Dicht hinter ihm drängten sich Hille und die übrigen Männer. Die Tür war so schmal, daß sie jeweils nur ein Mann passieren konnte.

«Stehenbleiben, Patterson!» Sleeks Stimme peitschte ihm entgegen. «Keinen Schritt weiter. Die Waffen runter.»

Patterson blickte in fünf Revolvermündungen.

«Los! Die Waffen runter!» schrie Sleek. «Das ist kein Spaß!»

Patterson wandte sich halb um, während er seinen Colt zu Boden fallen ließ. «Tut, was sie verlangen», sagte er ruhig. «Ich will nicht, daß Blut fließt.» Und zu Sleek sagte er: «Was soll das? Ich habe Sie vereidigt, Mann. Und noch bin ich hier der Sheriff.»

«Das waren Sie, Patterson.» Sleek gab seinen Leuten ein Zeichen, die Waffen aufzusammeln und die Angekommenen ins Büro zu treiben. «Die Lage hat sich geändert. Ich mußte die Miliz vom Camp zu Hilfe rufen, um hier Ordnung zu schaffen.»

Er ging zwei Schritte auf Patterson zu, offensichtlich, um ihm den Stern von der Jacke zu reißen.

«Hände weg!» Hille hatte sofort erfaßt, was Sleek wollte. «Der Angriff auf den Sheriff kann dich teuer zu stehen kommen, du Mistvieh!»

Sleek lachte nur. «Mich?» fragte er. «Ihr habt wohl noch immer nicht begriffen, was hier gespielt wird.»

«Doch, doch, wir sind helle Jungs.» Hille beobachtete, wie sich die Tür zur Wohnstube im Hintergrund spaltbreit öffnete. Er mußte weiterreden, um die Aufmerksamkeit auf sich zu lenken. «Wer bezahlt Sie eigentlich dafür, daß Sie hier so einen Affentanz aufführen? Wenn ich das schon höre: Die Lage hat sich geändert! Schwachköpfe seid ihr, alle zusammen.»

Sleek kam nicht mehr dazu, die Beleidigung mit einem Faustschlag zu beantworten. Gleichzeitig mit Hilles letzten Worten waren die beiden Dakota ins Büro gedrungen. «Waffen weg!» rief der Weitspähende Falke.

Wie an der Schnur gezogen, wandten sich ihm alle Köpfe zu. Diese Verwirrung ausnutzend, warfen sich Patterson und Hille auf die ihnen zunächst stehenden Männer. Patterson traf Sleek mit einem Fausthieb an der Halsschlagader; Hille rannte seinem Gegner den Kopf in den Magen. Pattersons Männer drängten nach. Der Weitspähende Falke und der Listige Fuchs stießen mit ihren Gewehrkolben auf die Banditen ein. In weniger als einer halben Minute waren die fünf Schutztruppler überwältigt und entwaffnet.

«Sleek bleibt hier!» befahl Patterson. «Die anderen in die Zelle.»

Der Raum war zu eng für all die Menschen, die sich in ihm drängten und sich gegenseitig in ihren Bewegungen hinderten. Erst als die Banditen abgeführt und zwei Männer auf der Veranda postiert waren, hatten alle wieder Bewegungsfreiheit.

Jetzt betrat auch Catherine das Büro, und obgleich ihr zum Umfallen elend zumute war, lächelte sie ihrem Mann zu.

«Alles in Ordnung, Cath», sagte Patterson und nahm sie beim Arm. «Geh in die Stube.»

Ein Mann begleitete sie, um das Hinterfenster zu bewachen.

«Das werdet ihr noch büßen!» schrie Sleek, dem die Wut das Weiße in den Augen dunkel gefärbt hatte. «Indianer auf Weiße zu hetzen!»

Hille stieß ihm den Revolverlauf in die Rippen. «Sachte, Freundchen», sagte er. «Darüber und über vieles andere kannst du unterm Galgen nachdenken.»

«Wer hier hängen wird, ist noch nicht raus», sagte Sleek mit haßerfüllter Stimme. «Ich jedenfalls nicht.» Und fast triumphierend fügte er hinzu: «Wir haben den längeren Atem.»

«Das größere Maul vielleicht», sagte Hille. «Aber das nutzt dir dann nichts mehr.»

Patterson wandte sich an Sleek. «Gehen Sie zu Ihrem Chef, und richten Sie ihm aus, der Sheriff erwartet, daß in längstens einer halben Stunde seine Leute aus Tanglewood verschwunden sind.»

«Du willst ihn laufenlassen?» fragte Hille entsetzt.

«Ich will keine Schießerei in Tanglewood», sagte Patterson. Und zu Sleek: «Raus jetzt mit Ihnen!»

Als Sleek sich an Patterson vorbeidrückte, riß dieser ihm den Sheriffstern vom Hemd. Er sah ihm nach, wie er mit taumelnden Bewegungen über die Straße hetzte, bis er im Saloon verschwunden war.

Harrington, der in der Gaststube den größten Teil seiner Mannschaft um sich versammelt hatte, sah Sleek erwartungsvoll entgegen. Doch ein Blick auf das jämmerliche Gesicht belehrte ihn, woran er war. So sah keiner aus, der den erfolgreichen Abschluß eines Unternehmens melden wollte.

«Nun?» fragte er, und in dem einen Wort lag so viel Drohung, daß Sleek, der ohnehin schon bleich war, noch um einige Schattierungen weißer wurde. «Wie steht's?»

«Sie haben uns überwältigt», sagte Sleek gepreßt. «Die Indianer haben ...»

«Ich will nichts mehr von den Indianern hören!» Zum erstenmal verlor Harrington die Fassung. Er sprang vom Stuhl auf, daß der Tisch umgestürzt wäre, wenn ein anderer ihn nicht gehalten hätte. Am Boden zersprangen Gläser. Zornbebend starrte er Sleek an. «Ihr tut ja so, als wären ganze Stämme gegen euch auf dem Kriegspfad. Dabei sind es nur ein paar armselige Figuren, mit denen ihr nicht fertig werdet.»

Auch Bashan schlug unter diesem Vorwurf die Augen nieder. Seit er in Tanglewood angekommen war, hatte er gehofft, jetzt endlich werde der Coup reibungslos abgewickelt werden können.

«Sie hätten auf mich hören sollen», sagte er kleinlaut zu Harrington. «Das Pack gleich auf der Straße zusammenschießen.»

Harrington warf ihm einen verächtlichen Blick zu.

«Was hätte wohl unser Herr Friedensrichter dazu gesagt?» Er wies auf Emerson, der in sich zusammengesunken auf einem Stuhl hockte. «Oder der ehrenwerte Mister Blake?»

Blake hob nicht einmal den Kopf, als sein Name genannt wurde. Er murmeltc nur in sein Clas hinein: «Lassen Sie mich aus dem Spiel. Ich bin mit allem fertig.»

«Nein, Leute, es muß alles legal bleiben», fuhr Harrington fort, und er bemühte sich nicht, den Hohn in seiner Stimme zu verbergen. Und so, als rekapituliere er den Ablauf von wirklichen Ereignissen, die sich die anderen merken sollten, sagte er: «Die Leute der Incorporation sind vom Hilfssheriff zum

Schutz der Siedlung gerufen worden. Ganz legal. Ein zweiter Trupp, den Sie, Bashan, angeführt haben, ist Patterson entgegengeritten, um ihn vor Indianerüberfällen zu schützen. Er wurde von Rothäuten überfallen. Nur Bashan konnte sich retten. Der Sheriff hat gemeinsame Sache mit den Indianern gemacht ...»

«Und sie nach Tanglewood mitgebracht», warf Sleek, nun schon wieder kühner geworden, ein, «wo sie geholfen haben, die rechtmäßige Ordnung zu stören.»

«Stimmt», stellte Harrington fest. «Also muß der Sheriff erst einmal die Indianer rausrücken, damit sie wegen bewaffneten Landfriedensbruchs vor ein Gericht gestellt werden können. Und er selber hat sich vor Gericht für sein Vorhaben zu verantworten.» Er legte eine kleine Pause ein, während der er sich im Kreis umsah. Sein Blick blieb auf dem Friedensrichter haften. «Habe ich alles korrekt dargestellt, Mister Emerson?»

«Ich weiß nicht», sagte Emerson müde. «Man müßte das alles erst einmal untersuchen.» Dabei blickte er scheu auf die Bewaffneten, die den Schankraum bevölkerten.

«Das ist Ihre Sache, Friedensrichter», konterte Harrington. «Warum gehen Sie nicht zum Sheriffbüro hinüber und fangen unverzüglich mit den Untersuchungen an?»

«Ich ...»

«Ich weiß, Sie wollen Ihrem sauberen Schwiegersohn keinen Knüppel zwischen die Beine werfen und Ihre Tochter schützen. Verstehe ich, verstehe ich alles.» Sein Ton hatte bei den letzten Worten seine Schärfe verloren, klang bieder und gönnerhaft. «Wenn Sie das aber nicht wollen, dann müssen Sie uns schon erlauben, daß wir die Sache in die Hand nehmen. Die Indianer haben Leute von der Incorporation überfallen und ermordet. Wir fordern die Herausgabe der Indianer, und wir werden sie uns holen, wenn der Sheriff sie uns nicht freiwillig herausgibt. Meine Männer sind legal bestellt worden, in Tanglewood für Ruhe und Ordnung zu sorgen.»

Emerson war unter dem Wechselbad von Drohungen und Freundlichkeiten, das in den letzten Tagen auf ihn herabrieselte, völlig aus der Fassung geraten. Besonders die immerwährenden Hinweise Harringtons auf die Legalität alles dessen, was in den letzten Tagen geschehen war, machte ihm schwer zu schaffen. Stets von neuem ging er in Gedanken die verzwickte Situation durch, prüfte, auf welcher Seite das Recht und auf welcher Seite das Unrecht lag. Immer wieder fragte er sich, ob es gerechtfertigt wäre, wenn er die Bundestruppen um Hilfe anriefe. Und noch nie war er dabei auf den Gedanken gestoßen, daß seine Feigheit ihn daran hinderte, energisch Maßnahmen zu ergreifen, den Ungesetzlichkeiten ein Ende zu machen. Und nie auch gestand er sich ein, daß die imponierende Macht der General Mining Incorporation es war, die ihn am entschlossenen Handeln hinderte.

So wandte er sich auch jetzt, da aller Augen auf ihn gerichtet waren, nicht mit einer Antwort an Harrington, die diesem die Furcht vor dem Eingreifen der Truppen beigebracht hätte, sondern fragte leise, fast tonlos den neben ihm sitzenden Blake, den er instinktiv als einen Bruder im Willen zur Kapitulation erkannt hatte: «Was meinen Sie? Was soll ich tun?»

Doch Blake konnte dem bedrängten Mann keinen Rat geben. Er selber hatte den Kampf aufgegeben und war nun bemüht, Harrington bei guter Laune zu halten, um die bestmöglichen Bedingungen in dem angebotenen Handel zu erzielen.

«Ich weiß es nicht», gab Blake ebenso leise zurück. «Sie müssen sich selber entscheiden. Und außerdem: Denken Sie an Ihre Tochter. Die sitzt in der Mausefalle drin.»

Wohlgefällig beobachtete Harrington den geflüsterten Dialog. Nichts war verloren, wenn der Friedensrichter unentschlossen blieb. Sollte er allerdings auf den Einfall kommen, die Truppen alarmieren zu wollen, dann würde man auch gegen ihn mit Gewalt vorgehen müssen. Und das wäre etwas, das sich vor den Behörden sehr schwer erklären ließe. So half er denn den sich mehr und mehr verwirrenden Gedanken Emersons dadurch eine Richtung zu finden, daß er sagte: «Wir wollen ja eigentlich nichts von Ihrem Schwiegersohn. Er widersetzt sich nur der ganz legalen» – dies wurde besonders betont – «Forderung nach Auslieferung der Indianer.»

«Ja, ja, ich weiß», murmelte Emerson. Er sah hinfällig, greisenhaft aus, und die Bravos blickten mit Verachtung auf ihn. «Wenn Ihre Darstellung vom Überfall der Indianer stimmt ...»

«Sie stimmt», stellte Harrington fest.

Emerson hob die Arme, ließ sie wieder sinken. Das war für Harrington ein deutliches Zeichen der Aufgabe. Ohne auch nur noch einen Blick auf den Friedensrichter zu werfen, begann er, sachlich und schnell seine Anordnungen zu erteilen. Blake registrierte Harringtons Worte erst, als sein Name fiel. «Und Sie, Blake, gehen mit. Denn immerhin ist Patterson Ihr Freund. Vielleicht hört er auf Sie. Hoffentlich hört er auf Sie», fügte er hinzu.

Blake wollte sagen: Nein, das kann ich nicht, das tu ich nicht. Aber er sah Harringtons kalten Blick auf sich gerichtet, und er dachte an seine Zukunft. Schwerfällig stand er auf. Jetzt bemerkte man, daß er viel getrunken hatte.

«Sie, Emerson, können hierbleiben», ordnete Harrington an. «Ich leiste Ihnen Gesellschaft, und damit uns nichts zustößt, behalten wir zwei meiner Männer zu unserem Schutz hier.»

Er geleitete die Leute, die bestimmt waren, zum Sheriffbüro zu gehen, bis zur Schwingtür. Dann kehrte er an seinen Platz zurück und winkte Payne heran.

Patterson, der Weitspähende Falke, Hille und die beiden Wachposten standen auf der Veranda, als die Banditen, Sleek voran, sich näherten. Sie hatten die entsicherten Gewehre in der Armbeuge liegen. Zehn Schritt vor ihnen blieben die Banditen stehen. Schweigend musterten die beiden Parteien einander. Sleek war anzusehen, wie unwohl er sich fühlte, vor der eigenen Front zu stehen. Wie um sich Mut zu machen, rief er: «He, Patterson, ich bin wieder da!»

«Das sehe ich», antwortete Patterson. «Haben Sie mit Ihrem Chef gesprochen?»

«Wir wollen nichts von Ihnen selbst, Patterson. Wir wollen nur die Indianer. Die haben unsere Leute ermordet. Geben Sie die Indianer heraus.»

«Die Indianer haben geholfen, Banditen das Handwerk zu legen. Sie stehen unter meinem Schutz.»

Ein wüst gellendes Pfeifkonzert war die Antwort. Die Blicke aller richteten sich auf den Weitspähenden Falken. Der stand hoch aufgerichtet. In seinem Gesicht bewegte sich kein Muskel. Sein Auge war unverwandt auf Bashan gerichtet, der sich in die zweite Reihe zurückgezogen hatte.

«Das ist Lüge!» schrie einer.

«Wir wollen den Rothäuten das Fell über die Ohren ziehen!» rief ein anderer.

«Nehmen Sie Vernunft an, Patterson», sagte Sleek. «Sie haben keine Chance, mit so einer Behauptung durchzukommen. Was denken Sie, was die Leute dazu sagen», er machte eine weite Armbewegung über die tot daliegende Siedlung hin, «wenn sie erfahren, daß der Sheriff Indianer schützt.»

Doch Patterson ließ sich nicht beirren. «Ihr wißt, was ich fordere: Abzug der Miliz. Natürlich bis auf einen. Bashan gehört vor ein Gericht. Wegen Mord, Raub und Landfriedensbruch.»

Wieder gellte ein Pfeifkonzert auf.

«Hol ihn dir doch!»

«Großmaul!»

«Ich warne euch», fuhr Patterson ruhig fort, als sich der Tumult gelegt hatte. «Wer diesem Banditen jetzt noch hilft, der hängt wie Bashan.»

Nun, da er direkt angesprochen war, konnte Bashan sich nicht länger zurückhalten. Er drängte sich zwischen den vor ihm Stehenden hindurch und stellte sich breitbeinig neben Sleek.

«Mich mußt du erst mal haben!» schrie er. «Komm, hol mich doch!» Er machte eine einladende Geste. Und zu seinen Kumpanen sagte er: «Pfui Teufel, ein Sheriff, der eine dreckige Rothaut schützt! Habt ihr schon mal so was gesehen?» Und dann wieder an Patterson gewandt: «Du wirst hängen, wenn du dich nicht besinnst, wo wir sind!»

Der Weitspähende Falke hatte allen Gleichmut verloren, als er den Mörder vortreten sah. Patterson spürte die Unruhe des Dakota, der schwer atmend hinter ihm stand. Doch noch ehe er sich beruhigend zu ihm umwenden konnte, war der Weitspähende Falke an den Rand der Veranda getreten. Mit stolz erhobenem Haupt stand er da.

«Kämpfe mit mir», sagte er. «Allein.»

Dieser Schritt löste in der Gruppe der Banditen eine allgemeine Bewegung aus. Bashan wich zurück und hatte im selben Augenblick den Colt in der Hand. Sleek sprang zur Seite und postierte sich hinter einem großen Regenfaß. Die übrigen Banditen machten Bashans Rückwärtsbewegung mit, so daß dieser noch immer vor der Front stand.

«Waffe weg, Bashan!» rief Patterson, während er den Weitspähenden Falken zurückzudrängen suchte.

«Komm her, Rotschuft!» schrie Bashan. Alle Furcht und alle Vorsicht waren von ihm abgefallen. «Komm her!»

Pattersons Aufforderung schien ihm nicht ins Bewußtsein gedrungen zu sein. Erst als dessen Kugel eine Handbreit vor seinen Schuhspitzen in den Staub schlug, besann er sich darauf, daß er ein ideales Ziel bot.

«Waffe weg!» rief Patterson noch einmal, und mit einer trägen Bewegung warf Bashan seinen Revolver vor sich hin.

Auch der Weitspähende Falke hatte sein Gewehr sinken lassen.

«Geh ins Haus, Häuptling», sagte Patterson. Doch der Dakota wich nicht von seiner Seite. Er blieb stehen, nun mit gesenktem Gewehr, und wandte den Blick nicht von Bashan.

«Bashan, kommen Sie her, und stellen Sie sich», forderte Patterson den Banditen auf.

Bashan aber machte auf dem Absatz kehrt und ging auf seine Kumpane zu. Als er sich wieder in die zweite Reihe durchgedrängt hatte, rief er zurück: «Hol mich doch!» Und zu Blake sagte er: «Jetzt wären Sie dran, Mister. Ich glaube, der Chef hätte nichts dagegen, wenn Sie jetzt mal ein Wörtchen an den wild gewordenen Sheriff richten würden.»

Noch nie im Leben war es Blake so schwergefallen, eine Bewegung zu machen. Sein Kopf war benommen. Der Alkohol, der ihn seit Stunden aufrechterhalten und der ihm geholfen hatte, sein Gewissen zu beruhigen, kehrte sich plötzlich gegen ihn. Ihm war, als hingen Zentnergewichte an seinen Gliedern. Er riß die Augen weit auf und sah doch nichts als eine verschwommene Masse von Leibern und Gesichtern.

«Machen Sie schon!» hörte er Bashan sagen und bemerkte, wie die Umstehenden zurückwichen. Er stand allein.

Patterson und Hille sahen ihn erst jetzt.

«Das darf nicht wahr sein!» murmelte Hille. «Das gibt es doch nicht!» Er stützte sich auf das Geländer der Veranda.

Patterson sagte nichts. Er kniff die Augen zu und öffnete sie wieder, als hätte er eine Erscheinung und wollte sich vergewissern, ob das, was er sah, Wirklichkeit war.

«Pat», begann Blake hilflos. Dann stockte er. Er fand keine Worte. Der Mund war ihm ausgetrocknet.

«Was willst du?» fragte Hille. «Was hast du bei denen zu suchen?»

Als Blake nicht antwortete, rief ihm einer der Banditen ermunternd zu: «Na, sag schon, was du von ihnen willst!»

«Sam!» Patterson umklammerte sein Gewehr, als ob er es zerbrechen wollte. «Sam, sprich! Sag, daß das alles nicht wahr ist.»

Pattersons Stimme riß Blake aus dem Nebel, in dem seine Gedanken schwammen. Man muß mit den Wölfen heulen, dachte er. Ich heule mit den Wölfen, weil sie mich sonst auffressen. Ich will nicht aufgefressen werden. Ich heule mit den Wölfen ...

«Es soll kein Blut mehr vergossen werden», hörte er sich sagen. «Ich hab mich mit Harrington geeinigt.»

«Bravo!» schrie einer dazwischen.

Wie aufgezogen redete Blake weiter. «Sei vernünftig, Pat. Tut es auch. Dir bleibt keine Wahl.»

Blakes massiger Körper schwankte.

«Samuel Blake ist umgefallen.» Hilles Worte klangen wie eine Feststellung, waren sachlich, nüchtern. Mit keiner Silbe offenbarten sie die Enttäuschung, die drohte, Hille ins Bodenlose wegzureißen. «Der große Samuel Blake ist klein geworden.»

Patterson war keiner Worte mächtig. Er stürzte ins Haus, holte die Satteltasche mit Blakes Geld und warf sie über das Geländer der Veranda.

Die Tasche klatschte vor Blakes Füße.

«Pat!» sagte Blake. Aber er sagte es so leise, daß ihn niemand hörte. Dann schrie er: «Pat! Versteh doch!»

Patterson wandte sich ab. Schwerfällig bückte sich Blake nach der Tasche. Er hob sie auf und ging davon, noch immer schwankend, noch immer wie in einem bösen Traum. Er achtete nicht auf das Gelächter der Banditen. Ich heule mit den Wölfen, dachte er, und der Gedanke ließ ihn nicht los, bis er sein Haus erreicht hatte. Er setzte sich an den Tisch, löste die Schnallen der Tasche und begann, wie er es gewohnt war, die Scheine zu zählen.

«Nun, Patterson, wie ist es?» Bashan hatte über dem Auftritt seinen Mut wiedergefunden. «Geben Sie uns jetzt die Indianer heraus? Oder müssen wir sie uns holen?»

Patterson schrak auf und blickte um sich. Die Dakotas standen nicht mehr auf der Veranda.

«Es hat keinen Zweck, sie vor uns zu verstecken», sagte Bashan, während er langsam auf das Sheriffbüro zuging. Er sah, daß Blakes Verrat Patterson erschüttert hatte. «Wir finden sie!»

Hille war der erste, der sich wieder fing. Den Gewehrkolben auf dem Hüftknochen, den Zeigefinger der rechten Hand am Abzug, trat er vor Patterson.

«Kommen Sie her, Bashan. Stellen Sie sich!» Das klang nicht ein bißchen pathetisch aus dem Mund dieses kleinen Mannes.

«Holen Sie mich doch, wenn Sie Mut haben.» Bashan fingerte mit der Linken eine Zigarre aus der Brusttasche. Dabei machte er noch einen Schritt nach vorn.

«Ich komme, Bashan!» sagte Hille. Der Zorn hatte ihn alle Vorsicht vergessen lassen, und er wollte von der Veranda heruntertreten.

Doch da sprang Sleek aus seinem Versteck hinter dem Regenfaß hervor und stieß ihm den Revolver in die Seite.

«Bleiben Sie friedlich», sagte er leise und freundlich, als wollte er Hille nur beruhigen und von einem unbedachten Schritt zurückhalten. «Wir fordern nur die Rothäute.»

«Keine Schießerei, Pete!» Patterson war endgültig aus seiner Starre erwacht. Er schob sich vor Hille. «Bashan, ich verhafte Sie unter dem dringenden Verdacht ...»

Sleek hatte den Lauf seines Revolvers herumgerissen und auf Patterson gerichtet. Doch er kam nicht dazu, den Finger am Abzug zu betätigen. Ein Schuß peitschte auf. Sein Gesicht erstarrte, sein Blick wurde leer, sein Mund öffnete sich wie in maßlosem Erstaunen. Er sackte in sich zusammen. Gleichzeitig erscholl der Kriegsruf der Dakota. Ehe sich die Banditen und die Leute um Patterson von dem Schreck erholt hatten, war der Gewehrlauf des Weitspähenden Falken hinter die Ecke des Sheriffbüros zurückgezogen worden.

Dann schrie einer: «Die Rothäute!», und in Sekundenschnelle waren die Fronten aufgelöst. Patterson stürzte ins Haus, um die Indianer zu suchen. Seine Leute standen unentschlossen umher. Einige der Banditen warfen sich zu Boden und feuerten wild drauflos. Bashan suchte Deckung hinter dem Regenfaß, hinter dem sich Sleek noch vor Sekunden sicher gefühlt hatte. Hille blieb auf der Veranda.

Noch einmal hörte man den Kriegsruf. Dann herrschte wieder Stille.

Nach einigen Sekunden war der Schreck so weit verflogen, daß Bashan darangehen konnte, seine Leute zur Jagd auf die beiden Dakota zu organisieren. Sie machten sich bereit.

Jetzt wurde auch den Bewohnern gestattet, die Hütten zu verlassen, ja, sie wurden, wenn sie sich weigerten, mit Gewalt auf die Straße gezerrt. Unter der Parole «Vergeltung für unseren Sheriff Sleek!», die von Bashans Leuten überall herausgeschrien wurde, hatte die Verhetzung der Siedler begonnen. Verbittert sah Hille von der Veranda aus, wie sich allmählich eine Indianerpanik unter den Bewohnern breitmachte. Man faselte von einem geplanten Angriff auf Tanglewood, der wie damals, vor vier Jahren, den Ort in Flammen aufgehen lassen sollte. Man bewaffnete sich, und wenn nichts anderes zur Hand war, nahm man Hämmer und Äxte. Man durchstöberte jeden Winkel, suchte in Schuppen, hinter Holzstapeln, kletterte auf die Dächer.

Vergebens schrie Hille immer wieder: «Leute, nehmt doch Vernunft an!»

Bashans Miliz tat alles, um das Chaos aufrechtzuerhalten und die Flammen der Angst und der Jagdleidenschaft zu schüren. Tanglewood hatte sich im Nu in eine Siedlung von Menschen verwandelt, die keinem Argument mehr zugänglich waren.

Ein Trupp, der von Enterprise angeführt wurde, zog vor das Büro des Sheriffs.

«Vielleicht hat der Indianerfreund die Rotärsche versteckt!» schrie Enterprise. «Los, Leute, durchsucht sein Büro!»

Hille stellte sich breitbeinig vor die Tür.

«Wer seinen Fuß auf die Veranda setzt, ist ein toter Mann!» warnte er.

«So achten Sie die Rechte der Bürger!» rief einer aus der Menge.

«Ein sauberes Pärchen, der Sheriff und sein Stellvertreter!» hetzte ein anderer.

«Wir wollen die Indianer!» forderte Enterprise.

Die Männer schoben sich bedrohlich näher. Hille und Patterson, der jetzt wieder hinter seinem Freund stand, hätten einem Ansturm nicht standhalten können, und ein solcher Ansturm war jeden Augenblick zu erwarten. Die Hintenstehenden drängten die Vorderen Schritt für Schritt auf die Veranda zu.

Da erscholl aus der Richtung des Saloons Triumphgeheul.

«Sie haben einen!» Ein bärtiger Mann, den Glanz des Wahnsinns in den Augen, stürmte die Straße hinunter. Sofort zerstreute sich der Haufen vor dem Sheriffbüro und hastete zum Saloon hinüber.

«Aufhängen!»

«Zieht ihm die Haut vom Leib!»

Gebrüll, Pfeifen, Gelächter und mörderische Erwartung lagen über Tanglewood.

«Das laß ich nicht zu!» Patterson schob sich an Hille vorbei. «Solange ich hier Sheriff bin, gibt es keinen Lynchmord.»

«Bleib hier», mahnte Hille. «Es hat keinen Zweck, sie erschlagen dich.»

Doch Patterson hörte nicht auf die Warnung des Freundes. Er stürmte die Straße hinab, so daß Hille nichts blieb, als ihm zu folgen. Lautes Johlen empfing sie vor dem Saloon.

«Indianerfreund!»

«Hau ab!»

Sie sahen den Listigen Fuchs, der, von zwei Männern an den Armen gehalten, vor dem Saloon stand. Sein Gesicht war blutüberströmt, sein Hemd hing in Fetzen, das Haar hatte man ihm büschelweise ausgerissen. Um den Hals hatten sie ihm eine Schlinge gelegt. Ein Mann war dabei, das andere Ende des Stricks am Sattelknauf eines Pferdes zu befestigen.

Man wollte den Indianer zu Tode schleifen.

«Im Namen des Gesetzes: Lassen Sie sofort den Mann frei!» Pattersons Worte wurden mit einem tierischen Gebrüll beantwortet.

«Hängt ihn auf!» forderte einer.

«Jawohl, aufhängen!» scholl es im Chor.

An der Tür des Saloons stand Harrington und sah ruhig auf die Szene. Alles hatte sich schließlich doch noch so gewendet, wie er es erwartet hatte. Dieser Sheriff würde keine Stunde mehr im Amt sein, wenn er diese Stunde überlebte.

Hinter ihm tauchte Emersons sorgenzerknittertes Gesicht auf. Es sah aus, als habe der Friedensrichter geweint.

«Das dürfen Sie nicht zulassen, Mister Harrington», bettelte er. «Das ist gegen das Gesetz!»

«Was lasse ich denn zu?» Harrington nahm sich nicht einmal die Mühe, sich dem Angeredeten zuzuwenden, sondern redete ihn über die Schulter an. «Das Volk fordert das Leben der Rothaut. Volkes Stimme ist Gottes Stimme. Habe ich das nicht schon mal von Ihnen gehört?»

«Das dürfen Sie nicht zulassen!» Emerson winselte fast.

«Quatsch nicht soviel, Alter!» Bashan trat aus der Gaststube an Emerson heran und schob ihn beiseite wie ein Lumpenbündel. «Hier wird gemacht, was wir bestimmen.»

«Seien Sie nicht so roh, Bashan», sagte Harrington leicht tadelnd. Und leiser, fast flüsternd, setzte er hinzu: «Das ist Ihre Stunde, Bashan. Morgen tragen Sie den Stern.»

Niemand in der Menge hatte einen Blick übrig für das Dach der Hütte, die dem Saloon gegenüberlag, und so sah niemand, wie sich Zoll um Zoll ein Gewehrlauf vorschob. Der Weitspähende Falke wartete auf eine Gelegenheit, einen Schuß auf einen der beiden Männer abgeben zu können, die den Listigen Fuchs hielten, ohne den Freund in Gefahr zu bringen. Eiskalt behielt er die Gruppe im Visier. Er hatte mit dem Leben abgeschlossen, wollte nur noch den Freund befreien und Bashan, den Mörder, töten. Mit Ekel blickte er auf die Szene.

Als die beiden Männer den Listigen Fuchs hinter das Pferd führten, wurde es totenstill vor dem Saloon. Es war, als hielt die aufgeputschte Menge den Atem an, um sich desto heftiger in Gebrüll zu entladen, wenn das gräßliche Schauspiel seinen Anfang nahm. Vergebens suchte Patterson, sich zu dem Indianer durchzukämpfen. Es gelang ihm nicht, den Wall der Leiber zu durchdringen.

«Laßt mich durch!» schrie er in die Stille. Wild ruderte er mit den Armen, teilte Schläge aus und stieß mit den Ellbogen um sich. «Laßt mich durch, ihr Dreckskerle!»

In seine letzten Worte krachten zwei Schüsse. Einer der Männer, die den Listigen Fuchs hielten, faßte sich an den Hals und brach zusammen, und noch

ehe die Menge erkannte, was vorgefallen war, hatte sich der Dakota dem Griff seines Wächters entwunden und sprang über die Kruppe des Pferdes in den Sattel. Im selben Augenblick jagte das Tier davon. Als die wilde Schießerei dann losbrach, hatte der Listige Fuchs schon den entscheidenden Vorsprung gewonnen. Die Kugeln erreichten ihn nicht mehr, und an Verfolgung dachte keiner.

Der Kriegsruf des Weitspähenden Falken ließ die Menge auseinanderstieben. Der Dakota stand auf dem Dach. Er hatte das Gewehr weggeworfen. In seiner Hand blitzte die breite Klinge eines Messers.

«Bashan!» schrie er. «Mörder!»

Bashan, zwei Revolver in der Hand, blickte hoch. Er kam nicht mehr zum Schießen. Er hörte nur noch ein eigenartig singendes Geräusch. Dann fuhr ihm das Messer in die Brust, und mit einem dumpfen Ächzen fiel er vornüber.

Der Weitspähende Falke aber blieb aufgerichtet stehen, ein leicht zu treffendes Ziel für die Schützen, die ihre Magazine auf ihn leerschossen. Von Kugeln zerfetzt, stürzte er vom Dach und wurde noch im Sturz getroffen.

Dem Rausch folgte jähe Ernüchterung. Gebannt starrten alle auf den Leichnam des Indianers, dessen Blut aus vielen Wunden in den Staub der Straße rann.

Hille war der erste, der an die Leiche herantrat. Er beugte sich zu ihr hinunter, und es sah aus, als ob er dem Toten die letzte Reverenz erwies. Dann ging er zu Patterson zurück.

«Aus», sagte er.

«Und ich habe es nicht verhindern können», sagte Patterson. «Ich habe nichts verhindern können.»

Mit gesenktem Kopf ging er auf die Veranda des Saloons zu, an deren Fuß sich zwei Männer um den toten Bashan kümmerten. Einige Schritt vor Harrington blieb er stehen.

«Das alles ist geschehen zum höheren Ruhm der Incorporation», sagte er.

«Er hat viele meiner Leute auf dem Gewissen», entgegnete Harrington, als ob er sich rechtfertigen wollte.

«Er war ein großer Krieger.»

«Ewig schade, daß wir ihn nicht hängen konnten.»

Hille stand jetzt neben Patterson. Auf der Veranda war Emerson neben Harrington getreten. Stumpf blickte Emerson auf die beiden Männer. Er versuchte, zum Sprechen anzusetzen, sagte aber nichts.

«Pfui Teufel!» Hille spuckte aus. «Die Biedermänner sind versammelt.»

«Sie sind Kindsköpfe, Sie und Ihr Sheriff.» Harrington hatte alle Verachtung, deren er fähig war, in die Worte gelegt. «Der Fortschritt dieses Landes schert sich nicht um ein paar tote Indianer. Begreifen Sie das endlich.»

Patterson blickte Harrington einige Sekunden lang in die Augen, sah Triumph in ihnen, Befriedigung, daß sich schließlich doch alles so entwickelt hatte, wie es in seinem Interesse lag. So sieht also der Fortschritt in diesem Land aus, dachte er. Er wollte etwas erwidern, unterdrückte dann aber doch seine Worte. Mit langsamen, mechanischen Bewegungen machte er sich an seiner Jacke zu schaffen. Dann hielt er den Stern in der Hand. Er betrachtete ihn noch einige Augenblicke, ehe er Harrington das Stück Metall vor die Füße warf. Hille folgte seinem Beispiel.

Mit hängenden Schultern, so als hätten sie eine schwere Arbeit hinter sich gebracht, wandten sie sich ab.

«Das könnt ihr nicht tun!» rief Emerson ihnen nach.

Sie antworteten nicht. Wortlos gingen sie die Straße hinunter. Catherine kam ihnen auf halbem Weg entgegen.

ISBN 3-327-00387-4

1. Auflage in dieser Ausgabe

Lizenz-Nr. 5
Printed in the German Democratic Republic
Lichtsatz: INTERDRUCK, Graphischer Großbetrieb Leipzig
III/18/97
Druck und buchbinderische Weiterverarbeitung:
Druckerei des Ministeriums für Nationale Verteidigung
(VEB)-Berlin-34-346-6
Lektor: Karola Nickel
Umschlaggestaltung und Illustrationen: Karl Fischer
Typografie: Ingeburg Zoschke
LSV: 7004
Bestellnummer: 746 961 5
00750